红血风险

华尔街秘史

[美] 阿伦·布朗（Aaron Brown）_著

李晓蓉_译

RED-BLOODED RISK
THE SECRET HISTORY OF WALL STREET

著作权合同登记号　图字：01-2016-0097

图书在版编目(CIP)数据

红血风险：华尔街秘史/(美)阿伦·布朗(Aaron Brown)著；李晓蓉译.—北京：北京大学出版社，2017.3

ISBN 978-7-301-28035-5

Ⅰ.①红… Ⅱ.①阿… ②李… Ⅲ.①金融风险—风险管理—研究—美国 Ⅳ.①F837.121

中国版本图书馆 CIP 数据核字(2017)第 024559 号

Red-Blooded Risk：The Secret History of Wall Street by Aaron Brown，ISBN 978-1-118-04386-8
Copyright © 2012 by Aaron Brown. All right reserved.
All Rights Reserved. This translation published under license. Authorized translation from the English language edition，Published by John Wiley & Sons. No part of this book may be reproduced in any form without the written permission of the original copyrights holder.
Copies of this book sold without a Wiley sticker on the cover are unauthorized and illegal.

书　　　名	红血风险：华尔街秘史 HONGXUE FENGXIAN：HUA'ERJIE MISHI
著作责任者	［美］阿伦·布朗（Aaron Brown）著　李晓蓉　译
责任编辑	徐　音　王业龙
标准书号	ISBN 978-7-301-28035-5
出版发行	北京大学出版社
地　　　址	北京市海淀区成府路 205 号　100871
网　　　址	http://www.pup.cn
电子信箱	sdyy_2005@126.com
新浪微博	@北京大学出版社
电　　　话	邮购部 62752015　发行部 62750672　编辑部 021-62071998
印 刷 者	北京宏伟双华印刷有限公司
经 销 者	新华书店
	730 毫米×1020 毫米　16 开本　22 印张　360 千字 2017 年 3 月第 1 版　2017 年 3 月第 1 次印刷
定　　　价	48.00 元

未经许可，不得以任何方式复制或抄袭本书之部分或全部内容。
版权所有，侵权必究
举报电话：010-62752024　电子信箱：fd@pup.pku.edu.cn
图书如有印装质量问题，请与出版部联系，电话：010-62756370

译 者 序

生活充满了各种各样的选择。所有这些选择都与风险有关。毫无疑问,人们对风险的认知,关于风险管理的知识及技术的创新与发展正在深刻地影响着、改变着这个世界。《红血风险:华尔街秘史》讲述的就是关于风险、风险态度与风险管理的故事。作者将历史、政治、宗教、金融与社会经济融为一体,笔调轻松地为读者展示了现代金融的前世今生,揭秘金融与风险管理的真谛。

《红血风险:华尔街秘史》也是一本关于量化风险管理的专业著作。在这里,读者可以充分认识到风险与危险在本质上有多么的不同,能够理解概率理论中两大流派的思想融合产生了多么深刻的影响。作者总结了风险管理的七条原则,也为风险管理者奉上了三条不可言传的真谛,引发的是一系列深层次的思考:我们对风险的内涵和来源的理解正确吗?宽客们和现代金融理论是怎样重构华尔街的?怎样才能赢得市场?主流的量化技术能管理风险吗?在市场中,风险经理可以做什么?管制者又能做什么?我们又能从每一次失败、每一次危机中学到什么呢?

作者阿伦·布朗是世界顶级的扑克玩家,也是华尔街资深的风险经理,更有着金融学教授的经历,因此他对风险及概率理论的剖析更加深入,对资本泡沫、金融危机的理解更加独到,澄清了很多似是而非且根深蒂固的谬见。还有什么能比实践者的感悟更有说服力的呢?阿伦·布朗博学而幽默,对风险管理这样一个严肃又重要的话题能够娓娓道来,而又处处为读者着想,鲜用数学,创造了红血、蓝血、冷血、热血与薄血等人物故事,生动地展示了深奥隐秘的风险态度理论,为读者留下了深刻的印象。本书在同类作品中实属上乘之作。更为可贵的是,他系统地梳理了大量的阅读文献,堪称研究风险管理的资源库,非常适合金融、管理等相关专业人士参考使用。

翻译的过程远比想象的要辛苦得多。虽然原著文字并不艰深,但是要忠实地传达原文的精彩实属不易。不仅需要逐字逐句地反复斟酌、推敲,还要不断查阅相关的文献资料,利用的参考材料堆起来足有三本原著那么高。

记得有人曾说过翻译是一件感动自己的事情。感动一方面来自于深切领悟原著后得到的成长,一方面来自于亲人给予的爱和支持。家父重病在床也未忘记关心翻译工作的进展,且以此书慰藉女儿对父亲的怀念。

李晓蓉

2017 年春

目录
Contents

第 1 章	这是一本什么书以及为什么应该读它	001
第 2 章	红血与蓝血	019
第 3 章	帕斯卡赌注与风险管理的 7 条原则	024
第 4 章	华尔街秘史：1654 年—1982 年	048
第 5 章	当哈里遇到凯利	061
第 6 章	指数、吸血鬼、僵尸和郁金香	085
第 7 章	货币	099
第 8 章	货币的故事：过去	106
第 9 章	华尔街秘史：1983 年—1987 年	132
第 10 章	货币的故事：期货	152
第 11 章	冷血	174
第 12 章	风险经理是做什么的？——VaR 内幕	178
第 13 章	丛林中的 VaR	210
第 14 章	华尔街秘史：1988 年—1992 年	213
第 15 章	热血与薄血	233

第16章	风险经理做什么？——VaR之外	**238**
第17章	风险的故事	**263**
第18章	频率与信任程度	**271**
第19章	华尔街秘史：1993年—2007年	**289**
第20章	华尔街秘史：2007年的危机及其他	**310**

后记	**319**
风险管理的教学大纲	**325**
100本有用的书	**329**
关于作者	**335**
关于插图画家	**336**
索引	**337**
致谢	**347**

第 1 章

这是一本什么书以及为什么应该读它

生活中充满了各种各样的选择。参加求职面试,你可以简短轻快地回答问题,或者热情洋溢地大谈特谈你会给那家企业带来怎样的价值。参加晚会,你可以着装中规中矩,行事低调谨慎,也可以盛装出席,做派高调。在篮球比赛中,你可以自己来个快投,或者传给队友调整位置提高投篮的命中率。路上遇到一个有趣的陌生人,你可以继续走自己的路,也可以搭上一句或者挤个眼儿。所有这些选择都与风险有关。

在篮球比赛的例子里,有位教练。比赛接近了尾声,球队比分领先,教练要进行战术指导。如果是进攻的一方,他会要求慢慢打,投球要有高命中率;如果是防守的一方,他就会要求阻断对手投篮,不要犯规。这是为什么呢?原因是这些战术可以保证比赛结果发生变化的可能性最小,这对领先的球队是有利的。而比分落后的球队则会尽可能争取快投三分球,防守时会更积极地抄截或阻攻。他们并不介意是否犯规,因为这样做可以在不消耗时间的情况下改变得分。他们要做的就是尽最大可能改变结果。

你不熟悉篮球运动也没关系,这种办法实际上适用于所有竞技类运动。得分领先的运动员或运动队希望将结果出现变化的风险降到最低,而对手则希望这种风险最大化。棒球比赛时,领先球队的投手要投出好球;如果是落后的,他会选择角球技术中的慢速球。在足球比赛中,领先的队要控制住球,把防守力量往后压;如果比分落后,就要积极进攻。曲棍球比赛,落后的一方甚至还会拉扯守门员。在美式足球比赛里,领先的队要往中路跑,着重防御,而对方则要包抄突击,投长传球。

002 红血风险 RED-BLOODED RISK
华尔街秘史

在面试的例子中,如果很有可能会被录用,要是不想搞砸的话,你就应该简短、安全地回答问题。可是如果可能性不大,那就需要赌上一把了。因为工作需要必须参加的应酬,而且无聊之极,那你就穿上正装,尽可能少说话,要说就聊聊天气,不要喝酒,提早离开。但是如果你想成为晚会的中心,玩得尽兴,或者想来点儿改变,那就得热情奔放些。在朝陌生人挤眼之前,你要问问自己,是否生活有点儿无聊想猎奇冒个险,还是生活很精彩甚至已经够复杂的了,比起结识新交来说更需要安逸和宁静?

风险是为实现一定的目标而要反复盘算的东西。风险本身无所谓好与坏。在本书中,我一般都是在这个意义上使用风险一词的。与篮球比赛中运动员可能受伤的"风险"相比,我会用危险(danger)一词,而不是风险(risk)。在一定的条件下,我们应该将危险降到最低程度。比如,我们不会要求有太多的保护措施,因为这样会导致比赛不好看,或者成本太高。所以,我们不会设法将比赛受伤的危险降到零,但是也不会去"管理"它;我们从来不会为了危险而增加危险。

与危险相对应好的一面是机会,棒球投球手得到无安打的机会就是一个例子。无安打是非常难得的成就,因此,尽管投球手已经很累了而且替补投手上场会提高赢得比赛的可能性,主教练往往还是会为投球手保留这样的机会。

风险、危险和机会

可以用三个检验来确定某件事是风险而不是危险或机会:

1. 风险是双面的,可赢可输。危险和机会都是单面的。踢足球的时候,如果说你的健康状况发生了突然的变化,那极不可能是改善了。

2. 危险和机会通常是不能测度的。即使可以,测量单位也与我们日常决策用的不同。我们不能说锁骨骨折值多少分,也不能说两只脚踝扭伤比一根手指骨折更好或更糟糕。创造纪录或赢得比赛的荣耀无法用金钱计量。但是,风险却可以。为了管理不确定性,我们需要通过一定的方法给收益或损失赋予一定的相对价值。

3. 危险和机会经常来自于自然,我们通常只有有限的能力去控制它们。风险通常涉及人与人的相互影响,这种相互影响的程度必须在我们的控制之中,如果不是这样,它们就会成为别人的风险,对于我们就是无法改变的事实了。

这些区别对于不确定性本身来说并不是一成不变的,这要取决于我们选择如何处理。例如,纳斯卡车赛曾被指控为了使每年致命的撞车数量最优而操纵比赛规则:数量多到能保持在危险的不合法的边缘,但是又不至于多到杀死所有受欢迎的车手或者引起安全方面的法律问题。关于这项指控是真是假,我没有任何看法。如果是真的,那说明纳斯卡车赛将多数人认为是危险的事情当作风险来处理了。那样做可能是不道德的,但是并非是不符合逻辑或者不理性的。

一些求职者将每个问题都作为危险来处理,小心地寻找问题中的陷阱,为了避免犯错尽可能简短作答。他们很少被录用。另一些人将每一个问题都看作表明态度或夸耀的机会。他们从来不会被录用。一些人参加本来应该是很有趣的晚会,但是穿着和做派却更适合于参加葬礼,使自己陷于尴尬境地的危险超过了风险的理性决策。另一些人则把葬礼当作晚会,企图抓住那些本不存在的机会。

另一个将风险与危险混淆的例子是福特公司臭名昭著的 Pinto 备忘录事件。福特公司认为打官司赔偿给 Pinto 车主因尾部撞击被烧死的成本还不到 10 美元,这是给每辆车装上一个可以使油箱更加安全的设置所需要的花费。虽然大众都相信了这个故事,但事实并非如此,福特公司从来也没有做过这样的决定。我在这儿用这个例子只是在想强调风险和危险之间的区别不过是仁者见仁智者见智罢了。

也有一些情况,我们可以选择作为风险或机会来处理。在电影《码头风云》中,马龙·白兰度有一句经典台词:"我本可以很有范儿的,有成为冠军的机会,至少能成个人物,而不是像现在这样的一个废物。"他指责他的哥哥,因为后者力劝他为确保眼前挣到钱故意输掉了比赛。他抱怨的不是挣到的现钱少,而是他出卖了无价的东西。他的哥哥把机会当作风险进行了管理。

胆小的人把风险当作危险,而爱冒险的人则将之看作机会。我们分别把这两种人叫作薄血的和热血的人。冷血的人把危险和机会都看作风险。红血的人(red-blooded)是指这样的一种人,他们会因为面临挑战而兴奋,却也不至于达到对危险或机会视而不见的程度。这么说吧,想象一下那些经典的电影剧情,红血英雄和他的热血助手,甩开那个薄血的主管,与冷血的恶棍激战。我们用不同的方式崇敬前两种人,为第三种人感到遗憾,而讨厌第四种人。

红血风险管理

从情感的角度看,薄血人的行动主要是受恐惧的驱使,热血的人是受愤怒和其他感情甚至仅仅是激动的影响,冷血的人则是受贪婪的驱使。红血的人和其他人一样,可以感受到愤怒、恐惧和贪婪,但是却能理解成功的风险管理要靠计算,而不是靠本能。

这不是一本自助手册。对于如何达到这种心理状态我没有任何建议,如果这是你想要做的事情的话。我可以告诉你的是在风险状态下如何计算红血的应对。这是数学问题,不是心理学问题。红血风险管理包括三种专门的数学技术,这些技术在实践中都已得到了充分的检验。尽管应用这些技术需要定量方面的技能,但是思想还是比较简单的,书中的解释和说明没有用到任何数学。这些技术是用来:

1. 将任意一种情景转化成清晰地界定为风险、危险或机会的体系。
2. 最优化处理风险以得到最有可能的最好结果。
3. 处理问题从而使得危险和机会发挥最大化的积极作用。

这个领域是由一群20世纪50年代出生,接受过定量方法训练的风险家们创造的。70年代,我们违背了传统的学术和组织的风险观。我们从真正的冒险家那里吸取智慧,这也给我们带来了不是特别体面的名声。到了80年代,我们开始在华尔街大显身手,书中阐述的观点在1987年到1992年间已经形成。当然,大多数的观点可以追溯到更早的时候。例如,芝加哥大学经济学教授弗兰克·奈特,他将风险和不确定性进行了区分,风险的概率和结果是已知的,而不确定性则更接近于我们所说的危险和机会。然而,他的目的是强调在不确定性的条件下利用数学进行决策有局限性。他并不认为定量方法可以将风险从不确定性中区分出来,也没有看到应用数学在风险优化方面带来的巨大收益。更重要的是,他没能意识到数学在处理不可量化的不确定性方面与处理风险一样可以带来巨大收获。奈特的思想比华尔街上任何一位冒险家都要更深刻,但是我们在成功的定量风险决策方面有更多的经验。

这群叛逆的冒险家作为"火箭科学家"逐渐被熟知。一部分原因是其中有些人的工作的确与火箭相关(我自己就曾在卫星定位方面工作了一个夏天,在技术上要用到火箭,虽然并不是那种运送载荷的大家伙;不管怎么说,我的贡献完全是在数学计算方面。除了电影,我从来没亲眼看到过火箭发射,所以这段经历显然不会让我成为货真价实的火箭科学家),但更主要的是以此体现大量而严谨的数学分析与物质世界的现实、探索与冒险的紧密结合。回想我们那个时代的伟大事件,其中之一就是阿波罗登月。我们不是天文学家,也不是工程师。我们虽然不确定自己到底是什么人,但是知道应该是处在两者之间。对那些在金融中使用量化方法的人,有一种更一般的称谓——"宽客",这个称谓也可以用于那些受过定量分析训练后来进入华尔街的不那么离经叛道的研究人员,他们往往自称是"金融工程师"。

我知道"火箭科学家"是个愚蠢的称呼,有点儿自我吹嘘的味道,也不是很贴切。这个称呼不是我杜撰的,我也不常用。我把自己称为"宽客",没有一点儿的夸张,就是简简单单的一个"宽客"。我并不是谦虚,关于这点你只要一直读下去就会发现了,我也没有夸张之意。我做的不是火箭科学,大多数的工作都是平凡而简单的,余下的就是一丝不苟了,谈不上任何才华。但是出于忠于历史的考虑,我们还是坚持用这个称呼,因为它的的确确能反映这群人的某些特质。

我们与那些被叫作"爱因斯坦"的人不同,那是一个更愚蠢的名字。我们对阿尔伯特·爱因斯坦本人没有任何意见,只是不能与那些人苟同,他们认为风险极其复杂,而且只需要通过纯粹的大脑活动就能搞明白,不需要亲自承担任何风险或者进行任何的观察。"爱因斯坦"很少作名词用。更普遍的是作形容词。"他很有洞察力,结果却成了爱因斯坦"或者"他曾经是位火箭科学家,可是得到了一个永久教职系列的岗位就爱因斯坦了"。请不要指责我。我无意为此辩护,只是实话实说而已。

"火箭科学家"们从基础开始重建了金融体系。新旧体系之间的变化好比是现代数码相机与80年代以来流行的傻瓜相机之间的区别。它们外观很像。它们都有镜头、闪光灯和快门按钮。它们都是用电池的,有些情况下还是一样的电池。它们都可以在度假、聚会和家人团聚时拍照留念。价格也差不多。从买卖双方的角度来看,不同之处只是在基本装置方面有了一定的技术改进。

但是在制造相机的人看来,两者之间没有丝毫的相同之处。现代技术与旧技术的基础原理完全不同。1982年到1992年的这段时间里,"火箭科学家"们对华尔街进行了彻底的改造。这样做没有经过规划,是自然而然发生的。大多数的人，包括大多数在华尔街工作的人，并没有意识到这种根本性的变化。他们观察到了一些细小的外部设计上的变化，然后在某一天发现不再需要冲洗胶卷了，但是却忽略了历史上前所未有的一些东西已经被创造出来了。

与此同时，更是没有任何预先计划，我们解开了核心的概率理论中已经困扰了人们 350 年之久的一个谜题。在概率方面从来都是实践者先于理论。毫无疑问，总有一天，我们可以提出严密一致的理论来解释现代金融风险管理的运作。只有到了那个时候，我才能向各位说明这样的理论是怎样的和为什么形成，以及它给这个世界带来了怎样的改变。

风险与生活

风险决策并不仅仅是一门定量的学科，也是一门生活的哲学。关于风险，有两种基本的心理态度。第一种是只要有可能就要回避风险，除非潜在的收益值得冒险。第二种是只要存在积极的优势就迎险而上抓住机会。第二种态度的优势在于赌博次数可以足够多，某一次、某十次或者百次的结果就不再重要了。长期来看，你一定会接近期望的收益水平，就像人们上百万次投掷硬币的结果一样。

根据我的经验，人们年轻时会倾向于这两种战略之一。也许这来自于我们的基因。由此，我经常想起从尼斯到蒙特卡洛的高速路上可以看到的路标。在一个交叉路口，指向右边的路标上写着"尼斯基因"，指向左边的写着"蒙特卡洛基因"。对于这样的选择，我是个左撇子。这并不是说我承担了巨大的风险，而是说我承担了大量的风险。我从其他人那里学到了经验，发明了自己的办法平衡这些风险以确保能得到好的结果，正如数学和人们的努力可以做到的那样。

对于敢于冒险的人来说有三条铁律。首先，既然计划要达到与预期相近的结果，那么你一定要确保期望值是正的。换句话说，你必须在所有的赌注上都有优势。期望对于风险回避者来说只是一个抽象的概念。如果你买了一张 1 美元的彩票，那么无论是 0.90 美元还是 1.10 美元的期望收益并没有任何实际区别。因为结果要么是赢了要么是输了。但是如果你买了一百万张彩票，期望值可以使整个世界变得不同。

其次，你需要确保没有一遍又一遍地重复相同的赌注。你的赌注必须尽可能地相互独立。这意味着你不能依赖系统或者迷信,甚至也不能依赖逻辑和理性。这些东西会导致你在赌注之间形成一定的相关性。你得努力找新的赌注,与之前的赌注无关,而且必须防止任何习惯性行为。很多情况下,你会发现随机决策即掷硬币是有利的。对于只想抓住一些大机会的风险回避者来说,相关性是第二位的考虑因素,掷硬币进行决策没有任何意义。

最后,冒险家需要将赌注的规模控制在合适的范围之内。永远不要输得太多,否则会被踢出赌局;但是好机会来的时候,你也希望大干一票。对于风险回避者而言,被踢出局算不上悲剧,因为对于他们而言,无论怎样,冒险从来都不是他们生活的重要部分。而且根本不需要超出必要水平去下注,因为如果没有坏的事件发生,原定计划应该是奏效的,他本来就没指望风险收益带来成功。

虽然中庸之道通常是好策略,但是我真的不认为在风险回避与风险追求之间有中间道路可以选择。想象有一个投资组合。你可以精心挑选一些高质量的债券,这样到了用钱之际可以得到好的收益,然后购买一些硬资产对冲风险。或者购买股票希望能有最高收益。如果选择的是后者,走冒险的道路,你就应该把和你认为市场能够补偿的一样多的投资风险都找出来。也就是,要找出所有的具有正优势的证券。两种策略都是可行的,但是只买一种股票就能把两者折中起来的想法就太疯狂了。要么能规避多少就规避多少风险,要么就努力找出所有能找到的风险。

当然,你可以把一半的投资放在债券上,另一半放在分散的风险资产上,但是这样做你仍然还是一个要尽可能找出足够多风险的冒险者。不过是采取了低风险版本的策略而已。我并不是说爱冒险的人就得一定有高风险的生活。实际上,一旦投资者们劳心费力地组成了一个广泛分散的投资组合,或者个人学会了接受风险,他们都想利用投资为己谋利。

人们在年轻时作此选择是对的,因为年长时要获得走这两条路所需的技能与生活态度就是致命的了。冒险家必须享受驾驭风险时的波动,因为这是所有一切的关键。这里没有终点。赌博永远停不下来。风险回避者为了实现计划的彼岸必须学会承受波动。这个世界需要有这两种人。

如果你是个冒险家,假如自己还没有参悟出来,那你就需要本书里的那些东西才能生存下去。我们了解很多关于风险决策的数学,这可是 1/4 世纪之前无人所知的。如果你不是冒险的人,也必须懂得关于风险的数学,因为它对这个世界很重要。

此时此刻，华尔街量化模型的名声实在不佳。但我希望能让你信服这种态度并不正确。不管我能不能做到，我都要说这些模型曾经彻底改变了世界，而且改变的速度只会更快。所以，即使你认为这些模型毫无价值甚至有害而无利，至少也值得去了解清楚。

游戏与货币

我准备讨论几个你没打算在关于风险的书籍中看到的话题。首先是游戏。游戏的性质之一是它发生在一个界定的区域内——物理的或者精神上的——不允许与世界的其他部分存在互动。比如说篮球，它是在有明确物理界线的场地内进行的——如果篮球飞到界线之外，裁判就会吹哨子，停止比赛，直到情况得到纠正。人们不会为了金钱或者比赛之外的任何原因而去购买篮筐。两个运动员喜欢或是不喜欢对方应该是不相关的，他们的行为只取决于他们是在同一个队还是相互对立的队里。这些特点允许我们可以将比赛中的事件作为风险来处理。如果外部事件介入进来，例如出现了运动员受伤或者设备故障，那些事件不能作为风险来处理，因为根据规则它们与投篮是不对应的。

虽然我们不认为世界会干预游戏，但是游戏却能够对这个世界产生巨大影响。选举、审判以及某些战争都是在某些设定的时间和地点发生的受规则约束的竞赛。市场竞争也可以被看作游戏，博弈论是经济学学习的主要部分。没那么严肃的竞赛在经济中占有很大的比重：体育运动、赌博、电动游戏、嗜好以及其他一些活动就是代表，它们对产品和服务产生了可观规模的需求。我们将深入地探讨这些问题，因为风险管理依赖于游戏所要求的那种界定和隔离。从更深刻的意义上说，风险就是游戏，而游戏就是风险。

我们也会讨论货币。经济学家们考虑风险时，他们总是假定风险种类并不重要——为了金钱与为了金钱之外其他的东西而进行的赌博没有什么不同。实际上这不是真的。最优化要求有目标函数和约束条件。风险优化要求这两者能够相互转化。而能满足该条件的办法之一就是两者都用货币衡量。而且事实上，只要在风险决策行为中对目标函数与约束条件使用了相同的计量单位，你就创造了某种形式的货币。

数学概率论的主流学派之一将打赌作为概率的基础概念。这就是贝叶斯理论。布鲁诺·德·菲尼蒂著名的例子是关于十亿年前火星上存在生命的概率的。给它进行赋值似乎非常困难,甚至要搞清楚数字对应的含义都是困难的。假设存在一次探险活动,明天它将决定问题的答案。有一种证券,如果十亿年前火星上有生命存在,明天就可以得到 1 美元的收益,如果没有就什么也得不到。有某一个你可以买进或者卖出这种证券的价格。根据菲尼蒂的理论,那个价格是十亿年前火星存在生命的概率。它是你的主观价格;其他人完全可以有不同的价格。对于任何一个事件总是有一个可定义的概率,因为你总是要被迫定义一个价格以便能够进行买卖。说你不知道某一事件的概率意味着你不知道自己在想什么。

"火箭科学家"们首先发现了那个构想所具有的含义,并提出了若干显而易见的问题。我们注意到赌注涉及金钱,所以就要问:"你用什么货币下的赌注?"例如,假设你要买卖一种买一赔百的证券,那意味着十亿年前火星上存在生命的概率是 1%。这次火星探险是出售以火星探险币或者麦克币计价的债券进行的融资。麦克币是将来火星殖民者要用的货币。每个麦克币今天卖 1 美元。如果探险发现十亿年前火星上的确有生命,那么 1 麦克币的价值将飙升到 10 美元,一方面是因为历史遗物和科学发现具有的潜在价值,另一方面是因为这意味着让火星更加适宜现在地球上的生命生存更有可能。如果你愿意用 10 美分买进一种如果火星曾经有生命存在就值 10 美元的有价证券,同样的情形,你就会愿意以 10 麦克分购买值 1 麦克币的证券。这一定是成立的,因为你花的 10 麦克分今天值 10 美分,如果你赢了,得到的 1 麦克币在那种情况下值 10 美元。因此,用麦克币计价,十亿年前火星上有生命存在的概率是 10%。那么,概率怎么会决定于你用什么来下注呢?

如果用在未来所有情形下都有相同价值的货币进行计算,看上去就会有这样的结果。但是,除了物理中存在绝对的参考系之外,根本就不存在这种事情。真正的风险只能用真实的概率进行分析,这就要求用某种实际的货币来进行衡量。火箭科学家们是在币值高度不确定的年代里成长起来的。我们非常清楚不是所有的东西都可以用美元买卖,而且美元的价值与世界的未来状态高度相关。我们亲历了失控的通胀和高度通胀的情形。税法复杂而且经常调整,边际税率通常也很高。政府对工资和价格进行调控,对很多商品进行管制,或者禁止买卖。也有替代性的货币和抽象的计价标准(计价标准是一种记账单位,用来给一系列商品赋予相对价值,并不一定是交易中介或者价值的贮藏,按通胀调整后的美元就是一个例子），当然，没有哪一种会是完美的。由此，我们不能接受那种认为存在完备定义的概率分布可以包括所有可能未来事件的观点。我们的概率分布可能覆盖了95%或者99%的可能事件，但是会留下5%或者1%的未定义的结果，在那个状态下货币没有任何价值，或者说那些结果由不能进行定价的因素决定。

频率主义

频率主义是概率理论中第二个重要流派。该理论将长期频率作为概率的基础概念，并不要求用货币进行计量。遗憾的是，频率主义不能告诉我们想要了解的概率，比如服用某种药物有多大可能可以帮助治疗病痛，或者购买某一种股票赚钱的概率有多大。它只能告诉我们实验者设计出来的概率，甚至都不是特定的，而是多组预测后的平均概率。如果用频率主义方法来解释一个药物试验，不会有药物发挥作用的概率的预测，它能做的概率预测只是在假定药物没有效果的条件下，一个随机程序将实验对象分配作为治疗组或控制组——这是实验者制造的随机性——产生的观察结果。对于观察类研究，情况实际上更糟，因为这些情况下研究者并不制造随机性，例如对货币政策的通货膨胀效应进行的计量研究。研究者只是声称有一个随机概率，仿佛是他制造出来的一样。

频率主义者可能会在5%的置信水平上检验假设。他可以告诉我们的是长期来看，被拒绝的假设中有不到5%的可能性会真的发生。不用计价标准仅从数学的角度看，他的说法是对的（至少如果其他的假设都是对的话）。但是我们为什么要关心这个呢？如果95%正确的只是我们都知道的那些小事儿，而错的那个5%却是关键的呢？只有通过某种办法将正确的和错误的预计加总起来得到净的收益或损失，研究者关于概率的结论对决策才会有作用。而且，这些判断必须有相同水平的风险，或者就像我们在后面会看到的，我们必须能够控制这些风险。

这个问题在贝叶斯主义和频率主义的教科书里经常是模糊处理的，要么只处理那些只有一种事件是有风险的情形，要么假设有某种完美的计价标准。可实际问题几乎总是综合了很多不同的因素，也就是说，我们需要一种计价标准能够将很多不同种类的事物联系在一起,换句话说,就是某种形式的货币。因为没有哪一种计价标准是完美的,所以我们需要将危险和机会分离出来,它们是不可能用计算概率的货币进行计量的。反过来处理问题,把所有的危险和机会都看作风险,是冷血主义。在人类世界里这样做不会奏效。理论上可以设想出一种完美的计价标准,能够对所有的一切进行定价,从上帝、荣耀、赢得比赛及人们的生活,到 iPod、厕纸、性和可卡因,再到兴奋、无聊、痛苦和爱。但是如果你要用如此计量出来的概率为依据进行决策,那么结局将是一场灾难。我坚信这个判断,因为它来自经验的观察。我们有更好的计算概率的办法,有更好的管理风险的办法。

如果有人说,"根据我对河水水面高度变化的研究,明年某个时间这个堤坝决堤的可能性是 1%",听上去这像是一种对真实世界的判断,可能是对的也可能是错的,两种情况都有客观的含义。实际上并非如此。在这个判断中,人类生命的价值相对于财产损失的假设含糊不清,因为两者都存在风险。对于贝叶斯主义者而言,假设含糊是因为概率的定义。不同的人会给出不同的赔率。对于频率主义者而言,这个判断本身就没有意义。分析者应该是说,"我在 1% 的置信水平上拒绝接受河堤在明年某个时间会决堤的假设"。此观点与这个河堤肯定会决堤的信息是一致的,但是其他 99 个决堤的假设在 1% 的置信水平上被拒绝的河口肯定不会决堤。只要我不管在 100 个河口每个都有 1% 决堤概率与 1 个河口肯定会决堤而 99 个河口肯定不会决堤之间有什么区别,那么,原来的判断才能合理地指导行动。反过来,那也要求我将每个河堤决口都看成具有相同且可以加总的固定成本,而且我只关心决堤的期望值是多少而不是期望值的波动与变异情况。某种意义上,这就是在要求我不关注风险。

从另外一个角度来看,原来的判断好像适合于研究者在确定要花 1 美元与如果明年决堤花 100 美元之间是无差别的情形。但是这也就意味着研究者在肯定杀死 1 个人与如果决堤会有 100 人死亡之间也是无差别的。没有符合逻辑的原因可以解释为什么在两种情况下人们得接受同样的风险率,行为和神经科学的研究结果都发现了,实际上人们的答案的确是不同的。我们把确定花 1 美元的人叫作"谨慎的保险购买者",而确定要杀死 1 个人的人叫作"凶手"。我们对待他们的方式截然不同。这里还没有考虑更复杂的情形,比如,如果河口决堤了,统计学家应该为确定能挽救 100 条生命付多少钱。而且如果在物种灭绝、选举或者兴奋中用作计价标准,概率也会有所不同。

理性

此部分是对风险的性质、货币以及理性的深入观察。假设我在某种场合观察到你用一个苹果赌了一个橘子。因为橘子不能除苹果,所以我不知道你是怎样确定这个事件的概率的。但是假设其后我看到你将一个苹果换成两个橘子。现在我知道了你的赔率是 2∶1,这意味着你认为该事件发生的机会至少是 2/3。我将你的决策分成了偏好——相对于橘子你有多喜欢苹果——和信任——你认为事件有多大可能性会发生。这是现代理性观点要求的基本划分,构成了现代经济学中效用论的假设前提。它的关键在于赌博和交换,也在于随机性和货币。

简单思考一下,我们就会知道这种区分完全是主观的,与你对风险的想象不同。假设你正在一条不熟悉的路上开车,发现汽油不足了。而路旁加油站 1 加仑汽油要比平时贵 15 美分。你不得不决定是停下来支付高价加一部分汽油呢,还是继续朝前开在没油前找到一个便宜点儿的加油站。根据传统理论,你需要预测一下找到加油站前汽车没油的概率和成本,还有沿途加油站汽油售价的概率分布。你还得在货币价值与汽车没油导致的不便之间进行权衡。可是并没有人真的会这样费尽周折地考虑,至少不是有意识地去这样做。人们会同时权衡概率和偏好,不会很清楚地将两者分开来。人们通常的行为也往往与被合理区分开的信任及偏好不一致。

当然,你认为自己是怎样思考的方式可能会产生误导,无论对照神经科学家们及认知心理学家们的研究发现,还是对照实际行动。研究的确发现可以将一些风险决策模型化分成信任和偏好,也就是说,区别成概率分布和效用函数。然而,我们有很多不同的分布和效用函数可以同样很好地解释大脑活动和个体决策行为,而且没有哪种分布和效用函数能够解释所有的决策,哪怕是一次一个都不可能。有智慧的风险管理必须以计价标准开始,并能清醒地认识到计量不能覆盖决策结果的所有可能情况。

我最喜欢的一个统计学故事发生在二战时期,它很好地反映了选择正确计价标准的重要性。盟军空军正在研究给轰炸机装上最合适数量的装甲。在这个问题中似乎计价标准是显而易见的。每装 1 磅的装甲意味着少装 1 磅的炸弹,要完成一次轰炸任务,轰炸机就要多跑几趟。与多次飞行中损失的飞机相比,装甲一定要能保护更多的飞机。战时经验通常教给我们的是糟糕的统计学,因为战争迫使我们把危险和机会都当作风险处理。这样,问题就变得异常简单。

总之,空军收集了轰炸机哪些部位遭受高射炮和榴霰弹攻击最多的统计数据,例如,机翼前缘多于后缘,下侧多于其他部位。显然,在最常遭到攻击的部分装上装甲一定是最有利的。数据被送给大统计学家亚伯拉罕·瓦尔德,请他指导应该在哪里安装甲最好。瓦尔德返回了一张图表,分析员们都感到非常惊讶。因为他在没有受损记录的地方放上了装甲,但是最常受到攻击的地方却没有。当被问及为什么要在没受损的地方安装甲的时候,瓦尔德答道:"如果那些地方遭到了攻击,轰炸机是回不来的。"

在这个问题中,利用明显的计价标准导致了完全错误的结论。在似乎能最受益的地方安装甲为轰炸机提供保护,但是这些地方受到的攻击并不是致命的。在这个例子中,必须反过来考虑计价标准,从没有记录的损失提供保护转换成为除了记录之外的所有损失提供保护。听了这个故事,大多数人会嘲笑空军分析员们的愚蠢。但是,专业的统计学家们以及非统计类型的概率决策专家们却经常犯此类错误。这可能是在定量决策中唯一的最常见错误了。

赌注

"火箭科学家"们会问另外的两个问题,这是任何真正赌博的人马上就要问的。你是和谁一起赌博?谁在下注?第一个问题是说,如果是和酒吧里的一个大嘴巴傻瓜或者一个科学家,或者一个把飞碟停在你后院的小绿人一起下注,你对火星生命证券的定价会相同吗?如果另一个人没你知道的信息多,为了达到期望利润的最大化,你的定价要在你自己的定价和你认为他会定的价格之间;如果另一个人比你知道得多,为了让你的期望损失最低,你要在你认为的他的定价水平上定价。传统理论是要你和你自己进行PK,这是完全没意义的。

以一个频率主义者的观点,如果有人告诉你他在5%的水平上拒绝纽约市明天会下雪的假设,那么他可以每天都这样说,而且准确度非常高,因为纽约市下雪的天数少于5%。但这样的判断对于实际的决策毫无意义。有些天下雪的概率实际上是零;另外有些天则是肯定要下雪的。根据这个概率下注还能赢钱,除非对手是个傻瓜,或者他以为纽约市是在澳大利亚。如果你是在国家海洋及大气管理总署的国家气象局设的赌局中赢了钱,那我要说这个概率是有用的。甚至如果有人在Betfair上把纽约市下雪挂出来设赌局能赚到钱并且打败了所有挑战者,或者最妙的是,有人能通过交易天气期货赚钱,我会更加感到惊讶。

更一般的,频率主义的概率判断不能说明计算这个概率的依据是否有力。声明1%的决堤概率的人可能只是看了一眼河口决堤的历史记录,发现平均每一百年就会发生一次决堤事件。对于这条河他可能一无所知。他没有观察这条河流,没去了解河水里含有什么物质,没有查找对立的观点,或者检验任何一个假设就进行了判断,但这样做并没有违反任何统计准则。他甚至可以把99条正确的判断和一张写着"今年河水不会决堤"的字条一起放在一个帽子里,然后随机抽取一张字条。如果抽到的是关于河口的那张,他就可以确切地说,从至少有99个正确判断的帽子里,随机抽到一个不正确判断的概率是1%或者更小,因此他可以拒绝河口决堤概率是1%的原假设。证明频率主义的判断是否可靠的不是统计检验的显著水平,而是为了测度显著水平而进行证伪的热情与执着。但是学术研究的论文往往只报告前者。在太多的情形下,后者要么是被忽略了,要么对于作者来说就意味着与自己的对立。

知道是谁在下注也同样重要。可能有很多人通过设定不同的赔率赌博赚到了钱。最容易解释的就是金融市场了。假设我研究了石油期货的所有做市商(做市就是设定他们自己买进或者卖出的价格)。他们设定不同的价格,代表着未来石油价格不同的赔率。我只对那些能连续赚得利润的做市商感兴趣。但是即使是在这一群体中,也有不同的价格,建仓的头寸也有不同。

也许你会反驳认为价格之间的差异可能相当小,而某种平均价格或者市场出清的价格是概率的最好预期值。这里的问题是没有哪个价格可以直接测度概率;所有的价格都在某种程度上融进了效用之中。一个锁定了某一石油期货价格的人可能不相信石油价格会上涨。如果真是那样的话,他可能会付不起高油价,为了能守住生意,他宁可愿意承受一个可预计的损失。

另外两个问题具有更大的现实意义,至少在风险管理中是这样的。一些做市商可能仅仅是运气好,他们采取的策略是大多数时候可以得到少量收益但偶尔发生的灾难就远远不是只把赚到的钱都赔进去了。按照他们的概率去做会导致灾难。另外一些在石油期货上的确是输了钱,但是总体上却是赚钱的,因为他们用石油期货去对冲其他的风险,总体策略是盈利的。但是按照他们的概率去做也是不好的。我们关注的是一个假设的风险中立的石油做市商的概率,在未来所有的情形的平均状态下,他能够在单独的石油期货交易中持续地赚钱。结果是得到的概率显著不同于我们主观预测的,或者长期频率,或者市场出清的价格;即使我们有一致的计价标准而且另一方对手的身份相同,结果也是一样。

这些问题的结果是火箭科学家们发明了自己的概率定义。概率分布只有相对于某个计价标准才能得到定义,因此不是所有的可能结果都可以的。投掷一枚硬币,正面朝上你赢1美元,反面朝上你输1美元,硬币可能会粘在天花板上或者立着掉在地上,你可能赢了赌注却拿不到钱,或者你能得到钱但是到那时美元也不值钱了,或者就在硬币还在空中的时候,通过了一项赌博收益100%征税的法律,或者硬币落地前你可能就已经死了。你可能会尽力将所有的可能性列下来,确定每一种事件的概率,但是对于实际的决策来说这就是没有希望能完成的任务。另一方面,我们有经验证据发现,对能够定义的概率之和进行可靠的预测是非常有意义的,这通常是比当初一开始预计的统计数字更有价值的量。有意义的概率可能并不存在,因为不存在活跃的赌博市场或者合理的假设的赌博市场来界定和谁赌,或者是因为在那样的市场里不能相信有人能赚钱。

看起来那是一个有缺陷的概率定义,但是让我们考虑一下其他的理论吧。贝叶斯学派认为概率总是存在的,但每个独立事件的概率一定是1。实践中,贝叶斯主义者经常发现在概率总和不等于1的时候得借助于"不完全先验",或者选择概率是为了计算的便利而不是主观信任。坚守原则拒绝这样做的人一定是生活在象牙塔里,因为他们不能处理真实的决策问题。频率主义者经常发现概率无法定义,同一个假设在每次实验中都有不同的概率。没有一种有效方法可以把不同试验中得到的概率加总起来得到一个数字。频率主义者的概率加起来也不是1。当频率主义者在5%的置信水平上拒绝了一个假设,并不意味着对立假设就有95%的可能性是真的。有可能设立一系列互斥假设,每一个假设都可以在5%的置信水平上被独立地拒绝。

火箭科学家也相信不可能精确地定义概率,那只能到买卖价差的程度。除非有人可以与任何人下注都能赢钱,否则没有谁有能力定义一个事件的概率。

指数与文化

我们不仅仅讨论赌博、概率和金钱。还会有整整一章的篇幅讨论指数问题。指数的数学定义是指与自身成一定比例关系速度的增长。数字越大，增长越快。有三个方面的原因使得其与风险相关。

第一个原因是，如果你仔细观察一个突然发生的巨变，通常它是指数的。在相当长的时间里，它的变化很小，增长很慢，所以没人注意到它。指数有两个方面的作用：数越小，增长就越慢。一旦开始变大，增长之快就好像是突然冒出来似的。就像真实世界里没有什么可以无限增长一样，到那时它就已经失去了指数的性质。它会达到某个极限。人们将之称为"黑天鹅"，一个始料未及的事件——实际上，它是不可能预期的——同时也关注其突然的增长及达到极限水平时产生的惊人碰撞。任何认真对待风险的人都要关注指数的性质。一旦事态变得很明显了，通常太晚了要么无法避免危险，要么无法利用其机会。非指数化的则相对容易处理。如果它们变大了或增长很快，你马上就会注意到了；如果它们很小或者增长缓慢，它们不会造成太多的问题，但是也不会提供很多的机会。

讨论指数的第二个原因要追溯到1956年，物理学家约翰·凯利发现指数战胜了风险。如果能够将风险行为组织起来达到指数化增长的最优水平，那么你就能得到比其他任何策略都要好的收益。数学家同时也是对冲基金的发明者爱德华·索普将这个策略命名为"财富公式"。如果你的结果肯定比其他回避风险的人更好，某种意义上说你战胜了风险。不输钱就不是风险。凯利的结果只是理论上的，我们根本不知道该怎样才能战胜风险。但是他的工作导致复杂的实用工具被发明出来，利用指数的力量从风险中获益。

研究指数的最后一个原因是风险回避者经常不顾后果地利用指数。指数威力无穷但也极其危险，而且一旦变得大到足够很重要的程度，又不会持久。当一个CEO为收入设定了综合的平均增长率目标时，他是在尽力建立一个指数。他可能会失败，但是如果成功了，公司将很快达到一个极限，而随后发生的事情则无法预料。当一位经济学家用计算出来的未来增长率为政府政策提供证据时，他是依赖指数来证明根本站不住脚的观点。反过来也有可能犯错。那些喜欢危言耸听的人经常利用指数增长率编造出天幕坠落的场景,要不是有数学的伪装,一定会被人嘲笑。

最后,我们来谈谈风险是怎样融进文化中的。风险管理最困难的问题之一是来自于历史更久的信任体系的竞争,就像科学有时会和迷信或宗教冲突一样。这个世界的很多权力是按声称的能在不确定条件下做好决策的能力进行分配的,或者是因为有超凡的预测能力,或者是应对事件的天分。这里包括了从巫师到数学建模师,从牧师到发言人和将军们的各类人。要是能那样就好了,因为毕竟要将执法人员和江湖骗子区分开来是很困难的。如果你自称强壮,或者动作快速,或者是优秀的象棋选手,这些都是很容易被证实的。但是如果你自称能够解释上帝的意图,或者是个明智的决策者,或者你的专利药物可以治疗病患,或者打胜仗的最好机会就是大家都按你说的去做,想方设法收集各种证据要花很长时间。聪明到能为错误辩解或因偶然的成功而居功要比进行好的风险决策更能赢得名誉和权利。实际上,好的风险决策通常会表现出相反的自满和飘忽不定的行为。即使是事后,面对没有参与决策的人,也很难为他们进行辩护。

虽然有少数人会不同意最后那段内容,我要说明的是实际情况要比通常人们认为的还要深刻。坏的风险管理在社会制度和流行理论中根深蒂固。除此之外,这也有助于我们理解为什么从理论的主要发现问世到能透彻论述的著作出版花了这么长时间,也可以解释为什么每天还有人发表关于风险的无稽之谈。半数好的风险管理恰恰是在识别和排除坏的风险管理。那种实践可以极具破坏性,肯定会产生强大的反应,因为它挑战了权力的重要传统基础。

收益

我们从研究前述四个话题以及一些更一般的风险管理中能得到什么收益呢?我可以为你提供一些关于风险的各种问题的答案,这些答案简单而符合逻辑。你得自己判别它们是否是真的,但是你要知道没有哪一个答案在任何情况下都可以适用。我不会要求你要膜拜笃信。逻辑和证据会清清楚楚地列出来,这些观点的历史演化过程也将如此。我相信这里提供给大家的都是真的,因为我在多年风险决策的实践中已经验证过了,也有对其他人的观察。我不能断言这些观点已经被广泛接受,因为它还没有被大众广泛了解。但是它的确代表了那些在金融领域获得成功的现代量化风险决策者们的共识。这是全球金融体系运作的方式——全球金融体系越来越决定着一切活动运作的方式。

多年来,我一直坚持利用撰写文章和演讲等机会宣传本书中的内容,可谓成败参半。我发现与擅长数学的专业风险决策者沟通是最容易的。我希望本书能够扩展到那些不是特别喜欢数学的读者,以及那些能冒点儿险但又不是专业从事风险决策的人。最困难的是和数学很好的风险回避者沟通。他们很少不赞同而且表示完全理解我的意思,但实际上完全是鸡同鸭讲。当我说"风险是好的",他们同意了这种说法是因为他们认为我的意思是为了改善预期收益水平就得接受风险。但是那种观点是把风险当作了成本,一种为得到某种好的东西而必须接受的坏的东西,那根本就不是我的意思。用我的定义来说,他们是把所有的风险都当作了危险。我谈到决策,他们也同意,但是却认为我指的是给其他人提建议。

为了避免误解,我用了图文材料——连环漫画来强调本书中的主要观点。这些是这本书的重要组成部分。如果你发现赞同我的文字表述但是却看不懂那些漫画,那你可能还是没搞明白。如果我们对那些漫画的看法一致,说明你已经吸收了我的那些重要思想,即使你根本没读其他的东西。

我想请你给予我足够的信任。我要讲述的是一件重要的事,其中还有很多显然非常特殊的东西。我们将涉及人类史、全球经济,甚至更重大的东西。除非你在金融界工作,可能即使是的,这里的一些观点对你来说也可能完全是新的,甚至是奇怪的。也有一些可能与你之前接受的观点相对立。直到最后一章之前,这些观点也不见得能全部一致起来。我努力地使每一章都能独立、有趣,但是这毕竟不是一本论文集。如果你能花上几个小时集中注意力来读读,我保证你可以大受裨益。

第 2 章

红血与蓝血

020 红血风险
RED-BLOODED RISK
华尔街秘史

第 3 章
帕斯卡赌注与风险管理的 7 条原则

现代风险研究开始于一个非同寻常的故事。1654 年,伟大的法国数学家布莱士·帕斯卡与皮埃尔·费马进行了一系列的通信,讨论掷骰子赌博中的数学问题。掷骰子代表的是一种非常特殊的风险。我们可以确切地知道所有可能的结果及其概率。但是却得不到任何有用的信息来预测或者影响掷骰子的结果。第一是靠假设,第二是靠规则,但是没有哪个真的有用。掷骰子的结果是不确定的,而且所有人都是在同一时刻知道结果。除了赌博和以制造风险为目的设计的受控制的科学实验之外,你搜遍大自然和人类世界也找不到代表这种风险的例子。即使是赌博,帕斯卡和费马分析的模型也仅仅是比较接近而已:发生意料不到的结果,骰子被灌了铅,赌徒出老千,赌局存在争议。只有在抽象的游戏世界里,与真实世界完全隔离的情况下,数学计算的结论才能有效。

布莱士·帕斯卡提出了另一个几乎同样著名的风险问题,但是却没有得到正统风险研究者的关注。这就是帕斯卡赌注。他以上帝是否存在的问题开头,最后得出结论认为不可能通过推理得到答案。所以,人们不得不打赌。如果你赌上帝是存在的而且是对的,那么你就赢得了永恒的幸福;如果你错了,那么就会失去那些本来可以不遵守戒律从而获得的所有乐趣。不管概率是多少,相信上帝是存在的很显然是聪明的赌注。哪怕是一点点赢得无限幸福的可能都值得放弃任何有限的快乐。

考虑帕斯卡的推理之前,你要知道这是我们生活中非常典型的那种风险。我们并不了解所有的结果;关于上帝的理论有很多,毫无疑问甚至其中还有一些没人曾想到过。我们肯定无法预计概率。但是,我们也许可以学到很多或者甚至影响结果(人们曾提出过上帝是根据我们的信念对我们进行审判的,或者只有足够多的人相信上帝才会存在)。我们的决策不是一次性的,也不是不可撤销的;我们在有生之年的每一天都可能会与这些问题纠缠——甚至还会超过于此——作很多的决定。

人们经常反对帕斯卡,认为似乎在他看来如果上帝是存在的,那一定会是罗马天主教义中的上帝,因此如果上帝是存在的,我们就会知道如何能升入天堂。但是帕斯卡并没有倾向于任何一种特定的宗教教义。反之,他主张读者们要"忠诚、诚实、谦虚、感恩和慷慨,做一个诚恳的朋友,真诚的人",要避免追求"荣耀和奢华"。他声称这条道路会在此生给予你收益,搞不好下辈子也会。

这也揭示了真实的风险决策具有的另一面。我们通常并不知道赌注的风险是什么。大多数人出于某些综合的原因至少朝着帕斯卡美德的方向进行了些努力:自尊,相信有助于获得尘世间的幸福,其他人的爱,担心做坏事被抓住,渴望他人的好评,习惯,缺乏想象力,一种模糊的信念认为如果有某种末日审判或者因果报应生死轮回(Samsara)会因为品德高尚而有更好的结果。对于信教的人来说,最后的这个原因被更加明确和具体的信仰代替了。

然而,即使有这些原因,多数人至少有些时候有一些美德是做不到的,而时不时地还会屈服于追求荣耀和奢华——除了其他的之外——的欲望。所以就会有某种平衡机制,既然有些收益和损失是不确定的,那么有些风险也将如此。但是有谁能找到足够多的动机和信念把这个问题转化成概率论中的数学问题呢?

还是实际些吧,让我们考虑另一个结构类似但不是无穷尽的例子。假设你是个专业的资产经理,投资其他人的信托资金,要在各种投资策略中进行选择。某种程度上,你可以计算出期望的收益水平以及围绕这个水平的收益变化程度。但是你知道市场中会有一些始料未及的事件发生。价格的变化可能超出历史水平,应该一起变动的价格可能朝着相反方向变化了,你可能根本就无法交易或者不能决定价格,机构可能突然就垮了,规则可以突然间发生变化,资产可能被没收了,本来值得信任的中介结果被发现是骗子——这些还仅仅是你能想象得到的情况。

你无法知道这些事件的概率,也不知道这些事件将如何影响你的投资组合。然而,你很清楚的是用的杠杆越少,出现意外时你的状况会越好。也会因为持有高流动性资产,与财务状况更好的合作者打交道,遵纪守法地做生意而受益。当然,没有哪种情况可以保证企业会生存下来而且甚至在某些情况下还会伤害到企业利益。但是公平地说,这样做可以减少危险。

问题是应该怎样在充分已知而且可定量化的因素与甚至无法描述的不确定事件之间保持平衡呢?值不值得为了多得1%的期望收益增加10%的杠杆?如果一种非流通债券的年收益比类似的流动性债券高出0.5%,它是不是更好的投资机会?

注意,这里与帕斯卡赌注有相似的地方。有些事件的概率和收益你很清楚:帕斯卡例子中是尘世间的那些资产经理例子中是正常的市场收益。其他的则一无所知:上帝是否存在?如果是的话,我的行为将对我们的关系产生怎样的影响?市场危机时会发生什么?不能量化的那些因素可能要比能量化的重要得多,即使它们发生的概率更低。另外,这也不是一次性决策,在每一刻你都得决定如何行动。

1987年之前,在实践中处理这些问题的标准方法是为杠杆率、流动性、合作伙伴质量、合法性和其他因素设定一定的限制。在这个限制内,投资经理可以大显身手,尽可能赚得利润。重要的决策是靠直觉的,著名的对冲基金经理乔治·索罗斯就是根据后背疼痛程度来决策的。所以个人品质和态度非常重要。名声好的人,表现冷静、自信,清晰表达出来的那些观点就会得到重视,而其他的观点通常会被忽略。标准的学术方法是列出一些可能发生的意外事件,给每个事件设定概率和结果,然后假装已经有了一个定义完备的赌博游戏。再把风险水平除以3或4的安全系数。在风险管理中这些暂时的、不能令人满意的程序一直沿用着。但是时代已经不同了。

原则1:风险的两重性

现代量化风险管理的第一个原则是将风险分成两个部分。对于正常普通事件,有足够多的数据,利用这些历史数据可以得到可靠的定量结论。但是长期的成功需要至少能在那些你知道也会发生的非正常的、意外的、不寻常的事件中生存下来。最伟大的长期成功则需要利用——而不是仅仅从中生存——这些事件,所以你需要把这些因素也考虑进来。必须对此进行管理,尽管不知道会发生什么,也不知道你的行为将如何影响那些要发生的事情,而且你肯定不能给定概率。

道理似乎显而易见，也许就是的。但是有些人并不同意。做量化分析的专业人士普遍只处理前一种情况，他们的假设是那些不知情的事件不应该影响决策。在另一个极端上，纳西姆·塔勒布在《随机致富的傻瓜》和《黑天鹅》里强调只有第二种分析才真正重要；第一种分析具有一定的欺骗性，因为长期的收益决定于意外的、高影响力的事件。纳西姆理论的另一个更流行的简明版本认为可以根据那些突发奇想或者传统或者直觉进行决策，因为仔细的分析与计划似乎经常不能成功。

这种观点恰好与1982年我在芝加哥大学商学院（现在的布斯商学院）的博士论文主题相吻合。我把这个观点带到了华尔街，但是直到1987年10月19日的大崩盘之前，很少有人注意到它。那一天的股市跌幅超过了历史上任何一次的两倍都不止，但是令人意外之处并不在此。宽客们知道这种肥尾事件是有可能发生的。令人感到意外的是，整个金融体系以一种无人料及的形式重新得到了组建，而只有极少数人有所察觉。

这场股灾激发了一次对历史数据再评估的浪潮，结果发现此类重要的重建并不是不普遍。每隔十年都要发生一两次整个市场范围的，而且每年至少都要发生很多次小规模的影响某些特定类型证券的。做定性分析的基金经理们没有注意到这些是因为他们没有足够仔细地去衡量和跟踪具体细节；他们较为关注的是那些宏观层面上的趋势。很多方法，包括我的，从办公桌抽屉里被拿了出来，作为应对危机的范式。

原则2：有价值的范围

下一个要发现的原则完全是个意外。我们认为在有很多数据的情况下界定一个区间相当容易——即市场可以在多大程度上波动仍属正常的范围。毕竟，从概念上说，我们有很多的数据。为了把问题说得精确些，我先向前跳跃一步，盗用一个直到1992年之前还未得到充分应用的概念——风险价值（VaR）。VaR是一个操作性概念。意思是，我们先提出一个VaR应该有的属性，然后努力计算出符合这个属性要求的数字。一个一日1%的VaR意味着100天中有1天——1%的时间——假设是正常的市场且头寸没有变化，投资组合在一天内的损失将超过 VaR 值。VaR 也可以用不同的概率水平和不同的时间期限进行定义。

100 天里有 99 天市场是正常的且输赢小于 VaR 值作为最优化计算的数据。一年中有两三个交易日的损失超过 VaR 值——被称为"VaR 突破"——或者市场是非正常的,要单独分开进行分析。

为了利用这个指标,要在交易开始前明确 VaR 值。如果 VaR 计算恰当,在统计误差范围内,100 天里有 1 天损失会超过 VaR。而且,突破应该是完全不可预期的。在昨天有一个突破或三年都没有突破的情况下,发生 VaR 突破的可能性应该是一样的;或者不管 VaR 值高或低,发生 VaR 突破的概率也应该相同。更一般的,对于今天会出现 VaR 突破的判断,如果允许你在 99 赔 1 的两边中选择一方下注,应该没有人可以赢你。

量化分析的细节是不断变化的,但是一般性的思路则超越了具体的 VaR。它适用于为了风险管理的目的而被区分成正常和非正常状况的各种可能的未来情形。你必须事先确定正常结果的概率,严密地证实你的预测。

设定 VaR 值看上去是一个合情合理的简单的统计问题,实际却并非如此。从交易开始前每一天的数据都要有,即使数据本身存在问题,而且 VaR 不能在事后作调整。对于风险管理来说,重要的是决策时用的数据,而不是什么其后的修正。市场价格变化的统计属性,即使是正常的时期也是变化不定的,时刻处于快速、不可预期的演化之中。

结果是我们从做体彩价差赌博的人那里偷艺,再不断地加上我们自己搞的一些东西。我们不得不深入探求后台的工作,学习研究监管和审计人员发明的方法。经历了若干年的深入、协同工作,我们才最终提出了能通过严密的统计回测的 VaR 方法,而且我们也愿意用它和交易员们赌上一把。在 20 世纪 90 年代早期让交易所接受 VaR 的唯一方法就是真正地赌上一把;你可以想象交易员们会怎样看待一个风险经理,他告诉他们如何运作百万美元的投资组合但是却不会花自己的 1 万美元去冒险。

一个主要的结论使我们明白了,对于那些在正常交易日里规规矩矩地落在概率分布中央的风险,我们知道的太少了。我们以前认为所有的风险都存在于分布的尾部,或者是在市场的非正常时期。

还有另外一个意外,是令人愉悦的而不是相反的情况。结果说明一旦有了比较完善的 VaR 系统,投资组合的 VaR 变化对于赚钱和控制风险都非常有用。VaR 突破同样是有价值的,可以作为发生变化的信号。

遗憾的是,当 VaR 从它的发明者——一小群宽客——那里传出来的时候,被错误地理解成为一种衡量风险的方法或者是最糟糕情况下的损失。实际上两者都不是。低 VaR 的投资组合并不比高 VaR 的更安全;它只是说明我们在一个更小的范围里才有关于风险的可靠数据。VaR 是你在最糟糕的 1% 交易日中至少会输掉的,而不是最多的。

另一个问题是 VaR 经常被算错。监管和审计人员喜欢可控的符合逻辑系统算出来的数字,因为这些数字可以被监管到,结果也可以得到解释。他们喜欢在事后调整数据,这样,一切都整整齐齐,前后一致。成功的 VaR 系统里装满了临时的内部算法,用来监测损坏的或遗漏的数据,或者一旦发生与整体不吻合的细微变化就会发生剧烈反应。这些 VaR 系统是进化而来的而不是设计的。它提供的结果和市场价格变动一样难以解释。实际上,VaR 系统的价值就在于它常常让我们感到吃惊。意外是不可避免的;你唯一的选择或者是在交易开始前风险的统计数据让你感到吃惊,或者是在交易过程中市场事件让你感到震惊。追求理性、控制、可监控、可解释力的压力在一些机构里已经抹杀了 VaR 的价值,就像一个国王枪毙任何一个给他带来意外的或者不能解释的消息的信差一样。

VaR 只对某些特定的金融风险有效。风险管理的基本原则是要事先定义一组结果,对其预期的概率你要有相当的信心(通常是因为你有充分的数据,也可能是因为你相信某种理论),而且重要的是你也要对结果超出预计范围的频率有信心。努力创造这个系统可以教会你很多东西;特别是它会让你明白你在进行预测和严密证实之前知道的事情太少了。我的经验是,设定的范围发生的任何变化都会被证明是对决策有用的。当你得到了一个在界限范围之外的结果,这就是一个有价值的警告,一定是有什么事正在发生变化。

原则 3:风险点火

现代量化风险管理的第三条原则是反意外的,我们叫作"风险点火"。这个理论要追溯到约翰·凯利——我们在第一章简单认识了他——在 1956 年提出的观点。他发现如果你能承担一个最优水平的风险——不多也不少,你的收益就可以呈指数化增长,这比其他任何策略都有利。你可以像火箭点火一样获得天文数字的成功,而不是输赢交替起起伏伏。

低于最优水平的风险并不会让你更安全;你只是被锁定在了更糟糕的结果上。在有竞争性的领域里,比最好差一点儿通常意味着彻底的失败。而高于最优水平的风险也会产生糟糕的后果,带来彻底的灾难。

理论上,风险的二重性是保证风险点火理论在实践中奏效必要的概念。

比如,假设有一个赌场。成千的人在那里赌轮盘的红与黑,玩双骰子游戏的过与不过,转动老虎机,或者玩其他的游戏。这些都不是赌场的风险。因为多数赌注的两边都有人押注,而且赌场还有优势,付给赢家的总是少于从输家那里赚的。当然,也会有一些不匹配的风险,但是很快就可以被平均掉。

分析这些赌博游戏时,多数做量化分析的人会关注庄家的优势,这是赌场在每一元的赌注上可以平均分到的比例。但是赌场考虑的却是另外一样东西:庄家抽水率,这是客户换来的筹码中被赌场赚走的那部分。当然,抽水率决定于优势,但是也决定于下注的速度和赌客们的行为。赌场设置的赌博游戏优势差距变化很大,但是抽水率却惊人的相似(按照提供赌博游戏的成本进行调整)。

你可能会想赌场应该使抽水率最大化,但实际情况并非如此。如果抽水率太高,顾客赌的就少了,最后就不来了。使赌场生意最好的最优抽水率是:一方面抽水率水平足够低能保证有大量的赌注而且不停地增长,另一方面又要足够高能够保证赚到钱。大多数商业化博彩业的问题就是,抽水率太高了。这就是为什么赌场会以提供免费或折扣服务的方式,包括食物、住宿、娱乐项目和债务减免,返还赌客75%左右的损失。互联网博彩提供反水。国家彩票提供一些小奖。他们只宣传最高的大奖——这是为什么人们会买彩票的原因,但是如果政府真的兑现了百万美元以上的大奖,抽水就太高了,最后没有人会来买了。关键是人们多数会把赢到的小奖再拿去购买彩票,因此彩票的净流出并不是所有支付的奖励之和,而是那些太大了不会重复下注之外的奖励之和。但是买彩票的人特别享受的是在重复下注时中个小奖的过程,尽管最终他们还是输了那么多钱。

赌场为什么不能减少游戏中的庄家优势来降低抽水呢?实际上有些时候赌场就是这样做的,作为优惠推销给客户们更好的条件。但是这种策略总体上并不是非常有效,因为优势对抽水的影响不是很大。人们输到一定程度就不玩了,在较小的优势情况下,也不过是玩的时间长些而已。赌场希望能使玩家的体验最大化,这样人们可以一直玩到带着满足感离开,但是时间也不会太长,否则人们会感到疲惫不堪而赌场的花费也会攀升。另一个问题是当优势小到一定程度的时候,结果的随机变化就会开始发生作用,至少在高额赌注的游戏中是这样。另外,低的优势会有利于那些如21点里的算牌手的"优势玩家"战胜庄家。

与更一般的风险决策类似,赌场并不关注个别的赌注风险,而是概率原理可以有效保证的长期收益。它并不是要保证结果的最大化,而是将其设定在最优的水平上。如果定得太高,赌客们输了很多钱,赌场就会没有生意。如果定得太低,赚不到竞争要求的盈利,最后还是会失败。如果设的标准恰好,那么赌场的生意就会稳步增长,实现盈利。赌场生意的价值要比任何一次赌注或者短期利润都大得多,所以强调成功概率的最大化而不是担心输多赢少是有意义的。

可是,这里有个重要的提醒。纳西姆·塔勒布讲了一个例子,一年内某赌场三次最大的失败。具体是:

1. 老板的女儿被绑架了,绑匪要求赎金。
2. 不知道为什么,一个老员工将报税单塞在桌子下很多年而没有按要求上交给政府,结果被罚了重款。
3. 一只老虎袭击了赌场的明星演员。

对于可预测的、期望的、可定量化的风险,风险点火只在 VaR 限制范围内有效。你可以完美地使其最优化,仍然会因为某些意外事件而失败。

风险点火不单是一群对冲基金经理和宽客自营商追逐的投资策略。它是金融世界发生重要转变的驱动力。创造了自我持续的指数化增长,在长期比那些不能达到点火状态的努力要重要得多。

顺便提一句,在这本书里你会读到很多关于赌场或者其他类型的商业化赌博游戏。我因此受到了批评。编辑、审稿人和善意的朋友们都警告说这些没有价值的例子会让我失去读者。他们并不明白我要表达的意思。赌场不是例子,不论是不是有意义。要理解风险,就有必要去研究真实的人是如何进行真实的风险决策的。包括赌场老板和客户,除了很多其他人外,还有金融交易人。不可能只是读些关于他们的事情,或者用理论上的纸板模型;你还要到赌桌旁、到交易大厅去搞清楚到底是怎么回事。心理学家和行为研究者在受控制的实验环境下也做了一些有价值的工作。在没有对现实中的风险行为进行长时间观察之前，谁都不应该自以为是地谈论风险。

不再喋喋不休了。回到我们的故事中来，宽客们多年来一直试图给风险点火，但总是不成功。只有当我们学会了如何设置 VaR 限制，为处于界限外的事件制定各种规则，行动策略才可能长期奏效从而获益。在这个发现之前，自从 1949 年开始就有了对冲基金。但是大多数都失败了，即使成功的那些对冲基金给投资人带来的财富也不多。但是突然之间，出现了大量的对冲基金的百万富翁，而且从那以后每年都会产生很多新的百万富翁。这些人并不比之前一代的经理们更聪明；他们遵循着相同的众所周知而且相当简单的投资策略。不同的是，现在他们了解如何管理和利用风险。金融机构的利润率从 15% 增长到 40% 以上，占国内生产总值的比例也翻了一番。金融机构并没有改变它们的商业模式或者开发新的市场，增长来自风险管理方面的改变。而且不管民众怎么看，这些收益的取得并没有以经济中其他部分的利益为代价，而且促进了整体经济福利的增长。

原则 4:货币

在传统的风险分析中，你可以下任何赌注，货币的或非货币的。风险的研究与货币的研究无关。但是就像我们在第 1 章里看到的，两者实际上是紧密地联系在一起的。你不可能不用货币来给风险点火，不可能在不理解风险的情况下理解金钱。

相似性的第一点是货币的两重性对应于风险的两重性。我们可以赢得信任、报以忠诚、感情互惠、伸出援手，但不是用钱也不是为钱。货币只适用于一些次级类别的人类交易。在货币经济范围内，以"任何人都有自己的价格"为普遍标准，任何事物都可以被衡量。在货币经济之外，事情并不是一样的简单或者一致。我们不能轻易地预测到处于 VaR 范围之外的事件；我们也不能轻易地计划在货币范围之外的事。无论怎样，这些范围是非常重要的，通常占有支配地位，所以"生活就是你在做其他计划时发生的那些事。"

人们经常会低估非货币交易的重要性。我不是仅指那些钱买不到的东西——至少这是比较流行的说法，例如爱和幸福。我们不会把军队勋章或者精英学院的录取通知书拿来拍卖掉。你申请工作;不是去购买工作。非货币化的礼物、慈善、宴会以及志愿者组织代表着经济社会中相当大的一部分非货币交易。毫无疑问,金钱可以帮助你成为名人,或者跟一个名人约会,但是并不能直接达到目的。类似的,花大价钱雇的律师可能可以帮你洗脱罪名,高价雇佣的说客可能可以帮你推销政治观点,但是这些都不是只用钱就能实现的。

在非正常时期货币甚至就更不重要了。如果你在沙漠中感到口渴,水的价格就没什么意义了。如果金融市场出现了流行性危机,杠杆投资的货币价值同样也无关了。

至于风险,在一定范围内你可以用货币进行精确的计算,当然界限的定义是非常难的。如果你的确能投入精力去精确地计量并保持跟踪研究那些超出界限的情况,那么你就可以得到一些重要的见解。如果你能谨慎决策使其最优,就可以激发财富创造的程序,但是成功也取决于货币不能发挥作用时能否对事情进行合理的安排:例如恐慌、银行假日、灾难、流动性危机、财产征收、恶性通货膨胀等等。

为了理解风险与货币之间的联系,可以联想一下翻越一座陡峭大山的情形。显然,这是个高风险的事情,但是风险却不易管理。你不得不利用一系列机会,而且要在到达之前了解每个机会是很难的。为了取得成功,你可能得在所有的,或者几乎是所有的风险中获胜。另外,还会有和风险一样多的危险。

风险点火策略要将任务分解为大量的次级任务,各个次级任务之间的联系尽可能的小。这样,即使你在某些甚至是大部分的风险中都失败了,仍然应该有可能成功。

假设你不打算自己翻越山脊,而是想修一条路通过大山。这个任务对于风险管理而言就更加可控了。你可以将它分解成很多次级任务,每一个都可以用多种方式完成。一个任务的成功会有助于完成其他任务。例如,如果修好了一条穿越山麓的路,那么就可以搭建基地和补给储备所,提高勘测人员和工人完成后面建设任务的效率。这种组织方式可以帮助你既减少了危险也能让危险变得有生产力。另一个重要的特点是这里出现了一系列的结果,而不是简单的成功或者失败。孤身一人的登山者或者是翻过了山,或者是没有。而修路的人可能会彻底失败,可能会修了一条又长又难走的路,也可能修了一条又短又方便的路,或者是修了一条多种用途的路网。

货币是重要的工具，能用来以利用风险的形式计划各种项目。经济学家们总是强调货币的两个效用：鼓励分工和支持自发的组织人力与资源。风险经理们则发现了两个更加重要的特性。货币用相同的单位来衡量约束条件和目标，这就意味着一部分目标的成功可以在未来行动中减少约束。赢得越多，可以赌得越多。如果赢得的奖励与押赌的东西性质不同，或者不能互相转换，那就不行了。而且货币也能反映任何程度的成功具有的价值。在后面的内容中我们会看到，正是这两件事情使得利用风险成为可能。

我们还会看到那两种特性对创造真正的货币是非常重要的，真正的货币被定义为一种单一工具可以同时承担交易中介、价值贮藏和计价标准或价值标准的功能。经济学家们倾向于强调前两种功能，但是在真正的货币增加了计价标准的功能并引爆了一场价值创造的浪潮之前，大约有数千年的时间，我们就已经用了代币和商品货币作为交易中介，并用大块的金属作为价值的贮藏。今天，有很多东西承担了部分的货币功能，信用卡是交易中介，金融证券是价值的贮藏，特别提款权（一种用一篮子货币指数定义的，用于央行之间交易的记账单位）和消费者价格指数（经济学家们用的一种账户单位，以一揽子商品为代表）是计价标准；但是刺激了经济增长的货币是那些将重要的风险决策活动的约束条件和目标等同起来的东西。目前，金融衍生品是发达经济使用的最重要的货币形式，尽管似乎只有少数人已经注意到了。

在 VaR 范围之外

其余的现代量化风险管理原则涉及的是 VaR 限制之外的风险。如果不知道可能的结果或概率，怎么可能利用风险赚到钱呢？你已经知道了问题的答案，但是要明白是怎么回事，还要回到帕斯卡赌注。在那个故事里，帕斯卡巧妙地处理了两个棘手的问题。

第一个是我们用来计量事物的单位。早期的概率学家们认为所有的赌博都应该用期望价值进行衡量，任何拒绝了正的期望风险收益会被他们毫不犹豫地谴责为不理性。实际上，期望值（expected value）和你的预期没有什么关系；它只是一个数学术语，意思是将所有的结果乘以各自的概率再加总起来。例如，你投掷一枚均质的硬币，如果正面朝上，赢 100 元；如果反面朝上，输 50 元，那么投掷硬币的期望值就是：

$$0.5 \times \$100 + 0.5 \times (-\$50) = \$50 - \$25 = \$25$$

几十年后，一些人开始领悟到接受这个投资硬币的游戏并不明智，如果正面朝上财富增长3倍，但如果反面朝上就要倾家荡产。这个赌博有正的期望值，相当于你的一半财富，但是对于多数人来说输个精光的痛苦超过了财富增长3倍带来的喜悦。

解决这个问题的是效用理论（utility theory）。该理论假设可以为每个结果设定某个"效用"，赌博游戏应该用期望效用进行衡量。如果目前的状态值设为+1个效用，+2是三倍财富的状态，-2是输光的情况，那么前面提到的赌博游戏的期望效用是 $0.5 \times 2 + 0.5 \times (-2) = 0$，比拒绝参加游戏的收益值+1少。

效用理论通常认为当你变得越来越富有时，再每多得1美元增加的效用是递减的。这个假设恰好是很多传统经济学理论有效所必需的。这个假设的后果被称为边际效用递减（declining marginal utility），意味着所有的风险都是不好的。永远不要接受一个期望收益值为零美元的赌博游戏；它的期望效用一定是负的。要承担风险就得有正的期望收益进行补偿。尽管这个概念不过是为了解决一个明显的数学错误而被创造出来的，而且从来没有经验证据表明人们的确据此行动，更没有在理论上被证明人们的确应该这样，这个概念被很多接受了定量训练的人视为不容置疑的真理。

一些现代的研究者扩展了效用理论，使其至少能合理地接近现实世界。重要的扩展有以下六个：

1. 允许现有的所有财富都成为效用函数讨论的对象。毫无疑问，人们对自己拥有的东西和不拥有的东西的反应是不同的；这不仅不是非理性的，而且是具有进化意义的重要性，第8章将有进一步的讨论。

2. 将效用从传统的范围扩展到社会价值，奖励那些遵守规则的，惩罚那些违反规则的。

3. 让效用不仅决定于过去和可预期的将来消费，也决定于现在的消费。用专业术语来说就是效用不是时间可分（time separable）的。

4. 让赌博的效用取决于所有可能的结果，而不仅是结果的期望效用。

5. 不要把所有的消费合并成一个计价标准。人们对待货币与其他商品不同。第5章将表明比B更加偏好A但是却愿意为B付出更高的价格是普遍的,也是理性的。

6. 要意识到人们对不同的效用函数会有不同的性质,而且人们并不总是了解自己对将来的情形会有什么样的感觉。

遗憾的是,当所有这些扩展都被包括进来后,除了若干特殊情况,要在数学上处理效用理论变得很棘手。要求对模型进行严密论证仍然是值得的。但是这些模型却不能告诉你真实的世界是怎样的。几乎每一种行为都可以是理性效用的最大化。所以,你必须走出去到实践中或实验室里去观察,不能只是坐在象牙塔里给事物标上理性或非理性的标签。

还有另外一些研究者一股脑地拒绝了效用最大化,他们认为在众多因素之中,探索法和"满意"能够更好地解释人们的行为。我很尊敬一些这么做的人,但基本上并不赞成他们的观点。如果一个人做了某件可预期结果的事情,说他希望得到那样的结果,然后再研究出是什么样的信任和偏好支持了这种渴望,我想这么做是有意义的。那些信任和偏好是否代表了他真实的内在精神状态并不是重点。经验上,我认为那应该是由方法论学科进行更有意义的研究。

帕斯卡的工作在效用理论出现之前。他是用"生命"的计算来处理这些问题的。这被叫作计价标准的转化(a change of numeraire),第 1 章中我们讨论过。在第 18 章中我们会看到这是一种强大的技术,最早被发明出来用来进行衍生品定价,从而促成了对概率性质进行深入的再评估。如果上帝不存在,你将只有一次生命;如果上帝存在,你将有可能获得永生。假如信仰上帝为你在天堂里不朽的生命增加了任何程度的幸福,那需要不止一次在生命中,幸福遭受到任何有限程度的损失。但是,帕斯卡强调的是你现在并不知道自己对可能出现的结果会有什么样的感受。他声称美德比恶行会使你更加幸福,但是他并没有假设你从一开始就知道这个。为了使效用理论有效,你不仅必须事先就知道各种可能的结果,还要非常精确地知道自己对每一种结果的感受,以至于可以毫不含糊地将各种结果进行排序。在那些对事物的感觉构成了决策重要部分的不确定性里,帕斯卡的问题更加具有现实性。

第二个微妙的问题是决策者的特质。传统分析假设每个人都是效用最大化的。尽管没有现代认知理论的知识,帕斯卡也知道人有多重属性。实际上,那是他赌注理论的关键。大脑有些部分受到各种肉体的快感引诱,而其他的部分则有更长远的考虑。假设你接受了帕斯卡的建议,控制自己的欲望和激情。他声称你不仅有更多机会升入天堂,而且在这次生命中也会更加幸福。如果这是真的，到底是谁更加幸福？既然你的性质发生了变化，你们还是同一个人吗？或者更有意义的说法是否应该是，大脑和精神部分更幸福而尘世上的属性受尽挫折？在现在的尘世间的感觉与在某个未知的将来存在的永恒灵魂（如果有的话）的利益之间进行权衡甚至就更加困难了。

我们也可以从另外一个角度来看。假设你在一家公司工作，要评价一个项目。我们大多数人会自动地采用公司的角度考虑问题。我们没有忘记自己的利益；甚至会让它凌驾在对雇主的责任之上。但是除非我们一点儿团队精神都没有，否则总是会感到有种力量驱使自己履行在组织中的职责而不会是让个人的渴望控制一切。只有当我们需要左右权衡时，我们才会考虑哪一个的利益更重要。多数时候我们想也不会想就采取了公司的立场："我们需要填报这些表格。""这会花太多的钱。""我们应该考虑考虑这种观点。"当进行的决策与宗教有关时，多数人会从宗教团体的角度来考虑，为参与和促成某种好事而感到满足。类似的，人们会基于怎样对家庭、国家、团队和其他抽象的多人群体是最好的而进行决策。

两种效果可能是混合在一起的。在某些类聚会上，每个人可以表现出不负责任、爱玩的天性。这些会相互强化，帮助参加聚会的人超越性格中那些严肃和谨慎的一面。那些没有加入其中的人被称为乐趣终结者或煞风景的人，可以把其他每个人都拖下水。类似的事情在黑帮、修道院、热舞区也会发生。要激发出我们个性中的某个方面，最好是周围的人都在做同样的事。你可以想到在这些例子里的决策群体是由很多个体的性格中的某些部分构成的。

这是风险分析中最复杂的地方。典型的是存在很多不同层面的考虑，无论是群体范围之内还是之间。结果评价和决策都是如此。不是考虑某个决策者为了个人利益最大进行选择，而是一个委员会为了进一步发展团体多元化的利益进行决策可能要更好些。在第一种情况下非理性的行为在第二种情况下通常容易得到解释。

当我们考虑 VaR 之外的情况时，这两个问题就变得重要了。我们知道自己对正常的每天都发生的事件的感受，形成了某种决策结构。要么是那样，要么我们努力挣扎——在意识上与我们自己或者外在的与他人，或者两方面都有。如果有人给了你一块奶酪蛋糕，贪吃的天性会与长期对健康和保持体形的渴望进行协调。在那个问题上，大部分人都有某种稳定的妥协程序。可是如果人家给你的是完全意外的好处呢？如果是一种可以让你保持年轻和健康的或者是置你于死地的药物呢？如果是背叛你最好的朋友去换取奢华的生活呢？一个为祖国牺牲生命的机会呢？这些都是那种会令你去思考自己究竟是怎样的人以及到底需要什么的决策问题。没有哪种选择可以让所有人都感到满意，也不是所有的社会团体你都要关心。而且你可能还会发现自己无法去执行你以为自己已经决定的那些事。虽然这些例子有些极端，但是我们生命中不可能不会碰到这些情况。如果拒绝提前考虑这些，你就无法管理风险。然而，明确地把这些问题提出来会导致不稳定的组织破裂，让本来就不稳定的盟友感到焦虑。这也是真正的风险管理为什么如此具有颠覆性的一个原因。但是在平静的时期能够打破和谐以便重组更强大的人和组织总要好过在危机中真正地分崩离析。

管理 VaR 范围之外的风险的秘诀是确认风险是好的并建立起正确的风险决策结构。那意味着我们不得不抛弃效用理论，至少是在最简单的形式上，因为它告诉我们所有的风险都是坏的。而且我们还需要确切考虑我们为其管理风险的那些群体的方方面面。

原则 5：进化

好风险有哪些例子？进化就是其中之一。随机变化创造的东西要比任何人特意设计的任何事情都更加神奇。但是这里有两个重要说明。变异对于个体来说几乎总是坏的，但是最优规模的变异对于种群是好的。然而，种群不是固定不变的；它在个体的组合形式及基因特点方面都会随着时间发生变化。对进化的深入研究表明进化有很多层次，从个体的自利基因到（可能），大地上所有的生命网络——盖亚（Gaia）。所以，既然随机性可以是好的，那么我们就要问一问对于我们关注的群体来说它是否是好的。

第二个说明是随机的变化只是进化的一半内容；另一半是自然选择。假设我们面对的是经典的公司金融中的资本预算问题。我们有一组公司想投的项目，要从中选出那些可以接受的。根据标准的程序，当我们面对的是两个期望现值相同的项目时，应该选风险低的。但是风险产生了多样性，更有可能让公司在意外的事件中生存下来。甚至更好的情况是，这个多样化的公司在经历了一系列危机后可以进化成为结构更优化的实体，更能适应未来的挑战。

在描述其余的风险管理原则时,我倾向于用这样的科学类比方法。这种形式可能会被滥用,把某个科学观点进行通俗的简单化,然后像比喻或者新宗教一样不假思索、荒诞离奇地利用。在另一个极端上,严肃的研究者们有时试图将一个领域里的精准机制或公式应用到其他领域中去。前面一种情况几乎得不到什么结果而且经常是疯狂的。第二种在金融领域中叫作经济物理学(econophsics),虽然借出技术的科学领域不是物理。从信号处理和自然语言处理中借用的技术在金融中已经获得了了不起的成功,但是最后的裁定仍然要看在其他领域里是否可以产生有价值的理论。经济物理学给了我们很多希望,也获得了一些微不足道的成功,但是更多的是挫折和失败而不是进展。

我做的事情有所不同。认为风险可以用概率分布和效用函数进行分析的观点深深地植根于经济学理论之中。掷骰子仍然是风险的基本模型。实际上,在其他的领域,包括进化,有更多有用的随机性模型可以为风险管理提供更多的见解。在某种程度上,这些模型可以用标准的概率术语进行表达,用生物学中的适应(fitness)取代了经济学的效用(utility)。有时那是有用的,但是还不能抓住生物进化的全部,也不足以理解风险管理。经济学一直沉湎于17世纪赌博游戏中那些非现实主义的数学分析,不愿意接受基于科学研究得到的风险模型带来的那些见解。

例如,当我提出之前讨论的倾向于选择某种有风险的而不是安全的项目时,经济学家们通常会反对,认为我应该鼓励多元化而不是随机性。换句话说,他们认为一家公司应该确保投资包括了各种类型——比如,某些项目在经济形势好的时候表现不错,某些即使在糟糕的时候也会成功,还有某些项目获得高度成功的概率很小而其他的有更高的概率获得较多程度的成功。

这应该可以与定向的进化,或者繁殖进行比较。只有沿着可预见的方向才能有效。那样在 VaR 范围以内是有用的,但不适用于 VaR 范围之外的部分。它只在单一的层面上运作,而且,就像近亲繁殖一样,可以导致意料之外糟糕的结果。根本上说,它没有利用进化的力量。充其量是不中用的模仿。因此,还不足以让一个风险经理理解多元化与选择的数学示例。她对进化的奇迹和其中好的随机性的重要作用必须有深入的理解。

将一家公司看作一个进化的群体可能还不算牵强,那么如果是一个证券的投资组合呢?原则是一样的。传统的经济学逻辑认为如果两只股票期望的未来现金流相似,并且与市场的联系也相似,那么我们应该倾向于选择波动小的。但是难道我们不应该看到波动大的 A 公司,经历了许多危机生存了下来,它的股票比起安全的、没有经历检验的 B 公司的股票更有优势吗?可能 A 公司经历的那些压力使它进化形成了在将来可以获得成功的特性,而 B 公司被狭窄地定位在过去的条件里。将来,可能 A 公司的波动性将利于其更快地得到机会并远离穷途末路,随着条件的变化而进化。

我不是说 A 股票总是比 B 股票好,只是说我们得考虑波动性的类型。一方面,可能 A 股票的管理有问题,或者商业模式比较脆弱,或者资产负债表比较差劲。另一方面,它可能比 B 股票更具有创新性。在后面的内容中我们会看到如何识别那些类型的随机性,可以有助于挺过那些超出 VaR 范围的事件,作为选择的结果引起持续的改进。

达尔文能在帕斯卡赌注问题上帮助我们吗?在理论信仰中加上点随机性有意义吗?我认为是的。信仰是通过教导及与他人的互动而逐渐成形的。如果那些很狭窄,那么你就不太可能找到通往天堂的钥匙,如果天堂存在的话。但是我并不认为有意识地扩展那些东西就够了。那是理性的方法,而我们正在努力利用进化帮助我们处理理性边界之外的事情。为了利用进化,就得为学习和经验增加些随机性。宗教学者格雷戈·巴顿发现知道的东西越多,就会发现越不确定。目光狭窄思想固化的人一般都是没什么知识的人。

下一步是选择。我不是要你想尽办法将百余种随机的信念合并成个人的信仰,而是要作为一个人进行进化。我不知道散兵坑里没有无神论者是否是真的,但是我的确知道大量的经验会扫除那些不中用的或极度简单化的信念。每个人将自己想象成电影里的英雄,但是如果真的枪战开始了,你又会怎么做呢?为了找到答案而真的上战场就没有必要了,但是如果真的找到了答案可能将改变你的一些重要信念。至少那些发现了真相的人是这样告诉我的。如果的确存在着某种形式的末日审判,那么,在那天到来之前到世界各地转转可能是好的。如果这就是生命中的一切,为什么不从各种经验中吸取生活的真谛呢?掷骰子并不必然减少你的效用。

原则6：叠加态

直到20世纪初，传统的随机性分析一直有一个令人尴尬的缺点。没有人可以说明随机性是存在的。抛在空中的硬币遵守物理定律，看上去是随机的只是因为太复杂无法计算出落地时是正面朝上还是反面朝上而已。我们不一定能知道赌桌上在上面的暗牌是什么，但是那并不能让这张牌变成随机的。如果随机性就是不知道，就像有些人争论的，那么它就应该遵守心理学原理，而不是数学规则。为了避免将主观性代入计算过程，其他人发明了精巧的随机性的建构，结果经常导致互相矛盾。

大约一个世纪前，物理学家发现在微观尺度上存在某种真实的随机性。遗憾的是，它的行为模式与投掷硬币完全不同。如果我把一个球藏到水杯下，你不知道它在哪儿，但是它一定是在一个而且只会在一个杯子的下面。但是，一个亚原子颗粒的运动好像同时在所有杯子的下面，直到一个杯子被拿起来。(这是一个粗略的简化版本，但是对于理解风险模型已经足够了，虽然还不足以让我们理解物理原理。)这个现象叫作叠加态，在粒子保持在任何单一的固定位置上的情况下，它允许出现一些不可能的结果。例如，在叠加态的情况下，你可以一次一个拿起所有的杯子，但是却找不到那个球，即使你知道球就在某个杯子的下面。

有个重要的宏观类比。考虑一个企业用金钱衡量一切而且对成本控制非常严格。这个政策可以使整个组织的决策保持某种一致性。组织的运行将是非常高效的，但只是针对当前的价格体系而言。另一家企业对成本并不是很在意。它可能会接受那些在现有价格条件下不是最优的项目，但是总体情况却会很好。企业中不同单位不同的人面对不同的约束条件，所以方法也是多元化的。太多的多元化可能造成浪费，但是如果不足又会导致企业停滞不前。企业之所以能够存在，而不是租借所有的固定资产，与所有的员工独立签约，唯一的原因是在每个阶段不通过货币交易有些活动运作得会更好。过于严格的成本控制不会有这样的作用。

对于经济整体来说也是一样的。如果一切都用货币定价，按市值调整，以流行性交易为条件，你只能得到有限的效率。因为这个结果高度依赖于某一价格体系,在整个经济体中是一致的,甚至价格中的一个微小变化也可以导致严重的错配。在一体化程度较低且控制不太严格的经济中,当有人遇到了被忽略或低估的资产以及不寻常的价格结构,很多创新将被激发出来。很多这样的活动只能代表浪费,但是它的确意味着当价格发生变化时,会有经济主体在那里作好了充分利用这个机会的准备。

在这个层面上,它和我们为了利用进化而希望保留或创造的那种随机性很像。但是叠加态遵循不同的数学规则,在风险经理的工具包里有着不同的位置。

原则 7:博弈论

随机理论另一个美妙的加法是博弈论的发展。这是一种研究因其他人理性行动而导致的不确定性而不是自然随机性的数学。早期博弈论的一个结论是多数的理性行动经常是投掷硬币决定的。通过智力过程形成的决策被证明总是不如随机选择得好。另一个结论是知识和行动的自由可以是有害的。在所谓的三人决斗(truel)中——这是两人决斗的三人版本——最有技巧的人通常获胜的机会最小。

博弈论的研究者们到实验室和实践中去收集人们实际的行动及其结果的数据。这是今天最令人激动、成果最丰富的科学研究领域之一。历史上第一次,我们有了真实的数据可以使得行为研究更加严密:无论是在生物学,还是进化论、人类学、心理学、社会学、政治学或者经济学中。随机性在现代博弈论中可以任何一种意外方式出现。

博弈论与风险研究相关是因为传统的经济分析严格区分了总是减少期望效用的风险和总是增加期望效用的行动自由。也就是说,如果未来的事件是不确定的,如果我们不能预期或控制的某种自然过程决定了该事件,那就是不好的;但是如果我们可以选择事件,那就是好的了。博弈论告诉我们的是自然风险可以是好的,而控制可以是不好的。

再进一步的思考发现所有现实的风险都有三个维度:结果可以被你、自然和他人影响。你一定可以在某种程度上控制某一情形,否则任何的计算都是没有意义的。实际上,根据我的定义,如果你不能控制,对你来说它就不是风险。

你永远不可能确切地知道任何事,至少在你看来,总是有些随机的未知不可控制的因素。另外,结果也总是决定于其他的人。即使你做的事没有影响他人,也总会有人宣布它不合法,或者向它征税,或者给予补贴。这些风险是完全混合的——通常不可能增加好的风险也不可能减少坏的风险。如果你决定冒险,你就要承担所有的风险。如果你选择了回避风险,你还是在承担所有的风险,只不过是用不同的方式罢了。

关于引入博弈论风险为什么可以是好的,F. A. 哈耶克提供了一个重要的实际例子:

> 在我们这个时代,人们热衷于对每件事都要加以有意识的控制,……了解得少……是个优点,并且……方法是较好的方法,因为我们不知道它的具体效果……这似乎是很荒谬的。但是这种考虑实际上是法治的伟大的自由主义原则的理论基础。在我们进一步加以论证以后,这种外表上的自相矛盾就会立即消失。所谓不偏不倚的意思,就是指对一定的问题没有答案——如果我们一定要解决这类问题的话,就只能靠抛掷硬币来决定。
>
> 弗里德里希·A. 冯·哈耶克《通往奴役之路》
> 芝加哥大学出版社:芝加哥,1945

换句话说,如果一个执法者或者法官只关注一般的原则而不是事先考虑法律或决策的确切影响,她就能做得更好。这就是为什么正义之神要蒙上双眼:她听到的只是案子的各种事实;看不到其余任何能影响她倾向于原告或被告的东西。她的裁决基于原则,而不是对效果的预期。当不可能做到时,我们经常投硬币来决定,就像联邦绿卡彩票,或者早些时候抽签决定征兵入伍一样。正如律师们所知,博弈是疑难案件使法律徒具虚名的原因。在疑难案件中,清晰的司法原则往往与情感是相悖的。看上去恰当的司法判决带来的结果令人不满——坏蛋逃脱了惩罚,想做好事的人受尽折磨,或者恶棍战胜了单纯诚实的人。但是如果法官或执法者为了得到正确的结果而调整法律时,法律变得更加糟糕,即使某个决定有所改进。任务难在找出不公正背后存在的更深刻的原理,这不可能靠集中关注某一个案子的影响而做到,而只能通过更广泛的博弈论思维来实现。

博弈论对风险研究产生影响的方式不同于进化论和量子物理。博弈论颠倒了因果关系。风险不再是自然的结果,而是研究员努力进行预测的东西,它是为了有用的目的被人们特意或者被社会间接地创造出来的。两者的不同就像闪电和电流通过电线照亮房子一样。它们遵循同一个物理原理,但是在实用意义上的确不相关。

赌牌决策是博弈论中随机性的例子。在某种意义上,这是一个随机决策,因为结果决定于发牌以及不可预期的人类决策行为。但是它又不同于投掷硬币的情况。假设你观察玩家很长时间,给定能看到的牌和赌牌行为,建立了一个他手上牌的概率分布模型。如果他是个好牌手,当然建模会很难,但是我们可以假设你干得很棒。平均来看,结果是你会输给他,尽管你是在模型显示你有胜算时叫牌的。原因是他在计算中已经考虑了你的决策,包括你的模型。无论你的模型有多好,他都能够形成优势。这是一个可以被证明的数学结论,在实践中也是真的。唯一解决的办法是至少有些时候要加注,提供你自己的报价。这是一个基本的博弈理论,与轮盘赌非常不同,后者在占有优势时下赌从长期来看总是会赢的。事实上你可以为他手上的牌定义一个概率分布,但是要是根据这个下注,你肯定是要输的。

金融业中将博弈的随机性和投掷硬币的随机性混淆在一起的例子是黑色星期三,1994年英国政府试图将英镑对德国马克的汇率维持在 2.778 以上。英国财政部以这个比率花了 270 亿买进英镑,实际上对买进能力已经没有限制了。然而在乔治·索罗斯和斯坦利·德拉克米勒的量子基金带领下,对冲基金仅花了小得多的代价就迫使汇率下降到了 2.4。

财政部官员曾经非常有信心,因为他们拥有资源的优势,也因为他们可以提高利率来提高英镑对投资者的吸引力。他们认为这是竞赛,强的一方将获得胜利。但是对冲基金却把它当作了一次赌博。就像德拉克米勒后来解释的,他知道很有可能英镑价格不会下降,但是也肯定不会上涨。经济的基本面和市场压力都是下行的;唯一将它撑在 2.778 的就是英国财政部的买手。这样就成了一个正面朝上我赢,反面朝上打破盈亏平衡的赌注。对于任何一个红血投资者来说,这样的机会不仅不可抗拒,而且容易借到大量资金增加赌注规模。如果出现了稍微不利的情况,债权人的风险也比较小。当投资者越来越多,赌注变得越来越有吸引力。

英国政府不仅花了 270 亿英镑来维持英镑与德国马克的汇率,在整个过程中损失了 33 亿英镑,而且还前所未有地将利率提高了 500 个基准点。在金本位制度时有个说法:"利率到了 5% 就能从月亮上带回金子,"意思是说只要把利率保持在5%的水平上——低于这个水平的时候再提上去——就可以应对任何情况保护币值。尽管有钱又有能力,也愿意承受在经济衰退时将利率水平提高500个基准点带来的极度痛苦,英国财政部还是输了。各国政府在金融市场上的抗争不断重复着类似的错误。

英国财政部应该将汇率看作赌博,而不是随机游走。为了在竞赛中获胜,就必须制造一种能令人信服的情景,投机者一旦失败就会输得很惨。在已经不可能的情况下,财政部本可以接受这个不可避免的事实从而省下很多钱甚至还有尊严。另一方面,历史证明了政府战胜金融市场是有可能的,保罗·沃尔克在20世纪80年代初就做到了,把通胀率从13.5%降到了3.2%。要做到这点得主动将利率提高20%,还要勇敢地面对美联储历史上遭到的最强烈批评和最广泛反对,而且最重要的是让市场相信他还会采用进一步的措施。如果每个人都知道了这就是你的极限,任何强硬的行动都是没用的。

现代央行们已经吸取了这个教训。在《没有储备:绝对权力的限制》(AmazonCrossing,2011)一书中,阿根廷央行行长马丁·雷德拉多写道:

> 虽然容忍了我的汇率政策,但是他们并不喜欢它。与(阿根廷)总统面对面时,我再一次向他解释汇率浮动的必要性,为了防止市场认为可以轻松赚钱,就像准固定汇率制条件下发生的那样——例如马丁内斯·狄霍兹的"小桌子"(70年代后期)或卡瓦略的兑换计划(1991年)。

德怀特·艾森豪威尔将军非常敬重二战时期德国军官们的战略智慧,特别是进攻型战略。但是,他发现了一个缺陷:德军有种每场战役都要倾其所有的倾向。据此,盟军可以确定德军的实力,这是非常重要的战略优势。对于艾森豪威尔而言,这是一场历经三年的战斗,要在各阶段不同地点仔细计算运用资源。即使是在战争的最高潮,他储备的资源也多于用在战场上的。

从博弈论中得到的另一个启迪基于一个悖论。最著名的悖论是"囚徒困境",它说明的是在最简单的博弈中,人们按照理性原则采取行动结果却最差,尽管每个人都有更好的选择。但是那个更好的结果只能通过非理性的选择才能实现。这个悖论引起了我们对"理性"定义的质疑。

没那么出名但却更为深刻的一个悖论是关于理解决策者特性的重要性的。假设你在一个有五个蓝色按钮和一个红色按钮的小房间里。你被告知可以按一个按钮。另外还有一个人,你不可能与之交流,也在同样的一个小房间里,可以按一个按钮。如果你们按了相同颜色的按钮,每个人可以得到100美元。如果按的不同,谁也得不到钱。

答案很明显你应该按红色的按钮。问题是为什么。不存在某个一般的博弈原理可以区分按钮。选择哪一个都不是理性或非理性的。专家为这个悖论提供了多种解决方案。一些人发明了原理证明应该按红色的按钮。其他人则提出按红色按钮未必就是正确的选择。然而,在我看来,如果坚持将每个人都看作独立的只考虑自身福利的理性主体,那么没有一个解决方案可以令人满意。

实际上,每个被测对象马上就会意识到他是在与他人合作。他们会一起赢也一起输。一旦他们意识到了这一点,我们就不再问"对我来说最好的选择是什么?"而是要问"对于这个团队最好的选择是什么?"以及"再前进一步,我应该采取什么行动?"很清楚,对于两个人来说最好的方案就是做出同样的选择。如果选蓝色按钮,只有20%的机会赢。如果选红色按钮,机会是100%。所以你应该选红的。

逻辑上,你也可以同样分析选择第一个或者最后一个或者中间按钮的问题。在上述例子中,红色按钮是最明显的选择。但是假设除了一个蓝色按钮大一点儿之外,所有的按钮都一样大。或者一个蓝色按钮是方的而其他按钮都是圆的。或者一个蓝色按钮与其他所有按钮是隔开的。在这些例子中,你将自己植入其他人的头脑中,试着去猜他会选哪个。你的最佳猜测可能是选那个最明显的。关键在于你要像一个团队那样去思考,而不是自利的个体,你要根据他的心理状态去预测另一个人会怎样做,而不是根据从游戏的收益矩阵中得到的理性收益。

虽然这种特殊情况并不是经常会发生,但是也为理解重要的人类心理提供了有用的窗口。人们擅长识别合作的机会,甚至不需要沟通就能为团队的利益各司其职。石器时代的狩猎组织者可以清楚地知道部落其他人都在做什么,即使当时他们在远处,他也知道为了部落整体的利益应该怎么协调活动,这对于他们的生存和进化成功都是必需的。而搞清楚囚徒困境的理性反应没什么作用。(实际上,没有学过博弈论的人几乎都直接选择了合作的解决方案,他们不担心是否符合理性,而是担心另一个人会不会背叛自己。他们没去想自己利益的最大化,而只是想着不要当傻瓜。)

博弈论对帕斯卡赌注有什么帮助呢?它能告诉我们的是要后退一步,不要考虑是否应该信仰上帝,而是关注决策的策略。"狂热地相信孩子时代被教导的那些信念"是我们大多数人不假思索地就会拒绝的一种普遍策略。"部分相信还是孩子时就被教导的那些信念但是三心二意地遵从"的策略破坏性要小得多,但是很难作为生命的终极意义。"远离世间所有的压力和干扰,追寻自己内心"似乎更有前途,可以"尽可能在与人的接触中,在书里,接触到更多又聪敏又好的人,看是否能够从他们的经验中凝练出有价值的东西。"

我不打算再讨论下去,否则会涉及我不熟悉的领域。我的确认为找到"如果真的存在上帝,他设计了宇宙间所有的事情,包括我怎样思考,怎样感知,他应该怎样让我找到这个问题的答案呢?"的答案要比"哪一种宗教是最好的"容易些。还有,这个游戏并不只和上帝有关(或者,如果没有上帝,就是单人纸牌游戏)。人们也会赌博。有时候考虑另外一个问题会更好:"如果我听从这个人的话是上帝的意愿,他将怎样从中获益呢?"

第 4 章

华尔街秘史：1654 年—1982 年

我们马上要从理论的讨论转移到历史的方面。我要是已经解决了所有的理论问题，就可以写出一本内容按逻辑排列的教科书了。但是情况相反，我打算把思想发展的内容穿插在理论讨论之间。从不同的有利角度可以更加容易地理解方方面面的思想。

20 世纪 80 年代的时候，"火箭科学家"们聚集到了华尔街，开始了最终解释现代概率概念并重构全球金融体系的历程。我们没有个人方面的野心。我们想做的是赚钱，但只要比理智的人能花的多就行了，不需要打着领带或者对不喜欢的人也要礼貌相待。除了买点书和酷酷的计算机设备外，我们没有什么可以用钱的地方。我们不想投身于（或参加）各种晚会或收买政治权力——我们也不买车子、珠宝或房子，尤其不会花在衣服上。我们也可能会把钱捐出去，但是直到那时候之前，这些钱可以给予我们那种权力对任何人说"去你的"，当然我们大多数人语言相当温柔，表达也很文明。

最近几年，我接到了一些研究这个阶段的学者们的咨询，毫无疑问有人会整理出一部完整的历史。我会有兴趣拿来读读，看看其他人是怎样理解我马上要讲述的那些事件的。我怀疑会有很大的不同。无论怎样，我个人对这些事件的记述将是这部书的重要内容。这本书将要呈现给您的是一个关于思想不断演化的连续故事。收集其他的记述并仔细交叉核查各种事实可以形成一个内容更加丰富更加准确的故事，但是我认为那样做不会对深入理解风险的性质有什么作用。

虽然我们在一项宏伟的工程中合作了，但是我们相互之间并不是很了解；

实际上，我们通常根本不认识。我们没在会议室或交易大厅或餐厅或者谁的家里见过面。多数情况下我们用拨号上网的电脑里的公告栏进行交流，这是前互联网时代极客们的互动形式。一开始这些就是为了数据共享而设立的，这是我们都需要的东西，那时一般还没有电子版本的。所以你要把手工敲进的所有数字上传给其他人，由此也可以得到其他人的劳动成果。但是故事不是从1980年开始的。为了解释我们在做的事情，我们还不得不回到三个多世纪以前。

帕斯卡和费马

布莱士·帕斯卡和皮埃尔·费马在1654年的通信只能算是最早的具体证据，表明了那时的若干年内将要在思想界发生一些重要转变。转变带来的结果中有赌博游戏分析成为数学的细分领域，一系列原始数据，例如教堂出生和死亡记录等，被认为含有对科学和公共政策非常重要的信息，以政府年金为代表的金融工具植入了明确的——但并不总是准确的——精算分析，以及以概率为基础的推理——今天被称为贝叶斯概念——成为评估历史与法律中互相矛盾证据的标准。

一些史学家怀疑1654年这些思想的首创性，他们发现在中世纪和远古时期，甚至在非西方文化中也出现过这样的观点。我准备绕过这些争议，因为对我来说重要的是即使在1654年之前就出现了类似的想法，但只是从那一年开始这些观点才越来越重要，以至于到了今天几乎每一个人都这样去思考了。1654年左右发生的事情不是迫使思考方式发生变化的发现，而是一种社会态度的转变，它要求发展一个全新的理论。事实证明那个理论要得到严密的论证是非常困难的，因此风险分析的历史是实践家们发展的，其后有时但不是总能够得到理论家们的解释。顺便说一句，我认为您正在看的这本书就是另一个实践家对理论的发展。

问题是概率理论不是被发现的，而是因为两个概念的混淆而被创造出来的。第一个概念是频率，这是指某事件重复发生的次数，例如投100次硬币可以得到正面朝上的次数所占的比例。第二个概念是与一个命题相关的信任程度，例如法国有多大可能赢得下一届世界杯。我们可以说，"你可能会得到40到60次正面"，或者如果我们是宽客，就是"如果硬币是均质的，得到40到60

次正面的概率是 6.47998%"。我们可以进行精确的表述是因为对投掷硬币我们有好的数学理论，而且还可以多次重复试验来确认。但是我们没有预测世界杯冠军的数学理论，因为无法重复做试验，甚至连概率（probability）到底是什么意思我们也不是很清楚。

几个世纪以来，混淆这两个概念的非逻辑性被多次指出，发现这个问题的人经常认为他们是第一个注意到这个问题的。现代读者最熟悉的是弗兰克·奈特，他认为我们应该用"风险"表达频率的概念而用"不确定性"代表信度程度。一个世纪之前，西莫恩·泊松——泊松分布就是以他的名字命名的——则建议分别用"概率"和"可能性"。此前 50 年，马奎斯·孔多塞用的是能力（facility）和信任的原因（reason to believe）。鲁道夫·卡尔纳普想出了超级优客的"概率$_1$"和"概率$_2$"，也有"统计的"和"归纳的"概率。在 20 世纪早期，人们用的是"偏好"和"倾向"，21 世纪早期，唐纳德·拉姆斯菲尔德再一次用"知道不知道"和"不知道不知道"来强调两者的区别。不是所有的学者都用同样的方法区分频率和信任程度，但是他们都同意存在两种概率。您可以回忆起在第 1 章中，直到今天我们有两个对立的理论统计学分支，频率主义者或经典统计学者，他们对概率的定义基于可重复的实验，以及贝叶斯主义者，他们的概念基础是主观的信任程度。

让人颇感兴趣的一个问题是，为什么这个不容置疑的逻辑却没有对任何人产生哪怕是很细微的影响？直到今天，我们仍然在两种意义上使用"概率"一词而完全忽略了两者的区别。实践统计学家们都在用一样的工具，即使有些被频率主义学派禁止使用而其他的被贝叶斯学派禁止使用。1654 年发生的是两个不相关的概念被融合在了一起，而融合产生了研究世界的新方法。从分裂两种概念开始的理论解释破坏了它们原来要解释的东西，这就是为什么理论进展一直不能令人满意的原因。直到 20 世纪 90 年代初完全是意外地发生在华尔街上，这个问题都一直没有得到解决。

如果愿意，你也可以将这一思想变化看作裂变而不是融合。在 1654 年左右，就像第 1 章中讨论的那样，用信任和偏好来分析决策的各种参数而不是把它作为一个整体决策是相当普遍的做法。由于某种原因，人们突然决定独立于结果的效用去预测其概率是理性的。很清楚在投掷硬币和掷骰子的例子里这么做是可能的，但是我们不清楚的是一般地应该怎样去做，或者甚至是一般地为什么要做。早期的时候，根据对投骰子的例子的推理，人们认为存在一种独特的方法可以从偏好中将信任分离出来,整个办法看上去很自然。但是后来人们发现,在某些非赌场类风险中根本不可能界定概率和偏好,而在另外的一些情形中却可以有很多方法进行决策但又缺乏在不同方法之间进行选择的逻辑依据。这个发现使得理论家们倍感头痛,而其他的所有人基本上都没有留意。

我在1974年通过哈佛大学的 W. V. O. 奎因教授接触了概率的哲学问题。奎因教授将我介绍给了费希尔·布莱克,他又给我推荐了一些研究者,例如伊恩·哈金、斯蒂文·斯蒂格勒、克鲁格·劳伦兹以及其他一些正在重写统计学历史的学者。这样的工作是可能的,因为直到1960年左右使统计学完全严密的努力才算彻底完成。在那之前,有种自然的思想认为当我们达到了事情的底部时,频率和信任程度之间的关系就会变得明晰。而事实上,我们对两个理论有着完整的内部一致的理论,不存在显著的交叉,也不存在进一步探查的路径。

数学没能解决问题为哲学家、历史学家和心理学家提供了机会。虽然我不是其中之一,但是也深受影响。我认定存在着一个非常有力而又被错误理解的东西——让我们称之为"风险"——主导了人们思考方式和事件发生的过程。风险是可观察的频率和信念建构的融合,涉及的观察过程和心理过程要比大多数人能意识到的还要复杂得多。它们需要用新的实证性工作来理解。

概率理论的结束带来的另一个后果是像约翰·杜克和弗莱德·姆斯特勒一样的学者开始强调数据挖掘——让数据说话——而不是验证假设或者推导置信区间。我上过姆斯特勒的课,他将我推荐给了杜克。布拉德·埃夫隆是另外一个对我有强烈影响的人,但不幸的是我还没有见过他本人。为了完整地说明问题,我和费希尔·布莱克进行了讨论,他是那些支持"探索"模型而不是分析模型,或者更糟——信任模型的人中最有影响力和知名度的。

扑克

与此同时,我也在靠玩扑克养活自己。从15岁起,我就是一个正儿八经的玩家了。在20世纪70年代,还不能在网上玩,就算恰好你住在赌博合法的地方,赌场里也没有那么多扑克游戏。靠扑克赌博生活需要找到各种扑克游戏,领到赢来的钱,还要防止被骗、被抢和被捕。

除了玩扑克,你还需要各种游戏的专业技能。如果你在扑克上赢了某人的钱,而他在西洋双陆棋、金拉米牌、高尔夫或者其他什么游戏上挑战你,或者想和你在体彩上赌或玩即时赌(一种现场设赌的赌注,例如某人会不会接一个从电话簿里随便找来的号码拨的电话,或者一袋子的 m&m's 中绿色或黄色的糖是不是更多),拒绝挑战会使你看上去像个只在有优势时才下注的无耻之徒,而不是愿意为自己下注的人。虽然我的确是只在有优势时才玩而且全是为了钱,但是赌客的礼节不容我这样承认。我没有装作是业余的或不熟练。实际上,我曾因为优秀玩家的名声受邀参加大型的赌局。不管怎样,我们必须尊重传统。偶尔在任何一种赌博游戏里承认技术差而要求让分是可以接受的,但是如果你被怀疑错报了技术水平就和拒绝赌博一样糟糕了。

在赌客之中,把频率和信任程度混淆起来是自然的事。赌骰子和就一个命题下注是一样的。帕斯卡和费尔蒙在研究骰子玩家的时候将两个观点合并起来并不是巧合。两个数学家都没操心一个或另一个玩家获胜的概率。概率这个词在信里根本没有被提到。他们关注的是怎样在被打断的赌注中分配赌注才合法。换句话说,如果不允许观察一位频率主义者实验的结果,你该怎样确定可能的各种结果的信任程度呢?

赌博亚文化中令人欣赏的特点之一是人们期望你愿意在自己做出的任何判断上赌上一大把。如果被挑战时你退缩了,你在圈子里就失去了地位。对不了解的事情还夸夸其谈的家伙,结局要么是丢脸要么是破产,通常是又丢脸又破产。这意味着你并不是要听到很多关于事实的判断,而听到的就一定是可靠的。用一句话来说,那是"你可以赌一把"的。当你在这个亚文化中待上一段时间,文明世界看上去就会像是由一群无知的大嘴巴组成的。无论如何,我们看到的是频率和信任程度不仅被混淆了,而且它们的融合是由强有力的社会风俗习惯推进的。如果你确定了某个信任程度,你应该愿意为之下注,因为长远看,赌赢的频率会保证你能赚到钱。风险并不必然与此相关,因为一个赌客在一生中只要赌博能够足够多,最终就能达到期望值水平。拒绝赌博的人要么表达错了自己的信任程度,要么就不是个赌客。

第 4 章 华尔街秘史：1654 年—1982 年

优势赌徒

因为某些原因，这些原因我会等到第 12 章的时候再说明，和我一样接受了那些风险思想的宽客在 20 世纪 70 年代对现状非常不满，以至于他们既没有选择学术道路也没有到实业界去工作。用一句话来说，我们看到的那些虚伪让我们觉得厌恶，很多传统做定量分析的专家都不愿意自己承担风险，在自己分析得到的结果上下注。很自然，这就驱使我们去寻找那些肯为自己的结论下注的量化专家。多数情况是我们在赌徒中发现了他们。因此，"火箭科学家"们转向了拉斯维加斯。

其中一伙人集中在 21 点算牌和其他优势赌博上（指在标准的赌场游戏中下注的方式，使得赔率对玩家而不是庄家有利）。这些人是频率主义者。他们赚钱是通过对那些可重复试验的各种结果的发生频率进行了高水平的预期。这条道路不需要任何社交技巧；不需要非得在一起赌博，也不需要被回请，而且也不需要你从输家那里收钱或者控制他人想玩的赌博游戏。到了后来，需要越来越多的欺诈技术应对赌场的对策，本·麦兹里奇在《打赢庄家》(Free Press, 2002) 和《称霸赌城》(Morrow, 2005) 里的那些绚丽描写是误导，实际上，这些家伙们更偏好低调的伪装。

优势赌徒总是讽刺我们这些人，把我们称为骗取人们信任的骗子。他们将自己看作潜伏的罗宾汉，虽然他们永远不会承认这个罗曼蒂克的称呼，他们要把赌场从所有其他人那里偷走的钱再偷回来。对于频率主义者，参加负期望值的赌博是没有理由的，他们也很难抛掉认为赌场愚弄和欺骗客户的观念。优势赌徒认为像我一样的扑克玩家更接近于赌场老板而不是客户——更像诺丁汉的警察而不是罗宾汉。

总体上，优势赌徒对赌场的憎恨要过于对金钱的热爱。2009 年 5 月，我正在里诺和一群优势赌徒下注赌博，这时候有人冲了进来宣布一个客户枪杀了大西洋城一个赌场的老板。我的这台赌桌顿时爆发出了喧嚣的欢呼声，吵得完全可以被赶出赌场了。相信我，赌场很难因为玩得太嗨就把一掷千金的人赶出赌场。当然，要是赌场经理知道我的桌友都是些什么人的话，他们一定早就把我们狠狠地踢出去了。

体彩

另外一群人去了不同的地方。让分制的发明以及有组织犯罪不受控制的增长使体彩行业发生了重大变化,以前是以当地的博彩商为主,他们承担了风险但是可能会由于非正式网络等问题带来赌注巨大的不平衡,而之后发展成了有高度组织的全国性企业,大多是非法的,他们对风险非常警觉。在这个系统中,宽客可以很轻松地找到有利的下注机会,因为赔率的确定要与两边赌注相等,而不是要反映获胜的真实概率(实际上,我们甚至都不是很清楚"真实概率"到底是什么)。赌场不是希望通过比客户更好地预测结果并承担风险而赚钱;它是希望无论结局如何都可以得到有保障的利润。

采用像赌洛杉矶湖人全国篮球协会球队主场输球一样简单的策略,你就可以不停地赚钱,因为洛杉矶是个大城市,富裕且以高赌注负有盛名,而湖人队也是富有魅力的球队。不管怎么说,宽客凭着一台电脑和一些时间就可以轻轻松松地赚到钱,采用的策略不会比湖人+主场=赌输球复杂多少,而且要是再多花一些功夫的话,他可以形成更复杂的策略,利润更高。

21点的算牌手通常会被赶出赌场,而且要是被逮到还会更惨。和他们不同,体彩的优势赌徒是庄家的朋友。例如,美国国家橄榄球联盟的赌局,星期天赛事一结束就要为下一周确定预初盘的赔率。这个赔率会提供给一些聪明的玩家,他们以这个赔率投下固定的赌注。最早的玩家主要包括可能有内幕消息的人,以及与犯罪集团比较友好或者有某种联系的人。赌场根据这些赌注再来调整赔率。

星期一的一大早,赌场将预盘赔率提供给更多的一群玩家,他们可以更小的固定赔率投注任何想参加的比赛。这个群体主要是那些因为一直赢钱而被公司关注的宽客。这轮下注之后,周一晚上比赛的结果也出来了,调整后的初盘赔率会在周二向公众公布。

所以,体彩宽客可以从独立的玩家发展成被公司聘用的雇员。有些更进一步与公司签订拿薪水的职位,专门设定预初盘赔率并负责后期的各种调整。当有组织的犯罪集团影响力衰退后,一些宽客经营了他们自己承担风险的博彩公司,参照全国赔率水平或高或低地设定赔率并直接接受赌金。这些群体里的宽客也可以进入赌场管理层而后进入线上赌博和扑克游戏。

这些都是贝叶斯主义者,相信信任程度的人。比赛事件不可能被重复。赔率是由公众对结果的信念决定的,或者更加准确地说,是博彩公司和内部人对公众信念的预测。设置并赢得赔率的计算方法对人们下注行为的关注要超过对球队怎么赢球的关注。理论上,你可以根据基本原则预测平衡赔率的概率,通过在概率达到对你有利的水平足够让你收回抽头——这是赌博公司内在的优势——时下注赢利。也可以通过判断哪些赔率被设得太高或太低同样赚到钱,而不需要对球队胜出的可能性进行绝对性评估。

这与价值投资者和趋势投资者之间的区别是一样的,前者要努力判断一只股票的潜在价值,而后者则只需要知道在股票上涨时是否还会持续上涨。对于股票投资和体育博彩,较好地预测价值在投资决策中非常有用,但是很多宽客将主要精力放在研究其他投资者和投注者的行动上,而不是对基本的价值进行预测。这么说可能会冒犯到很多人——至少是在投资领域内——但实际上不应该,其原因我会在后面的内容中进行解释。

两种量化赌博我都有涉猎。我曾经算过牌,有个人的也有团队的,但是兴趣不大就没再坚持下去。大多数时候我会保持盈亏平衡,这样我可以玩500元一手的21点都不用花任何本钱。很棒的一点是有人会邀请你参加一些私人组织的高赌注的扑克游戏。我不掩饰自己算牌,但是调整赌注的手法也不会太咄咄逼人,也没有不停地赢钱,我会让赌博轻松有趣。因为这样,赌场才能容忍我。很多的算牌手最后要被踢出赌场,不是因为他们赚了太多的钱,而是因为他们那种痴迷的令人不悦的行为方式让其他投注者感到很不舒服。

我也玩过一些体彩。我的专长是调整水位。有些水位调整代表着有了新的消息,其他的则只是因为公众需求发生了不可预期的变化。一般来说,水位调整幅度太小不足以抵消赌场天然的庄家优势,所以我会从其他投注者那里买赌注。例如,假设在一周开始时开出了 Green Bay 对 Chicago 3.5 分的盘口。一个人押了1万美元赌 Green Bay 赢,这意味着如果 Green Bay 赢了3分以上,他可以赢得1万美元,但是如果 Green Bay 输了,或者只赢了1分、2分或者3分,他就要输掉1.1万美元。星期四有了一个新消息,Chicago 队里的一个后卫会上场,而此前一直不清楚他会不会参赛。这时的水线就要向 Green Bay 移动 $+1\frac{1}{2}$。

如果这个投注者不喜欢新信息条件下的赌注,他可以再押 1 万美元赌 Chicago 赢。但是这样做,他就会被锁定 1000 美元的损失,因为如果输了他要支付 1.1 万美元而只能赢得 1 万美元。而且,如果 Green Bay 正好胜出 2 个或 3 个点,那么两个赌注他都输了,要损失 2.2 万美元。如果他把赌注转移给我,付我 1000 美元,他就锁定了 1000 美元的损失,但是可以排除损失 2.2 万美元的风险。如果我认定水位的变化是因为公众的反应而不是影响比赛结果的基本面的变化,我会喜欢原来的赌注。但是我的新赌注更好,要么赢 1.1 万美元要么输掉 1 万美元。

还是相同的情况,这种状态我并非喜欢到足以以此为生,我也不想从事或者加入赌博生意。我认为自己就是扑克玩家,不是特立独行的罗宾汉或者从属于某个公司的人。理智上,我看到了频率主义和信任程度中的概率具有的价值,我一直着迷于梳理出使两者结合起来具有强大力量的原因。除此之外,谦逊驱使我认识到,我只是在优势赌博和体育博彩方面有一定的能力,而绝非伟大。以我个人的愚见,我至少和那时的扑克玩家们是同等的水平,但是我的确遇到过一些优秀的算牌手和体彩专家,远远胜于我。

华尔街上的宽客

20 世纪 80 年代很多的赌博宽客来到华尔街,大约是同期转移到华尔街的"火箭科学家"的 20% 左右。其他的"火箭科学家"成了交易员或者其他类型的冒险家。我们共同的特点是有着量化方法的训练,类似的世界观,相同的激励,至少几年靠独立的风险决策谋生的经历。

我们也都写过一些类似的书,其中有爱德华·索普的《战胜庄家》(Random House,1962)和《战胜市场》(Random House,1967),后面一本是和希恩·卡索夫一起写的。艾德是一位数学教授,他研发了 21 点的算牌技术,并将之进行推广,也在其他赌场项目中战胜过庄家。60 年代中期,他转向了投资领域并发明或者说完善了大量的对冲基金策略,现在那些都已经是标准化的策略了。另外,他也是一位关键性的重要人物,他第一个扩展并推广了约翰·凯利的理论(第 3 章中我们解释过,他的工作是风险点火理论的基础)。让我来纠正一个可能的误解。我曾提到过那些不喜欢社交的 21 点算牌手,后面还会对这类宽客再多些说明。我并无意要贬低哪个人；定义这个有些夸张的模式对区分各种风险态度非常有用。无论怎样，这绝对不是在贬低爱德华·索普。发明21点算牌策略，在数学期刊上发表论文加以证明，并在实践中进行应用验证这个策略与利用别人发明出来的策略赚钱糊口之间存在着根本的区别。我对优势赌徒有着很强的感情和尊敬，但有时我也会拿他们逗乐儿。但是请不要把这个套用在21点算牌的先驱身上。

我们都想做艾德做的那些事。我们希望能在金融市场上找出数学优势，然后应用凯利标准利用这些优势。我们想这样做既是为了钱也是为了挑战，也是出于好奇。不理解市场就不会理解经济，而不试图去战胜市场就不可能理解市场。

我把这本书称作华尔街"秘史"是因为这里的内容从未被公开过。很多个别的部分在一些书和文章里都有所提及，但都不是完整的一张图画。

华尔街或者也可以说一般的金融体系分为四个部分。第一个也是最重要的是销售。所有的生意都涉及销售，但是在金融里，它不是需要搬动产品而做的事情；它就是产品。自从纸币被发明出来，经济活动中就开始有人创造未来价值的预期，这只是"销售"的一种兜圈子的说法。华尔街有自己的债券商、股票经纪人、投资银行经理和很多其他类型的销售人员。那些被称为投资组合经理的实际上就是销售人员，他们靠吸引客户投资他们的基金来收取佣金谋生，而不是利用那些资产获取超额利润。你读到的那些金融方面的事情大多数来自于这些销售人员。他们往往更能掌控金融机构和影响政府政策的制定。他们最容易接触到记者，也是CNBC和其他金融电视节目的主要嘉宾。他们之中有些人很聪明，有些人则不是，但是工作靠的是人际交往的能力而不是智力。除了一些特例之外，他们对金融体系的经济功能丝毫没有概念。我们可以把他们写出来的东西叫作正史。

金融人

金融界多数人的工作是处理加工信息。每一次买卖，每一张支票，每一次基金转移都会产生一次或更多次的交易，还有另外的一些交易，例如资金池子产生的日息支付以及支持金融交易，包括高频率交易。这些汇成了每年数千亿的交易。一千亿用现代信息处理的概念来说并不是个大数字。但是其挑战在于这些交易分散在全球各地,在很多种体系里,而且不全是自动的。所以,每一个都是欺诈或盗窃的机会。这些交易涉及人,人的存在就有了不安全因素而且会出现很多错误。

即使你没有看过与此类金融相关的东西,但是也要知道这是人们最有个人体验的领域。比起投资银行家,你可能更了解会计、财务计算人员、银行出纳、保险理赔员和贷款人。几乎可以肯定你曾经因为某个交易和他们中的一个或多个人争论过。

金融的第三个部分是信息囤积。从 1900 年到 1970 年间,大多的金融信息被银行占有成为它们的权力和利润的源泉。银行知道哪些企业有信用,如果出现问题,他们能先收回钱来。他们和公司的经理层一样了解企业运转的结果。他们知道投资者手上有什么样的资产,谁要买或者卖。公众根本不知道任何这些信息,甚至包括那些公司的经理或者大股东们。政府肯定也不知道,更不要提相当于准政府的美联储了。所以,每个人都被迫与银行做生意,当然是按照银行的条件。

信息的垄断在 20 世纪 70 年代被打破了,但并不是说信息囤积就没有了。今天,信息的囤积通过各种机构组织以各种不同的方式进行着。竞争,也被称作脱媒,显著地减少了成本。例如,在 60 年代,典型情况是个人按揭贷款的利息要比用按揭贷款支持的储蓄账户高 3%。两者之差就是银行的净收入。这种收益受到了信息囤积的保护。当时只有一些当地的机构才有贷款必要的信息,除了储蓄之外,个人很难找到必要的信息进行更好的金融投资。而政府的管制帮助维持了这种信息的寡占。

今天,某人按揭贷款的利息仅比他用按揭的钱买证券多赚不了 1%。机构的价差就更低了。然而,这并不意味着金融从业人赚不到钱了。金融交易量的爆炸式增长远远抵消了单笔交易净收益的下降。

和销售人员不同,信息囤积者不太愿意写书。但是,由于有外部人(通常是恶意的)大量的报道再加上一些高质量的内部记述,大多数人对银行经营有一定的了解。和金融领域的其他部分不同,银行理论是各个商学院和经济学系的教学内容。如果你不是了解很多的情况的话,那可能是因为你不感兴趣,并不是因为你不知道到哪儿去找信息。

真正的金融

最后,有一小群人是真正搞金融的,意思是他们是要赌博的。你可以在交易大厅、对冲基金以及其他分散的地方找到他们。他们是处理风险的技术专家。这是在 1982 年之后的十年里,由"火箭科学家"们革新的那部分金融。今天,并不是所有的交易员都是宽客——考克的数量仍然多于宽客。然而,金融专业的基本结构已经完全量化了,但是在 30 年前,除了一些特例外它完全是定性的。

我提及这个部分的原因是你可以把这本书归类到其他更多关于华尔街的文献里。其余是因为它就是故事的一部分。在 1980 年,一个独立的金融宽客会面临两个重大问题:得到好赌注必要的信息和用公平的条件下注。信息囤积者把生意机会封闭了起来。你要为大银行工作才能得到信息,而且即使这样也不是电子表格的信息。只有从银行交易大厅开始,你才能用少的代价得到一个交易账户以便于做宽客交易。爱德华·索普靠自己的努力成功地做到了,而且也有其他的一些人,但是真的非常困难。你也可以在公共交换所里买一个交易席位。有很多人是这样做的,但是成本太大而且交易活动有限制。

直到有相当多数量的一群思想相近而且都是电脑高手的宽客聚在了一起,形势才发生转变。我们挖掘各类信息,然后在之前提到的那种拨号上网的公告栏里分享这些信息。我们把价格体系敲进电脑,还有一些重要的数据类市场价格协定和交易规则。我们写了一本操作手册说明怎样开设账户以及如何防止被银行用各种把戏欺骗。虽然所有这些信息都来自银行,但是结果的质量却超过了银行所有的任何信息。这些信息都是电子化的和整体化的,去掉了保护性的术语和低效率。也清除了错误。

下一步我们做的事情是第 9 章的主题。我想通过讨论为什么没有外部人注意到发生的事情来结束这章。当然每一个人都知道华尔街在快速变化着,而且宽客也变得越来越重要了。但是,大多数人没有注意到的是宽客们才是这些变化的真正动力。华尔街不是自我演化从而改变方法雇用了更多的宽客,而是宽客们改变了金融的模式。这引发了一系列其他的变化,但是并没有改写关于销售或信息处理的原则,这些是我们最熟悉的金融活动。当然,它大大地改善了信息囤积问题，在这个阶段最重要的一些观点将之视为变革的动力。

　　股票经纪人仍然给客户打电话，推销交易理念，但是市场中的投资者比1980年的时候多得多，而且他们大多数的投资方式在那个时候并不常见甚至根本就没有。他们可能采用的是免佣基金、401k计划基金，或者是在网上进行交易，可能多数的信息是从互联网上得到的。在1980年，填交易单的人可能是交易专员，他们收集所有的买卖交易单然后再决定怎么交易。今天，填交易单的可能是采用定量策略的高频交易人。在1980年，价格多数是那些大机构的大规模交易决定的。而今天，极具攻击力的对冲基金则特别重要。所有的这些都包裹在由"火箭科学家"设计的高杠杆量化风险管理之中，在这里纸币已经不再重要。主要的金融媒介不再是那些没什么资本的私人合伙企业，也不是那些业务受到严格规定的商业银行。它们已经被代替了，从有史以来规模最大结构最复杂的机构，到一些小型的简单机构，一直到个人——当然是有计算机和财务杠杆的个人。我们还把它叫作华尔街，但是1980年时在华尔街上的人没有谁能认出任何一个部分——而且没有哪一个是真正位于华尔街的。

第 5 章

当哈里遇到凯利

警告,本章内容里会有一些数学。当然并不可怕,多数只是一些乘法计算和简单的代数而已,但是我知道很多人不会喜欢的。如果这是你的情况,我想强调的是无论如何你还要读一下这一章的。这是这本书中最重要的内容之一。跳过数学的部分仍然可以吸收有用的观点。

关于风险的最重要发现之中有两个是在 20 世纪 50 年代由哈里·马科维茨和约翰·凯利提出来的。哈里的结论成为现代金融的基础。而凯利得到的学术关注很少,甚至不少主流经济学家拒绝接受他的理论。但是,从实践的角度来看,情况正好反了过来。马科维茨的理论非常重要,可是当时的计算能力并不足以将之转化为实用的结论。当计算机技术的发展解决了计算的问题后,纯的马科维茨投资组合又被证明是无效的。

相反,凯利的理论被证明对真正的风险决策者非常有价值。它不需要计算机的力量。它不是理解事物本质而需要的抽象,而是可以直接应用的实用公式。然而,直到被与马科维茨的工作联系在一起之前,它并没有能够充分展示其所具有的能量,那种变化直到 80 年代末才发生。

本章解释了这两种观点,并用反事实的历史方法讲述了两者之前的互动。如果在某个命中注定的下午,哈里正在研究股票行情表,而此时凯利也在芝加哥大学图书馆里会怎样?如果哈里遇到了凯利又会怎样?

凯利

传统理念认为应该根据主观偏好进行风险决策,即对风险的容忍程度或者效用函数。但是1956年约翰·凯利发表了一个完全对立的观点:存在一个可计量的风险水平在长期能够带来最好的结果。多数人认为承担更多的风险既会增加出现好结果的概率也会增加出现差结果的概率。凯利发现超越了某一水平后,更多的风险只会增加出现坏结果的概率。而且,承担少于最优化水平的风险实际上长期表现一定更差;它只是看上去像是更保险一些而已。

为了说明为什么这是真的,假设你有1000美元可用来连续投五五波注。你知道获胜的机会正好是60%,但是赢局出现的次序由对家决定。你得事先明确赌注的大小,而且不允许超过自己的筹码数量下注。

一个例子是,你可以每次赌24美元。这样赢60次输40次最后得到1480美元。这是在固定赌注的情况下能达到的最好结果。如果你每次的赌注少于24美元,你的最终收益要小于1480美元。如果赌注是25美元或者更多,对手可以先安排40次输局,你的筹码会被一扫而光不能继续下注。

如果不是这样,假设你决定每次都按当前账户的20%下注。这个原则的好处就是输赢的次序不再重要。你总是可以下注——永远不会破产——而且最后总是会得到一样的结果。对手无法伤害你。

可以考虑有40次是赢一把再输一把再加上20次独赢的情形。输一次账户就减少到80%;赢一次可以回到96%。每一个输/赢的组合账户会减少赌注比例的平方根(20%的平方根是4%)。40次后你的账户就只剩195美元。但是然后就是20次20%的独赢,没有与之抵消的输局。这会让你的账户涨到7490美元。

如果你赌账户的10%,那么40次的输赢组合,每一次只减少1%(10%的平方根)。40次之后账户剩669美元,比20%的情况要好很多。然后20次的独赢可以使账户涨到4501美元。还不算差,但是远不如20%的好。

假设每次赌30%。40次输赢组合,每一次减少账户的9%。40次之后账户下降到23美元。20次独赢后,账户回涨到4370美元,接近10%赌率的收益水平。20%是比较完美的赌率;更高或者更低些的比率结果都比较差。这不是可能的或者只是理论上成立。这是数学的事实。这是有效的,在实践中和理论上都是如此。虽然有人因为各种原因不喜欢凯利标准,但是没有任何一个有头脑的人会质疑这个结果。

你可能想应该可以找到某个聪明的方案得到更好的结果。例如,如果每次你比凯利多赌 1 分钱,最后你可以多得 0.32 美元,那就是 7490.19 美元而不是 7489.87 美元。还有更好的策略,比如第一局你比凯利多赌 1 分钱,然后如果你输了,第二局时就多赌 2 分,直到赢局之前每一次下注都多双倍;然后你就跟着凯利,最后可以多赢 1 分。这些是否是真的好,或者是否是真的有什么不同,都需要理论上吹毛求疵地加以验证才行。但是实践中无法对这个事实吹毛求疵,即不存在任何实质性不同的方法可以做得显著地好于凯利策略。

到目前为止,我们讨论的是你能确切地知道赢输次数的情况。但是如果你只知道赢的概率呢?假设你面临的赌注是有 60% 的机会赌注翻倍,40% 的可能输掉。你应该赌多少呢?如果你一生中就赌这么一把,那么这个量就是观念的问题了,如果你愿意的话,也可以说是效用的问题。但是如果你认为一生中还会有很多很多次,那么你就有合理的理由相信长期的输赢会非常接近它们的预期值。在这种情况下,你和那个知道有 60% 赢局的人差不多。你应该把财富的 20% 拿出来下注(我们会探讨这究竟意味着什么,也会给一些警示)。这个规则了不起的地方就在于它与你是谁无关,也不决定于你的效用函数(反正你也不知道),或者将来可能的机会(只要存在足够的风险确保你最后接近长期预期水平)。它还有另一个非常好的特点,如果是一群人面对风险,只要他们的投资占自己财富的比例相同,他们就会做出同样的风险决策,那些决策是可计算的。凯利支持团队协作。

凯利的结论是数学的,只在严格满足某些条件的情况下才能应用。但是更为一般的意义是它证明了存在正确的风险程度。和选择风险水平一样重要的是要不停地持续下注。多数人会承担一些风险,数量不多但是风险水平非常高,从而将决定他们一生的结局,而回避大量的其他风险。如果他们赌赢了,就会大吹特吹自己的勇气和技术。如果输了,就要指责黑天鹅——这正是他们自己的风险策略产生的黑天鹅。如果他们抓住了所有的正优势风险而且投注规模恰当,大数定律肯定会保证成功。

哈里

六十年前,一个叫哈里·马科维茨的经济学研究生坐在芝加哥大学的图书馆里,思考博士毕业论文的题目。他正在研读一篇关于股票价格的文章,琢磨这样的一个问题,"为什么投资者不把所有的钱都投在最好的股票上?"他得出的答案是:"因为那样做风险太大。"他设计出了一套投资者可以努力将预期收益最大化并使风险最小化的系统。以此为基础最终发展出了现代投资组合理论(MPT),对金融体系产生了巨大的影响。(尽管据说哈里的论文答辩委员会主席米尔顿·弗里德曼的评价是"工作很好,但不是经济学的"。)

现代投资组合理论是一个重要的进展,但是假设哈里那时候已经认识了凯利,凯利当时也正在发展自己的理论。哈里可能就会有不同的答案:"因为买一只股票实际上一定不如买更大规模的投资组合。不是更有风险,而只是更差而已。"

在这里我想集中讨论两者的不同之处,因为这对于本章和这本书来说都是关键,除了风险经理之外,这点并没有能够被很好地理解。比方说,你分析了所有的股票然后发现了一只最好的,以预期收益最高为标准。假设这是家小型制药企业,如果能从美国食品药品管理局(FDA)拿到许可,已知成功的概率是20%,它的股价就会从10美元升到100美元。但是如果不成功,股票就不值钱。申请许可的结论出来后,这只股票期望的未来价值是:$0.2 \times \$100 + 0.8 \times \$0 = \$20$。这意味着10美元投资的期望收益率是100%。

如果你401(k)退休金计划账户中有10万美元。你会把账户里所有的钱都投在这只股票上吗?答案是不。那么,为什么不呢?

哈里会说是因为太冒险了。你应该寻找更多的有正的期望收益的投资机会。既然这只股票期望收益最高,那就意味着最终你平均的投资期望收益会低些。你投资组合的期望收益是每只股票期望收益的加权平均,因此,多元化投资组合的期望收益一定比投资这只股票得到100%的收益低。但是多元化投资组合的风险甚至比组合中最安全股票的还要低。通过扩大投资范围,最后投资组合的期望收益可能是10%,而不是某只股票可以得到的100%,但是输钱的可能性则要低得多。不是有80%的可能输光所有的钱,而是只有20%的可能输钱,并且超过 10% 的可能性很小。哈里说风险不好,投资者会通过支付——放弃一些期望收益——降低风险。

凯利也同意不应该把所有的 10 万美元都买一只股票,但却基于完全不同的原因。如果你输了,这里有 80% 的可能,你输掉的要比 10 万美元多。因为你输掉了所有将来会出现的其他的正期望值的投资机会。这和偏好或者风险是坏的完全无关。如果这是你唯一的一次赌注,凯利不会给你任何建议。但是如果你打算要赌上一阵子,凯利可以建议一种策略,肯定要比把投资都用来买最好的股票更好。

对于哈里,解决问题的关键是多元化。不要把钱投在一只股票上是因为你应该买很多其他股票。对于凯利,解决问题的关键是赌注的规模。你不应该把钱投在一只股票上是因为赌注过大。这与是否有其他可以投资的股票无关。哈里说不要把钱投在一只股票上是因为同时还有其他投资机会。凯利说不要把钱投在一只股票上是因为将来还有其他投注机会。

两种见解都是对的,也同时引致了作为金融和非金融性风险决策活动基础的重要思想。在我们的这个世界里,哈里的思想发展演化成了主流金融理论,而凯利的则被推广成被我称为华尔街秘史的思想。为了理解未来,你应该了解两种观点结合后产生的力量。

哈里告诉我他从来没见过凯利。然而,他在发展凯利思想方面确是非常有影响的。虽然没有直接提到凯利,他在《投资组合选择》(John Wiley & Sons, 1959)一书中讨论过他的思想。他分别在 1971 年、1973 年和 1991 年撰写了有影响力的学术论文讨论这个主题,并将之归功于凯利的贡献。遗憾的是,那时经济学文献中已经出现了某些假设,阻碍了经济学家们理解凯利的思想。现代投资组合理论要求在未来任一时间所有资产价格的组合概率分布是已知的,而且投资者要有一个完全明确的只决定于未来财富的效用函数。除了其他条件,这就意味着存在一个完美的计价标准,所有的投资可以在同样的时间维度上明确(实践中,投资者要掌握所有的,从马上要发布的经济数据到一般的人口统计数据变化以及某种新技术长期取得的成功——还有处于中间状态的一切内容——没有实际可操作的办法能将这些整合成为在任何固定时间间隔的单一概率分布)。如果你假设这些为真的,那你就不需要凯利了——但是你让自己背上了这些假设的包袱。凯利可以让你在只有某一资产在某单一时期内的大致信息的情况下就能作出好的风险决策,而根本不需要效用函数。哈里理解这个,甚至说过如果凯利的原则与效用理论相悖的话,他愿意放弃效用理论。最后,但是,他的看法是两者是一致的,凯利的工作提供了任何一个投资者应该考虑的风险最大规模,但是多数的投资者更偏好于比凯利小的风险。

接下来几段讨论的是 MPT 最严格的形式。公平一点儿说,它可以在更弱一些的假设条件下得到很好的实际应用。所有问题的关键在于你能否充分理解投资组合的统计特性。我想答案是可以的,如果你讲的是在 1 到 36 个月内持有的大型流动性证券组合的话。如果你是个高频率的交易员,或者管理的是缺乏流动性的或者是高度集中的或者是高杠杆的证券组合,或者采用的是冒进的交易策略,或者关注的是未来 10 年或更久的事件,那么答案是不可能。MPT 可以运作一个做多的大盘股的共同基金,多数的对冲基金还得考虑凯利的思想。

我将用商品期货而不是股票来进一步说明哈里和凯利理论的共同点与区别,因为股票经常因为合并和清算等事情搞得一塌糊涂。要以长期视角评价一种策略是非常复杂的计算工作。我可以像凯利一样用赛马做例子,但是很多人就不会当真。不过没关系,应用的领域不同不会有什么影响。数学基础都是一样的。

商品期货

表 5.1 是 1970 年到 2010 年间七种商品的平均收益及其标准差。以白银为手段的投资很容易理解,如果是易腐商品呢?这些收益的计算是通过期货合同展期进行的。1970 年的一月,你买进了三月的可可期货合同。就是说你承诺在三月份在某个协商一致的地点按协商一致的类型和质量交割 10 吨可可,同时按照协议的价格付钱。你必须过账一部分现金对承诺进行担保;金额可能是可可总价值的 5% 到 10%。

可可对你没有任何用处,所以你不会真正交割商品。相反,在二月底的时候,你会退出三月的期货合同而买进一份五月的期货合同。通过不停地展期,你可以永远不需要交割。但是,就像你真的拥有这 10 吨可可一样,你得到收益或者承受损失。如果每吨可可的价格上涨 10 美元,你能得到 100 美元的收益。如果下降 25 美元,你就得支付 250 美元的损失。

我是用这些商品可以得到的超过低风险资产投资收益,例如政府债券或银行定期存单,来定义收益的。如果你愿意,也可以把它看作超过通货膨胀水平的收益,两个是一回事。

表 5.1　部分商品平均年和全时期平均超额收益率(1970 年到 2010 年)

商品	平均年收益	标准差	1970—2010全部收益
可可	4.9%	30.1%	10.6%
玉米	−3.5%	22.5%	−91.7%
棉花	2.4%	22.7%	−6.4%
生猪	1.6%	24.2%	−42.0%
白银	2.8%	29.2%	−45.9%
糖	5.1%	38.4%	−62.0%
小麦	−0.5%	25.5%	−78.3%
投资组合	1.8%	14.3%	34.4%

表中的数据反映了可可平均年收益超过低风险债券收益 4.9%,但是标准差高达 30.1%。在过去的 40 年时间里,1000 美元的投资可以返回 1106 美元——10.6% 的超额收益率。

这让人感到有些吃惊。既然年收益 4.9% 乘以 40 年是 196%,为什么整个时期投资得到的收益只有 10.6%?同样的原因,在凯利的例子里,一样规模的输赢赌注会让你的情况变得更差。如果可可价格今年上涨 20%,明年下降 20%,你的收益会下降 4%,总体并不是平衡的。棉花、生猪、白银和糖的情况更糟:在整个时期,波动将平均收益的优势变成了负收益。如果你想使某商品的总收益在整个时期最大化,就要用平均收益率减去标准差平方的一半。对于可可来说,就是 4.9%−30.1%²/2=4.9%−4.5%,就是 0.4%。0.4% 乘以 40 年可以得到全时期收益大约是 16%。准确的答案是 10.6%,不是 16%,不过大概的数字也八九不离十了。

在马科维茨的公式里,即使是收益最高的商品,投资者们也不会选,因为他们会为了更低的标准差而接受较低的期望收益。但是我们再看一下表中最后一行,这里的数字是将投资均匀分布在七种商品上的结果。这时全时期的收益达到 34.4%,比最好的单个商品要好得多。其中四种商品有比较高的平均收益率,但是七种商品的投资组合仍然是占优的,因为收益波动不大。所以,凯利会说多元化投资不是因为担心选错投资,而是知道即使是选择对的商品也不如组合来的好。

乍一看,好像我们为马科维茨的理论找到了理由是因为投资者们不喜欢风险。但是实际上差异要更深刻些。马科维茨是以效用理论为基础假设人们不喜欢风险,或者是因为心理方面的沮丧感,或者因为风险使得规划变得困难了。所有这些假设是将风险作为成本来对待的,与税收或费用没什么差别。

哈里的研究发展了一种理论,所有的投资者都应该选择超额收益率与标准差之比最大的投资组合(超额收益是超过无风险收益的收益,就像表5.1里的数据)。这就是用金融学先驱和倡导者威廉·夏普教授的名字命名的夏普比率。保守型的投资者会把一部分钱用来买投资组合,其余的购买低风险债券。进取型的投资者可能会去借钱然后把超过100%的资产都用来购买组合。但是两种投资者购买的是相同的风险资产组合。

逻辑上下一步是要知道所有个人的投资组合之和实际上就是市场上所有的资产的投资组合。如果每个投资者持有的风险资产组合相同,而且是夏普比率最高的,那么市场投资组合一定有最高的夏普比率。投资很简单。买进市场投资组合好了。

这一理论大大发展了金融理论,特别是清除了根深蒂固的谬论。但是过于狭窄地关注这个理论又会导致很多错误。我感兴趣的只是要把它与风险管理区别开来。在上面的例子中,所有商品的组合表现更好是因为风险更低,这是真的。但是认为对于相同的期望收益水平投资者总是倾向于更低的风险并不是正确的。对于每个组合来说存在一个最优的风险量;更多的或更少的风险都会导致更低的长期收益。

投资单一商品的真正问题不是没有多元化,而是把100%的投资投在任何一种商品上都导致过度投资。如果你在每一种商品上投资量都是对的,表5.2会告诉你按照这样的策略会有怎样的结果。例如,如果你把投资的52.7%用来买可可,其他的买低风险债券,从1970年到2010年间,你可以得到67%的超额收益率,而不是全用来买可可得到的10.6%。在糖的例子中,只需要把2/3的钱放在银行里就可以从-62%的收益率变成41.1%。但是所有情形下,要是你承担的风险比最优水平少些或多些,情况都会变得更糟。

表 5.2　部分商品全时期最优投资规模的超额收益率（1970 年到 2010 年）

商品	超额收益率 1970—2010	最优投资规模	最优投资超额收益率 1970—2010
可可	10.6%	52.7%	67.0%
玉米	−91.7%	−70.2%	66.4%
棉花	−6.4%	46.8%	25.9%
生猪	−42.0%	27.2%	9.3%
白银	−45.9%	32.5%	20.1%
糖	−62.0%	33.9%	41.1%
小麦	−78.3%	−7.7%	0.8%
投资组合	34.4%	85.7%	35.5%

把所有的钱都用来投资时，七种商品的投资组合比单独一种更好的原因并不是多元化降低了风险而低风险是好的；而是投资组合恰好非常接近风险的最优水平（我们可以从表 5.2 的最后一行看出来，如果留下 14.3% 的资产投资在低风险债券上，我们可以有所改善）。

另一个非常重要的问题是单独投资的平均收益率是 32.9%，只比投资组合的 35.5% 少一点儿，而且平均投资额也没那么大。对自己选择最优商品的投资能力还有一点儿自信的投资者，只要（我特别要强调这点非常重要）他知道怎样正确地决定投资规模，购买单独某种商品而不是进行组合投资就不是不理性的。没有能力的投资者就应该进行多元化投资，但是根据我的观点，对于比较活跃的投资者来说最好的投资组合，通常是能最精确地确定投资规模的，而不是多元化程度最大的或者夏普比率最高的或者期望收益率最高的。

现在，假设 1969 年的新年夜，有个精灵告诉你在接下来的 40 年时间里，这七种商品投资组合的夏普比率最高。我在表 5.3 中都列出来了。

表 5.3　部分商品组合的最高夏普比率权重（1970 年到 2010 年）

商品	权重
可可	14.3%
玉米	−37.1%
棉花	14.5%
生猪	8.0%
白银	7.7%
糖	9.0%
小麦	9.4%

权重的情况可能与你根据表5.1中单一商品的数据猜想的不同。糖的平均年收益率最高,小麦的年平均收益是负的,但是在最优投资组合里小麦的比例却比糖的高。更让人感到奇怪的是,即使有了完备的信息,你并没有把所有的钱都投在这个时期表现最好的商品上。实际上,你买的组合更倾向于权重相等而不是根据精灵提供的信息预期形成一定程度的集中。与等权重最大不同的一种策略是卖空玉米(负的),通过在整个时期内不断展期卖空契约来卖出玉米(卖空期货合同是承诺在将来交付某种商品,与做多的期货合同相反,后者是承诺接收某种商品)。这个投资组合的夏普比率是0.33,是七种商品最好的投资组合。这将在整个时期内带来非常好的收益,把1000美元投资变成2924美元。我们把它叫作马科维茨组合。我们进行多元化投资是为了改善夏普比率,而不是因为我们有了某种长期理论。

要注意马科维茨告诉我们的是应该买哪些资产组合,而不是应该承担的总风险水平。不管我们是用自己10%的钱还是用10比1的杠杆购买这个投资组合,夏普比率是一样的。但是这两种决策是有重大区别的。如果我们把自己10%的资金投到这个组合里,最后只能拿回1132美元。如果是按10比1使用杠杆的投资,结果我们就只剩2美元。也就是说,我们几乎输光了一切。

假设为了实现我们第二个心愿,精灵告诉我们这个组合的最优风险水平。正好是3.322比1的杠杆,也就是可以在3322美元的总概念绝对价值水平上进行坐盘交易。最后,在我们把贷款还清后,去掉通货膨胀我们还能得到8145美元。要知道这些是发生在真实商品价格总体下降的时期,七个商品中有六个的收益率低于无风险的收益率,而唯一的一个有正收益的商品在40年时间里也只达到10.6%。而且,我们没费什么劲,没有基本面的分析,没有实质性的交易就战胜了市场。我希望你能开始有所了解为什么对冲基金经理能致富。我还没解释如果没有那个精灵怎么办,但是那也不过是增加了一点儿困难而已。数学就是你需要的所有的精灵。

总结一下,投资等权重的多元化组合可以得到1344美元,超额收益率是表5.1最后一栏中的34.4%。我们不需要任何精巧的理论就知道。哈里让我们明白了怎样(在完备信息的情况下)增加118%,达到2924美元。凯利告诉我们怎样(也是在完备信息的情况下)再增加179%,达到8145美元。哈里和凯利各自回答了关于投资组合的不同问题。哈里和凯利各自都有自己的价值,但是如果能结合在一起将更有价值。最重要的思想是,即使是在完备信息的情况下,风险仍然重要。

如果哈里知道凯利

我们回到早些时候建议的反历史事实的情况。假设哈里·马科维茨在1952年——比凯利著作出版早4年——就已经知道了约翰·凯利的工作。哈里很有可能对一开始的问题会给出完全不同的答案。为什么投资者不把资金都投在最好的那一只股票上呢？不会认为投资者不喜欢风险,他可能会回答把钱投在一只股票上是过度投注。

在真实的世界里,马科维茨创造了现代投资组合理论(MPT)。该理论认为投资者关注的是投资组合的统计性质,按照在风险约束下期望收益最大化的准则行动。期望收益是好的,风险是坏的,投资要平衡这两个方面。

受凯利启发的类似理论被称为投资增长理论(IGT)。这种理论认为投资者根据长期增长最优的原则选择投资组合。投资者关心的是投资而不是投资组合,他们根据期望收益和变异程度决定如何分配投资。这里存在投资组合效应;每一项投资的资本配置决策取决于过去的决策,但是实际上这种效应很小,除非你考虑的是高度相关的资产。

在IGT的世界里,我们会希望投资者一次分析一个投资机会。给每个可接受的投资项目设定一个投资额,最有吸引力且风险最低的投得多,稍微有吸引力的或高风险的项目就投得少些,那些既没什么吸引力风险又高的项目就只投非常少的钱。一旦投资者有了某种类型的投资,他很可能会再去寻找不同类型的项目。一个IGT投资者不会因为买了同一产业的两只股票,或者相近经济部类的两只股票而赚多少钱。持有不同时期的投资或者不同风险类型的投资要远远重要得多。IGT投资者不会持有几百股某种股票,而是会持有很多不同类型的股票、一些私募基金、一些风险资本、一些房地产、一些高频率交易的、一些相对价值策略的、一些全球宏观策略的、一些高等级债券和一些不良债券。

这样的过程会一直进行下去,直到再增加一种新资产带来的优势低于为此进行研究和交易的成本。采用这种投资方法典型的结果是会形成半打到几打的资产组合。因为市场上有成千上万可投资的资产,所以任何两个投资者持有相同或者相近的投资组合都是不太可能的。而且,因为投资者喜欢便宜的,他们会有个倾向,就是远离其他人已经买进的那种资产。

MPT 是由上而下的过程。投资者根据风险偏好选择合适的参数,然后由数学模型选择满足条件的最好组合。IGT 是由下而上的。投资者考虑投资,进行资产配置决策,然后再进行下一个决策。投资组合是这一系列决策的结果。

很明显,IGT 可以更好地描述这个世界。在马科维茨作研究的时候,没有哪个投资者用的是由上而下的方法。自那儿以后,因为受到 MPT 建议的启发,人们进行了一些尝试,但是一直以来都没有被广泛接受,所谓的成功也值得怀疑。这种方法一般是在资产类别的层面上使用,而不用于选择具体每个头寸——也就是说,可以用它来决定在每只股票之间、债券、房地产、商品及其他资产之间怎么分配投资,而不是用它决定买什么股票、债券——而且它也严格地局限在要得到与预设情况相近的结果。

IGT 也可以更好地描述投资者的思考过程。投资者关注的是在组合里的投资风险有多大,期望收益是多少,可预期的离差有多大。在凯利投资中这是三个最重要的参数。MPT 认为最重要的是各种投资之间的关系,而它在投资者考虑的问题清单上的位置相当靠后——但至少是在哈里之前。

哈里还指出重要的变量是标准差,不是离差。尽管两个变量看上去是一回事(标准差是离差的平方根),但实际上存在关键的区别。为了比较标准差和期望收益,必须明确时间区间,而离差和期望收益在任何时间区间上都有相同的比例关系。MPT 是一个单时期理论;你选择最好的组合,然后在时期结束的时候,你换购成下一个时期最优的投资组合。IGT 是动态的理论,没有固定的时间区间;实际上,明确时间反而会削弱这个理论的假设。

IGT 的另一个价值是可以顺理成章地处理空头头寸和衍生品。MPT 要求某种程度的投资约束(例如总预算),一旦偏离做多的资产头寸,定义就会变得很棘手。实际上,在 IGT 的世界里,投资者和证券发行者之间是没有区别的。MPT 则假设证券的发行和条件都是外生的。它不是要解释这些因素;而是要告诉投资者应如何作出最佳反应。

两个理论在解释典型的投资组合构成时都比较困难。MPT 主张更多的多元化,比 20 世纪 50 年代和 60 年代的普通水平要高,而 IGT 至少在简单的应用层面上则建议要提高风险。

MPT最大的优点是它可以对投资者和经理们认为自己正在做的事情作出更好的反应。经理们按照由下而上的程序,多数是再寻找那些比平均收益水平好的投资而不是有着正确关系的投资,他们可能不知道投资组合的标准差和时间区间是什么,但是根据收益与标准差的比例来评价基金经理似乎又是合理的。20世纪50年代的投资经理可能会赞同MPT是个非常好用的构建投资组合的简单模型,而马科维茨也的确将之作为一种产品推销了出去,虽然成功的案例有限。没有人认为自己是IGT类型的投资者,直到爱德华·索普之前,没有人曾试图推销过IGT产品。

真实金融世界中出现的下一个进步是有效市场假设(EMH)。该假设认为所有证券的定价都是合理的——即在公开发行的证券中组成两个投资组合,在调整了风险之后,某一个组合的业绩不可能持续地比另一个好。在IGT的世界里,合理价格(fair price)没有明确的含义。IGT中类似的假设是资本恰当地在各种证券间进行分配。

根据MPT的EMH,如果出现了某个证券的好消息,投资者就会买进直到价格上升到正确的新价值。而IGT的EMH动态变化则相反。例如,一家公司有了好消息,可能是一种成功的新产品,或者是比期望水平高的利润率。公司的期望收益增加了,意味着现在的投资者希望更多地持有,所以价格会上涨。但是一旦价格上涨了,未来收益的期望值就会回到原来的水平上,那么由于价格上涨,现有的投资者发现手上的证券过多了。解决的方案是公司付现金给投资者,例如分红或者赎回证券。或者公司募集新资本。那样会形成错误的市场价格,因为需要进一步调整从而形成正确的价格。但是,这些调整可能会很慢甚至根本不会发生。另一方面,IGT的EMH保证了有效的经济评估,因为它们是建立在显性的现金流基础上的,而不是投资者主观地认为其他投资者明天会怎么想。

在我看来,市场上存在MPT和IGT两种效应。或者进一步可以确切地说,MPT和IGT都是高度简化的数学模型,分别抓住了证券定价的两个不同重要方面。你不可能质疑MPT理论的精髓——因为有大量的经验证据可以证明。但是那些证据不能排除其他理论的存在,特别是IGT。既然MPT不能解释分红和赎回,或者集中投资组合,或者几十种其他重要的市场特征,那么它就不是完整的理论。你不需要全盘接受IGT,但是投资者的确不是只靠MPT。

进一步说，MPT是一个单时期模型，只能告诉我们证券的相对价格水平，而不能说明证券的绝对价格水平。IGT可能在解释相对价格水平上处于劣势，但是把绝对价格水平植根于对经济基本面的分析：发行者交易的是真实的现金流，投资者根据持有证券的情况进行概率判断。当你考虑的是美国高度资本化的证券市场时，应用MPT是非常合理的。当你考虑的是新兴市场的房地产市场时，IGT就更有意义了。

在MPT占主导地位的真实世界里，市场均衡的占优理论是资本资产定价模型（CAPM）。该理论提出任何资产的期望超额收益——记住超额（excess）是指超过无风险利率水平的收益——等于资产beta系数与市场期望超额收益的乘积。这是在MPT和EMH理论之后，根据市场和投资者一些特定的假设发展而来的。

投资增长理论

与IGT平行的，我们有一个不同的公式。我在这里提出来是想扩展点儿观点而已，而不是要进行严格的讨论。它有一些很有趣的性质，可以解释一些MPT CAPM不能解释的东西。它的假设不会比MPT CAPM的更不切实际。但是它也有些问题，我不会进一步的讨论，而且它也没有经验证据的支撑。我们这章都是历史反事实的叙事，是用来窥探世界的一面镜子。IGT CAPM在这里的作用是要说明MPT CAPM可以变成那种陈旧老套的东西，阻碍了它的追随者看到还有一些与MPT CAPM不同，理性的甚至是合理的其他观点。尽管支持CAPM的经验证据非常强大，但那只是针对长周期、大规模的投资组合，那些证据不能告诉我们很多关于小规模组合和短时期的情况。

下面是MPT和IGT CAPM的两个公式，μ代表期望收益，β是市场投资组合的风险，σ是收益的标准差，ω代表证券价值占市场价值的比例，下标s代表证券，m代表市场，0是无风险资产。

MPT $\quad \mu_s - \mu_0 = \beta_{s,m}(\mu_m - \mu_0)$

IGT $\quad \mu_s - \mu_0 = 2\beta_{s,m}(\mu_m - \mu_0) - \omega_s \sigma_s^2$

IGT CAPM的结果基于一些简单的假设和代数计算。每种东西都是被某些人所有的。通常我们说东西是公司或政府所有，但是我们认为实际上可以进一步追溯到某个收益人即最终的利益相关者那里。为了在 IGT 中成立，$\mu_m - \mu_0$ 必须等于 σ_m^2。这是一种大致的情况，在这个模型里我们假设是真的。如果我们加上或者减去一种资产，我们假设这个关系不发生变化。这样，我们可以得到下面的第一个公式（ρ 是市场投资组合的相关系数）。从这儿开始就全是代数了，用 $\beta\sigma_m$ 代替 $\rho\sigma_s$，用 σ_m^2 代替 $\mu_m - \mu_0$。

$$(\mu_m - \mu_0) - \omega_s(\mu_s - \mu_0) = \sigma_m^2 + \omega_s^2\sigma_s^2 - 2\omega_s\rho_{s,m}\sigma_m\sigma_s$$

$$\omega_s(\mu_s - \mu_0) = -\omega_s^2\sigma_s^2 + 2\omega_s\rho_{s,m}\sigma_m\sigma_s$$

$$\mu_s - \mu_0 = 2\rho_{s,m}\sigma_m\sigma_s - \omega_s\sigma_s^2$$

$$\mu_s - \mu_0 = 2\beta_{s,m}\sigma_m^2 - \omega_s\sigma_s^2$$

$$\mu_s - \mu_0 = 2\beta_{s,m}(\mu_s - \mu_0) - \omega_s\sigma_s^2$$

由于市场是一个整体，β 和 ω 都是 1，因此，我们可以得到：

$$\mu_m - \mu_0 = 2(\mu_m - \mu_0) - \sigma_m^2$$

既然 σ_m^2 等于 $\mu_m - \mu_0$，我们可知方程是一致的。如果把市场从市场中移走，公式仍然成立。这只是 MPT CAPM 的一个例子，使得我们期望具有平均 β 的资产（β 一定等于 1）也一定有平均的超额预期收益（一定等于 $\mu_m - \mu_0$）。在 IGT CAPM 中，这不是真的。

这个方程对于市场整体是有效的，对于任意一个凯利的最优投资组合也是如此。它有一个有趣的特点，你拥有的某物越多，ω 就越大，收益率就越低，那么价值就越高。如果你拥有的不是同样的资产，ω 是负的，你会要求更高的收益率，这意味着你对这个资产的评价要低些。我不认为这是导致持续的行为偏差的原因，与那些不属于自己的东西相比，人们倾向于高估自己拥有的东西的价值——第 8 章中我提出这是产权概念的基础——但这起码能够说明这种偏差并不是非理性的。可以从假设中得到，和 MPT CAPM 一样具有现实性。

IGT CAPM 为另一种行为观察提供了解释。如果你给某人两种期望值相同的赌博游戏，他通常会选波动性小的那个。但是如果你给他一个赌博游戏，然后问他愿意卖多少钱，他会给波动性大的那个标上更高的价格。在 IGT 的世界里，这不是非理性的。你不拥有的赌博游戏的 ω 是负的，所以变动越大，要求的期望收益就越大，因此价值也就越低。但是你拥有的赌博游戏的 ω 是正的。这就是说变化越大，价值越高。

和 MPT CAPM 建议的所有投资者持有相同投资组合不同，IGT 认为所有投资者应该根据其在总财富中的占比持有证券。如果一家公司有了好消息，它的股票会按投资者所有财富的某个比例上涨，所以他们会都想把股票抛出去。但是，没有这只股票的人对它的估价会低于持有者。所以，这家公司应该通过分红或者赎回股票的方式补偿给投资者，这是合理的。这是另一个持续的行为观察；尽管 MPT CAPM 认为不应该，但是公司还是在分红或者赎回股票。另一方面，如果有了坏消息，该理论认为投资者会希望增持。但是只有当某些持有者卖股票的情况下才可能出现，这似乎是符合实际情况的。

当现有投资者要卖出股票时，另一种选择是公司募集新的投资者。在 IGT CAPM 里，这不是逐渐发生的；非持有者会突然变化。他们从没有投资到和所有老的投资者一样持有相同比例的股票。又一次，这就是典型的投资者行为。可能最重要的差异是，IGT CAPM 认为投资者应该低买高卖，这是永远的投资智慧；而 MPT CAPM 则认为应该买进市场上所有的包括低价格的和高价格的证券，而且不管一般的价格水平是高还是低要保持市场上同样的投资。不可否认的是这种策略赢得了投资者的信任，以非常低的成本实现了平均收益，但是并不能令人非常满意。

IGT CAPM 是反周期的。当有利好消息时，现有投资者不想再继续持有。因此，企业不得不把好运气用现金红利和证券赎回的方式支付给投资者。这比盈利造假要难得多。如果企业要发展，就必须引进新的投资者。不能被动地增长，那种增长是靠股票价格上涨，成为市场中的主力，从而指数基金投资者会配置更多的资金。MPT CAPM 对增长是中性的。股票的期望收益取决于它与市场的联系，因此不管是 1 美元、10 美元、100 美元，还是 1000 美元买进的股票都一样好。排除指数投资者——为了长期持有股票——股票的估价将取决于基本面投资者和动量投资者之间的较量，前者在股票价格上涨到基本面的经济价值之上时就会卖出，而后者则在股票价格上涨时买入股票。问题在于即使基本面投资者几乎大获全胜，但是它的胜利也只意味着股票得到了它真正的价值。对于动量投资者能把价格推上多高的水平并没有自然限制，是否零以上或者多低的程度也没有限制。结果是动量投资者甚至只需要得到一些胜利就能把市场推入毫无理性的泡沫或危机。

IGT CAPM 和 MPT CAPM 之间另一个有趣的区别是 IGT 有投资组合更为集中的投资者。IGT 不能确切地告诉我们每个投资者持有什么股票，因为它是根据与 MPT CAPM 不同的原则构建的。更多持有某种证券会使其更有价值的特点使得投资者在较少的证券上持有巨额头寸。但是可以肯定的是,所有的投资组合都有相同的夏普比率,否则投资者会为更高的夏普比率而进行掉期交易。

现在,所有投资者的投资组合之和就是市场的投资组合。MPT CAPM 指出除非投资者的投资组合都是完美地联系在一起的,否则市场投资组合的夏普比率至少要比某个投资者的组合要高。因此,所有的投资者要么持有市场投资组合要么持有某种与市场完美联系在一起的证券,这实际上是同一个意思。而 IGT CAPM 则不得不强调存在某种因素阻止了所有的投资组合达到市场投资组合水平。

上述争议是可信的,原因是有很多集中的投资组合的夏普比率非常接近于市场的水平。这是人们还不能充分理解的。也削弱了建立在长期平均大量资产的投资组合基础上的理论的解释力度。

假设你有一个资产组合,各种资产的标准差 σ 相同,两两之间的相关系数 ρ 也相同。如果资产数量为 N,该组合的标准差是:

$$\sigma\sqrt{\frac{1}{N}+\rho}$$

当 N 变大时,如果 $\rho=0$,标准差就会为零,这说明如果你将风险分散到足够不相关的赌注上,你的波动率就会降到零。然而,对于权益资产来说,ρ 的典型值是 0.16。不太严密地说,这意味着不管你在组合里加入多少股票,都不可能将标准差降到有这些股票在内的平均标准差的 40% 之下(0.40 是 0.16 的平方根)。如果你坚持购买高度资本化的美国股票,相关性甚至就更高了。那也意味着如果你随机选购股票,虽然只买了 20 只股,但是却可以享受到整个市场多元化利益的 90%。但它没有告诉你的是,实际上也的确如此,如果你足够聪明选择了相互之间相关性低或者为负的股票,实际上只需要买 4 到 8 只股票就可以享受到市场范围的多元化的利益了。这些是我们在 IGT CAPM 情况下期望投资者持有的投资组合;直到 MPT CAPM 推动投资者购买巨大规模的组合之前,典型的投资组合是 4 到 40 只股票,即使是专业的经理人也是如此。尽管理论上投资者因为持有更多股票会略微改善夏普比率,但是也很有可能额外的交易成本抵消了收益的增加。而且,如果股票规模少些,投资者就有了更多的机会去监控甚至影响那些公司。这些因素使得小规模的投资组合即使是在 MPT CAPM 情况下也具有了某种合理性。

有很多人无意识地将购买大量股票内化为一种超级强大的规律，即认为 ρ 总是等于 0 从而所有的风险都可以被分散掉。根据我的经验，一谈到金融，这就是一种精算师们爱犯的职业病。我不是说精算师们不相信相关性的数学原理，或者他们不接受世界上存在的相关性。他们明白无论在东京或者旧金山出台多少关于地震的政策，你也不会将风险降为零。但是当我为保诚保险管理投资组合时，我和精算师们争论过很多次。他们很聪明也懂定量分析，但是我们经常无法在理念上进行沟通，因为他们有着非常深的不容置疑的信念，即持有更多证券总能降低风险。他们不会直接说出来，但是他们对多元化的那种信念，我只能认为已经宗教化了，是数学方法难以与之媲美的。

eRaider.com

我曾经试过利用组成有效的小规模投资组合的想法赚钱。我比较早就采用了电脑通信技术，从学校的国防部高级计划局网络（DARPANET）到拨号上网的公告栏，到 UseNet，到 CompuServe，到 1995 年的 Yahoo! 和美国在线。在后面这四种论坛上，我回答了很多关于金融的、统计的和赌博的问题。那是在 1996 年的时候，股票的公告论坛的力量给我留下了深刻的印象。当然，这里的确有很多大肆渲染和胡说八道的东西，但是没参与过的人看不到的是这些东西很容易就可以被过滤掉，而当你这样做了，就会发现某些公司的公告论坛里有很多有用的信息和讨论。我的一个朋友——美国西北大学凯洛格商学院的著名教授马丁·斯托勒，逐渐地发现，对于一些公司来说，有相当比例的流通股——被一般公众持有的股票，包括机构的但不包括内部人的——在公告论坛里就能接触到。不仅如此，那里还有大量非常有价值的信息——有价值是因为这些信息都是特定的——可以从现在的和之前的雇员、供应商、客户和熟悉这个产业的人那里得到。

马丁和我想出来一个主意，用七只相互之间相关性比较低的股票组成了一个投资组合，这样，投资组合的标准差要比市场的低。这些公司的机构投资者比较少，所以对管理层的监督不多，但是通过活跃的智能的信息论坛我们认为可以接触到至少 20% 的流通股股东。另外，这些公司的管理层要采取明显的举措提升股东价值。例如，四年后，当投资组合最终成立的时候，我们有一家曾想把它卖掉的公司；我曾想关掉另一家公司规模庞大又不赚钱的业务而支持增长快速利润又好的业务；另一个我想要"de-REIT"，意思是从一个房地产投资信托公司(REIT)转型为常规企业。

现在当人们听说你想要用七只股票构成一个低风险组合时，即便接受了关于相关性的数学讨论，他们也会说，"如果有家公司表现差，它又是投资组合的很大一部分，那就糟了。还是搞个几百只股票的组合更安全些，哪只股票都不会带来很大的损失。"这种观点可能是对的；也就是说，小规模的投资组合可以有同样的标准差，但是带来巨大损失的尾部风险更大。也有可能小规模投资组合有更多不确定的参数。当然，这些也不一定就是真的，而且我认为这不是真的，至少如果恰当地选择了股票的话。

无论怎样，我的主要回应是："好吧。但是如果一家公司的价值飙升，它在投资组合里有很高的比例。风险的影响是双面的。"而且如果你认为你可以使某家公司的价值飙升，那么集中投资就是有利的。所以我集中了一批全明星战队，有金融学家、会计学家、企业界的商业和科学专家、帮助沟通的专栏记者——甚至我们还有一位前证券交易委员会(SEC)委员加盟。我们开设了一个网站，邀请所有的股东来参加，帮助改善他们的公司。既然我们挑选的公司的董事局有见地又活跃而且已经包括了大股东，既然我们的互助基金在公开之前已经累积了5%的股权(5%是在SEC公开公告前可以合法购买的最高比例)，既然没有内部人或机构投资占大头儿，我们应该是在有控制力的位置上。另一个妙计是对提供了有用服务的论坛参与者，我们会赠送给他管理公司(一种通过管理基金收取费用的公司)的期权和股份。管理公司剩余的股份是基金所有的。马丁和我计划通过和其他股东一起投资我们的基金而致富，而不是靠收取其他股东的管理费用。

不幸的是，这个主意花了四年的时间才获得SEC的批准，而且我还得一路想办法找那些委员们去沟通。我不是要指责他们，但这个主意触及了很多敏感的问题。委员们和证券委员会的人对集中投资组合心存疑虑，被互联网股票信息公告的主意吓了一跳，也对行动派投资者感到焦虑。但是我绝对没有碰到官僚主义的漠不关心或者僵硬死板。我和很多的委员进行了公开的富有建设性的讨论，他们也的确给予了我大量的法律层面的免费帮助。一旦我们开始了，SEC在几个非常重要的事情上都站在了我们这一边，使得我们免于被处罚或者彻底被赶出市场的境地。虽然得到了所有的这些帮助，我还是感到一丝遗憾的刺痛，四年的耽搁导致基金在2000年3月10日才上市。你可能还记得那天。纳斯达克指数在那天达到了5048.62的历史高点。之后的一年半时间里，它又一路延转跌到了1114.11点，从那儿以后就没有到过3000点。对于一个多头的互助基金来说，那可不是上市的好日子。两年后，eRaider.com从一家公众互助基金转型成为私人的对冲基金，而我也切断了和它的联系。

我保留了那个域名，因为我觉得很酷。我是花了500美元从一个注册过成千上万个有前景的域名的家伙那里买的。他原来想要2.5万美元的，但是我让我们一位年轻的程序员跟他讲eRaider是他扮演的角色的名字，他非得要得到这个名字，但是要是花500多美元，那他父母肯定要杀了他。那番说辞引起了那个家伙的共鸣——我估计他自己一定是有过类似的经历。当那个卖家发现被欺骗了之后，他给我打了个电话。他没有发火，而是充满了崇敬。这是个好骗局，他电话里说，他不是经常能被骗到的。发现有人的商业模式基本上就是一场骗局也不自以为是，这还真是很能让人耳目一新。

虽然纳斯达克的试水没有成功，我并不认为那是作为公众互助基金的eRaider.com失败的原因。另一个更令人悲伤的坏运气，同样也不是主要原因，就是马丁被查出来患了脑瘤。马丁是个沟通天才，也是公司的形象。我所有的辩论修辞都是他教的。然而，他的确是让SEC的很多人感到惊讶，因为他的父亲菲尔·斯托勒是个臭名昭著的证券诈骗犯，莫里·泰格·布卢姆的畅销书《流氓致富：华尔街的麻烦》(Warner, 1973)书中的主角就是他。

给定市场的条件下，eRaider.com的投资组合的确做了应该做的事：少输钱。在所有的公司里，我们的目标都实现了，而且七个公司中有六个与我们建立了友好的关系。我们还几乎赢了一场竞争性的董事竞选，在所有的公司里清除了不利于股东权利的各种规定。我们没做成的是，没有在一小部分真正信仰的人之外说服什么人，让他们相信比起现行的系统，互联网监督是种更好的公司治理模式。菲尔·戈德斯坦干过更多颇有争议的企业狙击行动，他告诉我，"没有人希望付钱给行动派"。每个人都为行动派投资者欢呼，然后一旦他们创造出任何的价格反弹后，就马上卖出股票。我们的信息论坛也是如此。人们一方面鼓励我们，一方面继续甩卖股票。他们买入股票因为我们进入了，但是随后又投票反对我们。要将两种对立的东西联合在一起需要持续的斗争，防止触犯证券法也是如此——或者最低程度上，防止我们被卷入其中。没有多少人能懂得在公司高层决策时来自股东的合法压力与日复一日运营公司的努力之间的区别,或者出于全体股东利益的行动与为自己谋利益的行动之间的区别。狙击者不是通过有组织的投资人或专家一致的意见来行动的,而是通过老派的方式,派某个人(通常是我)去和经理和总裁们谈判。我最后得出结论,互联网投资平台使得有效改进更难,而不是更简单。

我不是不能接受。我玩得很开心,而且也输得起。我遇到了一些好人,学到了很多。eRaider.com 很多次出现在重要的媒体上,即使人们倾向于将我们和占星师、不成熟的廉价股票狂徒以及交易室里安着摄像头的互助基金放在一起。甚至更让人讨厌的是:每一个行动派投资者,不管投资规模大小或者是否正儿八经的,在新闻报道都被描写成"牛虻"一样。不管怎么说,就眼前的目的来说,eRaider.com 的故事可以证明我的确是相信小规模投资组合的。

正如我在这个部分开始的时候讲的,我的重点不在于说明 IGT CAPM 比 MPT CAPM 好,或者甚至是否到底有什么真谛。这里我郑重声明,我认为这是一个实用的方法,可以在低流动性市场里分析绝对价格水平,而且如果有进一步的理论和经验性工作,就有可能得到更广泛的应用,特别是在帮助理解资本流动方面。但是它绝对不可能达到 1% 的 MPT CAPM 重要程度和效用。我的意思是 IGT CAPM 提供了一个研究证券价格的视角,与哈里·马科维茨创造出来的由上而下跨部门的 MPT 世界相对。不管你是否喜欢 IGT,它在风险经理的自然领域中发挥着作用,而太多有着主流金融学或经济学教育背景的人忽略了这个领域。

MPT 的入世

在真实的世界里,MPT GAPM 鼓励学者和监管者为了尽可能复制市场投资组合而将大众推向高度分散、低成本指数基金。对于投资者来说毫无疑问是好的。如果哈里遇到了凯利,相反是他发明了 IGT,那么自然的结局应该是将人们推向集中的对冲基金策略——在真实世界里,这是只有有钱人才能采用的策略。在真实的世界里,所有的投资者做的都一样,我们看到投资管理服务的联姻,大型基金管理公司管理着大型基金。在 IGT 的世界里,每一个投资者都不同，你会看到更多的小基金和小公司。

对 MPT CAPM 的信任使得跨部门的市场更加有效率；也就是说，在相同的时期里，不同类资产的收益与它们各自的风险水平匹配得相当好。但是，至少值得讨论的是，MPT CAPM 使得价格与基本面的价值相分离。指数基金投资者不会问这东西值什么；他们是根据价格成比例地持有证券的。除了其他因素之外，这保证了被高估的资产一定是过度投资的，被低估的又投资不足。要区分被高估和被低估的资产是不可能的，但是没关系；数学意义上可以肯定的是指数投资者在两个世界中都是最差的。（当然，就像肯·弗兰茨和约翰·博格分别单独跟我指出的那样，有一半的非指数投资者在被高估的资产上肯定是重仓的，而且所有的非指数投资者付出的成本更高。）

大型多元化的投资组合也被指责投资者没有对他们的投资进行监管，被指责为泡沫和危机推波助澜。MPT 关注的是周期性收益，主要是按月的，这可能是导致低估长期经济和短期市场微观结构的原因。

在决定基本面的价值，提供监督，为从微秒到几十年的各种时间周期上操作，为控制泡沫，以及危机后迅速进入进行重建等方面，对冲基金比指数基金做得更好。当然，因为对冲基金可以做这些事情并不能说明事实上对冲基金就做了这些事。在真实世界里，对冲基金受到那些认为不应该赚钱、价格被高估的理论的压制。这些压制为基金制造了很多机会，因为价格背离了基本面价值，可以很便宜地买入那些因缺乏投资者监管绩效很差的上市公司。泡沫和危机代表了对那种不总是合群的策略的渴望。

反之，如果 IGT 一直是主流理论，鼓励对冲基金的发展，压制指数基金和其他的高度多元化投资会怎样呢？我们可以想象证券交易委员会坚持认为投资经理们要了解很多他们买的那些证券的信息，并不是按照要价什么都买。其他的监管者可能坚持专业管理者要提供严格的监管，要证明他们的策略不会恶化泡沫和危机。实际上，像这样的事情已经发生了很多年，但不是由 IGT 或者其他任何普遍理论引起的。而是对部分因为以 MPT 为基础的投资技术而引发的市场事件的反应。早在 MPT 或指数基金之前，我们就有过泡沫和危机，所以它们不可能是主要的原因。毫无疑问是行动派投资者触发了这些事件。MPT 的作用更多的是使人们看不到这些事件发生的可能性，而不是鼓励被动投资者从而火上浇油。

在 IGT 世界里，总体市场价格可能会更加稳定，也更接近于基本面价值。

公司运转得可能会更好。但是在证券相对定价方面的效率也可能没那么高。因为更多的经理会采用更加激进的多元化策略,所以丑闻或者崩盘可能会更多一些。当然这些不会使得丑闻或者崩盘程度更深,只是量上会更多些。我想这些会使更多的投资人感到不安全。在我们这个世界里,我倒是不认为有哪种投资是安全的。但是,在有政府担保的银行存款——尽管有通胀——和长期多元化的投资情况下——尽管在长期这些投资的绩效并不好而且还有一些讨厌的短期危机,人们会感到安全。或者至少与让他们在成千上万的各种复杂策略的小投资经理中进行挑选判别相比,他们会感到更安全。

然而,我认为在IGT世界里最大的可预知的问题就是缺乏基本的公平。指数基金也有问题,但是人们喜欢每个人都可以不花什么代价或精力就可以得到市场的平均收益。所有努力要做得更好的机灵人,作为一类投资者的效果并不好。如果有些人赚了钱,其他人就是输钱的,而且既不是赢家也不是输家让指数基金投资者受损(但是两种玩家都要比指数基金投资者付更多的费用、花销和税)。这种公平保证了社会对金融体系的支持。在IGT世界里,人们可能会因为过去的原因憎恨华尔街——是一伙狡猾的家伙用别人的钱赌着玩儿而没为社会干什么好事——而不是现在的这些原因——是它威胁了整个经济还利用巨额救市基金收取邪恶的奖励。

在IGT反事实中,我假设一些勇敢的叛逆者成立了一种基金用便宜的价格提供平均收益。他可能得做离岸投资,而且不能对公众进行市场化融资。因为他根本不考虑价格就计划购买成千上万的资产,在公司选举中不负责任地投票,甚至都不关心他持有股票的公司新闻,管制者吓坏了,会抛出所有的各种路障,结果最后只有那些富人才能承担得起。学者们可能会提出他没有可能相信指数是个好主意,因为他不愿意按照绩效领取报酬;他希望不管基金赚不赚钱,都能得到固定的费用。看起来就像有人只对销售产品感兴趣而不是要让生意运转得更好。认为他根本不打算花钱进行研究是值得怀疑的。很明显,他以投资者利益为代价通过削减成本赚得利润。而且他渴望成千上万的投资者注册进来而不只是几十个,应该可以说明这是个骗局。这么多的投资者怎么可能理解这样激进的策略?怎么可能有任何一种策略可以像他建议的那样大规模成功?每个人都会认为他不过是想从蠢笨的人那里骗来些资产,这样可以靠收取服务费过活。

要多年之后,人们才开始注意到指数基金收益不菲。去掉佣金,它要比半数的对冲基金好得多。而且它具有流动性、透明、有税收效率。压力开始慢慢积累起来要求扩大规模。为了规避反指数基金的规则,对冲基金版本的指数产品将被发明出来。最后,当钟摆停下来的时候,很有可能我们达到的几乎就是在真实世界中的位置,在真实世界里哈里并没有遇到凯利。

第 6 章

指数、吸血鬼、僵尸和郁金香

本章,还有其他几章,似乎不像是应该出现在研究风险的书里。可是我们知道要想理解风险就必须得懂得指数。一个原因是指数构成了生活中大多数令人震惊的正面或负面事件的基础。不会变化的事情不会导致风险,也不会制造危险和机会。对于那些以稳定的速度运动或增长的事,按确定性的规则进行管理是很容易的,你不需要考虑风险。指数可以从因极小、极慢而不被注意变化到极大、极快而无法生存,甚至你都没能作出反应。或者,如果你幸运的话,它们可以从极小、极慢而不被别人注意发展到足够大、足够快可以满足你最狂野的梦想,在其他人能闯进来与你争夺机会之前。因此,学会在早期就能发现指数对任何风险决策者而言都是关键的。

第二个原因是指数是管理风险的最好方法。如果你面对一个一次性重大决策——比方说,女人或者老虎——这不涉及管理问题。就像俗语说的那样,把你的钱花在你的选择上。为了管理风险,我们需要把风险分切成很多小风险。在教科书中,你可以仔细调整所有的小风险按照合适的规模以最优的次序进行安排使期望效用最大化。在现实中,对于真正的风险,在无法确切知道未来风险到底是什么,所有可能的结果是什么,赢的可能性有多大,或者结局出来后你的感受如何的情况下,你不得不做出一系列决策。有趣的是,解决实践中的问题要比处理理论上的简单些,解决方案就是指数。

成功的风险决策不是赢一场大的,或者甚至是赢得长长的一系列赌注。成功来自于在一系列赌注中能够赢得足够多的部分,这些赌注中输与赢是可以相乘的。赢与输的模式导致指数化的增长。对于观察者来说,这看上去就像是一夜成功。"火箭科学家"们把20世纪80年代华尔街上的这个现象称为"风险点火"。

增长的类型

最简单的增长是线性的或算数式的。如果一辆车匀速行驶的速度是一小时40英里，那么两个小时汽车将行驶80英里。时间两倍，里程也是两倍。如果你往一口井里投块石头看看井有多深，石头掉了一秒钟之后，你听到水被溅起来的声音，这说明井深16英尺，如果是掉了两秒钟才听到水溅起来的声音，那就是64英尺。时间两倍，距离就是四倍。距离与时间的平方成正比。这叫作多项式增长。

最近我看的一本书提出飓风的破坏力"与风速成指数化增加。"这是不对的。飓风的破坏力是风速的立方——两倍的风速会导致八倍的破坏。这也是多项式增长，两者是三次方的关系，相对于落石的例子里的二次方。

如果飓风破坏力是指数化的，第一次双倍风力会导致八倍的破坏，但是第二次的双倍会使破坏力达到64倍，第三次的512倍，然后第四次就是4096倍。相反，在三次多项式增长中，每一次双倍的风速增长导致相同的八倍破坏力增长。

三次多项式的增长已经够可怕了。每小时10英里的是微风，每小时20英里的是清风，40英里的是大风，80英里的是一级飓风——像飓风"多利"一样，能把不牢固的移动式房屋吹走，打破窗户，破坏烟囱——160英里的就是五级飓风了——像飓风"卡特里娜"或者"安德鲁"，所经之处真的是摧毁一切，包括框架结构的房子。风速每增加一倍，意味着破坏力会增长八倍，所以飓风卡特里娜的威力是微风的4096倍。但是如果飓风真的是按照指数化增长的，从每小时10英里到20英里，同样的八倍，卡特里娜的威力要比微风的35万亿倍还要多，形成的破坏将超过诺亚洪水。

不是很多人能理解指数。飓风那本书的作者属于那些非量化人群的大阵营，以为指数（exponential）的意思是"非常"。我只能对此表示遗憾；用成指数地（exponentially）的五个音节可以形成戏剧化的强调色彩，"指数化地快"听上去要比"非常非常快"好。

另一个极端是纯粹的数学家，他们知道如果你等的时间足够长，指数化增长都会超过任何次级的多项式增长。对于数字来说这是对的,但是对于物理参数来说,增长是有极限的。

如果物质世界的什么东西是指数化的,它在刚出现的时候移动的很慢,然后突然加速直到极限。假如你有了一件新产品。昨天你卖了一件给一个人,今天卖给了四个人。如果销售额的增长是时间的平方,227 年内你的产品就会卖给地球上的每一个人——或者说是卖给和现在地球上生活的人一样多的人。如果销售额是指数化增长的,那么 16 天内你就能卖给每个地球人了。但那是不会发生的。即使是每天能达到几亿顾客的可口可乐。现实世界里的指数化增长只能一直发展到被关注到,几乎都是很快就达到极限了。即使是看上去莫名其妙就取得了成功的情况,在加速之前,指数化增长也应该是进行了很多年。

由于存在物理上的极限,说"指数化地快"显得有点儿白痴。在物理世界中,如果速度快,那说明它已经因为某种限制性因素失去了指数的特征。问题的关键是在还很慢的时候找到它。一旦到了快速增长的时候,想利用它或者是想保护自己免受损失就已经晚了。你唯一的希望就是它的极限就在不远处。实际上,那只是对风险管理的一种理解。线性增长或者多项式增长的东西会给你警示。在它变得太大或者太快我们无能为力之前,你可能还等得起。不需要复杂的风险管理。但是你不得不在指数化增长的东西还很小或者比较慢的时候就找到它。这就是巨大的机会或者隐藏的危险所在。

例如,我们思考下 AIDS 在美国的传播过程。第一例 AIDS 病毒感染可能发生在 1884 年到 1924 年之间。美国第一例确定的 AIDS 死亡病例发生在 1968 年。直到 1981 年,这种疾病才被确认和报告出来。它的传播是指数化的,但是被注意到之前它的发展是异常缓慢的,花了几十年的时间。

可怕的是 AIDS 死亡率以每年四倍的速度增长。由于 AIDS 感染有 10 年左右的潜伏期,这表明每一例死亡就有一百万人被感染,那么到 2001 年每一个美国人都将死于 AIDS。当然这并没有发生;当这种疾病被医生们关注时,被感染人群的增长率已经慢了下来。疫情已经失去了指数化增长的特性。当然,总人口中感染人数比例的增长率仍然在快速增长。

是指数化的增长使得 122 例的 AIDS 死亡得到了更大范围的公共健康关注,而不是死亡的原因。尽管过去所有的疾病在杀死任何人之前都会平稳下来,有些的确是杀死了很大部分的人口。当某件东西呈指数化增长时,想要判断到极限之前能达到多大程度是很难的。

第一个有效的 AIDS 治疗手段是在 80 年代后期出现的,大约是 AIDS 死亡病例增长最快的时间——1988 年到 1989 年增加了 7000 例。六年后,在 1995 年,美国 AIDS 死亡病例到达了高峰,几乎是 1989 年的两倍,然后就开始稳步下降。假设人们一直等到 1989 年快速增长再开始认真研究并讨论换针头和分发安全套等健康项目。认为 1989 年到 1995 年的增长情况会类似于 1983 年到 1989 年的情况并不是不合理的。如果是那样,美国 AIDS 死亡率会在 2001 年达到每年超过 100 万例的峰值而不是 1995 年的 5 万例,而美国人死于 AIDS 的总数将会是 550 万人而不是 50 万人。多出来的 500 万例潜在死亡数显示了指数增长的威力。你要处理疫情——它们都是指数化的——当它们是指数化的,就不能一直等到开始快速蔓延。可以想象一下一架飞机起飞的情形。它先是在地面上很慢地转动,然后快了一点儿,然后就会更快。等到它已经快速运动起来的时候,你就根本不可能赶得上了。

指数化增长意味着增长率与基数成比例;也就是说,基数越大,增长越快。我们知道在传染性疾病中就是这样:每个感染的病人都会成为新的传染源。越多的人被传染,疾病传播得就越快。这就是人们为什么要在 AIDS 成为主要的死亡病因之前就很严肃地对待这种疾病了。

相比之下,最近我看到了一个故事是关于美国狗咬致死的"流行病学"的。显然,比起 20 世纪的 80 年代和 90 年代,21 世纪以来无论是以每人还是每条狗计算的年增长率都已经翻了一番。但是几乎没有人担心这件事,因为数字不大——每年死亡增加 15 例——而且也没人认为被狗咬致死是指数化的,因为被咬的人不会传染其他人。可是吸血鬼和僵尸就不同了,这就是为什么有成百上千的关于吸血鬼和僵尸的电影,但是只有一部《狂犬惊魂》(Cujo)。如果狗咬致死的病例继续以每十年间每年 15 例的速度增加,那么到了 2200 年左右我们就要开始担心了。

相反的一面

目前为止我们所说的还只是正指数。事情也可以呈指数化收缩。由于增长率与基数成比例,也就意味着收缩率是持续下降的。摩尔定律——认为计算能力的成本每 18 个月下降 50%——是一个负指数的例子。如果你赌的是指数化的而且是正的,收益会持续加速。如果的确是指数变化的但是错在了变化是负的,那么损失也会持续地下降。这些性质使得把注押在指数上极具吸引力,而相反下注则是非常危险的。

想一想 1990 年的互联网。互联网的增长很明显就是指数化的。每一个网络新用户会拉进新的用户,使得互联网对商业更具有吸引力。更多的端口使得在服务器和电缆上进行投资更有吸引力,而更多的投资会使端口更便宜,意味着会有更多的端口。在那个时候不清楚的只是互联网的增长会不会在某个水平上爆发,导致所有的投资化为乌有,或者遇到某种极限条件,例如人们不愿使用新技术或者摩尔定律失效了。

无论你对互联网在 1990 年的前景如何判断,赌它赢比赌它输更具有有益的风险特征。如果你赢了,你可以得到很高的回报,如果你输了,损失是有限的。但这并不意味着那总是聪明的赌注。在某种价格上相反的赌注可能是值得的。如果在 100 个指数化事件上五五下注,你可能输掉 99 次赢 1 次也能赚到钱,当然如果赢的那次的极限要很高而你能够等待的时间也要足够长的话。如果你下了 100 次注打赌不可能是指数化的,虽然赢了 99 次输 1 次,你还是可能输钱。

指数的定义即增长率与基数成比例和物理现象一样也适用于泡沫。实际上,我们可以将泡沫定义为自我实现的指数。某件东西的价格上涨了,由于希望将来还会继续涨,人们会买进,结果价格就会再涨些,如此下去。通常的过程是从真正的经济指数开始的。当达到某一真正的极限时,资金继续从泡沫投资者那里涌入。泡沫指数化增长的极限是新资金的供给。实际上,在泡沫和资金之间存在着某种关系,本章的最后一节会有讨论。

泡沫总是突然间冒出来然后就会被刺破。但是对它的指责很少有针对真正的经济损失的;相反,泡沫受到的批评是没有把高峰时的那些纸面财富变成现实。在峰顶卖出而赚到钱的人安静地数着自己的收益,相反,在峰顶买入输了钱的人都在抱怨自己上了当,而一伙机会主义者则马上跳出来要求得到赔偿,不管苦主是谁只要方便得手就行。实际上,很多东西在泡沫之后变得要比泡沫之前好。每次的跃进都要有破坏,而泡沫就是创造性毁灭的反面——套用一下,缺乏创造力的建设。泡沫也是有成本的,它给输家带来的痛苦可能超过了赢者能体验到的快乐,而且谁输谁赢的决定通常是不公平的。经济资源会被浪费。我的观点是泡沫不都是坏的,不是说它们就都是好的。

郁金香

历史上最著名的泡沫是郁金香(tulpenwoede),"郁金香狂热"发生在 17 世纪早期的荷兰。这一事件因为一位叫查尔斯·麦凯的记者而广为人知,他在 1841 年写了一本书《大众的迷茫与狂热》。在书中他讲述了一群疯狂的民众,在郁金香球和远期的郁金香期货合同上不可思议地花上大把的钱。1637 年的 2 月,当泡沫被刺破的时候,到处是破败和经济穷困。

首先重要的是我们要理解人们不是花高价买花。郁金香是从球状茎长来的。每年会长出一朵花,有些时候也会盛开几次,一般是在春天或者初夏时节,取决于气候状况。郁金香花又会结出种子,在 6 年到 12 年之间的时间里会发出新的球茎。可是球状茎也会发出小球芽,一两年之内可以长成新的球状茎。理想的让特定的郁金香极具价值的着色花式来自于一种叫花叶病的病毒感染,这种病毒——形成极具价值的着色——只能传递给孕育中的小球芽。最令人着迷的花式来自感染最严重的球茎,所以繁殖得也很慢。

专业的培植专家不停地寻找有趣的新形态。找到一种后,他们会精心地照顾种芽,想方设法培育出一批着色稳定又新颖的球茎,以足够健康茁壮成长。这个任务实现后,下一步就是推广新品种。

一种技巧,现在也一样在使用,就是利用名人效应。种植者会把一只球茎以天价——当然是宣传出来的天价——卖给有名的或时尚的人。五月鲜花盛开的时候,这个人先是把郁金香展示出来,精心地向每个人宣传这枝花有多独特,多么异常的珍贵。下一年就会有更多一些的球茎上市以供选择的买家高价购买。每年卖出的球茎数量会增加,一方面是因为早期的种植者会拿出更多的来卖,同时也因为早期的买家已经培育出更多的球茎和花了。当市场中新品种的球茎数量多起来的时候,价格自然就降了下来。在某一时间,可能是上市 20 年后,这种球茎就很普通了,不能再比一般球茎卖更高的价格了。

现在考虑早期那批新品种的价值,假设已经广受欢迎了。它决定于四个参数:第一枝郁金香花的价值、花的价格下降速度、球茎销售量的增长速度和折现率——未来货币相对于现在的钱具有的价值。例如,假设第一枝花价值是 100 美元,且以每年 20% 的速度下降。20 年后每枝花的价值要少于 1 美元,这是我们所指的普通郁金香的价值,这时我们不再会为这个特殊的品种加价了。在第一个 6 年的时间里,球茎的供给量每年增长 3 倍,这是种植者最早的那批花,然后以每年 30% 的速度增加,因为要受到球茎可能繁殖的速度的限制。折现率是 5%。最早的那枝花的价值将超过 20 万美元。

卖给名人的那只球茎在整体的存量中占有显著的比例,所以,即使普及后的价值大打折扣,他还是承担得起这个高价的。当然,公认有品位的人用天价来购买一只球茎将有助于形成它的价值和受欢迎程度。球茎的价格随着供给量增加而快速下降。2 年后仅存的 9 枝花每枝值 64 美元,而一只球茎的价值已经从 20.5 万美元下降到了 2.3 万美元。4 年之后,一年中所有郁金香的最大现值是——729 枝花每枝只值 26 美元。此时一只球茎值 362 美元。

很显然,这是一个被高度理想化了的例子。这里的关键在于人们支付高价是为了某种郁金香的所有权,而不是为了买这枝花。迪士尼不是花 3000 万美元一张票去看《加勒比海盗:世界的尽头》,它付了那么多的钱是为了所有将来电影发行带来的收入,包括票房收入、DVD 销售收入、付费选看收入、品牌产品收入等等。类似的,为郁金香支付的高价是为了对某一受欢迎的新品种的控制权,或者至少是所有存量中的显著比例的控制权。郁金香是——或者在 17 世纪的时候是——指数。

郁金香的宣传

麦凯的记述——而且从那以后成为普遍的概念——混淆了两种现象。第一个是之前提到的用高价购买一只球茎,第二个是 1637 年郁金香价格的突然狂跌。第一个现象,我最喜欢用的例子是兹比格涅夫·赫贝特的作品,他是位伟大的诗人,但仅能算是个平庸的经济学家。他讲述了"一个海牙来的贫穷的,不知名的鞋匠……栽培了一种不同寻常的郁金香,叫'黑郁金香',有五个从哈勒姆来的人拜访了他":

> 五个黑衣绅士走进了鞋匠那个黑暗的小房间。他们开始了一场生意谈判——非常奇怪的谈判,因为哈勒姆来的绅士们一直在扮演慈善家的角色。可以假设他们来到那儿完全是出于要帮助这个可怜的手艺人的仁慈,

但是同时他们根本掩饰不住是多么渴望能占有"黑郁金香"。

鞋楦和皮革的主人看清了形势,千方百计要得到最高的价格。在一番讨价还价之后,交易最终达成了:1500荷兰盾,这不是个小数目。那一刻穷鞋匠感到了幸福。

但是,那五个黑衣人接下来却捣碎了郁金香球,还责骂可怜的鞋匠有多愚蠢。他们告诉他本来他们可以付更高的价格,因为他们拥有了世界上仅有的另外一只黑郁金香,希望能够保护它的价值。

他们离开了。鞋匠步履蹒跚,拖着身体上了阁楼,一头倒在床上,用外套盖住了自己,吐出了最后一口气。

兹比格涅夫•赫贝特,《戴马嚼子的静物画》
散文和伪经,翻译:约翰和波尔丹娜•卡朋特
(New York:Ecco Press,1993)

可能是在1550年左右,郁金香从土耳其传到了欧洲。在16世纪晚期开始极具商业价值,价格稳步上升直到1637年。所有的关于高价郁金香的戏剧性故事都是发生在1610年前后的一段时间,而且所有高价买进的人都赚了钱。他们赚钱不是因为他们买的球茎价格持续在上涨,而是因为球茎繁殖的自然增长率超过了球茎价格下降的速度。毫无疑问有人支付了高价但是却赔了钱,要么是因为他们的球茎没达到要求的受欢迎程度,要么是因为他们的球茎还不够健康不能很快繁殖赚得利润,但是他们的损失并没有被记述下来。

今天来看麦凯的故事,可以明显地看出它们是17世纪的广告。每一个故事都以郁金香名字为中心:一位新郎因为一种叫"新郎"的球茎而拒绝了大笔的嫁妆,一个人卖掉了非常成功的酒馆生意就是为了一颗"酒馆"球茎,等等。而且,每一个故事都强调了郁金香的稀有和价值,还把听众置于欣赏其品质的气氛之中。黑郁金香的故事开头是"穿黑衣服"的男人在一个"黑暗的小房间"里,并且以死亡结束,完美地使人产生了移情,仿佛你就盯着你的黑郁金香。它的现代术语叫产品定位(product placement)。17世纪的荷兰,很多人是文盲,大众传媒的成本很高,一个好的故事就是最廉价最有效果的广告。谁会料想在两个世纪之后一个轻易上当的记者居然把这个故事当成是真实的事情,还把它们写成了一本书,至今仍然主导着大众对泡沫的看法。而且,具有讽刺意味的是,能够流传下来到19世纪的故事是与最成功的郁金香球茎相关的那个。早期郁

金香球茎的买家赚了不少钱。损失钱的人创造出来的故事都被忘掉了。麦凯是在取笑那些成功的人，却遗忘了那些失败的人。

所以对第一种现象的批判，即高价购买球茎，只是误解了郁金香经济学和广告。1610年没有出现郁金香泡沫，而只是结合了时尚与技术——那时的高科技——的正常的商业运作。人们仍然要为新品种的花卉付出特别高的价格，在调整了通胀因素后的价格比麦凯记述的价格还要高，而且价格仍然要经历繁荣和衰退的周期。荷兰今天用实际人均值计算的鲜花产业价值要高于1610年的水平。实际上，鲜花种植是欧洲农业中唯一一直赚钱的产业。

第二个现象就更有趣了。从1634年开始，郁金香价格的增长飞快加速。价格上涨逐渐传导到价格越来越低的球茎上，最后是普通的郁金香球茎。越便宜的球茎，价格涨得就越多。而且，开始出现了球茎部分利益的远期交割合同。市场在1637年2月3日那天突然崩溃了——那是所有的球茎还在上冻的土里的隆冬季节——高端的球茎价格下降了16%，最便宜的下降了95%。

麦凯讲述了危机导致各层民众出现了大范围的颓废和悲惨境地。但是这完全是虚构的。麦凯的消息来源是政府在危机后印制的宣传册，用来指责那些愚蠢的投机者。破产的情况没有加剧，蒙受损失的主要是那些比较富足的商人和手工艺者，如果是在今天的话我们会称之为上层中产阶级。实际上，净损失还是比较小的，因为大多数郁金香投资者同时买卖球茎。然而，这个事件具备了一场泡沫所有的特征，至少是对于廉价的郁金香球茎而言。似乎并没有基本面的证据能够支撑那么高的价格，而且崩溃似乎也不是因为什么新闻（而且不管怎样，如此之大范围的价格狂跌也没有任何貌似真实的新闻可以解释）。

与多数的泡沫一样，我们可以就一些部分的价格上涨进行解释。1635年，《布拉格条约》给予了荷兰相当程度的安全保障，而且保证对荷兰的奢侈品开放更多的欧洲市场。在荷兰曾经一度受到欢迎而后变得普通的球茎在出口到新的地区市场后又可以再卖出高价了。当家庭录放机变得受欢迎而且又便宜时，电影工作室的电影版权也出现了同样的情况。大幅度剪辑后只适合于在深夜场放映的老电影突然间重获了价值。为了几年前甚至都不值得收藏的东西，在图书馆之间爆发了竞标大战。和荷兰郁金香一样，价格增长的幅度最大的是那些最不值钱的。

量化的郁金香模型

利用我们的例子,假设市场规模的扩大导致郁金香的价格以每年18%而不是20%的速度贬值。郁金香指数化的性质意味着贬值率发生2%的变化将导致一只20.5万美元的新明星品种郁金香的价值上涨66%达到33.9万美元。但是,一种已经跌到1.15美元只比1.00美元的普通球茎高一点儿的老品种价格会上升568%达到7.70美元。要再强调一次,不要对这些数字太认真,它们不过是为了说明一种指数化商品的基本数学特征罢了。假设的一点变化可以在评估中产生很大的差别,而且商品越便宜,增长的可能性就越大。每当人们为指数化增长——实际的或设想的付出代价时,这些事实就会一次又一次被观察到。

然而,郁金香市场在基本面方面的正当改善解释不了全部的郁金香狂热。观察到的廉价球茎的高价在任何合理的假设下很难得到支持,也没有人认为一点儿也不靠谱的那些消息可以在隆冬的一天颠覆三年的牛市。在整个过程中的某一时点,不是必然在1634年,也可能更晚些,理性的指数化增长将演变成一场泡沫。人们买进是因为价格在上涨;价格上涨是因为人们在买进。价格一旦不再上升,人们就开始把资金撤出,价格暴跌。

要注意真正的经济资源并没有在暴跌中被摧毁。价格下跌之前和之后,真实的商品同样存在。泡沫可能导致了某种程度的经济错配——可能种植的郁金香太多了——但是这最多也是一点儿微小的损失。在各种愚蠢行为的历史中,只是种了太多花的结局不得不要被计入是相当的成功了。当然,在泡沫中有赢家也有输家,而且我们理解输的痛苦要比同等的赢带来的感觉更甚。所以我们可以说存在着精神上的净损失,这和物质商品的损失一样真实和重要。毕竟,商品重要只是因为它们可以影响人们的感觉。我们也知道收益和损失并不是平均分布的,专业的栽培者和政府的老友联合起来攫取了不公平的利润,导致那些没有多少经验的没有关系的人蒙受不公的损失。所以公平也是受害者。

可是,我们有很充分的证据说明泡沫也改善了资源配置。麦凯描述的郁金香的销售不是用货币支付的。例如,他讲到一支"总督"郁金香换了两拉斯特小麦、四拉斯特黑麦、四只肥牛、八只肥猪、十二只肥羊、两大桶酒、四吨啤酒、两吨牛油、一千磅芝士、一张连被褥的床、一套男装衣料和一只银酒杯。看上去有人把农业的剩余产品，或者是固定的资产，转换成了可移动的相对流动性的形式，只需要最低程度的维护而且不会变质或死亡。这也是一种方便的形式。你可以靠每年一度出售鲜花或者每两年一度销售球茎的钱养老，或者也可以把它卖给什么人换回可以做生意的或者赚取利润的资产。你可以一年中有三个月把它放在口袋里到处带来带去的，其余九个月就放在罐子里。

货币

为什么不把商品换成钱呢？钱当时在荷兰是银币，价值非常不稳定。通货膨胀率很高；从1606年到1626年的20年时间里，物价涨了一倍。更糟的是，降低成色是经常发生的长期性问题。用贵金属作为货币的地方，降低成色是非常普遍的现象，但是当时在荷兰更为严重有几个原因。三十年战争需要庞大的开支，通常是靠降低金属成色融资的。荷兰的经济规模小而且开放；硬币从欧洲各地输入荷兰；而人们输出的是最轻的，成色最差的货币。最后，荷兰的中央统治者比较软弱，因此比起其他国家的容忍程度，各个国家银行和独立的造币厂可以大肆偷工减料还能成功脱身。

如果有人卖出商品后马上用进款去购买其他商品，这不会成为一个大问题。但是郁金香远远不止是价值的贮藏品。它也是非常好的交易中介，特别是当贸易量增加了而且郁金香期货被发明出来。可以在两次交易之间无限持有下去，价值在上涨而不是下降，而且甚至可以作为年金持有。期货可以创造出交易所需数量的货币，纸质合同比郁金香更容易运输——它们也不会死亡。期货有利于持有多元化的球茎组合，而且不受因球茎时尚变化引起价格变化的影响。

根据这个观点，我们可以用银币价值的下跌解释一部分郁金香价格上涨。用作货币的东西货币化了，会要求比实际使用价值更高的价值——有些时候要高得多。当出现更好的替代品时，原来作为货币的物品的价值就会回归到它的使用价值上。同时，新物品的价值会上涨。更重要的是，和期货合同普遍化一样，这可以解释在那些对郁金香没什么明显兴趣或知识的人之间，席卷了全国的狂热交易。

为什么突然间市场发生了暴跌？我有个想法。我不能证明这个想法是对的，但是它和已知的那些事实是一致的，而且也不涉及那些做出愚蠢或疯狂事情的人。首先要排除那些名贵的郁金香。它们30多年来一直在增值，价格时高时低但总体一直是上行的。1637年的下跌没有脱离历史，但是的确是打破了升值的趋势。之后，郁金香的价格继续上下波动，但是基本上都维持在相同水平上。再晚些时候，当其他的花卉越来越受欢迎后，它们的价格开始下降。

不需要复杂的理论来解释。郁金香是因为受欢迎才被引进和栽培的。作为增长型的生意，它吸引了很多的投资。在某个时点，很显然不同寻常的增长达到了极限，郁金香就成了普通的生意。用企业战略的术语来说，郁金香从一个明星（快速增长且利润高）变成了现金牛（低增长率和稳定的利润）。这是每个增长型业务最后都会发生的事情，通常还会伴随着投资高企和下跌而出现市场波动。我认为那天的暴跌实际上是廉价的球茎和期货合同因为市场变化而发生了崩溃。要知道名贵的郁金香只跌了16%；而它们的价值比1635年的时候还要高出很多。市场基本面将价格拉了下来，像市场中经常发生的那样，一些微不足道的消息触发了突然的调整。

廉价的球茎和期货合同是不同的情况。我之前提到它们已经货币化了，从1635年到1637年它们价值的上涨是基于作为货币的价值，而不是基于郁金香产业市场。在初期的阶段，当交易的是物质形态的球茎时，它们就像是贵金属货币——总供给是有限的。期货合同的引进去掉了这个限制。但是，将合同转换成真的纸币的银行或清算所并不存在。

我不相信人们用廉价的郁金香球茎期货来做郁金香投机。我想他们是为了获得资金，只和那些他们认为资金雄厚、长期和短期资产大体平衡的交易伙伴做生意，这样相对于郁金香球茎的价值他们只有很小的净头寸。虽然现代金融机构在那时的荷兰已经逐渐萌芽，但是仅局限于富裕的商人。其他的人还处于中世纪水平，缺乏货币和资本，融资或投资活动受到很严重的局限。因此，人们愿意接受任何其他的货币替代物，即使是像郁金香期货一样不稳定的也行。

我想，人们意识到了整个事件的风险有多高，但是还是愿意承担风险因为货币太有用了。愿意承担没有对冲的风险的人——也就是那些愿意持有裸的多头期货头寸的人——赢得了异乎寻常的投资回报。这就是郁金香价值上涨那么高的原因。想要借钱的人，也就是持有净的空头头寸的人，不得不支付非常高的有效利率。但是高利率在资本严重短缺的国家是合理的。那时的数据显示，20%或30%的年资本收益率是非常典型的。因为放贷——收取借款利息——还是非法的，货币快速贬值是回报投资的后门。这样来看，郁金香价格的快速上涨代表着荷兰人的智慧，他们认识到了郁金香钱的风险，而不是他们愚蠢、妄想或者疯狂。

对于那些嘲笑把郁金香当钱用是愚蠢的人来说，还可以用另外一种方法来解释。没有人搞得清楚怎样才能仿造出价值连城的球茎具有的独特着色形态，这个年代是人们普遍相信炼金术士可以将铅块变成金块，贵金属硬币经常被改变成色或伪造。荷兰人亲眼看到了不久之前西班牙用白银淹没了整个欧洲，在大探险时代的顶峰时期，一定能想象得到贵金属的供给会突然增加而且非常显著。高价值球茎的供给受到自然条件的制约，但是独特的优势是每年可以增长30%左右，这与货币经济的增长大体相当。其他发明出来的货币是靠增长的特性而不是通过腐败的操纵手段来支撑经济增长的。不幸的是，已经好几年货币经济都没有继续30%的增长了。一旦货币的供给速度超过了经济增长率就产生了通胀，也就是球茎的价值暴跌，最终失去了作为货币的地位。

在这个故事里，经济在1635年和1636年的运行是正常的。合约将在三月的时候进行清算，到那个时候郁金香花株也可以上市了。期货交易商可以抵消多头或者空头的头寸来平衡资产负债表。但是1637年的冬天，人们失去了信心，认为合同不可能清算。当这一切发生的时候，的确是不能履约了。在刚刚暴跌之后，政府就下令取消了很多合同，通常是不对称的。所以即使持有平衡多头和空头头寸的人也赔钱了。持有净多头头寸的人遭受了损失，即使他交易了，得到的也是几乎一文不值的郁金香。持有净的空头头寸的人变好了。有些情况下，他被消除了交割的义务，如果不是，他也可以用值5分钱的郁金香来付借到的1美元。

我无法指出导致人们对清算合同丧失信心的特定事件，但是其意义在于一旦开始，市场很快就崩溃了。当时不存在中央的行为主体监管着合同的清算。有对冲多头或空头合同的人争抢着卖出多头，而净多头的人甚至更加绝望。没有集中的清算，你只能找到最初的交易对手和他谈判。一开始，人们可能也试图冲抵空头。那样做可能会使市场在某种程度上变得稳定些。但是当郁金香价格持续下降时，已经没有任何动力去抵补空头了。郁金香又变回了郁金香。

后来法院的禁令证明了不履行期货合同的担心是合理的。但是那可能并不是原因。真正的原因可能是作为货币的郁金香的价值与真实存在的郁金香的价值差别太大。那一切最终还是会发生的,除非有某种组织介入为合约的交易提供清算所,或者比郁金香更广泛的经济支持。我们会在第10章中讨论到这种机制是如何在大约1850年前后产生于北美中部地区的。

我在所有的泡沫中都看到过某种形式的货币创造,或者试图创造货币。在第16章,我们会看到互联网泡沫中股票期权作为货币的威力。就像我们可以在第10章中看到的,在2007年被刺破的房地产泡沫中,所有新形式的货币都被创造出来了。

这章开头的时候我讨论了指数,到了结束的时候好像我是泡沫的支持者一样。我不喜欢泡沫。泡沫不好。但是还没有哪一个社会能搞得清楚如何能提供稳定的增长前景。如果停滞是泡沫和暴跌的替代物,那我选择波动。无论如何,我想不管我怎样选择,波动都是客观存在的。因此我们不得不研究如何应对泡沫和暴跌。这包括利用它们好的一面,而且它们的确有好的一面。泡沫具有一种能量可以帮助我们实现更好的均衡。暴跌会清理掉一些如果允许慢慢凋亡会带来更多痛苦的东西。通过这本书,我想试着说服大家要管理泡沫和暴跌的风险,而不是仅仅抱怨。

第7章

货 币

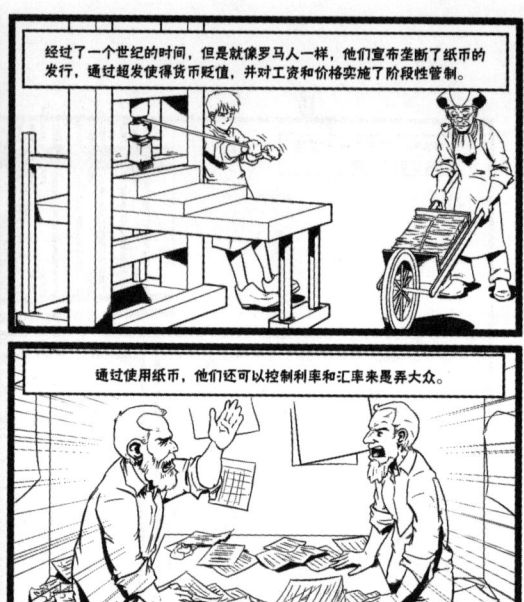

第 7 章 货币 105

第 8 章

货币的故事：过去

大多数人认为货币是政府发行的用来买东西的一张张纸片。他们知道这种观点有很多事情不能解释。货币的价值是如何决定的？为什么货币价值的变化有时候会不受控制？纸币和贵金属有什么关系？为什么不同的国家有不同的货币，而且相对价值的变动也会不受控制？银行和中央银行以及财政部是什么角色？为什么货币上有神秘的符号？装在钱包里的钱和在银行里的钱是一样的吗？

有些人认为自己知道关于这些问题以及其他基本货币知识的所有答案。这些人被称为宏观经济学家。他们错了。你不需要相信我的话，问问他们就知道了。有很多相互矛盾的货币理论，而且哪种对真正的决策都没有多大用处。总是有些宏观经济学家认为利息率应该再高点儿，另外一些人则认为应该再低些，说起他们对利率变化效应的预测，还不如碰运气。如果你想猜测一位宏观经济学家对目前经济政策的观点，根据他们的政治观点要比读他们写的学术论文更有成功的可能。

现在，我们马上要讨论货币，因为货币对于风险管理是非常重要的。一旦你认识到这一点，再加上一些其他自我证明的事实，货币的性质变得很简单。你不需要复杂的理论和宏观经济学术语。人们对这个话题总是感到困惑，原因在于他们是从学习我们现在用的不同寻常的货币开始的，或者说是那种经济和法学的理论假装我们在使用的货币。实际上，我们使用的货币有很多种，解释起来比我们叫作美元、欧元或日元的那些无息、可流通的政府债券更简单。因为政府为之设计了精巧的法律和治理结构，所以那种货币是非常复杂的。让我们回到这些复杂的事情还没有被引入之前,看看为什么要发明货币。

我将它叫作货币的"故事"而不是"历史",因为我不知道真正的历史是什么。我用我们都确切已知的过去来解释现在。故事与证据是一致的,也是自我一致的。它可以解释货币的属性。除此之外,没有理由相信它是真的。

财产、交易和货币

在讨论货币之前,我们不得不讨论交易。在讨论交易之前,我们不得不讨论关于财产的观点。直到有人拥有什么东西之前,没有什么能进行交易。

实验博弈理论中最有力的早期发现之一是人们对自己拥有的东西的定价要高于同样的但不是他自己的东西。例如,丹尼尔·卡尼曼、杰克·克内奇和理查德·塞勒用有学校标志的咖啡杯做了一个经典实验。在校园商店里这些杯子要卖6美元。一群学生被随机分成两组。一组学生被询问愿意花多少钱买杯子。另一组学生会被赠送个杯子,然后要问他们想多少钱卖。买杯子的平均价格是2.87美元,而卖杯子的要价平均是7.12美元。

这不是孤立地来自于一群大学生实验的结果。在很多受控的和真实环境的实验条件里,有人也有动物,包括鸟和昆虫,这个效应都已经得到了证实。毫无疑问,这个结果是真的也是重要的。除此之外,它也能解释部分的损失厌恶。失去某种拥有的东西带来的痛苦要比得到它的快乐程度更甚。这与效用理论并非不一致,但是它要求个人的效用函数要根据获得还是失去某物而变化。简化版的认为所有风险都不好的效用理论与之不相容,但是复杂的现代效用理论没有任何困难。

为什么进化允许动物——包括人类——持有不一致的价值呢?有力的证据表明,对损失的厌恶在进化过程中减少了同类的争斗,使得投资成为可能。动物行为专家已经确认了一些同类中的个体之间为了争夺资源而进行竞争的例子:领地、巢穴、水源,甚至也可以是穿过树木洒下的阳光。通常最早的占有者的所有权会得到尊敬,或者如果有争斗的话,也相对比较简短而且在位者胜出的情况要比能用相对强壮程度解释的情况多。

这种机制的形成显然是因为在位者对资源的评价要高于入侵者。入侵者了解这些，所以通常不值得付出更多的努力去和具有更大动机的对手抗争。这种效应越强烈，所有权就越很少受到挑战，结果所有权就更具有价值。当财产的权利得到了保障，个体就可以在改进方面进行投资了，例如挖洞和筑巢。

这些东西对于一个物种来说显然是有益的，但是要求个体要进行非一致的评价，从其自身的角度来说是次优的。一个个体，如果能够正确地平衡好保卫领地与放弃领地另寻他处的价值，会因满足物种期望而获益且无须付出无望抵抗的成本。也就是说，"搭便车"可以拥有财产而不必接受更强壮者的挑战，因为那些个体的期望是会遭到不要命的抵抗，但是实际上根本不需要付出这么大的代价因为它遇到挑战时会逃之夭夭。但是如果太多的个体采用了谨慎的策略，抵抗的预期会下降，会有更多的争斗和更少的投资。

因为这不是一本关于行为进化的书，所以我就不再继续深入讨论下去了。我要说的只是在个体和物种利益之间的取舍，更不要提从基因到环境的其他层面的生存逻辑了，就已经导致了复杂的部分相互重叠的行为动机。有时候在过去进化过程的深处，或者也可能是若干次，物种发展出了相当于现代人类称之为"财产"的东西。这不是靠警察或者法院实施的，也不是通过语言或宗教。这是自然选择进行演化的自我反馈系统。

我的另一个观点是风险深深地植根于财产的概念中。如果资源竞争的结果是确定的，较为强壮的一方会不战而胜。争斗将毫无意义，因为结局事先就是已知的。但是单独的一个风险因素还不足以阻止争斗。如果风险对于双方是相等的，不鼓励抵抗和不鼓励侵犯的程度是一样的——所以它不会改变决策的平衡。风险就仅仅是一种成本，正如太多的人对风险的看法：争斗的另一个武器。进化借助于博弈理论形成了争斗中的非对称性；在位者对损失的感觉要比失去的财产价值更强烈，所以，在位者会更加激烈地反抗，所以争斗就会更少。

一旦你拥有了财产，就有了交易的可能。最基本的交易是非自愿的；一个个体从另一个个体那里得到某物。我们也可以观察到礼物的互赠或者分享。这多数是发生在有关联的个体之间或者人类个体与社会性昆虫之间，但是在非社会性物种中不具备关联性的个体之间也被发现存在不完全形式的分享。

史前经济学

这把我们带到了早期人类那个时代。我们不得不根据现代灵长目动物的行为研究、对保留下来的狩猎部落的观察和对非常幼小婴儿的研究来进行猜测。所有的这三类研究的证据都是非直接的,可能也是误导的。现代的灵长目动物和狩猎部落与百万年前的可能是不同的,现代儿童的成长可能也反映不出人类社会准则的演进过程。

然而,这三类研究建立了一个强有力的原则,也是交易得以进一步发展的可靠基础:如果某物值得为之争斗,那就应该分享。用过平均分的办法解决孩子们争吵的父母对此都很熟悉。至少从所罗门以来的法官们用的也是这个程序。它仍然是解决战争、罢工和官司的基础。有时候,你不得不一直战斗到消灭了足够多的索取者,或者被竞争的资源消耗到了一定程度,但是最终那些幸存下来的个体会把掠夺品进行平均分配。狩猎部落尊重那些低价值的私人产权,例如坚果和浆果,但是像肉类和蜂蜜这种高价值的东西则强化分享。

和财产一样,分享也是以风险为基础的。不值得冒打斗风险的东西要去拥有它;而值得的则要分享。这个原则虽然说起来简单,实际上催生了一系列复杂的部分重叠的社会规则。但不是所有的这些总是能够被尊重的。有时候某物的价值足够大,所有者也足够强大,从而值得冒风险一搏而不是分享。有时候强大的个体也会接受低价值的财产。这里存在着争斗。太多的暴力会威胁到群体的生存,不管是分享资源的一个种群还是尊重财产所有权的一支物种。但是有时候群体或物种里的个体利益会超过其在群体利益中的份额。

此时我们失去了某种联系。我们有证据的最早期人类社会和今天我们可以找到的最原始的社会存在着四种确立的交易类型。但是在非人类的物种中,即使是与我们最接近的灵长目类亲戚和社会化的昆虫,除了非自愿交易和分享或礼物交易外,并没有任何其他交易形式的证据。

非自愿交易从战争发展而来。在人类社会中,非自愿交易分成了两种不同的交易类型。我们有不需要竞争的非自愿交易,比如税收和贪污。与此相对,战争和武装抢劫是更加初级版本的非自愿交易。每一部法律都有非自愿交易的成分,因为它要求某些人花费时间和精力做某些事情,或者禁止某些事情,剥夺了自由。我用的"非自愿"并不必然是指某一方不希望进行交易。有人可能会觉得纳税是一种社会义务，或者他可以得到有价值的社会服务作为回报。他会遵守法律因为他觉得这样做是对的。问题在于不管他是不是这样考虑的，都不得不纳税和遵守法律。

我们也有一些通过竞争而进行的交易，可以是有限制条件的对抗也可以完全没有对抗。这种交易的范围从几乎是有一些规则的纯粹对抗，例如两人决斗，到以规则为基础的竞赛，例如审判和选举，再到完全是象征性的赌博游戏，例如投骰子。只有很小的一部分战争是直接的身体对抗。谈判、宣传攻势、心理战、间谍和其他途径的竞赛可能要比战役更加重要。而且古代社会和很多现代社会里的人还主要依赖某种形式的赌博，例如占卜、占星术或者观察动物内脏和树叶子进行重要的决策。通过竞赛进行的交易，去掉所有的暴力元素，就是赌博式交易。

礼物包含着分享和互惠两种成分。一件礼物承载着复杂的社会含义，经常包括对回报的期望。如果把除了互惠的其他因素都去掉，礼物就变成了等值交换。"等值"未必是最好的词；可能"同时交换""对称交换"或者"物物交换"更好。主要的思想是两个人自愿交换商品或服务，相互之间没有进一步的权利或义务的要求。无论用什么标准衡量，对交换的东西有等值要求。

除了那种最简陋的物理形式，非自愿交易涉及了复杂的社会规则和层级制度。高阶层的人拥有更多的产品而且制定更多的规则。礼物也具有复杂的社会含义，而且通常是低级送给高级的（进贡）或者高级的给低级的（赏赐）。

赌博和等值交换是对称的；可以发生在平等的人之间，或者如果是发生在高阶层和低阶层之间，状态并不重要。它们只是简单的交易，形成的未来权利或义务有限或者根本就没有。据我们所知，这是只有人类才具有的行为，而非自愿交易和分享则有着深厚的进化渊源。

人们之间多数真实的交易包含的要素是四种交易类型的相互混合。表8.1可以直接说明。在对称性交易中，双方相互之间的关系是一样的。你和我交易意味着我和你交易。你和我打赌就意味着我和你打赌。但是如果你给了我什么礼物或者从我这儿拿走了什么，交易就是非对称性的。互惠的交易要求回报，或者是有形的或者是形成社会的义务。非互惠性的交易没有能够予以抵消的过程，只有一方最后能得到物品。

表 8.1　人类交易的四种类型

	互惠的	非互惠的
对称的	等值	赌博
非对称的	礼物	非自愿的

在礼物与赌博对应等值与非自愿交易之间存在着对角的联系。对于礼物或者赌博交易,我们更喜欢奢侈的或完美的物品。我们赠送给人珠宝或者好看的羊毛衫要比吸尘器常见。竞赛更可能会将"崭新的敞篷汽车"而不是拖拉机拖车似的出租车作为奖品。我们用彩纸和绸带包裹礼物。实际上,我们通常会用标志性物品作为礼物或者赌博奖品。交易自身要比物品本身更重要。对于等值和非自愿交易,物品是全部的意义,他们的特点并不重要,重要的是价值高低。抢劫者抢你的钱包并不管钱包是不是崭新的,各种二手货、难看的和非奢侈品市场也交易活跃。对于交易来说,破旧的钞票和肮脏的硬币与崭新的票子和闪亮的硬币价值一样,尽管人们更愿意用后者作礼物,而且赌场筹码兑现时你只会得到后者那样的钱,绑架者则坚持要前面的那种钱。所以说,拉斯维加斯闪闪耀眼而工业城略显简陋。

转变

大约 5 万年前,旧石器时代晚期人类进步开始了。这个阶段的重要特征是出现了远程交易网络和经济活动的分工。这两种东西在考古学家们的记录里都有清晰的痕迹。关于这些是突然的进化还是 5 万年来逐渐变化积累的结果仍存在一些争议。我们没有更早的交易行为和分工的证据,但并不意味着它们就不存在;这只能说它们相对少见或者主要是易腐类的物品。

认为这个阶段产生了赌博和等值交易是符合逻辑的。这些活动允许那些不属于同一社会群落的个体之间进行交易,不见得都接受那些作为非自愿和礼物交换的复杂规则,而且也不必要求将来有互动。

在我看来,很有可能是等值交易的出现导致了旧石器时代晚期的发展。具有某种基因关系的临近部落,可能是从相同的老部落分离出来的或者因为通婚导致了基因混合,会时不时地见面。如果有个部落正巧有某种多余的物品,赠给了另一个部落，使得接受馈赠的部落负有一种社会义务，要在将来见面时予以回馈。这可以解释远程交易网络的出现。这也使得某些分工成为可能。如果一个部落在其游牧范围内有个特别好的采石场，他们可以制作很多高品质的石头工具作为礼物，从接近海洋的部落换回一些贝壳或鱼干。分工引致了创新和产出的增加，两者都会增加产品剩余，再进一步促进分工的发展。

随着互惠交易越来越复杂，一般性的象征性货币就成了有用的发明。海贝壳是最普遍的形式，但是几乎什么都可以当货币用。一个部落接受了礼物，作为交换他要给出代币。代币又会在下次回赠礼物时转回来。代币在部落之间流通。代币越是古老，越是与过去有权势的人和慷慨的礼物相关，也就越具有价值。不停地使用新代币的部落显然得到的多于付出的，可能会发现接到的礼物越来越小或者完全没有了。积累了太多代币的部落会认为他们在交易中得到的份额不公平。

随着交易越来越一般化而且失去了作为礼物的特性，代币就让位于商品货币了。商品货币可以是具有一般价值的任何物品：比如盐、大麦或者山羊。理想的是它不易腐化，可以容易鉴定质量，可移动，可分而且每个人都想要，重要的是数量上没有限制。没有符合所有这些标准的东西，贵金属是最接近的。但是，这时我们还在旧石器时代，所以不得不接受不是那么令人满意的商品。而且，我们也很有可能为了货币的不同功能而使用不同的东西。食盐是不易腐化的，可移动的，可分的，容易鉴定质量，所以是比较好的交易中介（今天我们还会用某人"值得付给他的盐"来表达称职的意思）。山羊不具备任何上述特点，但却有很好的储藏价值。大麦是很好的计价标准，它代表了每个人膳食结构中大部分的卡路里，而每个人每天都需要。

早期货币有两个重要特征，虽然在现代已经有些模糊了但仍然是有效的。首先，不同类型的交易有不同类型的货币。今天，大多数国家都宣布垄断货币供给，这意味着每个国家只有一种合法的货币。但是我们后面会看到这不是真的，流通中有很多伪装起来的其他货币形式。货币不是政府铸币场造出来的，是人们之间自然形成的。政府可以试图压制自制货币要求人人使用官方的政府制造，但是还没有哪个政府能取得成功。

即使是贵金属也有多种存在形式。黄金用在最高价值和国际交易中，大部分商业交易用的是白银，在零售业中使用铜和其他基本的金属硬币。几个世纪前的英国，黄金的畿尼和白银的英镑同时流通。一开始，两种硬币价值相同，但是用于不同交易场合。畿尼是贵族们使用的。奢侈品和专门的服务要用畿尼支付。英镑是商人和买卖人用的。当我和默里·盖尔曼讨论这个事情的时候,他给我讲了 1955 年的一个故事。当时他在英国,向坎特伯雷大主教申请豁免结婚等待期。结果因为他不需要这个文件了,所以又取消了申请。他收到了一张主教秘书发来的通知,说主教认为"两个畿尼就可以了"。这是最后一枚畿尼被制造出来的 142 年之后的事,但是最可敬和最正确、崇高的主教大人还不能接受两英镑、两先令——最令人感到可笑的是每个人都明白是怎么回事,但是却不见得能解释清楚。我怀疑英国教廷是否仍然使用畿尼,但是畿尼在英国马赛和高风险的私人赌博游戏中仍然最受欢迎;同时,好玩儿的事情是,畿尼能用于公羊的买卖而不是绵羊。

一个同等重要而又有联系的问题是只有一小部分的商品可以用来交换货币,不同种类的商品交换不同形式的货币。我们可以赢得信任、回报忠诚、感情互惠,但是不是用钱得到的也不是为了钱——任何形式的钱。很多其他有价值的东西是因为美德,或者竞争,或者出生,或者偶然而得到的回报,不能够进行买卖。即使可以销售而且可用来换取政府发行的货币的商品通常也要求使用某种特定的货币。小规模的交易要求用现金,甚至有些时候只用硬币。大规模的交易,例如房地产买卖,则要求用银行票据或者其他形式的货币。信用卡对于中等规模的交易最有用。罪犯和私人交易要用现金。通常唯一能使用的货币只能是交易发生地所在的国家的货币。这些规则不仅是为了交易的方便,虽然它们的确也非常重要。不同类型的商品在不同的体系中循环,以不同类型的货币为中介。不同类型的货币之间可以进行一定的兑换,但通常比较贵或者是非法的。

这些方面很重要因为经济是一个连锁的风险循环构成的系统,每一个都有自己的货币。既然不同类货币之间的兑现是有限的,不同系统里相对价格差异就会持续存在,因为所有货币体系中的价格比例不完全一样。行为研究的有力证据表明人们根据是否使用货币对物品有不同的定价。这完全有可能,实际上也很常见,人们对 A 的评价比 B 高,但是给 B 的定价却高于 A。由于此,我们不可能定义通货膨胀率,因为不同商品的价格按照不同的速度上涨。通货膨胀不是一般性的货币价值的下降,它也会改变产品的相对价格。

我们可以把每个循环想象成一个游戏,与经济的其他部分独立。这和赌博要求的独立相同。每个循环都有自己的计价标准。风险控制是在一个循环之内，而不是在循环之间。在一个循环里，指数化增长是可能的，因为有货币将约束和目标等同起来。但是，你要么在循环内得到所有的回报，要么在某个点上能够将商品送到其他的循环中去。就是说，你得能够在循环之间洗钱。

钱能做什么

回到石器时代，当时的货币质量差严重阻碍了分工。家庭或小团体不得不自己生产几乎全部的生活资料。没有谁能将所有的资源都用于做一件事，例如制作陶器，因为他不能指望能买到需要的所有材料或者把罐子都卖出去换到所有的生活必需品。一个村民可能把一部分时间用于生产陶罐——完成从收集材料到装饰成品所有的工作——没有在专业设备上进行大规模投资。他可能用罐子去换石斧、鞣过的皮革、木头的梁和其他由其他部分专业化的人生产的有用的东西。但是没有人发展成真正的专家，没有哪种生产活动能够获得大规模生产的全部经济效率。交换是整个经济活动中的一小部分。

这一点通常会出现在经济学教科书里，但是还有一个甚至更加重要却往往被忽略的方面。没有好的货币，创新要远远的少得多——不是因为人们没有资源来进行研究，而是因为风险无法得到管理。货币不仅使交换和分工变得更容易，它也让约束和目标一致了起来。我们在新石器时代的制罐人面临的约束是可获得资源的数量，包括时间、黏土、涂料、工具和拉胚烧窑的设备。他的目标是增加家庭的消费和固定资产。这两者之间仅有的交叉就是罐子了，居家消费的或者在生产更多罐子时使用的罐子，可能只是罐子产量的一小部分。

假设可以得到足够多的好质量货币。然后我们雄心勃勃的制罐人可以买到他需要的东西，包括为自己付出的时间支付薪酬。钱是他的约束。他的目标是赚更多的钱。他不需要担心谁给他提供所需的材料或者他挣到的钱会花在什么地方。他可以专注于制作陶罐。假设他的总利润率是50%；也就是说，他能以时间和材料成本的1.5倍卖出一只罐子。他的生意在每个生产循环周期（从开始支付现金购买材料到卖出罐子赚到现金之间的时间）成50%的指数化增长。当然，以这样的速度增长，他很快就会达到极限：他的供货商卖光了所有的材料，没有可卖的了（也包括他可能也没有时间制作罐子了）或者可能他的客户都有了想要的罐子。

这时候,货币的第三个功能出现了,就像在经济学教材中发现的第一个那样。瓶颈材料的价格会上涨(也可能是制罐人的工资)而罐子的价格将要下降。这些价格信号会产生辐射——从全世界引来供货商和客户,并刺激所有地方的创新活动。这些一样的价格变化会导致制罐人指数化的增长率下降。

还有第四个阶段。随着制罐人的生产规模扩大,即使是速度在下降,他也能使之更加有效率。他可以制造更大更好的设备。他可以雇人来干活而且进一步在生产过程上进行分工。他可以将资源集中在研究和发展上。随着其他人知道了他的发展情况,他雇用的熟练工人也开始自己成立企业,知识就会传播开来。供给者的高利润形成更高速的增长和更多的创新,而便宜的陶罐也给它的客户带来同样的效应。最后,供给和分销活动必需的更大型交易网络创造出了很多其他的富有成果的联系。

风险

目前为止我们还没有谈到风险。让我们退回到第二步,就是制罐人增长速度是50%。实际上生意一开始的时候制罐人并不知道总利润率是多少,而且它会随着时间的变化而发生变化。每只罐子不会很稳定地都是50%。有些罐子可能没做好——就是100%的损失。其他的可能会赚到成本的三倍或五倍。供给和需求会有意想不到的干扰,也会有意料不到的暴涨。没有货币,制罐人无法应对这些风险,这意味着他不能利用指数化增长的好处。他只能猜测最优的运营规模有多大。如果他猜错了,或者就算是他猜对了,他的整个生意也可能会垮掉。他需要货币使得好运"持续"下去。如果碰巧是成功的周期,他可以稳健地扩大运营并增加库存。在不景气的时候,可以缩小生产范围且减少库存。没有货币,他将不得不在生产规模上进行更加剧烈的和低效的调整,而且也无法计算合适的策略。即使生意的潜在增长率可能有50%,也可能无法生存下去,或者经营保守永远不会扩大或者进行创新。

制罐人需要什么来维持好运呢?一个是贮藏价值。没有货币的话,没卖出去的罐子就是他唯一的选择,它们要占用很多的空间来存放而且还不会有任何产出。他要求能够在需求回升时用这些贮藏的价值购买供给。罐子不是好的交换中介,而且如果没有货币,他也不能把罐子卖出去换回交换中介。但是他最大的问题是没有计价标准,他就不能将供给和需求联系起来,不能将罐子的价格和黏土的价格联系起来,或者甚至是一种投入物相对于另一种投入物的价格。所以他成不了凯利的投注者。

我们快进到五千年前青铜器时代早期的埃及,可以看到更大幅相同的画面。埃及的法老要建造金字塔。我们不能确定金字塔是怎么建成的,但是很有可能是自上而下建造的。建造者,无论是奴隶还是自愿者,要接受应该怎么做的指令。如果他们有报酬,那也是物品的形式,而不是货币。

金字塔在技术上的成就极为令人惊叹。有些建筑的技术我们至今仍无法理解。它们要求有某种精细的社会组织。这种情况在新石器时代晚期及青铜器时代早期的世界各地都是如此。然而金字塔和其他古代奇迹的成就都走到了死胡同。它们没有形成新的产业或者技术上的剥离。它们没有刺激经济增长。在它们的建筑过程中学习到的东西都没有被留下来。

假设,反之,法老开采了一些铜矿并做成铜币,然后对工程的不同阶段进行竞标。很多雄心勃勃的埃及人就会思考怎样开采和运输石头,或者把石头打磨成型,或者怎样在结构中定位。一些更加聪明的人会研究出承包商和工人们会用挣来的铜币购买人们没有时间生产的生活必需品,而剩下的那些钱会被花在投资或者奢侈品上。每个红血的埃及人会专注于他最擅长的生产上。埃及会从邻近国家引进最好的人和商品。创新会爆炸式增长。新技术会被应用在经济生活的其他方面。随着出口商为了获得原材料而将产品带到国外去销售,需求会进一步增加。出口商品和货币的流动在世界各处触发了类似的财富增长。指数化增长应该是那个时代的主旋律。

或者也不尽然。可能承包建造金字塔并没有导致社会变革。这种飞跃可能还需要有其他的技术和社会条件。可能不是货币带来了变革,可能是变革创造了货币。我们知道 2500 年前当雅典人真正创造了完美的白银货币时,的的确确点燃了这样的飞跃,而且我们知道货币对这种现象非常重要,无论它是原因还是结果。在雅典产生的经济网络扩展并覆盖了整个世界。虽然在某些时期某些地方曾经被切断过,但是从来没有失去所有的联系或者被完全的切断。今天,我们加入的商业网络与苏格拉底当年的一样,但是与同期的或更古老的文化的联系却不再相似。

从青铜器时代开始到古雅典的 2500 年间,很多伟大文明如日中天。它们达到了一定程度的成就后接着就衰落了。就大部分而言,它们的技术和语言也都随之逝去。留给我们的是令人敬仰的古迹或者具有文化意义的手工制品——通常被后来的在文化上完全不相关的一群人作为创始神话看待——但是几乎没什么直接的价值。有多少人会为了娱乐或不是历史学要求的课程而去读2500多年前的书籍？我们可以将之与希腊的哲学、科学、数学、艺术和文化等瑰宝，以及很多之后有了货币的文化财富相比较。

政府和纸币

我们故事的下一章是关于罗马的，它在人类文明中第一个政府意识到了货币的力量。罗马皇帝发现征税然后再付钱让人们做事比命令办事更加有效率。一开始事情还是比较顺利的。罗马皇帝付钱给士兵要他们去掠夺帝国之外的那些土地。货币又会随着税收流回到罗马。罗马人花钱买帝国各个地方的产品。

遗憾的是，和那时起的所有政府一样，皇帝们不理解货币和电流一样只有流动循环起来才能发挥作用。罗马不生产东西。随着帝国版图的扩大，可以掠夺的地方越来越少，越来越多的边境受到贫困和愤怒的野蛮人的攻击而需要保护。局势从净的现金流入变成了负的现金流入。罗马继续征税和开支，但是因为没有外部的贡献，货币就不再循环了。如果你向某人征税，用钱买他的产品，然后再把钱征税征回来，再去买更多的产品，整个循环就停止了。你不再有钱了。钱贮藏不起来——政府全征走了。钱也不是交易的中介，没人要钱因为政府会把钱征收走。除了前面两种情况，它还是计价标准。也像从那时起的所有政府一样，罗马降低了货币的成色，对工资和价格进行了控制。

公元476年西罗马帝国的灭亡使问题得到了解决。两个留下来的制度在随后的发展中起到了重要的作用。罗马天主教堂的势力扩展到了整个欧洲，建起了修道院、修女院和天主教堂。这些是生产、学习、交易和信用中心。在意大利，威尼斯代表了东罗马帝国，和其他意大利的北部城市一起发展了交易网络，将东方国家的奢侈品销售到了整个欧洲。

随着教堂和意大利商业城市势力的增长，老罗马的问题反转了。教堂在全欧洲征收各种费用，北部意大利供应全部的奢侈品。欧洲的其他国家只能少量生产一些人们想要的东西。结果，所有的金银都流入了意大利。循环停止了。

纸币是问题的答案。这不是第一次有人试着用纸币或者把其他易腐的和实质上没有任何价值的商品做货币用。早期是代币或收据。它们只能依靠强权政府的法律强制才能具备交易中介的功能。它们不是价值的贮藏，虽然在某些场合可以转变成贮藏品。它们也不是计价标准，人们还是继续用贵金属来定价。

新纸币的关键是有债权的支撑，这是对未来价值的保证。早期的纸币要么有贵金属作为支撑要么就是什么都没有。新纸币的想法很大程度上是模拟的，因为现在的经济活动是那些有想法和说服力的人发起的，而不是那些拥有金银的人。经济发展唯一的制约是物质资源和公众的信心。结果，使用纸币的地方出现了预料不及的情况：工资稳步上涨。在银币经济之前，基本上没有现代意义上的工资。在硬币出现后，在劳动力稀缺或者机会好的情况下，工资可能会上涨一些，但是当相反的情况出现时，工资又会降回来。从第一种纸币开始，工资率就一直稳步上升。也有一些周期性的上涨和下降，但是上升的长期趋势却从未被打断过。基本原因是在贵金属体系中，只有富裕的人才能为新项目提供资本，因此他们可以攫取在维持生存的工资水平以上的所有回报。劳动的价格由供给和需求决定，在固定的货币供应量条件下，工人的数量会一直增长到满足所有的需求。这个过程可能要经过一段时间，但是不会出现工资长期的上涨。但是在纸币体系中，任何人都可以投资新项目，结果是劳动力的需求增长超过了人口可以增长的速度。

既然这是故事而不是历史，我就免去那些冗长的细节。纸币出现时面临着政府的强烈反对。但是它的优势显著足以幸存下来，当然是以非常复杂的形式。部分的原因是试图掩盖其目的，部分是因为迷信，部分是早期的历史使然。其后一代又一代的思想家又加上了更多的废话，一般是为了推行某种政治观点或者其他的。基本思想相当简单。那就是我要讨论的内容。其他的每件事情，例如纸币与贵金属的关系，银行学理论和合法投标规则，都是不相关的。

纸币是由那些我们称之为"银行"的机构创造出来的。这个机构不需要持有黄金或白银储备。也不需要资本金。它不需要有一座大厦，至少肯定不是在市中心的黄金地段，有一大圈大理石柱子或者钢筋玻璃塔楼。它的确需要发放贷款。但是借出的不是贵金属，而是纸片。借钱的人用这些纸片换来企业需要的产品和服务。然后他们再把生产的产品卖出去换回纸片，用这些纸片偿还贷款和利息。物理纸片的使用并不重要，那只是起到记录用的工具。只需要账户记录就可以实现相同的体系(这就是信用卡的工作机理)。不要认为只有官方的银行。作为经济活动媒介的还有很多其他的正式和非正式的信用网络。大多数不会被记录在经济统计数字里,比起那些主要为现有企业上油、为有钱人服务的官方银行贷款,它们为更多的经济创新提供了动力,帮助了更多的人获得金融安全。那句俗语"(政府)银行从来都是锦上添花"说出了很多的真理。

这个体系有个明显的致命问题:如果人们对纸币丧失了信心怎么办?有几种原因会导致这种情况。例如,人们可能会注意到借款人还不了贷款了;对货币的需求一般性地下降;或者另一家机构可能倒闭了,引起了恐慌。有时候可能根本就没有原因。银行会努力重建信心。它会持有很多的储备资本用来弥补损失;它可以以具有流动性的担保品为基础发放信用良好的短期贷款;它可以承诺卖出金银储备换回发行的纸币。但是这些都只是可供选择的再保险手段而已,而不是货币发行具有的基本经济功能。

当人们对纸币失去信心时,要接受货币就要打折。可能要花105美元的纸币才能买到100美元的白银能买到的东西。这就有了两种重要的选择。任何一个持有这家银行发行的纸币的人都可以试着按一定的折扣花钱,或者把钱存在这家银行里。因为纸币是按一定折扣得到的,如果银行能存续下来就会按照全额价值收回,后一种选择有效地支付了付息——或者提高了实际支付的名义利率。折扣率会上升到附加的有效利率可以补偿预计风险上升的水平。在某些水平上,比如说50%,即使银行倒闭了,也可以偿付存款。出售抵押品也会有收入进账,每一美元可能可以偿付60或70美分。如果持有纸币的人决定不花钱,那么他就会特别关注对于他来说的折扣率,把他接受时的与花钱时的折扣率进行比较。只要货币在快速流通,损失就只是每次交易的一个很小的比例,即使货币一直贬值到零。

对于银行的债务人来说,另一个重要的选择是以一定的折扣偿还贷款。例如,假设有人要借1000美元买一船面粉,把面粉分成小袋子再卖出去得到2000美元。但是有些面粉变了质,而且需求也没有预计的那么多。他可能只得到600美元,而且还不起银行的贷款。如果银行的钱有50%的折扣,他可以把600美元的面粉卖出换到1200美元的银行纸币,可以偿还贷款支付利息,还能得到利润。这就构成了支持银行纸币价值的基准线——对借款人来说的价值。折扣越大,借款人就越容易偿还,银行生存下去的机会就越大,而其发行的货币的前景就越好。

很显然为什么有人会想开办银行，有人想要从银行借钱。但是为什么人们会接受用纸币交换有价值的商品和服务呢？还记得吗，把等值交易和其他三种类型交易区别开来的并不是所有的东西都可以出售。是否出售决定于能支付的货币是什么。例如，没有人会为了不靠谱的纸币出售土地。地产是价值的贮藏。把钱借给要买你地的人更安全，如果他付不起贷款，就可以把地拿走。

然而，假设你有一种易腐的商品而且没有其他潜在的购买者。那种情况下，你可能更希望按合适的折扣得到那些不靠谱的纸币，而不是自己把钱借给购买人。纸币好于什么都没有，它可以还可能买到点儿什么，或者可以存在银行里，然后期待银行能够生存下去。与信任一个买方的非多元化风险相比，风险被多元化分散了。而且那也仅是眼前的风险。如果银行破产了，所有的商品市场也不会好，不论是坏的市场导致了银行的失败，还是银行的失败导致了坏的市场。在那种情形里，不管怎么说，易腐商品也可能只有很小的价值。如果你用信用卖出产品，经济可以是好的，但是还是有可能买方不能偿付。而且，在纸币的情况下，评估借款人的信用，追着讨债都是银行的问题。有搁置不用资源的人——空着的出租房，没有货物的货船，或者只是一个没有工作的人——更愿意接受用纸币交易而不是什么都挣不到。

为什么有人愿意接受不靠谱的纸币而不是把价格降下来坚持用金属硬币呢？这个问题从总体上来回答要比个体的更容易。如果每个人都坚持用硬币，货币供给水平会比较低。只有有钱人才能承担经济风险。有主意但是没钱的人不可能实现自己的想法。有很多浪费的或者没有得到充分利用的资源，可能也包括没有工作的人。纸币可以刺激总体经济活动。新的商业活动出现了，支付了高薪，人们更加专业化了，承担了更多的风险，而且更多的产品被生产出来。这些会创造出更多的供给和需求，实现的交易要比用硬币能做到的更多，因为硬币的数量没有增加。可以想象，一个商人可以试着搭便车只用硬币做生意，不使用纸币或者信用。在经济景气的时候，搭便车的人因为损失的生意带来的成本要比避免的信用损失还要多，因为无论如何纸币是有价值的。在不景气的时候，事实上会有很多人采用这个策略，因为硬币的数量足够支持商品交易，纸币不一定就是好的。

现在假设有个商人，他有一些商品，例如帽子。帽子不像地产一样有贮藏价值，但是它们也不会腐坏。如果他能出售帽子得到金币或银币一定会高兴，但是如果能得到纸币，或者给从看上去有信用的人赊账也会是好的。他在坚持用硬币,接受纸币、赊账或者拒绝出售之间的选择决定于涉及的商品、客户、发行纸币的银行和生意的状态。

纸币与金属货币

对纸币最大的误解是认为纸币是黄金或白银的一种承诺,它和贵金属的功能是一样的。纸币是完全不同的东西。人们通过了要求将它和金银挂钩的政策,是为了摧毁真正的纸币,将之变成单纯的代币或者在贵金属短缺时作为便捷的替代品。

银币衡量的是当时出售的所有商品的相对价值。你可以到市场里观察每种商品的价格,找到那些可以变成昂贵东西的便宜商品。不需要操心便宜的东西从哪里来,谁来买贵重的东西;你要关心的就是相对价格。白银与此完全无关。它的价值可以是 100 倍,也可以是 1/100,重要的事情就是相对价格。只有一种白银,没有不同银行发行的很多不同品种的。这是创造西方世界文明的经济动力。

纸币创造出来的价格信号体系更加微妙。我们有可以物物交换的东西,有可以用白银买卖的商品,也有可以用纸币买卖的。最后一种的确有很多套体系,因为不同的银行发行的钱可以在不同的地方,对不同的商品,有不同的适用程度。每一种纸币都有自己的利率,根据银行支付存款的利率(如果有的话)和纸币承兑利率(如果有的话)。这是在不存在贵金属的情况下的一种新型价格信号。而且对于不同的纸币存在不同的汇率,这也是一种重要的新信号。

一个典型的乡村有基于贵金属和良好信用的硬经济。硬经济可以满足当地贵族、大地主和政府及教堂的需求。除此之外,同时还有基于纸币和风险信用的软经济。形势不好的时候,软经济会消失,或者只存在剩余商品和多余的资源交易中。但是,软经济可以为任何有新想法的具有说服力的人提供支持。更大范围的人才池,加上穷人往往比富人更有动力改变,意味着软经济会支持大多数的创新。成功的创新引起经济增长,这又会使得纸币具有价值,不仅因为贷款得到偿付,也因为出现了对货币的强力需求。这些将导致新一轮的经济繁荣。

乡村里的一位商人在这两种经济中都有生意。他密切关注着纸币的利率。

利率低时，他就借钱扩大生意，甚至将那些本来可以卖出赚硬币的商品也用来换取纸币。利率高了，他就偿还贷款压缩生意，把所有的纸币花出去。同时，他会不再接受任何纸币，但是那会与他想要减少存货偿付贷款的意愿相悖。

经济不景气的一个结果是地方银行的纸币会流到经济较好的周边区域。那些地方的人注意到这家银行的信用问题比较迟缓，因此对纸币的需求还是会比较高的。但是，周边乡村原则上也会给非当地货币打个折扣，因为知道他们的信息并不是完备的。当他们观察到邻村的纸币越来越多——也就是买得多而卖得少——他们就会打折扣。这会给经济很热的地区提供一个信号，他们会趁机而入在有麻烦的地方购买便宜的商品。类似的，如果一个地方的银行纸币需求很热，人们会从其他地方涌来出售产品。

这些都是最基础的微观经济学。没有被充分理解的原因是它们发生在局部水平上。一个地方可以同时并存几种不同的经济体系。多数的当地信用网络，包括那些最具创新的，并没有使用任何传统经济学家称之为货币的东西。不同类型的商品和服务使用不同类型的货币。人们要对大量微妙的信号作出反应。当你企图把这些行为加总起来作为宏观经济学进行研究时，并不会获得成功。纸币的全部真谛在于有很多很多种，而且很容易就可以创造更多的。如果你将之看作和银币一样的单一货币，那么你就什么都不能理解。

如果我们尽量地向前追溯历史，人们已经创造出了支撑经济活动的信用网络。那时的网络还只是封闭、小规模的，通常局限在亲属和一小部分合作人之间。纸币打开了这个网络，形成了任何人都可以加入的新网络，并且相互之间可以联系在一起。这就是那时候流行的开源运动。

与对待银币一样，政府一开始对纸币也不是很友好。主要的障碍是《圣经》禁止放贷，而放贷是以债权为基础的货币必要的要素。更大的问题是政府倾向于富人和有权势的人的利益，而这两种人都不太需要纸币。虽然新型货币可以真实地促进经济增长，但相对于资产，它对工资率上涨的作用更大些，因此，即使在绝对意义上富人和有权势的人仍然可以获益，但是他们的境地改善要相对少些。即使银行没有被禁止，政府也通过各种法令和规定限制其发展，包括有限的增长和贷款类型，强制的大量金银储备——在一些地方甚至是100%的储备，彻底摧毁了其具有的任何意义。还有一种着迷于防止银行破产的妄想——"大到不能倒闭"的荒诞想法达到了病态的极端程度——导致为限制风险决策和惩罚冒险家而制定了若干规则。当然，银行不得不从政府那里购买某种业务执照,也有必要任命一些当地的精英来做董事,付给他们报酬。

1776 年和那一切

所有的这些在 1776 年都变了。自罗马时代以来,发动战争要靠征税筹集军费,然后雇用士兵打仗。只要愿意,你可以为任何一个愚蠢的理由而战(实际上,大多数的战争双方都声称是为和平而战),除了一样:不能反对税收。但这正是美国政府要做的。幸运的是,国会里有一些有经验的商业人士,他们知道纸币可以消除不受欢迎的"征税"环节。他们发行了两亿五千万的大陆券,每年贬值 50%。用这种办法,他们成功地打赢了一场战争。

人们为什么会接受低品质的货币?在很多情况下,毫无疑问,爱国心和被强制一样都是原因之一。如果士兵们出现在你家的农场要为福吉谷的部队购买补给,你很有可能是得不到任何货币支付的。而且战争时期也造成了很多暂时多余的当地资源:运不到市场去的粮食,喂养不起的动物,如果不卖给现在的美国人就会被英国人强占的火药。把这些东西转变成可以容易地移动和藏起来的现金是很有吸引力的,即使下一周你要花钱的时候发现钱已经贬了 1% 或 2%。还有,美国的经济状况非常好,除了正常的运转所需之外,也为双方部队提供了补给。所有形式的贸易限制都被取消了,税收也免除了。繁荣的经济制造了对货币的需求,而金银的供给量甚至连战前经济需要的水平都不够。

还有一个原因可以解释为什么人们愿意接受大陆券。我生活在纽约城,这意味着那时候每次我要用纸币来买什么东西时还要付 8.875% 的消费税。如果我把钱用在支付工资或者投资的红利,就要付出高得多的税率,而且在我买的东西的价格里还包含了很多其他的税收。我们就用 8.875% 吧。假设政府印了 1 美元去购买商品和服务。美元每换一次手,就损失价值的 8.875%。第一次花钱的时候,0.09 美元进了政府的口袋,支付了 0.91 美元的商品和服务。当 0.91 美元花出去的时候,0.08 美元进了政府的口袋,剩下 0.83 美元。七次交易后,这 1 美元就损失掉了大陆券在一年内的损失数量。假设货币周转率是 20,那七次交易大约四个月内就会完成。

那些数字极不确定。你可以从跟大陆券一样的每年 50% 到每个月 50% 合理地假设某个贬值率。而且这还不包括通货膨胀导致的另外的贬值。我的重点不是说税收太高了，而是说每年50%或者更高水平的贬值率都不能阻止人们接受和使用纸币。大多数人几乎注意不到消费税。在高通胀的情况下，你要尽可能快速地把钱花掉或者投资出去。在高交易税的国家，你要合理安排以避免中间交易。极端的情况下，人们有时会为政治舞台烧钱或者进行装饰，但是多数不管贬值率是多少只管花钱。

通胀和交易税做的是鼓励经济发生转变开始使用其他形式的货币。官方的货币经济并不会消失，只是重要性下降了而已。但是这些是在我们的故事发生之前。

不征税就能发动战争立刻引起了世界上其他政府的关注。但是他们的官员很少有像美国那样有商业经验的，而且早期的试验也不成功。相比较而言，在新的美国大地，大陆券的经验留下的是对纸币复杂的态度。一方面，使用大陆券打赢了战争。因为人们知道要尽快把钱花出去，持有大陆券的人并没有很大损失。最终它们按1美元兑1美分得到偿付，只有战争开始时发行的美元是按面值被接受的。那些换了很多手的大陆券，0.99美元的损失只代表了这么多交易分摊的少量销售税。最新被接受的大陆券，不能通过更多的交易来摊销损失，只剩下了很低的价值，可能是3分或者5分，因此按比例的损失少得多。可能大陆券比其支配的资源价值更能刺激经济增长。

另一方面，诚实的政府违背承诺就是一场灾难。像亚历山大·汉密尔顿一样的联邦党人喜欢硬通货，而例如托马斯·杰斐逊的民主共和党人则不喜欢纸币给政府带来的权力。对于开国元勋们经常会出现这样的情形，他们往往能找到正确的解决方法，使政府远离货币的制造过程，要让银行蓬勃发展起来。

接着安德鲁·德克斯特出现了。

安德鲁·德克斯特

安迪享有盛誉，因为他是美国首个著名的过度举债的房地产开发商。他眼光远大。修建了波士顿生意咖啡酒店。它可不是殖民地时代的星巴克，而是拥有200间客房的宾馆，金融交易所和商务办公室。它耗资50万美元，是新世界里最高的建筑物之一。遗憾的是，它比当时最高的梯子还高出两倍，所以当第七层发生火灾时，根本没有办法救火而只能任其一直烧到地面。德克斯特还建立了阿拉巴马的蒙哥马利市,很大胆地预留了一块地作为州政府大楼,当时的阿拉巴马还不是一个州,而且一个多世纪以来在法国势力范围内首府一直都是莫比尔,蒙哥马利不过是一个新兴城镇而已。几年后,阿拉巴马州政府果然建在那块地上了。

问题是,安迪从来就没有实现他那些伟大想法而需要的钱。但是他的确另有妙计。他控制了两家银行——底特律银行和罗德岛的格罗斯特农业交易银行。底特律当时还是一个新拓展开发的前哨地区,非常接近当时的一个印第安战场。哈!那里刚刚被战火夷为平地。还没有去格罗斯特的路,要到那儿去得自己步行穿过树林。两家银行相隔了600英里(如果你不穿过加拿大的话就是800英里)。

如果你印了10万美元的底特律银行券会怎样呢?格罗斯特银行也会做同样的事情。如果钱是用在两家银行所在地之间的什么地方,再次流通回到发行行可能要经过几年的时间,大多数的情况可能是永远都到不了。所以,这就成了无担保、无文书、无收入证明和负利率的长期贷款,正好是每个野心勃勃的房地产投机商需要的。

为什么人们会接受纸币?那些高调的与微妙的价格信号和值得怀疑的外地货币相关的东西怎么样?知道吗,整个系统中有个缺陷。在纸币已经存在的几个世纪里,在安迪之前没有人想到过这个问题。这是真的,人们对从邻近乡镇来的钱会抱有怀疑,而且非常怀疑百里之外的地方来的货币,非常怀疑过量供给的货币,但是如果货币来源的地方足够远而且能换取的数量足够大,怀疑就会消失。为什么呢?如果那些货币能千辛万苦地从底特律来到这里,比如说波士顿,那它一定是好的。那些亲自参加交易的人应该不会错的。如果这种货币不好,你肯定早就听到风声了。而且如果分散到波士顿的就有1万美元,那么在底特律一定是百万美元以上,那些家伙一定是非常非常有钱的。这样的钱在任何的地方都会被接受——除了在底特律和格罗斯特,当然,是因为人们都知道这两家银行有多小——而且还要额外收费,因为它可以用于远程交易,对旅行者来说也有很大的优势。越是这样被接受,越是有更多的人信任它。

整个事情本来可以很顺利的,而且就我们所知其他类似的生意的确取得了成功,但可惜不是这个成本超支、工程拖延的波士顿生意咖啡酒店,在它建成之后,随之而来的是并不乐观的收入。农业交易银行没有赚到来偿付的钱,也没有抵押品来保证最终的支付。所以安迪终于第一次破产了,人们对简单的纸币理论也失去了信心。今天,多数的经济学家会暗自嘲笑那些认为银行不需要资本金、纸币是重要的区域价格信号而且会自然平息的愚蠢想法。

　　为了强化对银行的监管,政府实施了新的法律。但是事件的真正问题是缺乏透明度,而不是缺少资本金或者监管。这些新限制减少了银行和纸币的供给,而且这两种东西被牢牢地控制在那些与政府关系密切的有钱人手中,这种情况和欧洲的一样。然而,每当美国人距离权威足够远,老规则下的胡乱发行纸币或软货币的银行就会被开设出来。直到南北战争爆发,制造伪钞的家伙们一直都是草根英雄,就像随后的和再一次出现在大萧条时期时的那些银行抢劫犯一样。

　　当政府对纸币更加熟悉了,多数政府会把纸币发行接管过来,并宣布货币发行的垄断权。在美国,南北战争开始之后不久就开始了。政府对纸币的了解比他们对银币的了解还少。因此,他们又玩了一次降低成色的老把戏,这对于纸币简直是荒唐至极的简单——多印钞票就行了,或者做出过度的毫无依据的承诺货币将一直超发下去,以及工资和价格控制。纸币还提供了另外两种可以玩儿花招的东西:利率和汇率。

　　当然,这样做的结果是摧毁了纸币本来应该具有的精细的区域价格信号功能。政府认为纸币就像贵金属一样,不过是制造成本更低而已,而且每个人都应该假装这是真的。这正是政府官员们在降低贵金属成色时的想法。结果是出现了某种代币。老百姓接受它是因为别人接受了,而且只要政府没有印得太多就行。它的确用作交易中介,只不过是在小额交易和犯罪交易里。没有人会真的把它当作贮藏价值。它也不是计价标准,因为自身没有任何价值。我可以说这种东西值 2 美元,那种东西要花费 1 美元,但是我真实的意思是要说这种东西值两个那种东西。要确定一个绝对价值,你得问问我说的是哪一年的事,这样就可以把判断的命题和某种一揽子商品联系在一起,类似于决定消费者价格指数的一揽子商品,这一揽子商品就是你真正的计价标准。如果你要展示的是一个时间序列的价值曲线,不能直接用美元,一定要用经过通胀调整的美元。由于不同商品价格变化速度不同,所以即使调整了也仅是对某个固定的一揽子商品而言是正确的。

关于政治与宗教的一点儿题外话

我不认为这本书与我的政治立场和宗教信仰有任何的关系。我也不认为自己的想法足够深入或者值得引起别人的兴趣。我在这两个方面都不是专家。我的生活足够舒适,所以对于我来说这两个都是抽象思辨的东西而已。我从来没有被要求为其中任何一个冒过险。你可能已经了解了,我对那种认为没有人赌过的观点不敢苟同。

不管怎样,在这里还要安排这个短短的一节。纯粹是防御性的。关于政府,我写的一直都是负面的,接下来还要更糟糕。我不想给大家留下这样的印象,认为我是反政府的。而且我的措辞可能会使人认为我不尊重宗教。我也不是反宗教人士。是布莱士·帕斯卡,一个有着虔诚的——甚至是近乎怪异的——宗教信仰的人,把对宗教的挑战引入了对风险的研究。从那以后,只要你想认真讨论这个主题,这就成为无法回避的问题。

你完全可以跳过这一节不读。当然,你也可以跳过任何一节的内容,甚至一开始就不要读这本书。对于其他的所有章节来说,我有责任提供给大家一些有用而且有趣的内容。但是这节则不同。这里的内容是准备给那些认为我的观点是掩饰起来的政治或宗教上的夸夸其谈的人的。这并不是托词,我的兴趣和专业知识从风险开始到风险结束。至于风险在其他方面的影响,包括政治和宗教,我就留给其他人去研究了。我对那些方面当然是有自己的看法的,或者这节应该是非常简短的,但是没有理由对此你应该比那些随机碰上的业余人士还要认真。

我得承认自己在风险和定量模型方面还是有些专长的。我从十几岁开始就靠各种赌博来糊口了,我和一些专业的玩家交过手,专研过量化风险。在过去的20多年时间里,我每天都发布量化的预测,至今还没有谁能成功地赌赢我。我看到过几个世界上IQ最高的人动用规模不受限制的资金设立了一些量化模型,而且在客观现实中对这些模型进行了验证。所以,我知道哪些有用,哪些没用。我在开放的论坛上公开发表了自己的观点,在这些论坛上我可以引起关注,和与我观点不同的人进行辩论。

我想那些使得我在金融和经济方面有些像一个在拉斯维加斯多年来成功

设计让分的家伙,而且在体育运动方面也是成功的独立玩家。他未必知道如何比赛或者也不懂体育。你不一定要接受他关于应该怎么打比赛的观点。但是如果他告诉你纽约尼克斯队有60%的机会进入NBA联赛的季后赛,那你就要当心了。实际上,除非你也是专家或者有内部消息,否则你没有任何理由怀疑他——除非你认为他对自己的专长或者对赌注的评估说谎了。所以,在有关风险和量化模型的问题上,如果你不相信我,那就相当于说我在说谎。没什么关系。我不是小心眼的人。但是如果你那样做了,就不要欺骗自己说已经驳倒我了。那就好像质疑目击证人提供的证据一样。你不是在和目击证人争辩,而是在说她说谎。

另一方面,当我写到关于政治或者宗教或者其他我知道的相关内容时,我已经超出了直接的观察而进入了猜想的王国。你有权大喊一声,"我反对,大人——那是猜测。"法官会支持你的。但是,既然我们不是在法庭上,我还是倾向于坚持这样的猜测,而且这节是免责声明,请在考虑我的观点之前先权衡一下。

我把防御性内容一直推迟到这个部分是因为解释自己的观点之前必须先介绍足够多的概念。对于政府,我有自己的黄金定律,就是我认为的定义了人类的:"如果值得为之战斗,那就分享它。"那好像是有点儿暴力的信条,但实际上这是把暴力最小化的原则。和平主义没有作用,因为不是每个人都是和平主义者。而且,我相信存在着值得为之斗争的东西。让每个人都能遵从法律要求政府具有某种可怕的暴力,即使是地球上最残酷专制的政府也不能成功地让每个人都和平相处。最怀柔的政权能做得更好,但是对我来说还不够好。

你的第一个念头可能是:"那些不愿意分享而要打仗的人呢?"他们根本不是问题。他们是自由主义者。不要管他们,他们可以照顾好自己。如果他们愿意,可以成为自给自足自我保护的隐士;或者根据他们自愿接受的社会契约加入社会。只有在强迫他们做什么事或者你觉得有必要保护他们的时候才会有麻烦。

问题在于那些搭便车的人,他们不愿意分享也不愿意打仗。解决的办法很不容易但也很明显。你得强迫他们与人分享。他们会高声反对但是不会反抗。如果他们实在是气得发疯而打了起来,那就变成了第一种人,成为自由主义者。之后他们不需要和谁分享什么,但也没有权利要求其他人提供保护,也没有人被要求要与他们分享。

那些可以分享和可以打仗的人是非常重要的。他们要为所有愿意分享不想打仗的人奔波劳碌。这就是我理想中的政府。有很多非正式的网络和正式的组织相互交叉重叠提供此类服务。每个组织为其成员之间的分享设立各种规则,组织必要的内部或外部的暴力来实施这些规则并保护其成员。好的组织会安排分享制度,让每个人都感到幸福并且能够鼓励生产率提升,创新和增长,同时暴力也最小化了。坏的则是把所有好的东西都给了领导者,对其成员和其他组织实施暴力统治。当处于好制度的环境里,生活是令人愉悦的。如果周围是坏的制度时,除非他们强迫我加入或者干涉了我的生活、自由和对幸福的追求,否则也不是我的问题。我全力支持自由竞争,希望好制度会胜出。

我认为问题不在于坏制度,不管他们是黑帮、邪教、恐怖分子还是政府。这类的组织一直都是存在的,我有信心最后总是好制度取得胜利。然而当政府与宗教或者货币扯在一起的时候,就有了问题。

我视宗教为有组织的礼物交换方式,就像政府是有组织的非自愿交易方式一样。当政府超越了为战争最少化而强化必要的分享发展到基于价值观而强化分享的时候,事情就开始分崩离析了。这与价值观是好的(为了照顾每个人的利益)或者是坏的(为了顶层的人的利益)或者是神秘的(支持神父和为上帝牺牲)无关。当政府试图做好事而不是试图防止争斗时,往往会以坏事或增加争斗而告终。要注意我并不否认帮助别人是美德,但我不认为强迫一些其他的人去帮助另外一些其他的人是好事。我不是在阐述道德观点,我相信强迫一些其他的人去帮助另外一些其他的人是不可能的。结果是帮助不到任何人而且会导致争斗。

就是说我同意自由主义者的观点,除了其他的,政府不应该去救灾,搞慈善以及主动发动战争。那些事让自愿的团体去做更合适。对我而言,所有的自愿团体都属于"宗教"一类,因为他们的运转是基于礼物互换的。而且,政府也不应该规定人们写什么、说什么、想什么、做什么、穿什么、买什么、卖什么,或者吃什么,政府的作用应该局限于告诉人们应该分享什么不要争斗。

我与自由主义者的不同之处在于我并不反对高税收和很多的社会服务。我认为避免争斗就要有很多的分享。我认为统一的大众教育是有史以来发明的最便宜的减少暴力的方法。我也不介意会有些人利用这个体系而偷懒。我自己也会偷懒。只要有足够的产品和服务从而人们不至于相互殊死搏斗,我想就可以了。我特别要鄙视那些自由主义者,他们希望政府花钱建立大量的警察和军队来保护他们以及他们的产品,但是不愿意政府花钱提供社会服务,因为服务接受对象"不值得"这些福利。为什么应该有这样的政府要保护某些国民免受战争,但是又不让他们与其他人分享呢?

有人指责我是胆小鬼,向敲诈勒索和恐怖主义低头。在不希望有任何战争的意义上来说我是胆小鬼,我宁愿把很多的东西分享出去也不愿意打仗。但这也是有限的。我不会为了避免战争而放弃所有的东西,但是我并不认为目前美国的税收已经接近了那个极限(有些更加愚蠢的政策要更接近些,但是到目前为止我还是满足于忽视它们而不是与之斗争)。而且我也不介意给予那些愿意打仗的人一点儿好处,那是唯一的看看他们是否真的认为值得获取什么东西的方法。恐怖分子的问题并不是他们想要得到什么东西,如果得不到就要动用暴力手段,几乎每个人都是如此,不同的是在未诉诸武力之前我们有多不得不想得到什么东西,或者可能是有多想要什么东西。恐怖分子(有些,不管怎样)的问题是他们想要的东西是不可理喻的,而且即使你给了他们,暴力也不会停止。仅仅愿意打仗还不够,在我和你分享之前我得知道你会用什么作为回报,而不是打仗。

只要是和货币打上交道,政府和宗教就要陷入麻烦之中。两者都应该彻底远离货币。政府不应该垄断货币的经营,不应该借贷,也不要试图管制经济。那样做总是导致效率低下、腐败和任人唯亲。关于货币,政府从来就不诚实,而诚实是商业活动必需的。说真的,我不介意高赋税,但是不应该用它来养活大政府。税收应该取之于民用之于民,政府只需要设定规则,而不是征收或者监管支出。金钱对宗教是有害的。

只要是关于宗教,我想重要的是在处理需要有信仰的事情时应该有清晰的策略。不管是无神论者还是传统的信仰者还是介于两者之间的,各取所需。我们都有一次生命,只要愿意可以冒个险。但是如果你只是有些模糊不定的信念,或者声称有信仰但实际上却是另外一套做法,或者只是不愿意去想,我认为你还是应该远离风险。你不可能管理好地球上的风险而对其如何适应宇宙体系却毫无认识,就像你可以管理公司的某个部门却不知道公司是干什么的一样。

那些涉及的是古老的有组织的交易类型:非自愿交易和礼物互换。我知道其余的两种交易形式,等值交换和赌博,与非自愿交易的荣耀和礼物交换所体现的人类价值观相比要平淡无奇些。但是贸易和赌博却是将人类与其他已知种群区别开来的东西,而且交易的完成不需要任何组织实施。商人是那些在陌生人之间建立起联系的人,也是第一个来分享最后一个打仗的人。等值交换是技术进步和社会发展的基础。赌博对于创新和增长也很重要。那是我为什么要在这些领域付出一生的原因。

这就是我的想法。你是否赞成并不重要。这是一本关于风险的书,而不是关于政府或者宗教的。我写这一节只是为了揭示那些会产生偏见的源头。现在让我们继续来了解华尔街的历史。

第9章

华尔街秘史：1983年—1987年

上一段结束的时候，我们已经讲到了"火箭科学家"来到华尔街准备发财致富。我们必须克服的一个障碍是有效市场的观念，这在当时是处在主导地位的金融学理论。人们普遍地误解了这个理论，主要是因为很少有人能花费周折地去研读有效市场理论到底讲了些什么。

即使是读过相关文献的专业人士，你也会发现其中有很多的模棱两可和误解。不能清晰地回答他们是否相信市场是有效的人——或者如果是无效的，那么无效的确切含义是什么——是不可能管理风险的。一种典型的答案，比如"好吧，市场非常有效，但是我认为可以利用一些边际上较小的低效率"，并没有什么用。这种说法是想表明市场是无效的但是说话的人胆子太小不敢大声说出来。他自称可以用一种不是很明确的方法战胜市场。他唯一能确定的是获得的成功不会很大或者重要，而这恰恰是我们和他意见一致的地方。但是，他的失败很有可能是巨大的。引句中的那种畏首畏尾、模糊不清的态度与红血风险管理精神正好相反。

除此之外，那种观点排除了风险管理具有的任何可能的社会价值甚至是意义。那可不是小事。任何为了钱而做的事吸引的总是最坏的人，他们会用尽卑劣手段直到成为社会的恶魔。这是人们称银行家"贪婪"时所指的意思。银行家当然是贪婪的，所有人都贪婪。如果有人对金钱的兴趣没超过社会平均水平，那么对他来说选择金融事业是非常奇怪的。原罪是只对金钱感兴趣。

如果你问前面那个谦虚的家伙他的金融活动有什么价值，他可能会告诉你他让经济更加有效率了，一样的，效果微小而且方式不明确。总体上我不相信那是真的。我用地球做个类比。假如地球能缩到一个篮球大小的话,它要比台球更光滑。但是,在人类的尺度上,我们有高山和大洋可以利用。类似的,在长期对于大规模投资组合,市场是有效的,但是也有一些可以给小规模投资利用的低效率和非均衡。

那个家伙说要让市场变得更加有效率,实际上是要做相当于把石头推下山的事,从而使事情更加有效果。抹平高山,填平海洋,的确会让地球更加光滑。但是我们没有理由相信这样做是好事,而且这和人们实际上做的事也没有什么相同之处。他们更像是建了一座水电大坝把水阻隔起来,使整个体系更加远离均衡,而不是更接近。建筑工程的意义在于用它发的电可以做到的那些有意义的事,而不在于它让地球更加光滑。类似的,在金融领域,交易的主要功能是它们产生的利润以及用那些利润做的好事,而不是它们对整个经济所起的作用。大多数人的想法与此相反,认为金融利润是从有价值的经济活动中攫取的税收(我不能理解这样的人怎么能在金融界工作)。

金融活动可以使市场远离均衡也可以更接近均衡,而只有那些最粗线条的、过度简化又未经证实的理论才会认为更接近均衡或者更有效率是好的,除此之外没有其他原因了。再进一步用类比来解释,一条河可以被很多有各种不同信仰和不同目的的人利用。有的人希望灌溉庄稼,其他人希望能开航行船,还有其他的人希望利用水能做些事情。一些人想要饮用河水,一些人想要往河里倒垃圾,还有人希望开发旅游娱乐业。如果这些活动得不到协调,迟早会成为灾难:无法预料的大小泛滥,大坝或堤坝决堤,改变河水化学或生物成分的排放。这场灾难可能会伤害到所有的使用者,因为他们每个人是根据之前的条件最大化利用河流的。但是客观地讲,没有理由认为灾难后河水是更好了或更坏了,它只是不同了。

因此,金融的另一个社会价值在于协调各种经济活动,设计出能够抵御其他人制造的灾难的东西。需要了解其他的金融玩家是怎样赚钱的,对可能的矛盾和冲突能先想一步。经济效率主要是由真实经济活动中的行为主体创造的,而且是自发组织的行为,不需要华尔街的帮助。金融只不过是另外一种产业,评价的依据是多大程度上改善了客户的状况,消耗了什么资源以及创造的工作的质量和利润的数量。它没有例如"使得经济更加有效率"的神秘价值,如果一个人利用那种说法来解释为什么会发财很有可能只是在找借口而不是找原因。

有效市场

有效市场理论是一个持久的神话。据说是象牙塔里的学者们发明了这个理论,因为它符合他们关于世界的简单概念,而且自远古时代以来,这些学者就将之作为正统理论强加给更知其详的实践者们和搞不清楚情况的学生们。真相并非如此。直到20世纪50年代之前,几乎没有人相信有效市场理论,无论是大学校园里还是校园之外。大家认为很显然专业的投资人知道的情况要比一般的投资者多,而这两种人知道的都要比对着报纸的股票版扔飞镖的猴子多(年轻的读者可以换成是猴子在 finance.yahoo.com 上敲随机键)。

随后,一些教授和研究生开始了验证。更早时候就有一些持不同意见的实践家开始了检验工作,但是并没有引起很多关注。证据开始还是涓涓细流,后来就成了汹涌的洪水。在没添加佣金或者提高花销之前,专业的投资人并不会比随机的投资做得更好。甚至会更糟,因为他们都买一样的东西,推高了价格,又同时卖出。虽然每年都有一些专业的投资人的确战胜了市场,但是他们和下一年做到的其他人没什么不同。投资人的业绩要比基金的报告结果差,因为平均来看他们会选择市场在高点时进入,在低点时退出。那些发表出来的关于如何投资的理论也好不到哪儿去。一旦你把那些神秘的术语去掉,这些理论就和占星术一个样。

这些大量证据从来没有被驳倒过。你可以反驳说有些投资者赢得了市场,事实上我就能做到。但是你不能反驳说平均来看专业的投资人会赢得市场,也不能说战胜市场的总价值显著地超过了证券市场总值。事实上,很清楚的是,投资管理服务收取的总费用远远超过了赢得市场赚到的最大化预期利润。低效率可以让很多人变得非常富有,但是如果把利润平摊,平均投资收益率不会提高多少。

如果每个人都投资指数基金而没有人试图战胜市场,投资者作为整体的收益会更多。当然,我们应该收益更多,而且如果我们也能平均分享其他的一切,还会是更好的人。在两种情况下,收益都是短暂的。没有活跃的投资者来监管价值,指数基金的质量会恶化,如果人们不得不分享所有生产出来的产品,生产总量会少很多。

除了有效市场的经验证据之外,还有一个逻辑上的问题。所有投资者在税费之前的收入之和就是市场收益。如果某人赚钱了,就一定有人少赚了。事情变得比表面看上去的还要复杂。这种观点只有在假设每个人都使用相同的计价标准时才有效,但是这并不是真的。第 18 章会更加详尽地予以讨论。尽管有计价标准的问题,所有投资者收益之和等于市场收益的会计恒等式构成了包括市场非效率在内的一些理论的强约束条件。

下一步,学者们开始研究那些没被公布出来的投资策略。如果在好的年收入宣布之后买进公司的股票会怎样,或者在分红增加之后呢,或者是新 CEO 就职之后呢?如果你只买进那些小型公司,或者大公司,或者成长型产业的公司会怎样?一次又一次的事实证明了市场定价是很准的,这些不同策略的风险调整平均收益相同。

然而,重要的是我们要知道所有这些证据——也是必要的——处理的是平均的长期的大量交易。在这些检验中,市场可能是有效的,但还是存在很多非常有吸引力的个别交易——聪明的投资者会发现并用来战胜市场。没有统计检验可以证明这些有吸引力的机会不存在,这是有效市场理论家都知道的一个道理。这些检验的统计处理也非常重要。当然,随着研究的市场和可获得数据不同,研究也会不同,典型的研究发现在 0.1% 的范围内价格是有效的。考虑到股市价格的波动和未来的不确定,这已经是相当了不起的精确率了。市场上大约有 100 万亿美元的股票,0.1% 就是 1000 亿。虽然还不一定足以改变经济学基本理论,但是却已经值得试一试看能不能赚得到钱了。

在更加理论化的意义上,这些研究收集的是过去发生事件的频率。第 18 章中会介绍到一些精妙的假设,从这些假设出发可以得出对未来的信任程度。通过深入探究这些假设,你可以发现其他一些战胜市场的技术。

异常现象

当学术界开始系统地检验这些策略而不是传统的投资建议的时候,的确出现了一些异常情况。相对于大公司,小公司实际的表现要好于标准理论的预测。近期上涨的股票倾向于继续上涨。相对于收入和资产而言,便宜的股票比贵的更好。要么是低波动率的要么是与市场联系不大的股票表现要比预计的好一些。这些结论没有哪个是压倒一切的或者可以被忽略，但是即使是作为一个整体加在一起，也只是总资产报酬的一个很小的部分。没有哪个结论，或者可比较的任何东西，不是从有效市场的假设出发得到的。只有从清晰的理论观点出发，通过仔细的定量研究才能足够精确地发现这些异常现象。如果有人从价格是非理性的假设出发，就可以把每个价格都解释为"有人是蠢货"。如果你能解释任何事，那就什么都解释不了，而且更糟的是，你永远也学不到东西。

的确，研究者们努力想从跳出来的这些异常现象中找到漏洞。那并不是违背事实而盲从理论，而是理智上的诚实。除非你努力地证伪然后失败了，否则你不会知道某事是否是真的。理论家们挣扎着要为异常现象找到有效市场的理论解释。可以说，学术圈慢慢地接受了现实。1980年，有大约25%的金融学教授接受了持续存在的异常现象是拒绝接受有效市场理论的证据，还有另外大约25%的人从一开始就没接受过这一理论。到了1995年，大概95%的金融学教授已经接受了异常现象的事实。相比较而言，那些离开商学院后在金融界工作的真正的宽客们在1980年左右几乎全都拒绝了这个理论，当然，相信市场非效率也是他们离开学术界的一个原因。我不认为这代表学术界太迟缓，或者实践中的宽客有远见。这个世界既需要谨慎的人也需要冒险的实验家。实验家中有些人总是先于那些小心谨慎的人到达目的地。但那并不是说实验家比其他任何人都更聪明，只是说明如果胆子足够大的人作了足够多的尝试，总会有些人走运。

从1950年到1970年，几乎所有人都忽略了研究证据表明市场远比任何人想象的更加有效率。当这些证据已经非常充分的时候，一些评论家一夜之间就转变了说法，认为有效市场理论是有影响力的教授们多年来一直坚持的教义，评论家足够聪明和勇敢来揭开迷雾。当然，这些聪明又勇敢的评论家中没有一个人因为真正战胜过市场而反驳有效市场理论，或者因为超前预见到有人会战胜市场，或者坦率地说，甚至因为提出过一致性的替代有效市场理论的理论。这里存在一些批判有效市场理论的严密一致的理论和经验证据。但是严肃的批判并不是大喊遭到了有效市场的黑手党迫害。

遗憾的是，对于大多数人，他们对有效市场的观点主要来源于那些夸夸其谈的批评。一个版本是说有效市场理论认为每个投资者信息都是完备的而且是理性的。实际上，理论与投资者如何思考或如何行动并没有什么关系。我们有关心这种事情的人——他们叫"心理学家"。行为金融是将心理学和投资理论联系在一起的领域。但是没有哪个有效市场的研究是基于对投资者的访谈或观察的。相反,研究者研究的是价格运动。即使多数的或者所有的投资者都是无知和非理性的,价格也是理性和有效的。有效市场是关于价格变动的理论,而不是关于投资者的。

价格是正确的……不!

另一种误解是认为有效市场意味着市场价格总是正确的。这太荒谬了。价格当然不会总是正确的。如果是的话,那就不会发生变化了。任何一个白痴都能看出股票价格在变动,而且实际上要远远超过经济实体的变化程度。随着技术定义更加复杂,简单的有效市场假设可以表述为市场价格平均来说是正确的。这看起来是件小事,但是要好于专家的主观断言。

因此,如果今天石油价格是每桶100美元,这个价格并不必然是理智的或是好的,当然也不必然是公平的。真实的情况是,要持续地以100美元买进石油或者卖出石油还能赚到钱实在是太难了。正是从假设100美元是正确的价格开始的某种意义上的一长串推理让人们误入了歧途。或者如果是宽客,他们会做同样的事,把100美元作为模型的输入项然后得出某种复杂的结果。因为这个100美元平均来说可能是正确的,根据这点进行平均的推测恰恰是错的。

如果认为这个区分太微妙的话,让我们考虑两个例子。第一个是纯数学的。我有两个不均匀的硬币:一个掷出正面的概率是10%;另一个是90%。我随机选择其中一个,然后发行一种证券,如果下一次投掷是正面朝上就赔100美元。因为有一半的机会硬币会出现正面,所以市场价是50美元。这即是说,我有一半的时间会选中90%正面朝上的硬币,一半的时间会选中10%正面朝上的硬币。如果投20次,平均来说有10次是那个有90%机会的硬币,9次会是正面朝上。10次是那个有10%概率的硬币,其中1次会是正面。所以在20次投掷中有9+1=10次正面,正面朝上的概率是50%。

现在有人会想,"如果正面朝上的概率是50%,连续两次正面朝上的概率一定是50%乘以50%就是25%了。所以,我应该按25美元的价格出售连续两次正面朝上赔付100美元的证券。"要是这个家伙这样赌,会输掉好多钱,因为连续出现两次正面是41%的时间。为了理解这个问题,假设我随机选取两个硬币中的一个,而且投掷了两次,然后把这个实验重复了 200 次。平均而言,有 100 次投掷是 90% 概率的硬币;90% 乘以 90% 就是 81%,所以,有 81% 的概率是两次连续正面。那就是 81 个正面。其余的 100 次投掷是 10% 概率的硬币。10% 乘以 10% 等于 1%,因此有 1% 的概率是两次连续正面朝上。也就是说,在 200 次投掷中,有 81+1=82 次两次连续正面朝上,那就是 41% 的时间。原来一次正面朝上的市场价格是 50 美元平均来说是正确的,但是假设它是完全正确的就会出现计算错误。

另一个实际的例子,假设一家拥有 1 亿流通股的公司高调地宣传签下了一笔大生意。股票价格应声上涨 0.25 美元。市场似乎是说这个协议对投资者而言值 2500 万美元。但是现在合作的另一方想要退出,提出愿意支付 3000 万美元的分手费。如果你认为市场确实是正确的话,那真是笔好生意。但是市场只是在平均水平上才是正确的。这笔合同可能值 2500 万美元,或者 1 个亿,或者负的 1 个亿。另一家公司愿意支付 3000 万美元取消合同的事实说明合同的价值可能超过 2500 万美元。无论是什么情况,如果根据市场预期的价格进行决策,公司的管理层一定是疯了。对于 1000 家公司签订了 1000 多份合同的情况,市场可以很好地预测平均价值。而在与一家公司签订一份合同的情况下,管理者的信息要好于市场的看法。

有效市场理论是识别市场非效率的重要工具。如果你找到的是那些看上去很好的理论,例如买进经营状况良好的公司的股票或者买进那些需求上涨而供给下降的公司的股票,你肯定会失败。如果你找的是那些过去有效的理论,你也会失败。过去有效果的原则可能有无限多,因为可能有效的原则也是无限的。你总是可以找到很多看上去效果不错的原则——这叫作数据挖掘。找到将来有效的观点则需要理论。

效率与均衡

尤金·法玛提供了一种检验有效市场理论的重要观点,他被看作有效市场之父:"市场效率的每个检验都是对市场效率和市场均衡的联合检验。"用简单的话来说,没有事先确定市场应该做什么之前,你是不可能检验出市场是否做到了应该做的事。这对于检验市场的目的而言是对的,但是对于利用市场则不然。假设你看到某件东西售价是 80 美元，而你认为应该值 100 美元。如果市场是均衡的但是非效率的，你可以 80 美元买进从而赚得利润。如果市场是有效的但是偏离了均衡，你可能不能以 80 美元买进更多的产品，无论如何，在现有的市场结构条件下，80 美元是正确的价格。在这种情况下，你得想出人们为什么以低于你预计的市场价值 20 美元的价格出售产品，而且要想办法适应他们的需求。可以有完全不同的策略来利用同一个明显的价格错配。

接受市场非效率但总是均衡的观点是频率主义者中的 21 点算牌高手。价格在经济学意义上可以是错的，或者太高或者太低，但是你可以在标价水平上买进或卖出任何想要的数量。这种情况下，你可以通过计算证券的正确价格赚钱。不必担心交易的另一方是什么人。你是和抽象的叫作"市场"的东西进行交易，就像一个优势玩家是与"庄家"赌输赢而不是哪个人一样。你买进便宜的证券卖空（卖空是指你赌价格会下降）贵的。平衡多头和空头的投资组合可以对冲任何一般性的市场波动。

如果输钱了，这只能说明价格比你买进的时候更加无效率了。那种情况下，你的头寸会更加有吸引力，应该加仓。你的工作是要教育市场而不是向市场学习。虽然可以从市场的非效率赚到钱，但是你却恨透了它。那是一种深切的情感反应。你不想生活在一片狼藉不堪的错误之中，而是希望生活在干净、完美的数学优美之中。既然不想如此，你能做的就是努力创造一个更完美的世界。另外，现实的考虑是如果市场更加无效率，你会输钱；但是如果更有效率，你就会赚到钱。

在社交上，你将是个独行者。你不会对其他人的观点感兴趣，因为那些观点正是导致市场无效率的原因。当你读到什么观点时，你的第一反应会是反过来下注。如果非理性的人有什么考虑的话，他们会用错误的价格搞乱完善美好的市场。既然你总是对的，长期来看就不会输钱。只有那些人——具体来说包括借钱的人、合作伙伴、投资者和管制者——会让你输钱，当他们处于某种优势时会让你的头寸账户以损失而告终。绝对糟糕的敌人是那些频率主义的同行，他们丧失信心的时候会选择在错误的时间抛售。这些是唯一能击中你的要害的家伙，他们把你的多头头寸价格拉下来的同时推高你的空头头寸的价格。而且他们还会降低人们对你的策略的信心，给你和你的借款人、合作伙伴、投资者和管制者之间带来更多的矛盾。你可能更愿意用自己的钱赌博，不用财务杠杆或者外部投资者，只和从来没有坏账或改变规则的完美伙伴合作，在一个完全没有管制的市场使用一种只有你才发现的而且将会带进坟墓的策略。总之,你憎恨非效率以及那些制造非效率的人超过了你对金钱的喜爱。

一个非常好的频率主义策略是双重股权结构套利。一些公司会发行一种以上的普通股。出现这种结构是因为有的公司在刚上市的时候,所有者希望能够保持控制权,或者是为了自己或者是为了内部人的小圈子或者是为家族成员。所以发明了双重结构的普通股,900万股的A级股票卖给公众,而100万股的B级股票则由自己和同盟者持有。这些股票对公司的收益索取权是一样的。两种股票的分红也必须相等。但是在公司选举中,A级股票有1票而B级股票有10票。如果B级股票的股东能够团结一致的话,他们将代表大多数的选票。

随着时间的推移,有些B级股票会流出内部人的圈子。虽然他们有超级的权利,实际上因为流动性比较低,所以售价要比A级股票稍微低一些。假设正好A级股票售价是每股51美元,B级股票是49美元。你花了490万美元买进10万股的B级股票,然后从经纪人那里借来10万股的A级股票,卖了510万美元。你得到了20万美元的利润。手上有10万股的B级股票,欠经纪人10万股的A级股票。对于大多数目的而言,你的股票头寸净额要保持为零。如果股票分红了,你因为手上的B级股票可以得到钱,但是要付给借你那些被卖掉的A级股票的所有者。大多数时间里,如果B级股票的价格上下波动,A级股票的价格也会等量地上下波动,所以你的股票账户价值并不会发生变化。

可是,你不能把20万美元的利润提现。经纪人要求你的多头和空头都要有保证金。假设保证金的要求是市值的10%。你需要为B级股票的多头支付49万美元再加上为A级股票空头付的51万美元。总共要付100万美元。你账户上已经有了20万美元的利润,所以还要开张80万美元的支票。只要A级股票和B级股票的价差保持在每股2美元,你就要另付80万美元的支票,但是还可以靠放在经纪人那里的100万美元吃利息。你的收益率是正常水平的1.25倍。

这个优势看起来很小,但是宏大的财富就是建立在这样小的优势基础上的。还有些好的机会。如果公司要进行竞争性的投票选举,B级股票突然就更有价值了,要比A级股票的价值高。B级股票的价格可能会跳到55美元,而A级股票的价格将保持在51美元。现在你可以以550万美元抛出手上的B级股票，补偿A级股票的510万美元。100万美元的保证金也涨到了140万美元。因为现在账户上没有股票了，你就可以全部提现。还记得吗？一开始你只签了80万美元的支票，所以你还有60万美元的利润。投票日后，股票的价格可能又会回到从前的关系上，你可以重新建仓。

战胜市场

　　这与大多数人心目中的那个"战胜"市场不是一回事。这个想法令人难以置信的简单和明显。做起来靠的是特别的细心，不是狂妄的勇气也不是夺目的光彩。你得非常仔细地阅读所有的法律文书以确保没有A级股票比B级股票更值钱的情况。例如，公司可能采用了"毒丸"策略，但是只针对A级股票，而不是B级股票，如果有人在董事会没有批准的情况下买进超过15%的公司股票，那么每股的A级股票可以分到100美元的特别分红。不是所有的双重股权结构都有不同的选举权安排，有很多不同类型的安排，每一种都有自己的独特之处和漏洞。你得为有利的保证金条件和保证金账户的利率讨价还价。你还得小心各种费用，包括经纪人的佣金和证券价格的买卖价差。你得到的回报不是一夜暴富，而是稍微好一点儿的回报率和偶尔发点儿小财。

　　这种策略也是有风险的，但是从一个21点算牌玩家的角度来看，风险来自那些弱者和愚蠢的人而不是经济。假设A级股票和B级股票的价差扩大了。假如A级股票涨到53美元而B级股票还是49美元。你的空头头寸损失了20万美元，而多头头寸没有赚到钱。保证金下降到了80万美元。经纪人现在要你交102万美元的保证金而不是原来的100万美元了，所以你不得不再开张支票，这次是22万美元。利率的优势已经消失了，投进了102万美元，并靠它赚利息。如果价差继续进一步扩大，你只能靠比以前少的账户余额赚利息。

　　弱者——或者我们频率主义者会称之为弱者的人——此时可能会清算账户退出市场。毕竟他没赚到钱，而且情况可能还会更糟。但是对于一个真正坚信的人来说，那是不理性的。因为此时头寸的吸引力甚至是之前的两倍。是的，你会有市值的损失，但是那就是花钱的意义所在。你不可能通过退出市场把钱赚回来。那么，这时候你就应该下双倍的赌注。

　　灾难似的情况是双重股票的套利投资者开始退出。那意味着他们买进A

级股票而卖出B级股票。价差进一步扩大,你不得不继续把更多的钱投进保证金账户还赚不到利息。你的经纪人开始担心你的策略和资金的安全了,所以他把保证金比例从10%提高到了20%。你不得不签一张更大额的支票。这种事情发生得越多,就有越多的人撤出,你从投资人那里得到的压力就越大。如果不把他们锁定,那么他们甚至会把自己的钱也撤出去。这会导致经纪人要求等多的资金保障,可能最终他会坚持要100%的保证金率。如果你达不到要求的话,经纪人会替你清空你的账户头寸。最终你会变成那个不幸的投资人,一个"最强的弱者",指一个投资者忍受了最大的痛苦却没有能坚持到最后的反转。弱者以小得多的代价早就出去了,强者则因为一直在场中可以收益。

这是频率主义者、算牌玩家、相信市场均衡而不是有效市场的人的世界。还有很多其他可利用的套利机会。我应该强调一下我正在描绘的是一种理想情况,甚至可以说是一幅漫画。不是每一个频率主义者都算牌,也不是每个算牌手都相信市场是均衡的但是非效率的。此类人不都是不擅长社交或者憎恨不完美的。然而,这个固定的模式深深植根于对市场的观察,而且对于区分不同类型的宽客非常有用。

利用双重股票结构套利的还有对立的阵营——信任程度不等的体彩玩家和笃信市场是有效的而非均衡的人,但是他们的分析角度完全不同。这群人把双重股票套利称为趋同交易(convergence trade)。他们认为价差会缩小,所以会卖空A级股票而买进B级股票,或者像在竞争性投票选举一样的例子中,情形是相反的,因此A级股票要比B级股票卖得少些。当然,他们会仔细阅读法律文书,为了好的交易条件讨价还价,但是不像频率主义者阵营那样执着。他们会花更多的精力去观察价差波动的历史,由此预测未来。和频率主义者不同的是,他们更关心谁是交易对手。他们不相信抽象的"市场",他们是在和人赌博,了解这些人比了解赌注更重要。体彩玩家希望在价差比较宽的时候进入,变窄的时候或者为负的时候撤出。比起算牌玩家,他们要的是更多更短期的利润。他们甚至会反向操作,即使A级股票的价格更高,他们会卖空B级股票而买进A级股票,因为他们有信心将来价差会扩大。

即使算牌玩家和体彩玩家出现在同一个交易之中,他们会相反下注。算牌玩家对市场有信心但是害怕人们的行为。体彩玩家则依赖于人们可预期的行为使得价差以一种确定的方式变化,他们担心市场因素会打乱历史的模式。

对于相信市场有效但是非均衡的人,双重股票套利不是最好的例子。根据这种观点,问题不是要找到被错误定价的资产,而是要找到还没有发生的交易或者没有按市场价格成交的交易。例如,在很多市场中价格具有动量。最近上涨的证券价格倾向于继续上涨;最近下降的证券,价格也会倾向于继续下降。市场知道正确的价格在哪里,但是不能立即达到那个水平。

还有很多动量交易的变形,最著名的就是有管理的期货基金(managed futures)。它的命名是因为商品期货交易商最早完善了这个策略,现在所有流动资产类交易中都在使用。人们对为什么会有动量现象意见不一,但是非均衡的解释要比市场无效率的解释简单些。最简单的故事是信息被纳入市场价格的方式。

假设2月份的时候,美国东北来了一股寒流。结果原油精炼商为了生产更多的暖气燃油推迟了石油的增产。春季石油存货要比往常低一些。加油站的石油价格会一直上涨,直到纪念日之后的某个时间产量赶了上来。但是,原油价格受到的影响不大。寒流对原油形成了额外的需求,但是和整个世界的供给量相比几乎可以忽略不计,而且人们会对小幅度价格上涨很快做出增加供给的反应。相比而言,精炼的生产能力在短期内是固定的,额外的暖气燃油占用可利用原油精炼生产能力的比例要比占世界原油的大得多。因此,5月和更早交割的交易中石油的裂解价差即石油和原油的价格差会扩大。

如果没有任何形式的金融市场,裂解价差从2月到6月的早期将稳步上升,然后再稳步下降到正常水平。存在完备的金融市场的条件下,这种效应会在2月突然发生,所有月份的期货交割合同马上会调整到新的预期价格水平。在真实世界里情况会更复杂。一些投资专家首先注意到这种情况。他们涌进来买入石油期货并在合适的月份做空原油期货。这些发生在寒潮真正来袭之前,他们是根据预期在交易。

我们知道裂解价差受很多经济因素的影响。对寒潮的预期意味着如果进行下去,你的赌注将有正的预期值,但是这仍然是个赌注。依赖天气预期的基础投资者必然会有集中的投资组合和高成本的资金。在市场达到均衡之前他们可耗不起。一旦大多数变化都已经发生了,剩下的预期价值相对于风险而言会太少。投资专家会把资产重新配置到更加有吸引力的地方。

随着时间的推移,消息变得更加明显。寒流出现了。生产决策变化了。石油存货下降。到了这个时候,大多数的消息已经进入了价格。余下的部分淹没在更近一些时候发生的事件里,所以很难判断还需要多少的反应。这可能是真的,每个人都知道消息,但是却没有人知道价格已经对此作出了多少反应。甚至可能反应过了头,此时聪明的赌注应该是赌裂解价差会收窄。市场知道正确的价格是什么,但是却不能达到那个水平。必要的信息分散在不同类型有着不同信息组合的投资者之间,获得信息的成本太高了。

同样的事情可以发生在每条单独的信息上。没有可行的办法了解哪些信息已经被充分反应在价格里了,哪些还没有。但是,根据统计数据,通常要赌平均的信息还没有被充分反应在价格里。所以,如果上个月裂解价差变化的总体方向是向上的,好的消息比坏的多,那么与其说不可能不如说很有可能还有净的正信息——应该能推动价格上涨的消息——没有反应在价格里。

这个故事不能解释的是为什么聪明的投资者没有通过交易清除这种效应。对此有一些解释。不管你接受还是不接受,不可置疑的事实是当价格最近上涨了,它还会倾向于继续上涨。利用这种效应要求对每个市场进行细致的分析,以了解根据什么时期测量动量,以及是否还有其他信号可以来帮助管理策略。例如,在体彩赌博的水位调整策略中,我首先注意到的是一周早期的调整通常是因为有信息而且还没有反映出来,因此聪明的玩法就是顺着下注,而周五晚上或之后的变化通常是因为不知情的赌家改变了供给和需求的格局。那些变化要对着下注的。类似的,在石油裂解价差的例子里,一年中的某些时间或者某些情况下,动量可能最有效。

道路

20世纪80年代华尔街的多数"火箭科学家"选择了这两条道路中的一条,就像我知道的70年代的宽客多数分成了算牌玩家或体彩赌客。相信市场均衡的频率主义者成立了小型对冲基金,通常只有一个基金经理。他们不搞公开发行,只要达到足以开门做生意的最小投资规模就行。他们拒绝的投资人要比接受的多。他们尽可能快速地将外部投资人局限在那些证明了具有长期忠诚度的人,或者甚至转而只投资自己和雇员的钱。他们行事绝对的低调隐秘,只和志同道合的投资者分享信息,实施各种策略所需的信息都是从文件和直接观察得到的。他们不喜欢依赖于人,甚至会条件反射地和人们的观点对着干——即使是他们自己的还未成熟的想法。直觉说卖却买进,这时候他们是最高兴的。

相信市场效率的信任程度概率主义者在投资银行的交易柜台找到了合适的职业。如果他们设立了对冲基金,他们会做得很大,会去找很多的外部投资者。像体彩玩家一样,他们希望在公司里工作或者管理一家公司,而不是做独立赌博玩家赚钱。他们对自己的策略方法是公开的,这在大机构里是必需的,也是筹集大量资金的要求。他们依靠个人信息网络来操作策略。

体彩玩家类的人们不会把自己局限于交易和投资管理。有些市场非均衡的机会不可能通过证券买卖得到利用。最大的例子就是 80 年代的抵押证券。政府全国抵押协会(Government National Mortgage Association, GNMA)以退伍军人管理局或联邦住房管理局的一种 30 年固定收益住房抵押贷款为基础,发行了一种证券。这些证券以美国政府的信心和信用为支撑,在那个时候这是能得到的风险最低的证券了。它们的回报率要比政府债券高得多。

形成额外收益的部分原因是政府债券收益的偿付期是固定已知的。GNMAs 要等到买房人付清了抵押贷款(或者产生了坏账,这种情况下证券所有者可以从处置抵押品的收益中或者从政府那里得到补偿)才会得到收益。无论是什么情况,抵押贷款通常平均 7 年左右可以得到偿付。有些人的抵押贷款偿还得早是因为时机好,但是多数是因为要搬家或者再融资买房。对于证券持有人来说问题不仅仅是不确定性。还有逆向选择的问题。如果利率下降了,大多数人可以更低的利率再融资,证券持有人得到偿付后不得不以较低的新利率进行再投资。如果利率上升了,没什么人会再融资,当证券持有人想要抓住高利率的机会时,他们能够收回的现金流要低于期望的水平。

支付风险太小不足以说明额外收益的原因。积极交易 GNMAs 是可能的,和债券的期货及期权一起,锁定高额可预期的利润。那个时候我们称之为统计套利(statistical arbitrage)。套利交易是一种无风险正利润的交易。统计套利交易的风险可控,且小于期望的正利润。一个恰当的例子就是赌场里的轮盘赌。但是到了今天,统计套利的术语已经被配对交易演变而来的一批策略占用了。

我当时做的一件工作就是管理一只这样的非常活跃的 GNMA 投资组合。跟很多其他人一样,我认为真正的机会是模仿这种策略发行证券。规模和价差是问题的关键。我不得不在全国到处做路演募集了不到 2 个亿的资金,80% 的利润给了投资者。策略的利润边际大约比短期国债的回报率高 4%。那可是 800 万美元的超额利润,我供职的公司——Lepercq de Neuflize——得到了

20%即160万美元。我们也有管理费,但是基本上都花掉了。

假设我们不这样做,你可以巧妙地把GNMAs的现金流分成若干部分,分别支持一些不同的、预付风险有限的证券。有些投资者喜欢确定性,为了高度可预期的现金流而愿意接受仅比政府债券高几个基点的收入。有些希望很快就能得到现金流,而其他一些人则想要进行长期投资。其他的一些投资者只要收益够好并不在意什么时候可以收回投资。我们可以确定一些资金分配原则满足所有这些投资者。每年你还是赚4%,但是可以留下80%而不是20%。而且卖出10亿美元的证券要比募集1000万美元投资资金更容易。同样的道理,发行交易型开放式指数基金(ETFs)比管理开放式共同基金更好。

这样做的结果会使市场更加接近均衡水平。GNMAs的公平价格总是比政府的售价高些,这说明房屋所有者为抵押贷款支付的利息要高于经济均衡决定的水平。投资者并没有从更高的收益中获得真正的好处,因为他们不能高效地利用这些证券。在资金管理业务中进行套利消除差异的成本很高。相反,证券发行可以击碎一切制度的和信息的障碍。

幸运的是,那时我供职的公司Lepercq de Neuflize是一家证券经纪公司,也是对冲基金公司。就是说我可以利用投资人的真金白银充分实现自己的想法,无缝对接进入证券发行业。当然这样做有一堆涉及法律和监管的问题要处理,但是因为涉及太多的资金所以值得人们花些时间等待直到问题得到解决。所罗门兄弟发行了第一个抵押担保债券,这是这种新债券的名称,而且很多年里都一直是最大的发行者。Lepercq不是第二个发行这种债券的公司,但却是第二大发行商——以一年的发行量计算的话。即使那个时候我们的规模也只有所罗门兄弟的1/6。很快我们就开始修正所罗门兄弟产品的误差,然后就退出行业发行联盟了。这是有充分原因的,在这里我不会进一步谈及。我只想简短地唠叨一下。所罗门兄弟将现金流按照时间序列进行分割,早期的现金流买进一种证券,回收后再依次进入第二个证券,如此下去。我第一个设计是只有那些计划好的本金和利息才会进入最早到期的一批证券上,然后所有的都投在期限最长的证券上。我仍然坚持这种设计更好,应该是主导市场的产品。早期我的确也有一些热情的追随者,但是却没有流行起来。几年后,人们开始设计出了结构复杂得多的产品,比这两种都要更好,但是在早期的时候,我们受到法律和投资者意愿两个方面的限制。

既然这不是关于宽客策略的书,讲完这三个例子就结束了。好吧,既然我都提到了配对交易,那就再说一下第四个例子吧。在这种策略中,你发现有两只类似的股票通常两者的交易比率很相似,例如 Pfizer 和 Merck。虽然它们是竞争对手,但是最可能发生的事件对两家公司会产生类似的影响。从 1983 年 7 月 1 日到 1985 年底,Merck 股票的价格大约是 Pfizer 的 2.5 倍(这段时间之前和之后是股票分割的时候,策略的运用更复杂些但并没有实质性的不同)。比率的变化幅度在 2.10 到 2.92 之间。如果在比率低的时候买进 Merck 而做空 Pfizer,比率高的时候反向操作,整个时期内你都可以一直赚钱。这种策略可以同时用无效市场和非均衡市场进行解释。我们可以认为市场不能正确地为两只股票定价,或者市场知道正确比率是多少,但是只能在这家或那家公司的信息出来后缓慢地纠正价格。

关键是到了 80 年代中期,我们有了 100 名左右的"火箭科学家",他们之间的联系比较松散,根据凯利原理操作各种策略,财富缓慢地成指数化积累起来。这个时候我们开始看到第二代华尔街宽客亮相了。这种宽客是今天更为大家熟知的类型,因为全世界有成千上万人,而不是集中在曼哈顿的一百来人。收入极速上升,吸引了来自其他领域的聪明的量化专家。而且,冷战的紧张气氛逐步逝去削减了在物理研究方面的军事支出,导致那些受过西方方法论训练的宽客能找到的工作机会不断减少,很快就有数以千计的俄国和东欧国家的宽客被释放出来,随后是中国的宽客。

很大程度上,这些新的宽客并不是自发的风险决策者。他们之中很少有人有多年的赌博经验或者以此生活。大多数人在到华尔街之前对金融并不感兴趣,当然有很多人从未在资本主义国家生活过。在有些情况下,他们的兴趣也仅仅限于各种金融方程式。他们希望能够在新的岗位得到训练,然后通过逐步完善进而发展前沿技术,所有这些都是为了工资和奖金。他们是金融工程师,有些是"爱因斯坦",但不是"火箭科学家"。他们不是来与华尔街交战,反而是要推崇华尔街。

我不打算把一个庞大的多元化群体过度地统一起来。我也不是在谈论任何一个个人,而是一代人的总体模式。在这些新人中还有老派的宽客,也有很多类型的个人主义者。然而,区分差异仍然是重要的,因为新一代宽客产生的影响与老一代的截然不同。

夏普比率与财富

让我们回到老派宽客那里,两种主要的流派根据夏普比率发现了不同的市场机会。我们将会再用到一点儿数学,但是不用数字你也能理解讨论的内容。一个策略的夏普比率是指策略的收益减去等额资本的无风险投资收益,再除以收益的标准差。这就是经过风险调整的收益率。一个年化夏普比率为1的策略在6年中会有5年可以得到高于无风险水平的收益。一个年化夏普比率为2的策略在40年中会有39年可以得到高于无风险水平的收益。但是,想要找到夏普比率接近或大于1的高容量、流动性好、管理费又不高的策略非常困难。

实际上,你不需要接近或大于1的夏普比率也能赚钱。对于凯利投资者而言,高于无风险收益水平的资本长期增长率接近夏普比率的平方(实际上通常要比这更高些,夏普比率高的情况下就会更显著,但是这并不影响我要表达的意思)。等于1的夏普比率意味着资本年增长率是100%——也就是说资本翻番了。等于2的夏普比率意味着年增长率是400%(为了那些纯粹主义者,实际的数字是173%和5360%)。很明显,这两种策略在短期都会达到某种极限。实际上,大于1的夏普比率通常没有什么意义,讨论某物的长期增长率可是它又不是按照这个比率实现长期的增长,这有什么意义呢?讨论存在美元计价的上下边界的个别赌注要比讨论长期每单位投资的美元收益更有意义。

0.1的夏普比率产生1%的超额回报;0.2的夏普比率大概是4%;0.5的夏普比率大约是25%。因为高夏普比率的策略容量有限,但增长太快了,所以初始投资有多大几乎是无关的,这种策略适合于私人投资。0.5左右的夏普比率可以形成很好的对冲策略。更低的夏普比率对于那些资金成本低但风险容忍度高的大型机构是有用的。

算牌玩家倾向于采用高夏普比率的策略。当我说容量有限时,并不是指在这些策略中总是有机会可以少量投资。更一般的情况是,机会的出现不可预见。因此,这类策略有时也被称为"事件驱动"。你需要及时地进行大规模投资和资金准备。可能你做好了大规模投资的准备,然后等上好几年都没出现什么合适的机会。或者可能一些法律或制度的变化导致永远都不会有机会。但是如果你足够幸运的话,可能也会出现连续的机会,那你就发财了。你也可以准备几个高夏普比率的策略来减少危险,期待至少有一个会有足够的机会成功。但是这需要更大规模的投资。

如果你追随高夏普比率策略,当机会出现时大赌一把是关键,但是同样关键的是不要在任何一个赌注上输掉全部的赌注。因为算牌玩家是相信模型的那类人,他们会完全按凯利标准行事。麻烦的是最优的凯利赌注对低概率大规模损失特别敏感。如果你的模型搞不定,而且实际上没有模型可以,你会因过度下注而破产。

我们再来看凯利的例子,100个等额赌注中赢60输40。我们可以计算出你每次应该只赌资金的20%,这样1000美元最终会变成7490美元。现在假设在100次损失中,一次要输掉赌注的5倍,而不是只输掉赌注;而在赢时候,会赢得5倍于赌注的钱。总体来看,好像没有什么区别,但是现在如果你每次赌上20%的资金,你就破产了。每一次坏的结果会把最优赌注水平降到资金的11.6%,这样结果就只有3513美元,比没有这次坏的结局要少赚一半。

根据经验,有些算牌手学会了做一半的凯利赌注或者其他什么比例。但是这并没有涉及真实生活中的问题。在赌场的环境里这是有效的,因为所有可能的结果和概率都是已知的。但是在金融中,如果你的模型仿佛是完美的,计算出正确的赌注后,考虑模型的不确定性再把赌注分成一半,这并不是完善的风险管理。

体彩类的人倾向于采用低夏普比率策略。当然他们也可以喜欢高比率,但是通过低夏普比率可以发现很多有其他有利特点的机会。他们可以利用简单的流动性证券,这种策略的赌注容量大。他们也可以有更多的策略,每一种策略可以经常使用,每一种策略都可以单独进行风险管理。这种投资是人们现在称为"量化"的投资,虽然不比高夏普比率策略更具有一致性的定量含义。

麻烦是很多的低夏普比率策略结合在一起就形成了高夏普比率策略,至少如果策略的结果之间不存在高度相关性的话。虽然你没在任何一个赌注上投下很多资金,但是如果同时有很多赌注和你对立,你就会像一个过度下注的高夏普比率策略投资者一样有麻烦。而且这种策略也要求有流动性和好的市场数据。如果这些都没有了,那就糟了。高夏普比率策略的投资者一开始就没有期望流动性或者好的市场数据,所以当这些消失了的时候,他是有准备的。如果很多人都采用类似的策略,相关性、流动性和数据问题就会恶化。头寸之间不需要有多少的相互交叉;每个投资者的策略在概念上都是不同的,但是作为一个群体，在一些关键的证券投资上，仍然会形成较大的净的正头寸和净的负头寸。

另一个问题是这些策略需要协调很多人。基金的增长速度低而且容量大，因此募集外部资金然后收取手续费而不是自营是有道理的。这个策略要求有很多的财务杠杆，与大经纪商做大交易。在这些情况下，你的命运并不是完全由你来掌握的。你可能不得不在不恰当的时机减少头寸，或者如果其他人变得很焦虑，甚至是完全清仓。那些其他人多数都不理解你做的事情，不知道什么时候该焦虑，所以就很焦虑。

我赌博的时候采取的是中间路线。我在半流动性的证券中寻找适度容量的策略，要求的夏普比率在 0.5 左右。这些策略也要求有外部投资者和交易商，但是不像低夏普比率要求的规模。中度夏普比率的策略会有若干上下波动的机会，在市场不好的时候很难管理，但是比高夏普比率策略要更稳定些，也更好管理些。

1987 年

最后，所有这些没什么区别了。我们所有人在 1987 年 10 月 19 日那天被一扫而空。就在那天股市下跌了几乎 25%，要比过去有过的一日跌幅多多了。但是那不是我们的问题。我们作好了股市大跌的准备。但是没有预计到一天之内会跌 25%，虽然我们知道如果时间长些是会有可能达到这个水平的，而且我们也知道有时候金融市场的波动可以达到过去的两三倍。是因为有一些其他的变化同时发生了，才把我们都干掉了。

我们对此的反应将是下一章的主题。我想通过表达时间具有的意义来结束这一章。到 1987 年的 10 月，"火箭科学家"在华尔街已经有 6、7 年的时间了。开始时我们只是一群自以为是的外行人，要干一些没人听到过的事情，就是要战胜华尔街。我们也不知道是否能够成功。然后我们就连续不停地成功。要知道，那时我们都才二十多岁。经历的起起落落可能比年龄是我们 2 倍的人还要多，但是成功的愿望不占据我们的大脑还是很难的。而且我指的不仅仅是财务上的成功。在 1980 年的时候，任何形式的数学不会比！Xoon 语言更可能被普通的华尔街人理解。但是到了 1987 年的时候，华尔街上的每个人都知道宽客,甚至有些人对我们做的事有了一些模糊的概念。我们有点儿酷,要远远超过过去那些酷的人。在学术论坛上,人们也可能对你的实践结论产生了兴趣。

华尔街已经发生了巨大的变化,到1990年左右,已经开始走上了完全崭新的道路。我们已经把它转变成我们喜欢的环境了。我们中的一些人,体彩玩家、信任程度或市场效率的信仰者,在主要的金融机构里列居高位,或者管理着庞大的资金池。另一些人,算牌玩家、频率主义者、市场均衡信仰者,刚刚摆脱了外部投资人可以用自己的钱进行成功的投资,或者至少已经看清楚了如何才能通向美好世界。所有这些都是靠我们自己的力量实现的,用的是我们自己的智慧,没有得到圈外人的鼓励或者帮助。好吧,就像我们发现的,的确是我们自己的努力再加上牛市。我们不是第一个也不是最后一个把自己的智慧和牛市混淆起来的人。

所有这些工作和成果一夜之间都消失了。我们再也酷不起来了,相反上演了"捉妖记",宽客被指责是导致市场崩溃的罪魁祸首。最后,被定罪的主要是体彩阵营里的投资组合保险宽客,虽然一直都有人怀疑是隐秘的算牌对冲基金经理。

老天,我们该有多兴奋啊!

这就是我们一直希望参与的游戏。我们把市场打倒,现在它已经打回来了。它把我们一扫而空,但是我们还活着,而且挣扎着已经准备好再来第二轮。还有一些没被发现的新秘密,等着被利用的新机会。那些伪装的宽客已经匆匆逃离到别处去寻求庇护,给我们留下了开阔的战场。修正模型的工作立即开始了。直到最近有人要我提供股灾后一个月的时候在耶鲁大学演讲的资料,我才发现已经忘了这一切发生得有多快。未来五年时间里要发展和完善的观点,几乎有一半在那时已经有了。我绝不是唯一的,论坛里充满了同样的观点。

当时的焦点是怎样利用量化策略而不搞砸,即使是在市场搞砸了的时候。答案是通过一系列的意外找到的,已经超越了哪一个人的聪明才智,还有很多惊喜,包括解开了333年之久的频率与信任程度之间的谜题。理智地说,那是我生命中最令人兴奋的时候。

第10章

货币的故事：期货

纸币的替代品出现在1850年左右的密西西比河北部盆地区域，那个时候那里被称为美国西北部。几个大城市中出现了交易委员会，开始了期货协议的贸易。期货协议是对确定数量和质量的某种商品，在确定的未来的时间和地点，以确定的价格，一方承诺要买而另一方承诺要卖。它另外还有三个明确的特点。

第一，数量、质量、时间和地点都是标准化的。

第二，实际上存在两个协议。交易的双方都是和一个叫作清算所的机构签订协议。清算所只接受成对的抵消合同。如果我同意以5000美元的价格卖给你5000蒲式耳2号软红冬小麦并约定在3月14日运到交易所批准的仓库交割，我实际上不是在和你签协议。我是和清算所签了一份5000美元卖出小麦的合同，而你则和清算所签了一份以同样的价格买进小麦的合同。我们每个人交给清算所500美元保证金确保履约。这样做的好处是我不需要了解或者信任你。而且，如果以后我想退出交易，我也不需要找到你和你谈判。我可以和任何一个人达成协议在3月14日买进5000蒲式耳小麦，然后我们带着抵消合同一起去清算所。现在我和清算所有了两份合同，一份是从新合作方买进小麦的而另一份是卖给你小麦的，但是其他条件相同，所以清算所把两份协议都取消掉再退回我的保证金。

第三，交易合同每天要根据市价进行调整，即每日盯市。这意味着如果小麦价格上涨了一分钱，我的合同金额就变化了，我得按5050美元而不是5000美元的价格卖出5000蒲式耳小麦。现在我就要支付50美元。我的头寸没有变化;3月14日我要以5050美元卖出小麦,在我去掉已经付给清算所的50美元之后,还是原来协议中的5000美元。你反而得了50美元。进行清算的时候,你得为5000蒲式耳的小麦付5050美元,但是没关系,因为你事先已经得到了50美元。协议完成后,你和我每个人都拿回了当初缴纳的保证金。这个系统的意义在于如果我们之中有人在3月14日那天没出现也没有关系。到了那个时候,我们的协议是按3月14日的市场价计价的,所以如果我们违约了,清算所没有收益也没有损失。清算价格和5000美元的差价在合同期限内按照每天的数量由我们中的一个支付,由另一方得到。最初我们每个人交付的500美元是为了保护清算所,以防我们不能支付按市价调整的额度。如果这种情况发生了,交易所可以按照当日市价终止协议,只要小麦价格的变化一天之内不超过每蒲式耳0.10美元,就可以从500美元里得到补偿。

农民和磨坊主

每一个业余的作家和惊人数量的专业人士写到期货市场的时候,好像总是会以一个神话似的故事开始,要讲到一个要把小麦卖给磨坊主的农民用期货合同在收获之前锁定价格。期货市场的成立没有涉及农民,而且他们也几乎从未参与过。如果他们参与了,更可能是买粮食而不是出售粮食。另外,农民总是对期货市场抱有怀疑态度,而且经常希望期货市场能被关掉。

磨坊主和其他的加工者的确会利用期货市场,但是一般他们都是卖粮食而不是买进。如果你愿意可以想一下典型的交易,19世纪的磨坊主想要确保小麦的供应,这样他就可以和客户签订一份大量供货的合同。当然,他可以到附近的能实际买到小麦的谷物仓库去,签订合同购买想要的特定等级和类型的小麦。类似的,想要出售谷物的农民找到当地的买家,签下合同把他的那种卖掉,确定一个他可以把谷物送去交付的地点,如果没有确定的日期,他可能无法做到。在神话故事里,期货市场代替了这些正常的可感知到的商品交易。但是再进一步想一想我们就会发现,期货合同并不适合那样的任务。

期货合同做的是完全不同的事。我们的磨坊主到粮仓去签订了一份将来交割小麦的合同。在典型的交易中,这个磨坊主现在要去一家期货交易所签订未来交割小麦的合同。那种小麦不见得就是他想要的那个品种和质量,而且也不是非要送到他方便的地方。也不需要一定与他在粮仓购买小麦的数量或时间相匹配。重要的是期货合同的价格与磨坊主使用的小麦价格高度相关。

磨坊主已经做的是借入了小麦。他今天从粮仓那儿弄来了小麦，然后向清算所承诺将来交割小麦。如果这儿有合适的银行和纸币，他可以从银行借到钱，买来小麦，卖出面粉，然后再偿还贷款。但是政府制定了各种规则给银行，很多压力导致银行的贷款既稀缺又昂贵。而且以货币为中介的交易意味着货币价值的任何变化都会变成风险。通货膨胀使得偿还贷款变得容易了，但是通货紧缩会使之变得更难。对银行和磨坊主来说都有风险，而且是不必要的。借小麦还小麦就简单多了。

当然，磨坊主从来就没打算把小麦卖给清算所。这和现金债券或者现金银行贷款没有什么区别，借款人就打算将来借到更多的钱来偿还现在的贷款。期货合同的关键不是交割——是按市价调整的损益。磨坊主会签订一个未来交割的合同，当交割日接近的时候，他会结束这份合同而用另外一个更远期交割的合同代替它。类似的，债券和银行贷款的意义在于借款者在企业寿命期内支付给资金供给者的利息。只有企业清算了，借款人的贷款才可能被永远地付清；磨坊主也只有当他退出生意的时候才能结清期货的头寸。

理解磨坊主的动机很重要。这样做不是为了对冲价格风险。小麦价格对他的收益影响很复杂。如果小麦价格上涨是因为需求上升，那么对小麦加工会形成更多的需求，他能赚到的价差就会上涨。也就是说，面粉相对于小麦的价格应该上涨。但是如果小麦价格上升是因为庄稼歉收了，那么情况就正好相反。面粉加工的生产能力会出现剩余，而面粉与小麦的相对价格差将会下降。磨坊主用小麦期货减少风险的作用是有限的。不管是何种情况，小麦成本的变化只是企业总风险中一个很小的部分。他更加关注的是机器、工人和燃料的价格；比起对任何价格的关注，他要更加关注如机械故障、产品销售和雇员问题等事件。粗略地讲，价格变化会以同样的方式对所有的磨坊主产生影响。如果他的价格上升了，他的竞争对手的价格也会如此，因此每个人都会为磨面的服务索要更高的价格。当然那也不完全对，但是一家企业通常会更关注只影响到它自己的那些因素——如质量控制问题——而不是对产业里每家公司都产生同样影响的因素。至少，如果磨坊主担心面粉价格会下降——还记得吗，他已经和粮仓签订了以固定价格购买小麦的协议，所以他不再担心小麦价格——他可以与一个买家签订固定价格的交割协议。

磨坊主主要关心的是要保证他那台昂贵的机器一直运转,既能从资产投资中得到回报也能生产出可预期数量的面粉。用19世纪的技术启动和停止一台机器非常缓慢而且成本很高。磨坊主可以通过签订大量供货的合同和提前确定的运货协议得到更好的协议条件,因为其他每个人也都想保持他们的资本投资积极活跃。所以,比起可预期的价格,磨坊主更希望有保障的小麦供给。

因此,期货合同对于磨坊主来说本质上是一个金融协议,而不是降低风险的工具。他用期货代替了货币贷款。期货交易所、清算所和粮仓联合在一起共同提供了银行的功能,只是借出的是商品而不是货币而已。那并不是说人们从来不用期货来对冲价格风险。他们可以而且事实上也是这样做的。但这是第二位的功能。纸币也能被用来对冲价格风险。如果你认为股票价格会持续下跌,你可以卖掉股票保持现金收益,以此对冲股票价格下跌的风险。但是没有人认为这是纸币的主要功能。

那些农民与磨坊主对冲保值的内容通常是在重复一个谎言,认为期货交易是从"到货合同"进化来的。典型的"到货合同"是指卖家在第一批小麦运抵当地港口起的一个星期之内以5000美元的价格卖给买方5000蒲式耳小麦。我们要注意是假设小麦会到达港口。这是一个对价格的承诺,而不是对交付的承诺。不可能利用这种协议进行融资。在远古时代,只要有私人企业和农业的地方,就有这种协议。它们从来就没有产生过很大的经济效应,而且和期货交易也没有什么关系。美国最大的"到货交易"市场是在纽约州的水牛城。还记得那些在水牛城交易柜台发生的疯狂事件吗?财富赢来又输掉?夸张地想要囤货垄断市场?丑闻和官司?那些有钱又有名望的人的发达之地?不,等等,所有那些东西都是来自芝加哥的期货市场,还有其他一些有水路通往密西西比河的城市。

货币,新的与改进的

期货合同——更一般的衍生品——改进了纸币的功能。现在,不是每家银行有不同的利率和汇率,而是对每一件商品每一种具有经济价值的东西我们都有了利率和汇率。而且,还不是单一的利率;而是每个未来交割的时间都有不同的利率;从1月到3月有一个利率,从3月到6月又有一个不同的利率,诸如此类。现在,市场可以对经济活动进行更加细致的调节了。贵金属货币为在某地某时可以出售的任何东西定价,但是没有融资的功能。纸币实现了在现在和将来产品之间的交易,以不同银行发行的货币为基础,利用不同的信贷组合,为经济交易提供了多种选择。以未来产品和服务为担保进行借款的能力给没有贵金属的创新者提供了资金。

衍生货币的关键是价差交易。买进芝加哥的 3 月小麦,再卖出堪萨斯城的 3 月小麦意味着什么呢?假设堪萨斯城的价格高,这相当于你刚刚借出了从芝加哥到堪萨斯城的运输服务(如果芝加哥的价格高,那么你就是借入了运输服务)。那么买进 1 号小麦卖出 2 号小麦呢?相当于你借入了小麦的清算服务。你不是在借钱,你借的是确实需要的未来的产品和服务;你不是用钱还贷,用的是未来你能提供的产品和服务。交易并不局限于人们能想象到的东西。我不知道怎样把面粉变回成小麦,或者把庄稼从 8 月份倒回到 3 月份,但是芝加哥交易所为这些服务定价已经有 160 年的历史了。

用贵金属投资企业,你需要有或者能找到一个投资人有足够多的贵金属,购买所需的所有资产以在未来产生现金收益。用纸币进行投资,你需要找到一家愿意借给你纸币的银行。你和银行都不需要有任何的净收益,尽管实际上银行会按照贷款总额保持一定比例的净收益。即使是这样,用银行借的纸币投资做生意所需的资本比需要的资产总值少得多。重要的是银行贷款的标准要足够低,这样你的贷款申请可以得到通过,但又要足够高,这样它的纸币可以更广泛地被接受,你才能用来购买到需要的资产。

用衍生货币投资,你要明确所有需要的资产和将来可以提供的所有产品。当然,这些都是不确定的,特别是将来要交割的那些产品的数量与质量。你不必为永久的将来进行融资,只要能买到足以开工生产所需的资产而且能够卖出足够多的产品以收回所需资产的成本。你也不一定能找到正好是你想要的投入物和正好是希望作为产品进行交割的合同。只要能找到和这些东西存在高度相关性的衍生品就行了。既然你希望能赚到钱,那么产品的未来价值就应该高于生产所需资产的未来成本。这是从你的角度观察的。

这不是理论,现在人们就是这样做的。第一个纯粹的衍生交易产生在能源部门(是的,包括安然公司。但是也有很多其他的公司,包括那些结构简单的)。有人决定要修建或者购买一家发电厂。他不会去找银行或者风险投资基金借钱,他会去找衍生品交易商。我们的企业家会达成一个 10 年期的原油供应合同为工厂提供能源,再加上另外一个 10 年期的供电合同——这两个掉期合约结合起来叫作"收费"掉期。因为电力的价值要高于石油价值,他预先就会有现金收入。他可以用现金买进或者建造电厂,并支付其他成本,例如工资和维修费用。到了 10 年期末的时候,他就可以不受任何制约而且干干净净地拥有了这个电厂,这是对他将两个合同放在一起并且 10 年来成功监督经营电厂的回报。如果电厂的经营不成功,他就不能按合同承诺的提供电力,和他做衍生交易的对方将会拿走他的工厂。

你可能会提出反对意见,因为这里出现了现金:购买工厂的现金,支付工资的现金,还有其他的费用支出。但是这些最多是一种会计记录方式而不是真正意义上的现金。商业协议是结构性的,所以现金一到就立即被花了出去。现金在企业或融资过程中没有实质性意义。理论上说,企业家也可以和一家工程企业签订管理电厂的合同,以同意为工程师们提供电力作为回报,完全不用任何现金。

货币概论

衍生品是一种新型货币的观点对理解现代经济很重要。让我们回顾一下货币的三种职能。第一个是交易的中介。这是什么意思呢?假设 A 想要 B 有的某物,但是 A 没有任何 B 想要的东西。在物物交换的经济中,为了完成整个交易,A 和 B 不得不去找 C,可能还要通过从 D 到 Z。但是在货币经济里,A 付给 B 货币,B 用货币从 C 那里买东西,最后,可能通过 D 到 Z,有人会用钱从 A 那里买些什么东西。交易的中介就是物物交换的清算机制。

作为清算机制,纸币与贵金属相比存在一些优势。纸币想要多少就可以印多少,永远不会短缺。清算可以是虚拟的,你不需要拖着金银到处去结账。纸币携带轻便。可以用序列号或者要求联署签发以防止盗窃,但是,纸币更容易被伪造也更容易腐烂。

在被政府垄断之前,纸币最大的优点是你可以在各种不同的结算机制中进行选择。有些在当地有可信度,其他的更适于用来远程交易。有些能保证结算流程里只涉及那些信用好的人,而且由持有大量储备能防止损失的银行进行背书。其他的纸币可能会软些,遭受损失的风险更大。这对于那些信用程度不高的交易,以及缺乏大量额外储备为纸币提供支撑的贸易是有用的。

衍生品有正规的清算所,这比重金属和纸币都优越得多。旧式货币最大的弱点是通货可以到处流通。这为盗窃和伪造大开方便之门。到了纸币的时候,还有个更糟的问题。在循环完成之前,没有人真正知道这些钱到底值多少。银行做了贷款,借款人把钱花掉了,货币在循环之中直到被用来购买借款人的产品,借款人偿还了贷款,所有的交易才平衡。但是如果借款人不能偿还贷款,交易就不能平衡。当钱还处于循环过程中时,并没有系统性的记录。人们可以猜测出货币的价值——可能是比较敏锐的,但终究只是猜测。

清算所则将所有的循环记录在案。根据规则,交易总是平衡的。盗窃或者伪造需要在清算所的环节上有欺诈行为,所以监管起来要比到处都有的现金容易得多。无论如何,金银币和银行可以像清算所一样出现欺诈行为,过去也很频繁地出现过。如果清算所自己是诚实的,唯一可能出现清算问题的是缔约的一方不能根据盯市规定完成支付。和纸币不同,这是每天都要清算的,损失也仅限于一天之内协议产品的价格波动幅度减去最初的保证金的差额。

衍生货币的缺点是只能用于某些标准化的产品,而且只能用于与其他衍生品交易商的交易。你永远不能用衍生货币购买一份报纸或者一杯咖啡。所以衍生货币不能代替纸币。但是纸币也永远代替不了金银币。只是金银币已经失去了原来作为金属所具有的价值,而且只能用于最小面额和最简单的交易。类似的,某些形式的纸币或者电子形式的等价物可能会一直在日常生活中使用,但是会失去与经济价值的联系而局限于一些不重要的交易活动。有衍生交易的产品种类以及交易商的数量都在快速增长,甚至已经扩展到零售行业了。衍生品现在已经成为驱动经济活动的交易中介,而且这种作用在将来还会继续增加。

货币的第二个功能是价值的贮藏。这与货币在循环过程中两次清算交易之间的功能有关。持有货币有三个方面的原因。第一个是为了交易的便利,这与货币作为交易中介的功能有关。第二个原因是为了避险。你不知道将来会怎样,因此你希望能以一种可以转变成任何想要的东西的形式保有自己的财富。最后一个原因是投机。你希望货币在将来比现在可以买更多的东西。

用贵金属贮藏价值比较昂贵,因为实际上你不得不锁定一定的价值。也就是说,为了采掘金银,你不得不投入有价值的经济资源,而且还不能使用这些金银。然而,贵金属是一种非常确定的价值贮藏手段,所以直到今天还有很多作对冲和投机的人为了这个目的而使用贵金属。

纸币的储藏价值没有那么确定,但是并不需要为了生产纸币而耗用真正的经济资源。在过去,纸币通常是有一定数量比例的金银来支撑的,因此,的确是有些资源被占用了,但即使如此,每盎司贵金属对应的纸币也要比使用金银币的时候多了很多。纸币具有的优点之一是将避险与投机分开了。套期保值的人以现金的形式持有纸币,他们希望在紧急的情况下可以把钱花掉。在现代,他不会用现金而可能会使用有政府担保的支票账户。无论哪一种情况,避险的人是得不到利息的,如果能的话也很少。投机的人则会把他们的现金存在银行里,现在的话或是购买定期储蓄存款,或者是政府债券。他们希望货币的价值能够上涨,这意味着银行的信誉良好,这样他们可以得额外的利润,赚到利息。

衍生品是更好的贮藏价值方式,因为每一个使用者都可以明确那些未来的产品和服务,要么是避险的人希望套期,要么是投机的人希望可以下注。而且,盯市制度对价值的保护远好于任何为保护纸币而设计的体系。这种保护当然不如物质上持有金属货币那么确定,但已经是人类智慧能够设计出来的最接近的替代品了。

最后,货币是一种计价标准。还记得 A,他想要 B 有的东西。如果我们需要的仅仅是利用交易媒介来完成一次性的产品重组,那就不需要计价标准了。每个人可以买进和卖出直到他得到令自己满意的完美的一揽子产品。

但是经济是动态的。人们想知道该做什么。计价标准可以起到作用。当 A 在考虑某一项目时,他可以通过加总产出物的价格再减去投入物的价格之和对投资活动进行评价。

计价标准没有魔法。铸造一枚银币不会创造出按照任一可预见的质量,在任何一个可预见的时间与地点交易的每种可预见的产品或服务的价格清单。它所能做的只是为交易提供记录单位。记录可用于预测假设的未来交易的价格。另外,它提供了一种合理简化未来交易协议的方法,也为差不多是最简单的联合商业活动创造必要的账户。

原则上,你可以规定一个完全抽象的计价标准。那并不是没用,而只是如果与交易中介和价值贮藏的功能联合在一起的话,效果会更好。例如,有一种叫作"三重底线"的运动,这个运动希望大公司不仅仅是公布赚钱了还是亏损了,还要公布企业对社会和环境产生的影响——"人类、地球、利润"。不管是不是好主意,关于人类和地球的数字只能是人的观念,并不能用来花。实际上,利润的数字也只是一种观念,但是原则上来说现金流量表中的数字是客观的。其中可能会有错误或者大概其的情况,但是在其确切的范围之内,它是可以购买商品和服务的现金。但是在1990年之前的苏联,企业用卢布报告利润,只不过是一种观念而已。因为它们不能表明企业能够得到的真正的现金,而且卢布也不能自由地用于交易。

贵金属作为计价标准的麻烦在于在一个不确定的世界里,没有哪一个账户的单位是确切的。有些东西的价值紧密相关,有些的相对价值可以由经济的基本面或者是频繁的、公开的、公平交易决定。还有一些其他的产品和服务,没有理论支撑而且缺乏相对价值方面的数据。由此,不管是不同类项目的总和还是基于不同类项目的计划都不可靠。净额不具有实践意义。

如果有多元化的银行为不同类型及不同部门的经济活动提供资金,那么纸币将是一个巨大的进步。当然也会存在交换比率的风险,但是那是可以被量化的。即使不存在多元化,计价标准也更好些,因为它代表了更宽范围的一揽子经济因素:如果货币是独立的银行发行的就是贷款,如果是政府发行的就是税收。这样,财务报表会更加有意义,商业计划也更加确切。

衍生品比多元化的银行体系还要更好。每一个以衍生品为媒介的交易都是可行的。如果涉及的是真实的证券、商品或服务,通常它们都是可交割的。用现金结算的交易不是很直接,但是那部分现金可以被用来结算其他的衍生品交易。每一个市场参与者都可以构建一种与其真实经济利益更加贴切的计价标准。

价值和货币

当需要用钱——美元——定价和结算时,衍生品是怎么做到的呢?这是一个很好的问题。这个问题与以金银作为发行储备的纸币是怎么成为钱的问题一样。即使是对于贵金属,我们也可以问最初金银币价值是如何决定的。你可能认为这个问题很简单:由金银币的其他用途比如说珠宝或盘子的价值决定。那可不对,金银作为金银币的价值远远超过了它的使用价值。一旦贵金属被货币化了,它的价值就远离了其物理意义上的使用价值。

实际上，贵金属货币的问题是最难解释的。除了因为误导性的管制外，纸币与黄金没有任何关系。银行发行的纸币价值以其代表的债权质量为基础——换句话说，这些纸币是对将来可以购买到的未来产品和服务的一种保证。除了借款人生产的，有些产品和服务也可以买到，但是它们也可以被收回，或者只有在一定折扣率的情况下才能被卖出去。只要银行持有储备资产，支付利息，有央行支持或者公众对其有一定的信心，纸币就可以获得额外价值，但是它的基本价值仍然是债权的价值。

这与政府发行的通过货币法律强制居民接受的纸币有什么关系呢？我们暂时把法律的问题放在一边，其基本价值是货币可以用于付税。好比政府可以发行未来有预期收入的债券，税征来后债券就可以得到偿付，因为人们需要纸币来支付税收，所以政府可以把纸币作为有价值的东西花掉。不同之处在于政府得为债券支付利息，而债券对于大多数交易来说不是非常的方便。只要个人持有的货币存量小于或者等于预计的未来税负总额，货币就有价值。

政府发行的纸币一旦具有了基本价值，就会要求额外价值，因为它可以用于交易。这个额外价值可以与其基本价值完全无关。例如，相比美国境内居民持有的货币，有更大数量的美元是由美国境外的外国人持有的，他们对美国没有任何可预期的纳税义务。而且在美国境内，还有数量未知的大量现金掌握在逃税者和其他一些没有交税想法的罪犯手上。

尽管大量的货币是为了交易和贮藏的目的而持有的，但是基本的税收价值仍然是重要的。如果对政府征收税收来支付各项支出和债务的能力和意愿的信心受到了破坏，货币就只能打折才会被接受，我们将之称为通胀。虽然通货膨胀直接影响的只是那些希望用钱支付税收的人，但是折扣会被每一个接受货币的人再次强化。

法币的规则使情况更加复杂了，就像工资和价格控制，或者要求纸币之外还要有配给卡才能买东西一样。但是即使历史上最集权的政府也不能在官方货币的质量下降太多的时候，阻止老百姓形成和使用其他替代的货币。法律在一定程度上可以提高货币的价值，但是它们的基础从来都不坚实。

回到黄金和白银的情况，它们与将来的价值无关，没有承诺为它们在将来交割什么产品或服务。你可以把金属做成珠宝或者按材料价值进行买卖，但是这些做法通常只能实现一小部分贵金属价值。事实变得模糊起来，因为人们在使用金银作为货币的同时也在购买黄金和白银的珠宝，而且是按照货币的价格支付它们的价格。然而,如果流通中的所有货币都被融化掉做成装饰品,那么作为金属的价值就会大幅度下跌,因为珠宝的供给会大大超过需求。

没有人知道贵金属是怎样获得最初的价值的。如果货币一开始就是按照原材料价值发行的,而且只有经过长期使用后人们才有信心这些货币在将来贬值的时候也是能被接受的,那还说得过去。但是历史的情况与之相反,最初被创造出来时金银币的价值很高,然后跌到了远远低于发行价的材料价值,或者是经济崩溃时的价值。

衍生品因流动性而具有其内在价值。和更原始的货币形式不同,它们的净供给为零:每一个多头账户都会有一个与之相抵消的空头账户。因此不需要有债权池或者一堆黄金来支持它们的价值。它们的净值为零。重要的是衍生品会像承诺的那样得到支付。衍生品持有者支付的初始保证金和按市值调整支付的损益是这种收益的保障。然后,这一保障又决定于两个东西:我们可以为衍生品建立日清算价格,而且此价格在任何一天的变化不超过初始保证金的量。确切、透明的价格和顺畅的价格变化是流动性的两个特征。期货市场通常对一日内价格变化有限制,不会允许价格的变化在一天之内超过某个特定的数量。但是并不能解决大幅度价格变化的问题,不过是为市场参与者提供了一些额外的时间来准备满足大额保证金的需求。

原则上,个人可以用衍生品进行直接的未来商品和服务交易,不需要纸币作为媒介。有些人可能会选择含有现在的或将来的现金流入或流出的投资组合,但是在这种情况中,现金就像其他的任何一种资产一样。实际上,现金是商品定价的会计单位,就像早期的纸币与黄金或白银挂钩一样。但是,纸币的性质在金本位制度消失后(那件事的确解除了政府纸币发行的纪律)并没有变化。而且,我们也看到在非价值类领域也越来越多地使用衍生类协议。大部分的互联网泡沫经济是所谓点击经济、眼球经济和容量经济之间的套期活动驱动的,更不要提股票期权了,根本就没有官方纸币作为交易中介。

计价标准

对于衍生品交易商来说,自然的计价标准不是纸币,而是他们在清算所的股份。交易商持有清算所的股份而且要为它的债务负责。衍生品的柜台交易

(OTC)不是公开的,可以有也可以没有清算所。如果没有包括多个交易商的清算所,交易商就把自己作为清算所,或者请其他的交易商清算交易。

原则上说,衍生品交易所和清算所的设立根本不需要以纸币为准备。但是对于发行纸币的银行,你可能需要形成某些权益资产,这样人们一开始就会信任这家机构,但那也仅是出于营销方面的意义,而不是经济上的。用现金作衍生品的背书资产很便利也是事实,因为对于每一种有人想买或者想借的东西不一定都有合同。但是现金并不是必需的。

作为衍生品的最终使用者,计价标准就是其经济活动的净产品,或者可以从交易协议中得到的最接近的经济价值。例如一个石油精炼商,可以用精炼产品的价格减去原油的价格作为计价标准;一家船运公司可以用消费地所在港口的价格减去生产地港口相同产品的价格。这是期货市场经济功能的关键。当计价标准是经济净产品时,你是没有风险的。当计价标准与经济净产出高度相关时,你的风险很小。

在金银货币的情况下,企业的利润是从最终产品得到的金属减去为各种投入品支付的金属数量。纸币经济中要复杂些。第一,企业可以从不同类型的纸币中进行选择,不同类的交易使用不同的纸币。第二,利息率与债权相关,利润还决定于采购和销售发生的时间而不仅仅是净额。有风险的企业要比安全的支付更高的利率,所以利润要根据风险水平进行调整。第三,也是最重要的,纸币的价值会随着时间发生变化。如果企业情况不好,但要好于平均的银行借款人,它仍然可以表现为利润。企业用借来的钱按照全额票面价值购买产品,但是到了销售产品时,不得不接受打折的货币,再用来偿还债务。如果企业卖出产品时的货币按照黄金的价格比买进投入品时贬值10%,但是在生产期间银行的纸币贬值20%,那么公司仍然可以表现为利润。这些特点——选择货币、风险调整的利润和相对的成功标准——使得货币经济与贵金属经济相比可以提供更加精细的有效的信号。

虽然政府已经在法律上排除了发行货币的竞争,实际替代货币的种类没有应该有的多,但是不同的国家仍然有不同的货币。全球性的公司可以选择最有优势的货币来借入、支出和购买东西。一般含义是,企业借入低利率的货币,用正在贬值的货币计价签订未来固定成本的协议,用低通货膨胀率的货币签订固定的未来收益协议。在任何情况下,这些原则都与市场的预期有关。例如,如果远期汇率溢价足够高抵消了利率差异,用低利率货币借款不会有什么好处。

但是除了一些极端的情况,市场预期的回报通常是被低估的,因此追求短期利益是最好的选择。与全球性企业的净收入水平相关,选择货币的效果非常显著。一家公司在某个季度用一种货币记账有高额利润,但是如果换了不同的货币就会有巨大的亏损,这种情况并不是不常见。

衍生货币促成了特定货币的种类呈现爆炸式的增长,为企业根据情况选择最优的计价标准创造了条件。人们往往会低估多元化计价标准的魔法。在我写这本书的时候,美元与欧元一年期的远期汇率是1.40比1。也就是说,你今天可以同意一年后支付1.40美元,收入1欧元。假设美国来的安妮和她来自加泰罗尼亚的朋友安纳斯打赌。如果一年之内购买1欧元的成本超过1.40美元,安纳斯要付给安妮1欧元。反之,安妮则要付安纳斯1.40美元。从安妮的角度来看:如果赢了可以赚1欧元,卖掉欧元得到的多于1.40美元;如果输了,她损失1.40美元。安纳斯同样如此推理;如果赢了,她赚得1.40美元,卖掉后得到的1欧元多;如果输了,她损失1欧元。在这个赌注上,两位女士的期望值都是正的。

这不仅是理论上的。安妮可以到市场上去以1.40美元的价格卖出一年期的欧元;今天,她就可以得到0.07美元。如果安妮赌输了,期权到期时一文不值,但是安妮可以留着那0.07美元(虽然她必须付给安纳斯1.40美元)。如果赢了,安妮可以拿到安纳斯付的1欧元,再去交付她卖出的看涨期权。她从交易中可以得到1.40美元,还要加上0.07美元。因此,从安妮的角度看,如果输了,她要付1.33美元,如果赢了,她可以得到1.47美元。反之,安纳斯可以卖出看跌期权,如果输了,要付0.95欧元,如果赢了,可以得到1.05欧元。

这些额外的价值是从哪里来的呢?这个赌注并没有创造任何产品。答案是安妮和安纳斯已经同意在不同的情况下交换他们的消费。因为她们使用不同的计价标准,对情况的评价不同,所以可以交换价值差异。

那么,为什么不是每一个人都辞掉工作就靠货币赌博为生呢?因为与承担风险的比例相关,你能实现的利润是有限制的。在这个例子里,利润是风险水平的5%。通过使用不同的货币,你可以把这个比率提高到大约10%,但也不可能再高了。就算是缩短赌注的时间,例如不是一年期的赌注而是365天里每天都下注,那也不会有什么帮助。多次重复赌注的确能起到作用,但是需要100年的时间利润相对于风险的比率才可以达到50%。

确实能有帮助的是使用衍生货币,这样每个人都有一个定制的计价标准。

这可以创造真正的经济价值。要具体计算有多少价值很困难,但是很明显衍生品可以让标的资产的价值翻番。这意味着期货市场增加的经济价值要多于所有生产和加工标的商品的活动能创造的。

值得注意的是增加的经济价值并没有体现在更高的货币价格上。这就是为什么农民们总是怀疑而且积极反对期货市场的原因。这里有了更多的价值,但是并没有让生产者得到。农民能从期货市场获得收益的唯一办法就是农业用地和劳动成为期货交易产品或者气候的期货合约能进一步扩大。我们已经有了农产品、能源和利率的期货交易。农民可以用自然的计价单位显著地改善他们的生活。阻碍这些发展的主要是政府对农业的补贴和价格支持,它们抑制了使期货交易具有价值的波动性。

经济价值和纸币价格之间的差异也是导致很多经济学家很难看到期货市场作用的原因。如果开始分析之前,把一切都减成单一的计价标准,期货市场就隐形了。遗憾的是,虽然已经有了不能解释期货市场存在的理论,衍生品交易场里的兴奋度和对经济的刺激都还不够,还是有太多的经济学家认为自己有资格可以写点儿关于期货市场的东西再提些管制的建议。

期货市场带给最终客户的经济增加值与价格的波动率成比例,就像安妮和安纳斯从赌注中获利一样。这为投机者创造了机会。所有的金融市场里基本上有两类投机者:价值投资者和动量投资者。价值投资者在产品价格低于其内在价值时买进,高时卖出。多数时候他们会把价格保持在内在价值附近。价值投资者还为市场提供了流动性,因为当其他人卖出的时候他们买进,当其他人买进时他们卖出。价值投资者是有教养的人愿意讨论的那种投机者。他们给市场带来了理性和流动性。

动量投资者给市场带来的是波动。他们看到市场变化的方向,并且推动市场更快地变化,有时甚至会过头。动量投资者是泡沫和崩盘的幕后黑手,他们把流动性吸出市场。他们是那种你不会领回家见母亲的人。但是如果没有了他们,市场就没有了,最多也不过是一个经济价值增长不多、死气沉沉的市场。他们也是打破既得利益和神话的干扰力量,从而培养了创新和增长。

关于期货市场,一种白痴的观点是认为它们是零和博弈。在会计意义上的确如此:每个合同都有多头和空头,任何一个人得到的每一块钱都是其他什么人支付的。但是一家银行也是"零和"的。给存款人支付的每一块利息都是借款人支付的。然而,银行带来的是巨大的经济增长和价值。货币通过流通创造价值,而不是魔术般的无中生有。货币本身就是零和博弈。它对于持有者而言是资产,对其他任何一个人来说都是等价的负债。对于期货市场,更一般的,衍生品,既然每个人都有不同的计价标准,每个人就都可以得到经济净利润。坚持认为市场是零和博弈说明还没有理解计价标准。

更愚蠢的是指控期货市场是赌场,在那里,投机者制造风险并到处扩散危害实体经济。当然它们是投机者制造风险的赌场。那正是期货市场的功能。如果投机者离开了或者不再制造风险了,市场就会崩溃,巨大的经济价值也将随之消失。

清算所

我不想过多地涉及金融运作的那些细枝末节,但是谈谈衍生经济的复杂结构还是值得的。清算所由清算商组成,他们每一个都代表着一个相互联系的风险池。有些清算商是多个清算所的会员,也有一些相对运营规模较小的只和单独一家清算所合作。如果你签了一个公共期货协议,就要向一个期货交易委员会(FCM)缴纳保证金。那个机构把你的保证金和交易与其他客户的加总起来,再向清算所缴纳部分的保证金。只要每个人都恰如其分地做好自己的事情,那么协议价格的变动不会超过一天之内要求的保证金数量,就像一家经营良好的银行,所有的合约都会得到全额支付。

一旦什么人没有把事情做好,或者价格波动太大,就得有人承担损失。那个人是不是你取决于清算所的财务实力、你的FCM的财务实力以及FCM所有客户协议池子里的权益。人们经常说没有哪个清算所曾经破产过。我不知道这是不是真的。很多年来,我已经挑战了很多这样说的人,没有谁能给出权威的来源。我想大家的意思应该是在过去40多年的时间里没出现过清算所破产,还有就是之前破产的清算所太小了或者不出名,还不足以成为全国性的或者国际性的新闻。

但是,真正的麻烦在于清算所很少或者从不会破产的原因是它们会让客户破产。首个主要的例子是1905年的巴黎食糖交易所,但自从那时以后,这样的故事曾多次重复出现。当清算所成员错误地选择了贸易方向,损失的钱超过了预设的水平,他们就更改规则。通常,他们会指责赢钱的人企图操纵或者垄断市场,但是那不过是在误导大众而已。极端情况下,他们会以场外价格进行衍生品结算(这个场外价格当然要有利于会员的利益)。著名的受害者包括了亨特兄弟和德国金属公司。在1962年,蒂诺·德·安吉利斯在一罐又一罐的海水上面倒了些豆油,就以此为抵押借钱做了庞大的豆油和棉籽油期货头寸。当造假被揭露后,他被平了仓,食用油价格狂跌。纽约农产品交易所的成员们因为食用油做多面临着巨大损失。然而,他们声明会按照老的高价格结算合约,把他们的损失变成了客户的损失。至少,交易所后来停业保留住了面子。伦敦金属交易所在锡合约上干了两次这样的事,仍然号称是"世界头号有色金属市场"。纽约商业交易所在1976年也这样做过,是缅因州马铃薯合约,今天还在以"世界最大的实体商品期货交易所"自居。

而且,清算所不需要通过欺骗或者失败就能让投资者蒙受损失。如果你的FCM有了麻烦,你可能会陷入圈套之中。如果你的FCM另一位客户有了麻烦,同样的事情也会发生。这就有点儿像没有保险的银行发行自己的银行券,你不得不小心要搞清楚自己拿的是谁的钱。

现在,当这些事情发生的时候总要有什么人承担损失,社会的建议是不能让清算所倒闭。但是随着衍生品经济越来越成熟,我们就得找出一种类似于破产的程序,由法院任命的独立管理者决定合约清算价格。不需要多少年也不需要一大群律师就能实现。而且任何情况下,都不应该让交易商投票来决定。

现金

当2008年金融危机越陷越深时,令人难忘的事件之一是银行的CEO们在电视上公布他们银行持有多少现金。那情景还真是让人害怕,因为没有人知道到底应该是多少,或者甚至是数字确切的含义是什么。天真的人可能认为银行有个地下室装满了现金或者钱都存在联邦储备委员会里。有经验的人知道实际情况要复杂得多,但是只有一些后台人员和风险经理们——很有可能不是那个出来讲话的CEO——清楚地知道到底是怎么回事。尽管如此,每个人都知道的是如果有人在CNBC说他们银行有多少钱,那一定是有了大麻烦了。

一旦他告诉你数字,也让人感到害怕,因为与银行债务规模相比,这个数字太小了。例如,在雷曼兄弟倒下之前最后一份财务报表里,报告的现金和准现金是2000万美元。但是它有2.63亿美元的短期债务,所以那点儿现金没有什么用。而且,如果我告诉你这2000万美元还不是雷曼兄弟的钱,问题就更明显了——那些现金是客户购买证券时缴纳的保证金。特别是其中有300万美元是短期票据,是雷曼的关联企业发行的,由雷曼担保,而后作为担保品又抵押给了JP摩根。实际上,雷曼自己印了钞票又给了其他银行,还声称是自己"流动性池子"的一部分。这种做法没什么不合法的,也不少见。人们说雷曼比其他银行做事更激进,不过是因为他们没有仔细审视其他银行罢了。

雷曼还报告了有3.36亿美元的非现金短期资产。这意味着雷曼短期的命运将决定于那些短期资产的质量和流动性,而不是持有的现金。和现金的情况一样,那些短期资产中有些实际上是雷曼客户的亦或被抵押给了第三方。

另外,雷曼还持有2.69亿美元的长期投资,包括一些房地产及价值可疑、流动性有限的公司债(是的,而且其中有些是客户的资产亦或被抵押给了第三方)。这些实际上与危机无关,它们的价值将影响雷曼长期的赢利能力,但不是短期生存。只有雷曼的股东和债券所有人才会关注这些投资的结果如何,无论结果怎样都不会影响市场。

问题是:为什么雷曼会持有3.36亿美元的资产却有2.63亿美元的短期债务?很多情况下,这些资产和债务是一回事:可能雷曼从合作伙伴那里借了,比如,两年期国债,然后又借给了另一个合作伙伴。假设短期资产和债务可以得到抵消,那么雷曼会持有 $336-263=73$(百万美元)的现金而没有短期债务。那么它就不会失败,不会有危机了。

答案的关键在于不仅仅是雷曼,而是整个金融交易系统的短期回购协议(repo)融资。如果一家企业要买入某资产,它不会用现金,而是用这个资产去借到购买它的资金。如果一家企业想要卖出某个它没有的资产,它会卖掉它然后再到回购市场上去借。结果每一个企业持有很多为了得到证券而抵押给其他企业的资产,同时也持有很多其他厂商抵押给它的资产。还可以更复杂些,因为还有很多表外衍生工具可以导致每天数以亿计的现金来回流动。形成的网络非常大非常复杂,以至于单独一个交易商的破产,或者仅仅是破产的顾虑,都可以导致所有金融市场的巨大波动。

这里不是讨论这种系统是否明智的地方。它有很重要的优势,但是也特别需要一些成熟的考虑。我在这里提出来是为了说明整个金融体系已经转向了衍生货币。现金，即政府发行的纸币，已经失去了意义。雷曼持有的现金属于其他人，而且不管怎么说也不够偿付债务。关键是雷曼能否满足衍生品合同每日盯市要求的支付，能否在回购协议中提供足够的资产换回足够的现金买回已经回购给其他企业的资产。这完全是资产流动性的功能以及对雷曼的信心，没有哪个与小小的绿纸片相关。

如果你感觉有点儿奇怪，我们可以考虑对衍生货币进行三个测试。首先，雷曼是不是为了现金而买卖，或者基于不确定的未来事件而对未来的现金流进行套期？显然，雷曼的衍生业务是以衍生品为基础的，但是我说的是所有的业务。考虑下最简单的一个例子——美国债券交易。

以现金为基础的企业会借钱或者筹集权益资本，在政府的拍卖会上买进美国财政部的债券。当一个客户叫价购买一种债券时，企业会把债券卖出去减少存货从客户那里得到现金。如果这家企业没有客户想买的那种债券，它会说已经没货了，再设法从其他交易商那里搞来。如果一个客户想要卖出某种债券，企业会买进增加存货而支付现金。如果存货太多或者，更重要的是，如果可以用来购买债券的现金水平太低，企业会把存货中的债券都卖光。

雷曼和其他交易商做的与此正好完全相反。它的运作会尽可能地少用资本，它肯定不是靠借钱或者增加存货开始的。它为所有的财政证券报价，不管是不是持有。如果有个客户要买，雷曼就把债券卖给他；如果客户要卖，雷曼可以从他那里借到债券。人们还会因各种复杂的需求而叫价，以现在同意的价格在将来买卖债券，或者只买进或卖出债券的一部分，或者买进或卖出复杂的、偿付取决于未来债券价格的合同。但是在所有这些交易中，没有现金或者债券换手。

最后，雷曼把自己有的和欠的债券，以及有的和欠的现金进行加总，记入合适的客户账户中。对于大多数交易，其实只是虚拟的而已，并没有真实的债券或者现金发生移动。对于有现金账户的一些客户，必须能够找到真实的债券和能够被归集或者支付的真实现金。那种情况下，雷曼会进行特殊的回购，找到持有这种债券的客户，同时他也愿意借给雷曼放在客户的账上。有些客户希望把他们的债券放在不同企业的账户上。那样的话，雷曼就可以进行特殊回购操作，而不需要真正的有债券的结转。如果雷曼发现自己持有了任何真实的债券——例如，一个现金账户的客户出售的——它马上会借给想要这种债券的人。这些后面的操作是由企业的回购业务部门进行的，不是债券部门。

独立于这种行动之外还有两个其他流程。第一，雷曼的债券部门会研究企业债券业务的总体净头寸情况，数以亿计的持有的（但是已经借出了）和欠的债券，以及所有其他复杂的与债券相关的产品。如果决定不要某个净头寸了，他们会用金融衍生品去抵消。第二，雷曼的保证金运作部门也会研究所有客户的账户，给定头寸的风险水平。如果权益的规模太小，它就会要求要么增加权益，要么减少头寸风险。要注意现金与这些没有什么关系——重要的是账户中所有头寸的总价值以及它们的总风险。

衍生货币

雷曼的债券业务不全是虚拟的。除了现金账户之外，还有一些交易因为其他的原因需要真实的实体结算。企业的确会持有一些有真实库存的债券，虽然它们已经通过期货合同进行了套期对冲。但多数的情况是雷曼的债券部门在将来借入或借出某些特定的东西。虚拟现金被用来保证账户平衡，真实的现金能起到的作用有限。那正是衍生货币的一个特征。顺便提一下，如果你有个交易账户但是不确定是不是现金账户，那么很有可能就不是。就是说你认为归自己所有的证券实际上并不在你的账户上——它们被借给其他投资者了。你认为是你自己的钱出现在了经纪商的资产负债表上，好像这些钱是他们的一样。如果你想持有实物证券或者现金，经纪商就得到处查寻替你找到它们。

衍生货币的第二个特点在这里也很明显。从做业务的角度讲，雷曼唯一需要的资本只要够支付净头寸的每日价格变化就可以了。不需要存货或者存货融资。好吧，也有政府规定的资本金规模，有时候还要高于业务要求的最低资本额，但是这些资本额规定在20世纪90年代转变为了所谓的风险资本，含义是资本规模大小取决于净头寸的变化，而不是企业的负债规模或者控制的资产数量。而且，"资本"不是现金，基本上应该大致等于企业资产价值减去负债价值，虽然实际上的原则极度复杂。因此，管理方面的规定也以衍生品为基础。政府可能要比市场更严格些——尽管金融危机中没通过市场检验的企业都曾被政府评价为"资本充足"——但是并没有坚持要求以现金为基础。

衍生货币最后一个特点是与不同人签订的抵消交易可以被清除。例如，如果你从一个人那里借了什么东西，然后又借给了其他人，你就可以从这个循环中解脱出来,再也不用担心债务是否能够偿还。某种形式的清算所会对所有的交易进行记录跟踪。

在2008年这是真实的状态。在企业内部和企业之间有很多抵消交易。公共交易所交易的衍生品有清算所,一些私下的柜台交易(OTC)衍生品也是如此。企业通过一些程序确定相互抵消的头寸然后把它们清除掉,甚至在某些情况下还要确定可以清除的连锁的系列交易。一些大的清算商为其他企业承担责任,因此会在网络内部进行交易抵消。多年来人们一直在努力增加抵消的数量,也获得了相当的成功。但是还不够,这是雷曼倒下给市场带来巨大痛苦的主要原因。那场灾难的教训导致人们要求更多的清算,这将切断金融产业与现金的最后一个联系。

交换的想法孕育了旧石器时代的转型,等值交换支撑了新石器时代的革命。贵金属货币把世界从文明起起落落的循环中解放出来,旧世界几乎没有留下什么,在全世界范围里产生了可持续的进步,经受住了文明衰落的冲击。纸币给予我们稳步上升的工资,使得现代社会成为可能。

衍生货币在每一方面都是重要的。最直接的效应是创造了创新与增长的黄金时代。有史以来100个最富有的美国人中有19个——根据占同期国民收入的比重——是在1850年到1880年间的密西西比河流域北部盆地地区致富的。他们不只有像洛克菲勒、梅隆和卡内基一样的强盗资本家,还有像麦考密克、西屋和铂尔曼一样伟大的投资者,再加上其他领域的创新者,如斯威夫特、普利策、赫斯特、安德玛和马歇尔·菲尔德。要知道,1840年的时候这里人烟稀少,大多数居民还过着旧石器时代的生活。不是历史上最聪明的100个美国人中有19个生活在1850年的明尼苏达丛林里,而是衍生品将普通的发明家和企业家变成了改变世界的创新者,他们的名字直到今天仍然家喻户晓。但是这个世界还没有注意到这个问题,更想谈论的往往是纽约、伦敦和华盛顿发生了什么,好像那些地方对经济举足轻重一样。

实际上,如果你浏览下历史上最富有的美国人的名单,你会惊诧地发现用金银币或纸币发财的人是如此之少。第一个是约翰·雅各布·阿斯特,他是靠伪造贝壳货币做到的。其他早期的富翁多数是通过易货交易或者当地的信用网络。然后是刚刚提到的那19个人。再过一段时间,仍然在同一个区域,亨利·福特赚了一大笔钱。他的确用的是纸币,但是主要的创新是他给自己员工的工资足够高到可以买上一辆自己生产的汽车,扩大了生产规模,所以价格降了下来，他的供应商们的工人也买得起了，还有一般的大众。即使这时还没有衍生品，这仍然是衍生货币的概念。

另一大群人是互联网百万富翁们。他们致富是因为创建了没有利润的公司，有些情况下甚至都没有收入。哈，没有货币！他们试过不用任何货币就接管整个经济而且几乎就成功了。今天人们将之描述为泡沫，但是我想这是衍生品替代纸币战争的开幕。时隔若干年后，人们又试了一次，这次有了白纸黑字记录下来的衍生品——证券化债务和信用违约掉期。

名单上最后一大批不用货币致富的人是对冲基金的百万富翁们。这是真正的衍生品交易。百富名单排在最后的是那些没有那么有趣和创新性的人，多数是银行家和那些继承财富使之增值的富二代们。他们中没有一个是近期在世的。

纸币的终结

衍生品怎么替代纸币呢？纸币不会失去它的价值，正如纸币到来后黄金并没有失去其价值一样。但是以纸币为媒介的交易范围会在数量和规模上有所缩小。纸币在经济上的重要性将会减弱。

当今世界可以给我们一个启发。越来越多的交易是通过网上竞拍和远期承诺完成的。实现从网上竞拍机票和宾馆住宿到未来服务的全面衍生品交易的跳跃很容易。像 BetFair 一样的公司证明了存在大量有经验的愿意提供流动性的投机者。我们可能会看到航空公司又重新回到点到点的航行业务上去而不担心机票价格的问题。舱位是在旅行交易所里批量销售的，在那里，旅行者可以买进和卖出他们需要的机票。

飞机票很早就自然地转型为衍生品交易是因为座位的价值不可预期。航班可能会出现空位，这种情况下增加一个乘客的成本只是增加的燃料和一包坚果，或者需求可能很高，足以把机票价格涨到正常价格的两倍或三倍。另外，旅行者还会有复杂的临时计划：你可能知道要去某个地方，但是时间并不确定；或者度假的时间安排已经确定了，但是有几个同样都很有吸引力的目的地；有些人日程很紧张而且计划的更改会很仓促，而另一些人可能愿意为了更低的价格而调整时间；有些人希望座位大些而且钟情于贴心服务，而另一些人为了省下几块钱而情愿在起落架舱里一窝暴躁的豪猪旁边挂张吊床。纸币定价在这些情况下不能有效配置资源。

不仅仅是旅游和娱乐业可以从衍生品交易中获益。事实上人们通过这种方式可以更加有效地生产自己的电脑和进行很多其他制造环节,精准地满足消费者需求并高效地分配生产任务。专业的公司和个人可以替代大公司的很多工作。他们可以做的就是到交易所去,看看他们的服务在哪里可以得到最大的增值,进行交易,然后完成任务。没有人需要大量的资本或者复杂的销售计划或者长期供应和分销的网络。

我最后的建议来自罗伯特·希勒,他预见衍生品将用于生活中所有的重大决策。明年要上医学院?为什么不把一群和你一样的医学院新生一半的中位数收入卖出去减少将来遭受医生工资变化的风险?你不能把自己一半的收入卖掉,因为一旦这样做了,你工作可能就少了。但是卖出一组平均工资能保护你免受那些不受控制的事情的影响,同时也把买方与你的个人动机隔离开来。如果你失学了,就把合同买回来,可能挣钱也可能亏钱。这些合约的价格将是职业选择的有力信号。而且,它们允许人们卖出将来的人力资本为各种想法进行融资。在过去,卖出将来的人力资本被称为奴隶制。但是世界上人力资本的数量超过了其他所有资产的价值,没有衍生品,它就是不产果的资本。

现在,你不会希望把合同卖出去换回一大笔现金。钱不是价值的贮藏。可能你希望在芝加哥生活,所以,你可以买进一个合同,按照收入位于第 95 百分位的芝加哥居民生活费的一半支付价格。你做的是对冲收入和生活费。重要的一点是你不再关注货币价值。如果存在严重的通货膨胀,"医生—工资"合同的价格要更高,但是"芝加哥—生活"合同赚得更多。实际上,衍生品的购买和出售可以完全不需要钱,除非是小额或偶尔的购买。

这里只是些建议。除了纸币的经济重要性会逐渐减弱,被衍生品之类的安排代替外,我不知道将来到底会怎样。由于这本书的目的,问题可以表述为它将如何影响风险决策的性质。我们将在第 12 章里讨论这个问题。

第11章

冷 血

第 11 章 冷血　177

第 12 章

风险经理是做什么的？

——VaR 内幕

有一个老笑话，开头是一个头发凌乱的人向一个银行经理模样的人乞求施舍。银行经理鄙视地说："你怎么不去找份工作？"

"我有工作，"那个人回答道。"我监测龙卷风。"

银行经理愤怒地直嚷嚷，"这儿附近从来就没有过龙卷风！"

"知道我工作做得多好了吧？"

我希望我可以说没有龙卷风监测者一样的风险经理——也就是说，没有人顶着风险经理的头衔到处转悠，沉重地点着头，看上去很焦虑的样子，他们以没有坏事发生而居功，一旦情况开始不妙了就说"我早就说嘛"。这些人甚至比监测龙卷风的人还要糟糕。人家至少还能说很清楚很有条理地说明白自己是做什么的。就是在一个复杂的金融机构里，要找到风险经理并不难，但是如果问到他们到底是做什么的时候，这些家伙总是哼哼哈哈的。如果再逼一下，他们就会说一些一般性描述的话或者专业的术语。他们给不出任何明显证据，而且如果你观察他们实际所做的事——如果有的话——也不符合他们自己所声称的。

专业标准

金融风险管理实际上是量化的领域，有明确的技术和专业标准。每一个人的做法并不都相同，一些著名的经理甚至拒绝使用某些标准的方法而采用其他不同的方法。问题的关键是他们知道做事的通常方法，也有能力按照常规去做，但是却选择了不同的做法，要么是因为能更好地适应他们机构的情况，要么是因为其他的原因。坦率地讲，多数情况下，我认为金融衍生工具最终能带来的差别很小，而且更多的差异是要体现个性化而不是要改善整个过程，当然我并不坚持这样的观点。

例如，几乎所有的金融风险经理都用风险价值（VaR）作为分析的主要指标，但是也有少数有影响力的人基于几种原因反对使用 VaR。即使是那些少数派也知道有规律地进行每日预测是至关重要的，当然这些预测都要经过客观结果的严格检验。有些风险经理相信在固定头寸和正常市场的假设下计算交易利润和损失并不是正确的计量方法。其他人认为 5% 的损失点不是正确的标准。另外也有观点提出 VaR 在学术领域之外一直被严重误解，所以最好取消转而采用没有问题的数字。所有这些立场都有一定合理性，虽然我自己一直以来都是 VaR 的大力支持者。

VaR 和这一章要讲到的其他东西都是正统的金融风险管理。我可以毫不犹豫地说不理解正统理论的人就不是一个合格的专业金融风险经理，无论他有什么头衔。合格的专家也可能会使用一些另类的方法，虽然就像我说的我是一个推崇照章办事的人——实际上是我自己的规章制度——除非有非常好的原因不去遵守。可是即使是另类的方法也必须遵从基本原则，否则他们无法待在专业圈子之中。因为不能或者没有学会标准方法而采取非标准方法的人不是专业的。

我们可以用健康管理进行类比，专业治疗师之间有着非常多的不同观点。即便如此，在当代科学医疗领域里也存在着某些治疗师们不得不知道也不得不接受的原则。那些拒绝或者从来没有学习过心理学和化学的人，或者那些拒绝接受明显的双盲受控实验结论的人，都不是我称为健康管理专家的那种人。但是那个人可能是一个伟大的治疗师，而且也一定有这样的人，知道所有的原则却是个很糟糕的医者。毫无疑问，大量有用的治疗知识还没有被当前的学术界所认知也是真的。尽管如此，专业的界定还是比较成熟的。风险管理是一种新职业，虽然边界还比较模糊，但边界的的确确是存在的。

不是每一个在风险管理部门工作的人都是风险管理的技术专家。著名的例子是大型金融机构里的首席风险官（CRO）通常是银行的高级经理，而不是风险管理方面的技术专家。管理有几百或者成千上万雇员的部门，在投资人和资深的政府官员面前代表公司，这是大多数的宽客不会做——也不想做的事情。CRO 们的风险技术知识有不同的水平，有些还相当高。就像一家医药公司的经理不需要知道如何制药一样，CRO 并不需要知道怎样预测 VaR。他可能知道，但是并不是一定要知道。

反之也是对的。不是每一个以本章要谈到的那些方法管理风险的人都可以叫作风险经理的。一些交易商和投资组合经理也自己管理风险，特别是在小一些的组织里。我想职责细分是一个好办法——也就是说，要有一个独立的风险管理者。这也是目前的专业标准，而且管理者和投资者也越来越多地要求这样做。

前台

我从前台风险经理开始介绍，大多数人认为他们就是风险经理。大约一个世纪以前，经纪公司有实实在在的前台和后台。客户到前台办公室和那些穿着西装鞋子铮亮的常青藤学校毕业生谈生意。前台办公室的家具非常名贵，格调也很气派。生意谈成后，经纪人会签下成交单或者其他订单文书再扔给后台。

后台办公室则是不同的世界，在那里，会计、出纳和其他的辅助性职员不停翻阅着文件执行交易和记录账户。办公家具都是最基本的，就是事务所的环境。人们穿着衬衫埋头在一堆文件中工作。通常他们看上去都疲惫不堪，因为他们不得不处理那些双方对一些条款还有不同意见的交易，或者是交易的一方不承认所有条款，或者交易方找不到了，或者找不到要交割的证券了，或者其他几百种可能的问题。然后，他们得把所有这些加总合计起来，保持客户和经纪商的账户平衡。很多情况下，例如，要做清算所的期货保证金或者净资本的报表，没完成之前谁都不能回家。第二天早上又会有新的一堆麻烦被送来处理。

今天这个术语已经被一般化了，前台（front office）指的是任何生产收入的业务单元。在大型金融机构中，包括了销售和贸易、资产管理、零售金融服务、机构金融服务、贷款和投资银行。后台（back office）可以指其他所有的，或者更狭义的指老式后台部门的结算、清算、会计和运营职责。

前台风险经理的岗位设在每个前台业务部门之内。多数情况下他向公司里的 CRO 汇报工作，而不是业务部门的上级领导。这种变化是在过去 15 年的时间里逐步形成的,目的是为了鼓励风险经理的独立性。但是,就每天的日常性工作,风险经理还是在部门里为其部门工作。

前台风险经理通常是从业务部门招募来的,这和体育教练通常是以前的运动员一个道理。在销售和贸易部门的风险经理通常是前交易员,在资产管理部门的风险经理通常是以前的投资组合经理,其他情况也类似。好比伟大的运动员往往是很糟糕的教练员,中等水平的运动员可以是伟大的教练一样,风险经理不需要在业务上特别成功。他的确需要的是对业务有着深刻的理解,同时还要符合风险管理技术方面的资格要求。

风险经理最初出现是在华尔街的前台部门。甚至是在他们被称为风险经理之前,通常是资格最老的交易员,负责指导和监督其他的交易员,特别是那些经验不足和纪律性不强的。在 80 年代,宽客经常被选来做这个工作,这也是这个现代职业发展的由来。我的情况是,我负责管理一个抵押证券部门,自己做自己的风险经理——一般我不建议这样。我在工作中有些领悟,当然也有与其他很多做着同样事情的宽客的合作,他们或者是业务部门的头儿或者是正式的风险经理。那时候还没有教科书,我们在工作中把它写成了。

交易风险

我来介绍下前台交易员的风险管理,因为我经验最多的是那种类型。这份工作的传统主要是观察交易员寻找能说明他们承担的风险太多或太少的迹象。你要为他们设定每个人自己个性化的持仓规模限制,需要你来批准的规模限制,需要部门经理批准的规模限制。不同类型的头寸可以有不同的规模限制,日内交易和隔夜交易也不同,等等。你希望人们充分利用各种规模限制。如果他们的头寸一直远远小于被允许的水平,那就需要找到为什么会这样的原因。因为交易大厅的席位非常值钱,为了得到足够的投资回报,交易员必须冒一定的风险。当然,那些超过限制的人也同样值得关注。即使是稍微有一点儿掩盖风险的迹象,例如"抽屉协议",指公司有风险责任的交易但是没有在交易系统里报告,都可以要求立即解除。

有经验的交易员做前台风险管理要学会识别持有亏钱头寸的交易员是因为骄傲或者顽固而不是基于计算的判断,或者是因为恐惧或者贪婪而早早就回收赢利而不是基于冷静的判断。风险经理可以感觉得到有人因为刚刚的一次或者向上或者向下剧烈的震荡而过于鲁莽。同一场震荡也能使另一个交易员过度谨慎。你要让交易员把他们的交易解释给你听。你不是在听事实。那不是你的工作。你是在进行行为判断。他们所说的有根据吗？也就是说他们是不是为自己辩护而把所有可能的说辞都拉扯进来了？那是不确定而不是信心的表现。或者他们好像没什么底气似乎下意识地希望你能取消交易？那也是经常会发生的情况。对于这两种情况，你都要予以否决。你希望能听到对交易坚定的信心，同时也有对风险现实性的判断。除非他们是宽客类型的交易员，否则他们永远不能告诉你交易的真正原因，因为他们根本不知道。但是如果他们是好的交易员，而且思路正确，你可以相信他们的直觉。

前台风险经理带来的另一个好处是他们至少比年轻的交易员有更多的市场经验。在交易大厅工作，经历各种疯狂和恐慌或者两者之间的任何情况都可以获得重要的经验教训。也可以给各种事件带来灵感。如果出现了市场崩盘，年轻的交易员不一定能知道过去几年里最糟糕的情形和历史上最糟糕的情形之间有什么区别。有人能够提醒大家这种区别会有所帮助。最重要的是，有经验的前台风险经理能够通过自身魅力把几代交易员积累的聪明才智传递下去，没有哪本教科书可以与之媲美。

职场中的宽客

像我一样的宽客进入游戏时，我们很自然地做了另外一件事情。我们非常仔细地记下了每一个人的赌注。我们搞清楚了人们的赌注规模是否正确。结果是即使是最好的交易员在这个问题上也很糟糕。他们犯错的时候的赌注要大于正确的时候。一方面，他们的赌注几乎总是小于凯利标准的规模。得到的结论就是如果平均赌注规模更大，公司的利润会更高。另一方面，即使是最谨慎的交易员也会偶尔投个数学上算是愚蠢的大赌注，没有任何合理的理论能够予以解释。

我儿子雅各布在世界最大的网上金融赌注平台作了一项关于客户的研究，迪伦·埃文斯即将出版的《风险思维》中将有介绍。大约有90%的玩家下注是随机的，而且因为庄家天然的优势，平均来看玩家都是输钱的。但是10%的投资者表现出了能够很好地预测价格变化而获得正优势的能力。但是都是那些非常短期化的赌注,比如在接下来的五分钟之内,道琼斯工业平均指数会上涨还是会下跌？理论上,上述的随机玩家可以一直按这样的规模下注,他们的表现会更好。但是因为他们在超过平均规模的时候下了大赌注,所以输的就比平均水平多。而在小于平均规模的小赌注上,他们反而经常赢钱。长此以往,有些人甚至从预计的胜率变成亏本了。只有很少的小部分人通过改变赌注规模而赚到了钱,但是任何情况下赌注的规模在统计意义上都不显著(也就是说,因为调整赌注规模而获得的超额利润是随机的)。非定量的专业交易员,即使是那些最有经验和最成功的,和线上金融赌客一样在确定赌注规模大小方面很糟糕。但是在华尔街出现宽客之前,没有人费神去跟踪交易并提出问题。我知道这听起来好像很疯狂,建立在风险决策基础上的行业竟然不去详细记录所有的决策,不去分析数据寻找可能的改善之处。那可是每一个专业的扑克玩家在很早就知道该怎么做的事情,21 点的算牌高手和体彩的玩家更加热心于此。但是在 1980 年之前的华尔街还鲜有任何的量化技术。

前台宽客风险经理利用数据做了另外一些事情。我们研究了人们在一系列赢局或输局之后的交易是否会更加成功。我们研究了早晨和下午的业绩表现,将星期一和星期五的进行对比,将一种交易和另外一种交易的表现进行对比。我们研究了交易员如果能更快或更慢地减少损失是否可以做得更好,或者让获得利润的机会维持得更久些或者更短些。我们总能发现有很多增加价值的办法。我们中大多数人已经把它变成了一种游戏,在游戏中,我们记录了根据所有交易的事后预测本来可以赚到的或输掉的虚拟资金。我们可以买进或者卖出,甚至可以做空(也就是说,我们站在对立的一面,如果交易输了钱,我们的虚拟账户就赚了,如果交易赚了,虚拟账户是就亏钱的)。在游戏里,我们可以让每一笔交易变得更大一些或更小一些。在游戏中赢得正利润是知道自己是否正确的唯一方法。直到今天,这仍是最受前台风险经理欢迎的技术。如果你不喜欢精确地记录下你和其他人的业绩表现,你就不会是一个幸福的或者好的前台风险经理。

在 80 年代晚期,所有三个阵营里的宽客——频率主义者、贝叶斯主义者和中间派别——都在做前台风险管理。因为这个领域是从传统的非量化实践中发展而来的,跟我一样属于扑克玩家类型的人是最擅长的。体彩玩家类型的最擅长用数据分析来判断会发生什么,但是他们通常不太擅长以容易被接受的方式与交易员们交流。比如,你不能对一个交易员解释说,他应该在整个周末还保持比较大的头寸敞口,因为在那些交易中他有比日内交易或周内交易更高的风险回报率。那就好比是告诉一个篮球运动员,他长投的失误比短投多,所以将来投篮的时候要瞄准脚而不是篮筐。你的观察可能在统计学意义上是正确的,但是你的建议会让他在投球的时候一团糟。如果他没有不理会你,他会开始瞄准你告诉他的地方,但是他会知道他真的应该投得远些,而且结果可能是把球投过了背板。

扑克玩家知道怎样让人们按照他们的(扑克玩家)想法去下注。这是赌博游戏的基本技巧。你可以在星期五的下午去拜访一下那些交易员,和他们讨论一下关于头寸的问题,表扬上一两句,再聊到一两条消息暗示这样的头寸到星期一之前一直会不错。或者,和另外一个交易员,或者下周还是同一个交易员,你的表情看上去被那个头寸吓坏了,然后告诉他居然还持有这些头寸简直就是傻子。实际上,这有点儿夸张了,真正的过程不是那么简单或者容易操纵的。但是你要学会怎么和交易员合作,强化他们好的直觉,弱化那些不好的。你要用规模限制和其他的参数来鼓励正确的行为。

在另一层面上这也有点儿夸张。风险经理不需要一定是最聪明的那个人,仿若禅宗大师要把冷静的智慧带给尚未启蒙的大众一样。交易大厅里的每一个人在某种程度上都理解风险的观点。每一个人都试图进行正确的风险决策。经常更多的风险管理是由交易员或者其他人做的,而不是风险经理。而且风险经理要向交易员学习,就像教练要向运动员学习一样。风险经理是整个团队的专家,但是所有的团队成员都要为同一个目标而努力,而且所有的人都要尽自己所能做贡献,并不仅仅是工作职责描述的那些内容。像最好的教练有时要抱着胳膊坐在板凳儿上而让运动员自己去打球一样,有些时候,最好的风险管理就是做龙卷风观察员。

算牌类型的宽客通常会过度管理。他们根本不与交易员交谈,而只是很神秘地对规模限制作出调整。今天下雨吗?你的规模正好被砍成一半。当然,这又是比较夸张的说法了,但是却能够反映出频率主义者基本的逻辑思路。他们调整各种参数以检验那些调整在数字上产生的效果。他们管理人类交易员的方法和管理计算机交易算法是一样的。

我先把这些略显夸张的描述搁在一边,举一个真实的前台风险经理定量分析的例子。我不想把这本书写得太技术化,但是我也不想误导大家。最基本的分析之一是把交易员的绩效分解成各种交易。实际上想要进行合适的定义不是很容易,而且不同类型的交易员也不一样,我们先暂时不考虑这些。准确率(accuracy ratio)是赚钱的交易所占全部交易的比例。绩效比率(performance ratio)是赚钱交易的平均收益除以亏损交易的平均损失。如果准确率乘以1再加上绩效比率大于1,说明你是赚钱的,如果小于1,你是输钱的。

原则上,两者之间有一定的取舍。如果你能更快地削减亏损而且保持更长的盈利,准确率会比较低但是绩效比率会高。在实践中,很常见的情况是两者之间没什么紧密联系。交易员可以选择一个绩效比率,然后市场给出一个准确率。企图通过牺牲绩效比率提高准确率的办法很少会奏效。因此,我们通常的建议是确定某个特定的绩效比率,然后围绕那个目标,如果有必要就调整交易但只是监控准确率。如果准确率高,就赌大一些,如果准确率低,就赌得小一些,或者甚至停止交易直到市场有所改善。

我知道没有可以解释这种结论的理论,但是很多次在很多不同类型的交易场合中都有证实。要得出这种结论需要对交易的业绩进行仔细分析,也需要长期管理交易风险的经验。多数的规则远比这个要更复杂些,但这是前台风险经理可以为交易员做的事情。

今天,专业的前台风险经理应该做三件事情。第一件是传统的工作——理解每一项业务,教育人们形成正确的风险态度,监控错误风险态度的信号。第二件是记录每笔交易的所有数字,不停地进行分析以找到改进风险决策的办法,包括将那种分析转变成可以发挥好的作用的形式,一种前台决策者可以理解和使用的形式。第三件是把业务的风险传达给整个组织。这是双向的沟通。组织需要知道总体风险,所以它需要有所有业务单元的投入。业务单元也要理解整个组织的风险偏好。前台风险经理需要把它转变成对业务有意义的东西。沟通是标准化意义所在。

我也可以列出三件前台风险经理不应该做的事情,尽管大众一直是这么看的。他不需要到处去查找那些还没人发生的不确定的风险。他不是交易员的纪律监察员。他的确要设定和监控规模限制,要决定是否或者有多少头寸需要对冲,但是以一种教练告诉运动员更多或更少的投篮,或者一个工程师告诉建筑师横梁应该有多厚的态度,而不是像交通警察开罚单一样。那些不停地违反规模限制的或者不理会风险建议的交易员应该是由部门领导去监管,或者在极端的情况下要由公司层面的监察部门监管,而不是风险经理。风险经理大多数的确不会为了减少风险和部门斗争。他的工作是帮助交易员承担正确水平的风险,这个水平是由交易员看到的机会和部门与公司的整体风险战略共同决定的。

中台

20世纪90年代早期,我从前台业务负责人和风险经理的岗位调到了中台做风险经理。这是那时候我们自己创造的一个术语。实际上从来没有过实际存在的中台。所有金融机构基本的问题是信息总是朝一个方向流动,从前台到后台。经纪人把成交单从墙上扔过去后,就不想再看见它。如果事情不能加总起来,不管怎么说后台应该让它能自圆其说。只有很少的情况,实在因为问题难以对付,资深的后台人员会来找经纪人,让他纠正单据上明显的错误。后台的人能预料得到一定会被大吼一顿。他也能料到每一次文件晚了或者错了都会被大吼一顿,即使拖延或者错误通常都是前台造成的。因为前台的错误只给后台带来头疼的问题,前台的家伙们从来不会学会把事情做好。

当金融机构业务开始计算机化了,这个问题变得更加严重了。现在,更多的数据更快地流动着,但仍然是朝着一个方向流动。信息技术(IT)部门设计的计算机系统代替了交易单。系统永远不会拒绝交易。如果系统拒绝接受明显错误的输入(比如说,一个缺失了股票名称和交易代码的交易),不管怎样,交易员还是会继续完成交易,然后责怪愚蠢的计算机系统造成的计算错误。因此,交易员提供的所有输入,系统会照单全收——对的、错的或者是遗漏的——华尔街的传统是扔给后台去处理。知道没有交易代码的交易价格和数量要好过根本不知道已经发生的交易。

事情越来越糟。金融机构变得越来越大,越来越复杂。在到达后台之前,一笔交易可能要经过很多部门、若干个法人主体和几个不同法律管辖领域。每一步都会有人扔进更多的垃圾。有时候人们会用对他们来说管用的方式解决上游带来的错误,但是会使得事情到了下游变得更糟糕。比如说,一家大公司,在某个给定的交易日,几十个交易员买卖同一种股票。交易员可能会输入很多的信息,比如交易的时间、交易的条件,等等。这些记录会被送到权益部门,在那里,权益部门要加总所有的交易来了解公司在这只股票上是多头还是空头,或者是否要进行对冲。权益部门要去掉交易记录中所有描述性的信息,替换成一笔总交易净值,包括自己的对冲交易。这对于权益部门来说是有意义的,因为它唯一关心的是总交易头寸。当权益部门把数据向下游传递时,后台需要的所有特定的信息都被去掉了。结果,后台一共有了两套信息——原始交易和总交易。每套信息都有一些保持公司账户平衡必要的信息,但是两者之间又不完全一致。其他情况下,用户可能会根据猜测填上缺失的信息,这应该算是一条死罪了,虽然我不支持死刑。下游的用户根本不知道哪些信息是可信的,哪些信息是靠猜测来的。

这种情况导致公司里每一个人都要建设自己的系统,从其他的系统里抓取任何他们需要的数据。没有人能记下什么东西去了哪里,而且也没有人知道他们正在阅读的数据是从哪里来的。事情往往被拆分又被合并,导致一些交易被重复计算而又会有其他的交易被遗漏。前台、投资者和监管者从来没注意过这些问题,因为计算机最擅长让事情看上去好像已经加总平衡了而且在控制之下。整洁的报告出来了,通常也很准时。但是里面的数字只有一分是真实的,九分都是虚构的。

有些地方会比其他的地方好一些。投资银行的内部数字简直就是个笑话。商业银行的数字还只是不好而已。商业银行有比较多的后台职员,前台职员也不那么傲慢,商业模式要简单得多,会计准则也容易一些,而且监管人员也要更聪明。他们也有着深厚的信贷风险文化,这种文化来源于几十年来维持10倍于贷款净值的传统。不跟踪监管业务的银行会破产。对投资银行公平些,我们要知道它们的科层结构更少,而且在各自业务中监管风险的传统合作伙伴也少。投资银行的文化不要求具体的数字要像典型的商业银行一样经过多层级的加总。

有一家多元化的金融机构花了很多功夫要解决问题,这就是JP摩根。摩根是一家商业银行,但是在贸易和投资银行方面非常积极(根据《格拉斯-斯蒂格尔法案》,它不能承销证券,但在1932年通过这部法律的时候,JP摩根已经将证券承销业务用摩根·士丹利的名义剥离了出去)。整个90年代早期,我都在为摩根做各种风险管理工作,包括为新人培训项目上课,结果这项工作要比我为公司做的其他任何事情都更有效果。现在我还能遇到一些人,他们还记得我给他们上过的那些课程,告诉我说那些课程改变了他们处理风险的方式。可能他们不过是想对我友好一些罢了,但是我的确上了很多的课却不是经常能从其他的学生那里得到此类反馈。我传授给他们的是那时候世界上只有我和其他 100 个左右的人才知道的重要的东西。

教授风险管理——也有债券交易、抵押交易、衍生品定价、外汇、统计、金融数学以及其他的几门课程——是我对公司最大的贡献。公司对我的成长作出的最大贡献是把我和一些审计人员放在了同一个项目上。审计员——这个词有个由来已久的错误拼写，现在有时候你还能看到——comptroller——它和审计员(controller)的意思和发音都一样——是负责记录和检查所有事情的公司内部会计。现在有了独立的风险控制人职业(risk controllers，不要混淆于风险经理)，但是在 20 世纪 90 年代早期的时候，那些负责加总各种花销、记录管理桌椅的人被要求搞清楚复杂的衍生交易和结构性产品发行数据。你可以想象，他们中很少有人接受过高度量化任务的培训。我应该是来纠正这些问题的，结果却是我从他们那里学到的要比他们从我这里学到的多得多。

JP 摩根的审计员很多年以来一直坚持在金融前沿与各种数据问题做斗争，他们是为身处行业前沿关注确切数字的机构工作。他们凭借兢兢业业、创新和团队协作完成了近乎不可能完成的任务。他们只需要我的一点儿帮助来告诉他们衍生品和交易的一些细节，但是他们却向我全景展示了怎样实时地从充满噪音的数据中提炼出有意义的信息。这是我第一次形成了公司层面的风险管理观点，而且也是第一次看上去不可能做到。具有讽刺意义的是，很多我的早期盟友相信要为公司层面风险管理而战，正是因为他们不理解其中的数据问题。只有少数的几个人既了解任务的艰巨性也知道这是有可能的。然而，即使是那些早期同盟者中最乐观的人，他们对金融数据的现实知道的也要多于今天还想对整个金融体系进行系统风险监管的人。

后台

后台风险管理就这样在此时诞生了。其他两个从早期起就非常重要的机构是美国信孚银行和花旗银行。两家都是商业银行，有着很强的金融监管传统。美国信孚银行在交易和结构产品方面比 JP 摩根还激进。花旗银行是做外汇的大交易商，倒是更容易在资金信贷方面犯风险错误，特别是房地产和新兴市场贷款，而不是衍生品交易。

今天金融领域的风险管理多数是在后台完成的。我在做金融学教授时,大多数学生都希望能够得到一份有面子薪酬又高的前台工作。我却总是对大多数人讲述后台工作的好处。收入是低了些,但是工作时间少而且生活质量一般也比较高。事业发展的程度来源于能力高低,不是运气或者政治游戏或者竞争的成功。与前台的通常状况相比,后台的工作更长久也更稳定。这里是创新和团队协作真正可以发挥作用的地方,即使在后台之外没人能领会。

后台风险管理意味着要为决策者、监管者和投资者编辑大量的风险报告。风险IT人员设计了计算机系统,风险控制人把数据搞准确,风险报告专家知道该怎样把它们整合在一起。为了形成风险报告,要有监管的专家,特别是根据巴塞尔II和巴塞尔III资本协议的要求,还要有专注于特定种类风险的专家:市场风险、信贷风险和运营风险(最后的这种是指除了市场风险和信贷风险之外的所有风险;实际上它关注的更多是危险,而不是风险)。

虽然我做过前台和后台的风险管理,但是我认为自己应该是中台风险经理。正如我提到的,这是为风险经理造出来的术语,实际上没有中台的工作。我的经历是从前台风险管理开始,然后到后台风险管理工作,然后形成了公司层面的风险管理思想。其他的人是通过不同的方法形成的类似观点。

我第一个想法是应该完善信息的循环。后台的报告应该再回到前台。报告中的所有错误都应该得到修正,不是像后台的人做的那样直接修改报告,而是在源头纠正输入错误。交易员不得不重新记录错误的交易。从交易部门到记账到公司报告的过程中,每个处理数据的人都要在报告上签署意见,或者纠正自己导致的所有错误。这样做不仅可以保证昨晚的数据是正确的,也可以发现那些可以得到解决的长期问题。如果交易系统拒绝了某个交易,交易员知道他得处理好,或者是立刻就处理或者是等晚些错误报告出来的时候。

很多其他人也有类似观点。IT人员第一个就想到了。大量的金钱和精力被投了进来,直到今天人们还在努力。但不幸的是这些努力都失败了。我很快就看出来这一点是因为我有在前台和后台工作经验的优势。问题出在后台的报告对于前台来说没有任何意义。即使是最简单的交易也囊括了来自很多地方的信息,包括确定过程中其他公司的信息。没有哪一个人可以在结果上签字,因为没有哪一个人知道所有的细节。而且,你可以得到两个总数——例如,一个是根据证券类型进行加总得到的,另一个是根据国家进行加总的。可能你会发现一个人在一个数字上面签了字,另外一个人在另外一个数字上面签了字。但是如果这两个数字不一致的话,没有谁能找出矛盾的地方。另外,系统很差劲,结果报告总是有错而且会有多种难以解决也不能确认责任主体的错误,即便是JP摩根也一样。更不要提前台的人粗心大意,又很懒,而且知道他们不会因为欺负后台的人而被处理。

一些有眼光的IT专家提出了创新性的解决办法,包括中间件和企业信息系统还有金融产品标记语言以及其他昂贵的技术解决方案。但是也都失败了。一个原因是商业环境变化太快,即使你找到了短期内有用的方法,但不会一直有效果,而且更大的原因是问题的根本在于组织,而不是技术。

又是中台

中台的想法是在银行里创造两个信息循环。前台把数据发送给中台的风险经理,由他处理完数据再返回给前台。和我的第一个想法关键的不同在于我认为中台要把信息转变成前台可以理解的形式——而且前台也可以用来决定要纠正哪一个信息源。最后,中台要把事情搞好。这样它再把数据传给后台。后台形成报告再把报告发给中台。再一次,这些报告对于中台要有意义,这样它就知道怎样去纠正每个输入错误以保证后台的报告是正确的。这个方法获得了真正的成功。

中台并没有代替从前台到后台的数据流。中台没有足够的人手而且那会降低整个事情的速度。中台只关心对公司层面的风险很重要的信息。虽然它只是整个金融公司信息流中很小的一个部分,但是它使得每个人都能得到正确的信息。所有的事情都可以影响到风险。任何的数据错误都可以导致不一致,或者是风险数据,或者是在风险数据与现实世界真实发生的事件之间。不管是哪一种情况,错误都要被发现并得到纠正。

那是中台要做的事,但并不是我们要成立中台的原因。风险人员要成立中台是希望能够解决公司层面的风险问题。这是从下至上形成的压力。也有自上而下来自于CEO们的压力,他们希望能够得到对理解公司所有业务每天的风险状况有意义的数据。前台的信息对每一个业务单元是不同的,而大多数CEO们只能理解一部分业务。即使如果那是不对的,CEO理解全部的业务,他们也没有足够的时间来消化每项业务特定的风险报告。再加上每一项业务隔离开来进行理解是可能的，但是仍然会忽略业务之间互动导致的巨大风险，像每个人用不同方式下同样赌注一样。

我们一成立中台，管制者就发现了。他们对此的兴趣和 CEO 们一样。所以中台又接管了与管制者们进行沟通的工作。监管报告还是由后台处理，但是中台要设计并进行解释。巴塞尔 II 和后来的巴塞尔 III 资本充足协议就是基于中台的概念和数据的。

投资者从来没有对中台的报告产生很大的兴趣，这让我觉得很好奇因为这是评估银行投资风险需要的信息。一个多元化的大金融企业的会计报表没有多大意义。然而，证券交易委员会在 1998 年规定金融企业需要在年度报告和季度报告中揭示风险信息，并建议将风险价值作为允许的技术方法之一进行披露。但是我还从来没遇到过一个权益分析员、信贷分析员和投资者在财务报表里使用 VaR 数据的。

中台风险经理做的第一件事就是发布每日每个业务单元和次单元的 VaR 值。这些预测要经过 VaR 计算期内报表里真实的盈利或亏损数据的验证。通常需要两到三天的时间才能拿到最终利润和亏损的数字进行比较。

计算 VaR 的数据来自前台。如果输入被拖延了，你要根据猜测进行填补。如果输入是错误的，你要尽可能准确地预测进行纠正。在 VaR 算法中要为输入的遗漏和错误设立缓冲。不能根据保守的猜测设立很大的缓冲，你得有正确的 VaR 突破的数字——不能太多，也不能太少——所以你不得不像其他输入一样，对缓冲进行校验。你需要不停地调整算法来提高 VaR 结果的质量。

回顾

这就引出了回顾性风险管理的问题。这已经成为对风险经理常见的指控。该观点认为当市场波动水平较低时，例如从 2004 年到 2006 年的早期，你会做出低风险的预期。结果当市场波动水平上升时，企业持有的头寸是按照预测的低风险水平进行计算的。所以头寸太大，而且在市场出现危机时要减少头寸也非常困难。具有讽刺意味的是，传统的解决方案是要更远的回头看，也就是要根据更远的过去来考虑头寸的风险。

问题和解决方案远比那更复杂。2006 年预测的风险水平低不仅仅是因为当时市场的波动幅度比较小，其他所有的风险衡量结果也都低。例如，一种前瞻性风险衡量方法是交易员为了防止未来股市损失而收取的费用。芝加哥期权交易所波动性指数（一种叫作 VIX 的市场指数，有时也被称为"恐慌指数"）可以用于此目的。另一个重要的指标是看资产价格的变化是否相互独立，因为市场比较平稳的情况下通常如此，或者是否同向运动，因为在市场风暴来临之前或之中就经常这样。任何不寻常的异变都是代表风险正在集结的信号。没有明显的原因资产价格突然发生了剧变或者成交量异常都是飓风来袭的征兆。你要看一看实体经济是不是正在为经济下滑做准备，例如削减库存或锁定长期负债。除此之外，还有一些定性的因素也可以用来判断。例如，整体形势是不是处于紧张不安之中？是否存在一系列可预期的能导致危机的事件？是否出现了债台高筑或者其他经济下调时会扩大事态的问题？

虽然这些测量方法中有一些是前瞻性的，但是在相关数据都是过去发生的意义上来说，它们又都是历史性的。VIX 方法衡量的是交易员五分钟之前对未来的想法，它自己并不能够测量未来。经济中尚未偿还的债务数量和类型可以帮助你去猜测未来危机将怎样发生，但是数据本身是过去的。人们经常会忘记的一个关键问题是当危机开始时，你在今天看到的数字已经发生了变化。例如，一家状况良好的公司的会计报表并不能告诉你它发生坏账的可能性有多大，也不能说明如果发生了坏账可以恢复到什么程度。因为如果这家公司发生了违约，一定有很多其他的事情已经发生了。就在违约发生之前的那个时候的资产负债表和今天的资产负债表不会一样，无论是因为会计造假还是因为发生了一系列不幸事件。不管怎样，会计报表对于预测摇摇欲坠的公司是否会发生违约还是有用的。

为什么过去发生的事情能告诉你将来发生的事情呢？根据科学研究，答案是过去的数据可以帮助你发现自然规律，而自然规律是不变的，至少相对于人类的尺度而言。但是没有人能在人类的活动中发现类似的规律，例如经济学，是存在一些基于观察的经验性规律，但是它们不够精确，也不总是有效。

有两种不同的方式可以利用基于观察的经验性规律。你可以根据短期数据进行复杂分析，作出大胆精确的预期。这样做，你可以得到明确的可操作性的结论，但是有可能是非常错误的，或者你可以根据长期数据的稳健性检验进行谨慎的宽泛的预测。大多数情况下你是正确的，但是这样的预期对于决策没有多大作用。这两种方法都不能完美地发挥作用，但是放在一起如果做得对要比单独任何一个好。

华尔街宽客在 80 年代后期关键的思想是怎样把两种预期结合在一起。你用精确的短期预测决定做什么,然后用稳健的长期预测做 B 方案——如果第一种方法错了应该做什么。VaR 是大胆而精确的预测方法之一。但并不是需要知道的有用的数字,倒是可以用来检验方法论。如果你的 VaR 不能通过回测——也就是说,如果 VaR 突破的数量不对或者如果它们是非随机分布的或者多数发生在高 VaR 或低 VaR 水平上——那么你就不能依赖任何大胆的预测。有个意外的收获,我们发现当 VaR 发生了意外变化或者是出现了 VaR 突破(某天的损失比 VaR 水平高),这通常是有价值的警告,说明一段时间内要降低对所有的大胆预测的信任度。

更加谨慎的预期要基于长期历史、一般原则和想象力。如果你给一个实际上不可能的情形设了非零概率,损害并不大——可能就是损失些利润,但还是能生存下去的。但是如果你给实际上可能的情形设了零概率,那就可能是致命的。这就是为什么在谨慎的预测中需要考虑任何你认为有可能即使是可能性很小的事件。不要试图去设定概率;根据定义,你没有数据。你能做的只是将可能的从不可能中区分出来。风险管理的规则是:如果可能性很大,就利用它;如果貌似可能,就要加以防范;如果有可能,就要做好准备;如果没有可能,就要根据你的评估把所有的或者将来会有的东西都赌上。

风险控制

再回到中台风险管理岗位上,你正在向前台汇报 VaR 和一些其他头寸和业绩的统计数据。你要强调任何存在矛盾的地方,因为那能说明没有控制好业务风险。风险控制的确切标准取决于业务性质。在很多的金融业务中,一般要问三个问题:你能准确地预计出每天损益波动的情况吗?根据一天中市场价格变化的情况,你能准确地判断损益吗?以及预计的数字和实际来自于第三方公平交易的现金流是一致的吗?不是所有的业务都能肯定地回答这三个问题,大多的业务也会有其他的问题,但是这三个问题仍然是最基本的。每一个都可以精确和客观地得到计量。

如果你是从零做起或者是从风险管理非常薄弱的地方接手建立中台,你会发现大多数企业都远远没有控制好风险。你计算出来的各种业务的 VaR 值可能因为数据的遗漏或错误而被放大了。计算的事后风险与业务的事前预期不一致,事后的损益与事前预期的市场因素对应不起来,事后的现金流和事前的会计指标不匹配。这些现象并不必然说明企业失控了。企业运转得可能相当好,而且领导人可以很好地处理风险。企业提供的会计指标可能与会计准则完美一致。但是一个局外人根本不可能理解这个企业的风险,而且企业的风险也完全不可能被整合进整体的企业风险战略。另外,也很有可能企业没有在控制之中,甚至是被自己人控制。坏的数字可能只是坏的数字,但是通常它们可以说明糟糕的现实。

不管怎样,你需要让企业回到风险控制范围之间或者关掉它。不存在第三个选择。你可以改变一些业务风险控制的定义。例如,一些交易策略和投机业务不可能预测出每天的波动情况。有些交易日里,它们可以有很多的机会,承担很多的风险,但是其他的时间却不能。但是,你得找到一些可以预期风险的计量办法。否则你就不能说应该降低10%的风险或者增加30%的风险,也没有可靠的统计学理由相信你的建议对整个公司的风险管理有意义。特别常见的情况是风险经理要求调整风险水平,而公司要求更多或更少的机会,或者更高或更低的期望收益,从而抵消了风险的调整。在某个指标作为控制工具之前,你要能用客观的、统计上可实证的方法来测量它。其他业务可能没有办法将损益与市场变化联系起来。但是还要把它们与某些东西联系起来,否则你就不知道企业到底做得怎么样。不需要完美匹配,但也要足够好,这样它们的剩余风险——也就是说,它们真实的损益与根据市场变化的预计值之间的差额——在统计意义上与任何的市场因素及其他任何一个业务的剩余风险都是独立的。

这些是需要频繁调整的苦差事。中台风险经理要持续盯着数字努力要改善预测和进行控制。他必须坚持严格实证的高标准,否则整个操作就没有意义了。如果你是这样的人,因为某事听上去可能,或者理论上应该是对的,或者过去总是有效的,或者什么聪明人告诉你的,或者如此简单所以必须是对的,你就认为很可能是真的——那么你是不可能成为中台风险经理的。对于这份工作,你必须只信任那些统计预测的可靠证据,它们在事前进行而且得到事后客观准确的数据的验证。

超越损益

在所有的例子里,我都是以每日损益为预测对象进行的讨论。这与我的工作经历有关,我管理的金融风险策略具有足够的流动性可以进行每日定价,同时频率也不会高到不能把一天作为有意义的报告周期。中台风险经理可以将 VaR 用于任何可以客观衡量的与企业绩效相关的指标,并且测算的周期也符合统计检验。指标是否客观且测量的频率是否足够多要比是否与企业业务最相关更重要。

例如,一家医院的中台风险经理想设计一个 VaR 指标,衡量两个午夜之间病人死亡人数。这不是医院想要最小化的东西;最小化的办法就是不接受病人。这也不是最好的衡量医院绩效的办法。一所差的医院不会收到任何危重病人,而一所好的医院收治危重病人的比例可能会很高。再有,有些坏事,医院干了并不会杀死什么人,但是有些好事,医院做了却不能拯救生命。但是死亡与医院工作相关,是客观的,而且每天都可以测量。

如果你想应用这个 VaR,即使是一家运营良好的医院,我估计你也会发现各种系统问题妨碍进行预测和预测检验所需信息的编辑处理。病人出院后不一定有系统性的追踪记录。很有可能不同类型的病人有不同的系统,多个系统之间因为隐私保护的问题而很难关联在一起。重要的数据可能会有遗漏或错误。其他重要的数据可能可以获取但是时间上赶不及计算 VaR。生成 VaR 值并进行严格回测将会改善你对接收到的信息的理解,也会完善你的管理系统。

我进一步的预测是,最终你会发现 VaR 值的变化以及发生死亡数高于 VaR 预测值的天数是非常有用的指标,可以帮助你更好地管理医院的风险。可能某类病人或者医生或者职员比你意识到的更加危险。可能死亡与你从来没有想到过的因素相关。

允许雇员根据 VaR 突破下注总体来说是个好主意,但是在这个例子里未必合适。他们可以支付 1 美元,如果出现了 VaR 突破就可以得到 19 美元,或者是打 19 美元的赌,如果没有突破就可以得到 1 美元。当你只给出很小的金钱利益上的奖励时,永远不能从正式信息系统里挖掘出所有信息来。我是绝对(抱歉,作者在原文中用了 dead 一词——译者注)认真的。这不是显示我是一个自由主义的思想家而提出的不恭的建议,我也不是拐外抹角地游说赌博合法化。这是非常有用的收集信息的方式,花费很少而且员工喜欢,至少肯定要比填写那些没什么用的正式信息表格要更喜欢些。

我不知道怎样管理医院,所以很有可能还有其他更好的指标可用。但是任何合理的指标都要比一个没有好。组织运行依赖于复杂的信息流。除非有持续的严格验证,否则信息的质量会很差。没有质量的信息会被……数据很差的质量掩盖。质量差又会进一步被强迫数据要一致的系统和人所掩盖,就像独裁者压制所有不同意见一样。如果你不能利用这些数据简单地预测——每天,按时地——对组织功能有核心意义的客观变量,这些数据根本没有任何用处。不好的数据导致非效率和不可控的风险。即使没有,考虑到在处理数据方面花费的大量经费,再花些精力把事情做好还是值得的。

数字

我是属于那种总是把事情加在一起算一算的人:饭店账单、银行报表、W-2表格,不管是什么。数字经常出错。大多数人不知道,因为他们没有核对。如果需要输入一个数字,比如说服务员或者是销售人员,他们出错率大约是1%到5%。如果需要做简单的计算,例如汇总支票或者计算销售税金,错误率大约在5%到20%。比如说,我在超市买东西,在挑选商品时总要把价格加总起来。还没有扫描器之前,如果我买了满满一车,收银的时候出错要比不出错更常见。比如说,如果有50个数字要敲进去,收银员平均会出现一次错误。

那个数字对于大多数人来说好像还是合理的。有种错误的概念认为大机构用计算机算出来的"官方"数字更有可能是正确的。我在经纪公司报表、抵押贷款计算和少数的IRS税务表格中发现了相同的错误率,这里仅举几例。在可调利率抵押贷款刚出现的时候,利息计算的出错率要大于50%,即使今天也不是零。另一个常见错误发生在提前清偿抵押贷款需要计算的本金和到期利息。根据我的经验,出错的时候要比正确的时候多。没有人真的会去查阅厚厚一叠的有着几十个签名形成的具有法律效力的抵押协议。某个职员把数字敲入电脑系统,但电脑系统的假设不一定与这些文件吻合。如果错误很大,通常要么是借款人要么是贷款人会发现。但是小的错误更普遍,而且它们累积起来就会形成很大的总数。在80年代,我做过非政府发行的抵押债券交易,我记得没有哪一笔交易的所有现金流能合理配置给所有投资者。再早一些,当我做债券交易时,我们用一台叫梦露债券计算器的台式计算器计算交易实际的清算现金。人们经常在为相关债券设置计算器时出错,而计算器本身也会出错。一笔1000万美元的交易错误大概在几百美元。对方的债券销售人员并不关心,而且他们永远不会看到清算的过程。买卖债券的银行后台人员永远不会和我争论,因为那不是他们的钱。只有一些想法古怪的家伙才会关心要把事情做好。在不同领域也会有类似的情况,2000年的美国总统竞选让选票计票中的巨大错误率成为众所周知的事情,尽管在这个方面投入了大量的金钱和精力,误差率根本没有任何的下降,即使是偶然的都没有。对于风险经理来说这并不奇怪。

  这些误差混合在大型的复杂系统里。这些数字不是完全没用的唯一原因是有实际的核查。比如说,一家企业的会计系统计算了应该有多少现金。因为企业系统中的错误,这个数字不是确切的。而且,企业银行账户报告的现金余额也不一定是对的。很显然,两个总额也不一致,除非出现了极端的巧合。在大企业里,差异典型的有百万美元之多。但是企业不会允许这个差异无限地扩大。他们有专门的人持续地调整解决问题。假设企业总体上少了500万的现金。做调整的人自然会专注于找到这笔现金——也就是说,要纠正企业里出现高估现金余额的错误,还要纠正银行账户低估现金余额的错误。这些有选择的纠正减少了数据间的矛盾,但是一般来说并不会使得哪个总额更加准确。企业官方财务报表中披露的银行账户现金的数字需要进行调整,在一定的可接受范围内与银行报表中的数字保持一致。它不会与实际情况有很大的差距,但是无论在何种意义上它都不是准确的。

  银行账户里现金数量的准确程度甚至要比所有大型复杂的数据系统还要好。因为至少现金可以直接与某些独立的系统进行对照核查,这与收入或国内生产总值不同。除非系统生成的结果可以对照某种实际情况进行核查,否则输入和处理过程中太多的误差将导致结果完全没有意义。你看到的输出结果好像是各种输入加总得到的,但是实际上不是这样的。它实际上是不断改善的产物,经过了有选择的错误纠正,直到结果达到了系统使用者可以接受的范围之内。要想知道是否可以信赖复杂系统中的数字,不要问它的输入和处理过程,而是要问这些数字是根据什么进行检验的。如果回答是没有进行过对照检验,或者只是对照了同一系统中其他的输出结果进行了核查,那么这个数字就是没有价值的。如果这个数字对照独立的系统进行了检验,那么它可能会有一些价值,但是你不得不要谨慎些。如果这个数字根据客观实际情况进行了严格检验,那么你可以信任它。

查理士河畔

我要碰碰运气。如果这本书你一直读到了这儿,也许会暂且相信下面四个小节中的内容。我知道这听上去比较疯狂,但是我深深地相信我下面要说的话,可以解释为什么我会跑到赌博公司而不是去找一份其他的工作,还有为什么我回来后又急于战胜华尔街,而不是加入华尔街。这也是风险管理如此重要、如此具有革命性的原因。

我先从大学一年级开始说起。那时我靠玩扑克、干各种数学分析和赌注计算的工作养活自己。第一份这样的工作是在剑桥的一家小型计算机公司,这家公司要为一个非常知名的网球协会提供运动员排名。星期四下午,我接到公司CEO的电话。他解释说他需要有人能到公司去搞定这个项目,因为协会第二天要举办年度宴会,需要这样的一个排名来颁奖。

大约下午五点钟,我到了公司。那个CEO给我看了几个纸板箱,里面满满的都是整个赛季网球比分的报告。一个都没有被打开过。他告诉我说第二天就需要排名,然后就离开了。我单独留在了办公室。

我开始浏览积分表,而且马上就碰到了问题。有些难以辨认,有些列出来的结果似乎是不可能的。运动员的名字经常只有首写字母再加上姓氏,有时候甚至比那还少。"T. 史密斯"是汤姆·史密斯,还是特丽莎·史密斯?或者是某个昙花一现的运动员?那是在1974年,不能用google来搜索运动员的信息。即使数据是完整的,还是有很多的问题。锦标赛第一轮和最后一轮成绩的比重一样吗?如果不一样,应该怎么调整?面对水平相近的对手,一个100次比赛中有70次胜出的运动员和另一个20次比赛赢了19次的该怎样排序?大比分胜出的情况是否应该有额外的奖励?或者赢了就是赢了?

因为根本没有人可以去咨询,我就把所有的数据都输入了电脑,必要的话就猜一猜,然后以不同的假设估计了排名。我工作了整整一个晚上。第二天早晨大约九点钟,那个CEO出现了。我拿着几页纸的结果跟他汇报情况,提出之后我们还要联系网球协会以了解更多的信息,再对如何排名进行决策。他把我打断了,然后说他会处理所有的事情。后来我发现他只是把我报告的首页送了出去,那只是基于其中一套假设的排名结果。据我所知,没有人对这样的结果有什么不同意见。

这个故事本身没什么特别值得惊讶或者担忧的。有些时候个体和企业都会做出很烂的事情——而且通常还可以成功脱身。排名混乱并不是一个生死攸关的问题,即使可能对某些非常在意的竞争者来说极度不公平。我肯定没有任何要激起对那个CEO感到愤怒的想法。我不认为自己比他好多少;毕竟,我把支票兑现了而且对发生的一切保持沉默——直到现在,而且我怀疑是否有人还会关心此事。从那以后,我就拒绝为这家公司工作了,但是我能做的事很多。如果我真的需要钱,我可能就会帮助他们从另一个类似的困境中解脱出来。

几个月之后我正在为另外一家公司工作。这家公司要替一家全国性协会计算选票。一年前,就是1973年,他们在计票时把事情搞砸了,结果双方最后对簿公堂。因为一些莫名其妙的原因,最后协调的结果是这家公司要在1974年免费统计选票。

公司把选举结果发出去后我被叫来工作。因为协会回复说他们认为总数不对。他们影印了200张选票,得到的结果与公司提交的总数差距非常大,协会聘请的统计人员质疑这家公司的结果。公司让我来核查一下统计分析。

查阅影印的选票样本时,我注意到选票上有序列号,然而这个样本,虽然不是连续的,但肯定也不是随机的。投票是通过邮件进行的,而且看上去这些样本大多选自小数字的选票。如果选票是全国范围寄送的,那可能就会有很大的不同,因为这就意味着整个样本都是从阿拉巴马来的,可能与怀俄明州的选举结果不一样。但是如果选票是随机寄出的,或者是按照会员号码,或者是按投票人姓名的字母顺序,那么这些样本就应该有代表性。

我要求查看原始的选票,就是那些被用来打孔计算——那是1974年的技术——的选票。结果发现那些选票根本就不存在。进一步的询问后却发现公司早就知道这些样本的事情,而且已经有了样本选票的复印件。就是实际上我看到的那些东西,而协会并没有提供它的统计人员分析的样本。那些是这家公司用来计算的所有选票,居然还是把它们算错了。没有人知道——或者愿意承认知道——真正的选票在哪里。然而,所有的一切对我来说都非常清楚了,我给他们提供了统计方面的建议足以应对协会的挑战。公司提供的基于200张非随机选择有瑕疵的选票的结果是站得住脚的。

　　这些是更加过分的差数字例子中的两个,但是还有很多糟糕的数字被提交出去而且只有少数人才会关注。即使是那些和我在同一个项目上工作的人,对于所做的事情没有意义的情况大多漠不关心。一个家伙利用不好的数据或者是他编造的数据,因为他觉得反正不会对项目产生什么影响。另一个家伙使用的是有漏洞的计算机程序,但是却选择说谎而不愿意承认错误或者重做一遍。其他的一些人则对客户做了错误的解释,也不知道自己是不是对的。所有人下午五点钟就下班回家了,再把薪水兑现出来。人们说,如果你在厨房里工作你就永远不会在餐厅里吃饭。我从来没有在酒店的厨房里工作过,但是我永远不会相信任何数字,除非是可以证实的。

浪费

　　我当时和费雪·布莱克讨论过这个问题,他也有类似的经历。我们做了一个非正式项目预测世界上有多少工作被浪费了。结论是大约有95%。多数人没有注意到是因为他们只考虑自己层面上发生的浪费。如果一个卡车司机载着一车的货物从仓库运到400里之外的商店,他认为他做了有用的事儿。毕竟有人付了300美元给他。但是那个工作有多有用呢？有些商品是有缺陷的,其他的可能永远卖不出去,还有一些就是被卖出去了也不能满足用户的需求。一些被卖给了生意失败的企业。一些最后会被送到其他的地方去,可能又被送回了仓库。有一些会被卖出去,但是本来能够以同样的或更高的价格在原来的地点被卖掉。

　　将每一笔支出都作为价值创造的会计准则掩盖了所有的这些。所有的数字加总起来好像卡车司机的确做了价值300美元的工作。那不过是一种想象而已。如果真的可以正确地计量,我们就会发现卡车司机在一年之中100次运输创造的平均价值是300美元,但是只有5%的货物代表了全部3万美元的价值,而运输为剩余95%货物带来的新增价值为零。当然,我们只能认为5%是正确的,但是根据我们能进行的计算,这个数字似乎是合理的。现在我们清楚了,在金融、政府和其他有组织的活动没什么作用的时候,认为实际活动很重要的想法该有多傻。有用工作的比例能达到5%的唯一原因是金融、社会基础设施和技术。那些是可以让每个人的工作减少一半但生活质量却好上两倍的东西。那些是具有巨大社会价值的东西。另一种提高有用工作比例的唯一方法是将活动简单化。狩猎采集的生活方式浪费少，但是效率也低得多。社会主义提出的似乎有道理但不尽然的诉求之一是关注浪费的数量并认为可以通过自上而下的命令减少浪费。如果存在需要做的有价值的事情而且还有失业的人愿意做，那么不把两者结合起来就是浪费。如果有一个人和一项工作，或者甚至100个人和100项工作，很明显那是正确的。但是如果规模更大的话，就不对了。在一个方面不接受浪费将导致其他方面更大的浪费。

几年后，我在eRaider.com的合作伙伴马丁·斯托勒提出了类似的观点，他将之称为"有效政府之谜"。他认为的政府无效率不是在政府浪费金钱或者雇用了太多人或者要求没用的文书工作的意义上的。他的意思是多数人是在小得多的规模上想象政府和其他大型组织的。如果一个地方财产税的税务员说估价两亿美元总资产的小镇上有2000位居民，那么这些数字可能要再降几个百分比，但是它们与现实之间是有一定联系的。所以，你可以根据这些预计财产税率的变化将有什么影响，或者预测要求安装额外烟雾探测器的政策成本。

当联邦政府说总评估资产达20万亿的国家有1亿居民的时候，那些数字完全没有任何意义，因为它们与现实完全无关。这些数字的测算存在太多的定义和测量方面的问题，以至于根据这些数字进行决策和预期倒不如投掷硬币了。如果你头脑中想象的是一个有着不同类型居民的小镇，在几天的过程里一个人就可以自己观察到全部情况，你的画面一定很出格。

把某些法律或管制的变化当作是发生在小镇上一样去考虑其效应会产生类似的误导。例如，联邦政府对二氧化碳排放征税。经济学家会认为税收将减少排放，但这是狭窄的想法。真实的规定与征税要经过几十个层级的管理程序，在每一个阶段都有很难预料的结果。这种变化会引起人们行为的各种其他变化。在税收收入以及排放方面产生的效果完全不可预期。关键是认为大型组织是一个理性的行动主体，用可预测的方式处理可信赖的投入信息，进行具有可预期效果的合理行动决策本身就是一个神话。那些都不对。如果你认为世界就是像看上去的那个样子在运行，那么你错了；如果你认为总和的统计数据可以告诉你关于这个世界任何有用的信息，那么你错了；如果你认为你知道大范围变化产生的效果,那么你错了;只有承认了这些,才有可能开始去发现什么是有效的什么不是。

　　我也做了很多学术方面的项目,它们并没有好到哪里去。我替他们工作的那些人喜欢跑模型解方程,他们讨厌梳理数据、清除错误以及去理解数据到底是什么含义。他们会用各种各样的垃圾数据,从来没有想到过要进行验证。他们之中没有一个人在自己计算的结果上押上自己的钱——这的确是有点儿冒犯了。他们是为了发表学术成果,不是来真的。就在此时,大量的经济学文献在研究产业中企业数量是怎样与价格变化频率成正相关关系的。这个结果被用来证明企业利用黏性价格机制协调各种定价策略,是一种固定价格的形式,而且产业中企业越少,就越容易成功。然后有人发现判断价格发生变化的数据是建立在官方企业样本基础上的,产业中企业数量越多,样本中的企业就越多。既然任何一个企业调整了价格,产业的平均价格都会发生变化,那么调查的企业越多将产生更加明显的价格变化。一旦你就此进行了调整,原来发现的全部的效应就不见了。但是研究成果没有被撤销,博士学位也没有被拿走,人们只是略过这个问题然后继续研究下一批问题还没有被发现的数据。我认为这是最严重的丑行,已经导致经济学的研究发生了显著变化。但是没有其他人关心这个问题。最糟糕的是,没有其他人关心的原因是首先他们从来就没有真正相信过自己的研究结果。

　　现在,不是所有的经济学家——肯定也不是所有的学者——会这样想。举一个或多或少有点儿随机性的例子,我曾经做过一个住宅楼火灾模拟的工作。这个项目包含了消防员、纵火调查员、火灾幸存者、工程师以及物理学家和数学分析人员。我们为了获得数据(合法的)烧掉了真正的房子。我发现这样做非常令人满意,尽管我在作这个项目的过程中并没有形成任何有操作性的建议。令人满意是因为它是真实的,我可以根据这些结果下注。

　　问题是很多人不去验证,却能够被其余的人所包容。这些江湖郎中花费精力只是为了证明那些研究假设而不是为了证伪。但正是后者,寻找不同的观点并且尽最大努力找到不同的方法证明假设是错误的,形成了重要的知识。他们根本不操心关于长期频率如何与信任程度相关的哲理上的困惑,因为他们从来没想过要相信他们写的东西。他们可能太过于薄血了所以不会赌博,如果他们不得不赌,最不可能的就是根据他们自己的结果去下注。

波托马克河畔

这是我花了一个夏天为美国政府备用汽油配给方案工作的全部背景。我承担的工作之一是要算出收割庄稼以及把食品运到市场去需要多少汽油。我是城市里长大的孩子,所以需要去问清楚卡车是用柴油还是汽油。我给农业部打了电话,转了一圈后才找到正确的人。他不在办公室。所以我给福特公司打了电话,找到了一个经济学家,他刚刚给美国拖拉机市场做过模型。他告诉我75％的拖拉机是用柴油的,还给了我很多支撑材料。

后来农业部的人给我回了电话。我已经有了答案,但是我想出于礼貌不管怎么说还要听他讲讲。他也是刚刚做完一个模型,告诉我说25％的拖拉机是用柴油的。我说,"您是说25％用石油吗?"不,他坚持25％用柴油。然后我告诉他福特公司的人是怎么告诉我的,他不以为然地说福特公司的家伙只考虑了新的销售,不是已有的存量。那不对,我从福特公司那里得到了所有的支撑数字。我们比较详尽地讨论了这些数字,他对我提出的问题都给予了回应,也给出了自己的支撑数据。我又和福特的人进行了核实。那个人说农业部的家伙计算了在车库里腐蚀烂掉的旧拖拉机或者在50年代就已经卖给墨西哥的那些车(这是不对的)。

所以,我开始给农民、农业领域的机车修理工、燃油供应商和精炼商们打电话。对这个问题我了解得越多,就越发现没希望得到合理的有用计划。需要的油料的数量和类型以及需要的时间,从一个地方到另外一个地方,从这种庄稼到另外一种庄稼,在季节之间,变化非常大。而且人们需要提前充分了解供应的情况。如果真的希望为美国的农业提供足够的燃料,你会需要一个全国性的有很大程度的地方自主权和大型数据库的组织,而且你还需要和成千上万的企业成为合伙人。否则就会彻底失败。

当然,没有人深入思考过类似的这些问题。一般的想法是向农民发行配额券,而政府分配供给,这样,每一个地区都会有充足的燃料满足所有的配额需求。如果是正确的人在负责而且是利用政府全部的资源来解决一个问题,不仅仅是农民,几乎还是有可能把事情做好的。每件被视为重要的事情都可以执行配给制。而整个计划竟是以极其过度简单和糟糕的数据为基础。

迪特里希·多纳是一位德国心理学教授，他做过一些关于人们如何管理系统的有趣实验。其中一个简单的实验叫肉冰柜实验。在虚拟的实验中，被测对象有一个表盘可以控制冷冻的强度。目标是将温度保持在一定的幅度之内，使肉类不至于腐败。自从1660年科尼利厄斯·德雷贝尔发明了恒温器，简单的机械式自动调温器就可以很好地完成这项工作。但是几乎所有的人，即使有很多的说明和练习，干得都不咋样。

实验开始时，冷冻设备已经被关掉了，冰柜里的温度过高而且还在不断上升，所以你得开始转动表盘加速冷冻。但是你不知道正确的量应该是多少，所以不得不进行猜测。关键的问题是大多数的人做不到等上五分钟观察一下变化的效果。几乎每一个人都是一直在转动表盘，因为他们没有看到温度即刻下降。持续变动引起的问题是被测对象不能形成一种感知以了解表盘的每次移动带来的变化有什么不同，以及这样的变化产生效果需要多长时间。另一个几乎是共同的错误是人们会一直等到温度达到正确的水平再关掉冷冻设备。那样你会过度调高冷冻的温度。当然，对此有可能又会在暖的一边过度反应。唯一能处理好这个极度简单任务的是那些进行了确切的定量分析，而且即使看上去没什么效果也有信心坚持下去的人。

另一个简单的多纳实验是让人们管理简化的虚拟村庄的一些变量。实验对象可以把资源分配给医疗、灌溉、房屋建筑以及其他的项目。与此，几乎每一个人都制造了灾难，无论他们接受过多少的训练，也不管他们把这个游戏重玩了多少次。有种倾向是人们总是试图纠正每一个短期的问题而不去考虑长期的结果。在虚拟的几年内，村庄里每一个人都死了，而且整个区域也变成了荒废之地。拒绝容忍浪费导致了彻底的浪费。不让任何一个人遭受苦难导致了彻底的苦难。自上而下的思维导致了自下而上的失败。

我在大学一年级的时候做过类似的实验。我模拟的是政治不是管理。每一个实验对象控制一个国家，他们把资源分配到投资、生产和军费支出上，也可以和其他的国家进行贸易或者战争。被测对象都是在经济学或政治科学领域中应用定量模型的教授和研究生。模拟设计得并不难，稳健的行动让这个世界不断地前进。每一个人都有完备的信息，也包括完整确切的数据和有了输入就能生成结果的方程信息。但是每一次试验都很快就发展成全球性热核战争。显然，没有人有兴趣去研究为什么善意的人进行理性决策反而会导致灾难。相反，人们认为模拟有问题，但又指不出输入与计算结果之间存在何种不一致。

考虑到人们即使有了完备信息和权力外加上很多的训练和实践也无法管理好简单的虚拟系统,那么在信息中充满了噪音而且不及时,权力受到严格限制而且没有任何的训练或实践的情况下,你肯定是个彻头彻尾的傻瓜才会期望他们能够管理好复杂的真实系统。

如果备用汽油配给计划中的其他人不同意我的看法,我可能会接受。我犯过很多错,可能这次我又错了。但是没有人不同意。他们只是从来没想过计划会被实施。这完全是一种理论上的练习,与为自己的生活作出的决策完全不在同一个层面上。如果他们有人要买辆车,他会仔仔细细观察一番,然后找最合适的价格交易。但是就是同一个人却愿意收钱制定决定每一个美国人粮食供给的计划——对所有其他美国经济生存也非常重要——却不核查任何数据,也不做任何实验。甚至没有人有兴趣去了解一些共产主义国家农业计划者的经验。

更加糟糕的是,没有人对相反的观点有任何兴趣。农业部门和福特公司的家伙们也只想为自己的结果进行辩解。他们并不想了解问题的各个方面,也肯定不想去对结果进行证伪。他们的兴趣仅局限于成为这个领域里的专家。我遇到的在量化工作方面的人几乎都是如此。他们的专业技能是需要维护的堡垒而不是探索现实的工具。

如果人们只是因为腐败,为了金钱、威望和更轻松的生活而做出这些无用的事情,我还能理解。但是这些人工作非常努力,每天、每晚、每个周末都是如此。他们对自己的事业和发现充满了热情。他们中很多人非常聪明,而且很多人也有着丰富的经验。但是因为糟糕的数据和不愿意解放思想接受证伪,所有这些工作、所有这些精力以及所有的经验都被浪费了。我想让人们指出任何一个自己曾经做过的有客观证据表明结果是否正确的专业性工作。一些人只有些不是很有力的或者间接的证据,通常最后的结论是与其他什么人的模型一致或者甚至只有些一般性的共识。而其他人甚至连那个都没有。不可想象的是甚至没有人觉得有必要去做检验。今天,我向求职者询问同样的这个问题,只有很少的少数从事定量工作的人可以给出令我满意的答案。

好吧,我并没有遇到项目上的每一个人。毫无疑问在什么地方会有诚实和细心的人。但是还没有多到可以有任何改变的程度,而且他们相互之间也没有联系。我开始相信大多数的量化项目、多数的数学模型、多数复杂的总量数据是没有价值的,甚至那些运作这些项目的人、建模的人或者是搜集数据的人都不会把自己的钱押在这些结果上,如果你建议他们这样做,他们会认为那是一种羞辱。

不愉快的夏天

不只是在剑桥和华盛顿。想一想会计数据吧。直到1970年,一家公司的账户净值,即资产减去负债,和其股票的价格非常接近。有些公司高一些,有些低一点,但是平均的市净值率永远不会远离1很长时间。如果公司破产了,多数情况下,债权人得到的会接近账面净值,当然还再减去平均约20%的律师费用。但是70年代开始而且从那时起程度不断加大,账面价值和市场价值之间的关系被打破了。到了今天,两者基本上没有什么相关性了,实际上很少能发现接近账面价值出售的股票。而且一家公司破产,约有一半的情况是债权得到的清偿几乎为零。那不仅意味着全部的净值一夜之间消失了,也说明公司的资产几乎一文不值。会计数据作为指标仍然有用,但是从那以后很长时间里,它们与实体经济以及真实的人用真实价格购买真实的东西失去了任何联系。会计将所有的一切非常优美非常整齐地加总在一起,但是被加在一起的东西并不真实。

现在,我来华盛顿不是因为汽油配给计划的工作。那只是我的托词而已。我真正要做的是玩扑克。华盛顿是玩扑克最好的城市之一,因为人们从全国各地——还有世界各地——而来,带来了他们自己的态度和策略。今天你在互联网上可以发现更多,但是在20世纪70年代,华盛顿不是世界上最好的扑克城——可能应该是休斯敦或者加利福尼亚的加迪纳——但是它是最国际化的一个。要想真的玩好,你就得去那儿。

我在学术研究和日间工作中认识了一些世界上最著名的量化模型专家,而华盛顿的扑克让我接触到了一些最有影响力的非定量类型的专家。有国会成员、内阁成员、高级公务员、将军和高级外交官非常高兴能够坐下来和我玩扑克。但是让我们这样说吧,我并没有感到意外。这些人中有些非常聪明,有些很诚实,有些心地善良。可是没有人搞得清楚应该怎样才能做好人们认为他们正在做的那些事情。没有人有怎样把事情做好的数据。没有人有任何客观证据说明他们做的事情达到了声称的那些效果。没有人对证伪的兴趣能和宽客一样。

我再进行一些说明。也许更有能力的人都去制定政策和做管理了,而没有留下来和大学里的小伙子玩扑克。也许我遇到的人富有定性的洞察力可以允许他们不用定量分析或严格检验就能把工作做好。然而,那时我不相信,而且现在我还是不相信。我想任何一个比小镇还大的地方都只能用定量方法才能有高效的管理,而且那些方法要求有持续的严格论证,随时准备接受任何挑战。更重要的是要求人们愿意根据这些结果下注。

你还要记得所有这些是发生在 20 世纪的 70 年代。一大半的世界被控制在极权的恐怖政权手中,而且没有哪个独裁政权承认过错误,甚至是数以千万的人为之失去了生命之后。逐渐萎缩的民主似乎是在偏执的狂人或者完全没有能力的人管理之下,而且也是撒谎不承认错误。美国不仅生产了足够摧毁地球上所有生命的武器,而且我们在这件事情上花的钱要超过除了土地之外这个国家任何其他事情的总值。是的,我们国家用了一半的资本生产那些如果使用就相当于自杀的武器。经济停滞,通货膨胀失控。20 世纪 70 年代普遍的恐惧是我们可能会因为自己的愚蠢而使生活变得非常悲惨、贫穷或者死亡。到了 20 岁的时候,我所有的生活经历证明了这种担心是正确的。

狄奥尼斯是生活在 2400 年前的希腊哲学家。当柏拉图引用了苏格拉底关于人是没有毛的两足动物的定义时,他把一只鸡拔光了毛带给了柏拉图,然后说,"我给你带个人来。"然后,柏拉图在定义上又加上了"有宽平的指甲"。我非常了解狄奥尼斯的感受。柏拉图和我遇到过的几乎所有的聪明或者有影响力的人一样对证伪都没有任何兴趣。狄奥尼斯创造了犬儒哲学并开始(讽刺性地)寻找真正诚实的人。我开始(真诚地)寻找诚实的宽客,那些擅长数学而且愿意为他们的结论下赌注的人。另外,我还希望有这样的人可以把自己的结论提供给全世界去下注,就像有的人为体育赌博确定赔率一样。而且我希望能找到这样做了又赢了钱的人。

狄奥尼斯是一个银行家,因为私改金属货币而被自己的祖国西洛普流放。他用凿子划坏了大量的硬币。没人知道他为什么要这样做,虽然有可能是反波斯的某种政治诉求(西洛普位于今天土耳其所在的地方,在波斯和希腊之间,分成了亲波斯和亲希腊两个政党)。我一想到顺序颠倒了就非常高兴。我从寻找诚实的人开始,然后成为银行家,而现在正在撰写一本宣布结束纸币命运的书。

那就是我初步的想法。可能你不会赞成。这里是在解释为什么我会形成这样的观点,但是要达到我的终点你并不需要走和我一样的道路。现在让我们再回到风险管理的话题上去吧。

检验

VaR 要做的一件事就是对关键的风险信息进行检验。一些中台风险经理倾向于使用其他的衡量指标或测量方法,但是所有有能力的人都相信需要持续的、严格的、客观的检验。否则,他们就只是到处使用更多的错误数据,对谁都没有好处。根据这样的观点,VaR 计算中包含了很多有用的信息就不足为奇了。就像在盲人的村庄里一只眼的人就是国王一样,一个有效的数字,即使没有什么直接的意义,在想象出来的数字王国中也是国王。

中台风险经理根据损益之外的指标计算 VaR,或者进行其他的统计预测。有些人发明了关键风险指标(KRIs)和关键绩效指标(KPIs)。问题是无论什么时候只要你是为了风险的目的去计量什么,数字总是会被扭曲。即使你告诉人们并没有使指标最小化或最大化的想法,人们一旦知道你盯着这些指标,他们就会改变它们。我们用损益值计算 VaR 的一个原因是人们早就一直在试图改变这些数据,而公司内部的财务审计人员则一直在岗位上与各种扭曲做斗争。财务审计人员并不总是会成功,但至少有两方面的力量在行动。对于 KRI 和 KPI,你选择那些只有边际意义的东西的平均数……而且你不要告诉任何人那些事情是什么!他们就不知道该扭曲什么了。

例如,你可能会平均一些东西,如请病假的雇员、失败的交易、内容里包括傻瓜一词的 email、下午五点后喝的含咖啡因的咖啡以及一些其他的事情,并把它们作为关键的风险指标。典型的做法是,用高于或低于长期均值的标准差表达每个指标。这样,那些数值就可以进行比较了,它们的平均数就有了意义。重要的是这些数字与有可能增加的风险之间存在某种联系,而且可以按一定的频率间隔进行客观的测量。你并不是对哪一个数字感兴趣,只是希望风险水平的任何变化都反映在指标的变化里。对于 KPI 也同样如此,只不过平均化处理的不是增加的风险而是那些与良好绩效相关的事情。两种情况中,你预测某个 VaR 值，然后观察 VaR 水平或 VaR 突破（指标落在 VaR 值范围之外的天数）是否可以为你提供有用的信号。

我自己从来没有用过 KRI 或者 KPI，这两个指标对管理运营风险——指除了市场风险和信用风险之外的所有风险——的人是非常普遍的。我发现 KRI/KPI 的想法非常有启发，但是还没有看到有力的证据表明它们有效果。不管怎样，KRI 和 KPI 是标准的中台风险管理工具。我在这里把它们提出来是想强调不需要根据收益或亏损测量 VaR，也根本不需要根据任何有意义的指标。其观点重要之处在于要有严格的统计检验，不是某个确定的计量指标或测量方法。

回到我直接的经验中，我不想建议每项业务每个 VaR 都要通过统计回测。我们生活在真实的世界里，你正在管理一个运动的目标。中台风险经理必须要做到总体业务在发展中风险是可控的，当然这并不意味着他对过去也能进行完美计量。他必须对现在正在计算出来的数字有信心，意味着如果实际发生的情况与预期的有任何不同都能不断地调整。对每一项业务的所有预测中，有些可能是错误的。只要他持续地调整每一个错误，他对未来就能够充满信心。将之与体彩玩家相比的话，每场赌注他都要设定价差。平均赌注或者多数的赌注是正确的还不够，某一个点差设定错了就可能会吸引很多聪明的玩家，导致严重的失败。但是如果他一直在观察赔率的变化，一有合适的机会就调整赔率，他就可以管理那些风险得到控制的业务了。这周结束的时候，他不会去问在过去的一周中每一分钟的赔率是否正确；他会问他出现的错误是否足够小可以被容忍，是否尽快地得到了纠正——就是说，赔率总是能代表他在当时做出了最好的判断。

计算 VaR 值听上去是一件很了不起的工作，但是作为中台风险管理者，这只是开始。我们假设现在，对于每项业务和每一项次业务，你都有了可靠的 VaR，而且每一项业务都可以为你提供可以信任的风险数据。在企业系统、沟通和有纪律的管理方面作出了巨大有效的改进，可能要比其他任何成就都更有价值。但是你也只能测量出企业普通的日常风险，并没有改变任何事情。我们会一直等到第 16 章再来讨论风险经理其余的工作。

第 13 章

丛林中的 VaR

第 13 章 丛林中的 VaR

第 14 章

华尔街秘史：1988 年—1992 年

1987 年 10 月 19 日星期一，股市崩盘，当天指数下跌几乎达到了 25%。到了星期二，由于信用问题差点儿开不了市，当天又因为交易量太大差点儿停市。好在有点儿运气，还有无名英雄们的救市，金融的世界终于没有垮下来。星期三的时候，硝烟尚未完全散去，局势难断。但是到了星期四，市场呈现了剧烈变化。不仅仅是股票市场，整个金融系统已经重组了。

为什么只有"火箭科学家"而没有其他人注意到这些变化呢？当然，你需要是个宽客才能搞得明白。如果不用精确的量化工具的话，这些区别看上去是很小的，而且对于非量化策略来说这些区别看起来也不重要。对于不能理解市场的人来说，这些变化和很多其他他们不能理解的事情一样没什么不寻常的。那些把计算机和电视都当成魔法的人，如果有人向他们展示永动机，他也不会感到惊讶。但是物理学家们知道区别在哪里。

而且，你还需要在市场中才能看得到。不是说你要在华尔街找份工作，我的意思是你要活跃地参加赌博，而且要和其他赌博的人保持联系。费希尔·布莱克——一位确实注意到了这个问题的华尔街宽客——有一句著名的话："从哈德逊河畔看的市场要比从查尔斯河畔看的效率低得多。"从查尔斯河畔——也就是说，对于远离实际行动而且自己没有赌博经历的学术人士——华尔街报告中的数字没有什么明显迹象能证明发生了变化。但是从哈德逊河——也就是说，那些在华尔街上进行量化操作的人——是不会忽略的。

微笑

  一个例子是期权微笑和偏态。费希尔·布莱克、迈伦·斯科尔斯和罗伯特·莫顿在 1973 年提出了一个期权定价模型,在华尔街得到了广泛应用(六年之前艾德·索普就已经设计出了一个非常类似的模型,但是他没有发表;而是用它去赚钱了)。从业人士注意到不寻常事件发生时的期权价格——例如,股票市场一个月内上涨或下跌幅度超过 20%——要比模型计算结果高。在更小的程度上,人们注意到市场不好的情况下,例如股市暴跌,到期结算的期权价格要高于理论价格相同且在有利情况下结算的期权。在 1987 年 10 月 19 日之前,这种情况总是可以用供给与需求关系得到解释。很多没有经验的投资者愿意为投资的安全而多支付,专业的交易商因为出售这种保护和套期保值而赚钱。对投资进行保护和套期众所周知是有风险的策略,但是传统的观点认为它可以带来正的期望价值。

  到了 1987 年 10 月 22 日,那种传统观点发生了逆转。供给和需求不再是非理性期权价格的原因。现在大家都接受了非正常情况下期权应该是高价的,不利事件发生时的期权应该比有利情况下的期权卖得更好。如果你用曲线表达根据行权价格计算的期权价格与理论价格比率,前一个效应看上去像是一条微笑曲线——两端的期权价格高,中间的低;第二个效应的微笑只有一半,左侧的比右侧的要高,这叫作偏态。

  因为技术上的原因,对微笑和偏态的调整不仅需要更加复杂的定价模型,也完全改变了期权是什么的理论观点。这实际上意味着期权不再是一种衍生品,因为它的价格已经不再是数学计算的结果了。但是到 1987 年之前,这个术语已经根深蒂固了,结果不是期权的定义发生变化而是衍生品的定义变了。重新定义是另一个导致大家没注意到变化的原因。微笑和偏态让很多宽客策略失效,但是也创造了一大把的新策略。我们很快有了两个关于微笑和偏态的主要模型——局部波动率(local volatility)和随机波动率(stochastic volatility)——但是它们对现象给出的建议却完全相反,至今还没有人能解决两个模型之间的矛盾或者找到其他更好的模型。

  最有趣的是这不仅仅发生在股票市场。股票市场你可能早就预计到了。

同样的变化同时还发生在了外汇(FX)和利率甚至是商品的期权市场中。这些市场里没有那些重要的干扰因素，也没有很多买卖多种期权的人。所以很明显应该是人们的价值观发生了变化。我确信有人可以证明变革的压力已经积累了一段时间，股灾只不过是震动了一下，促成了改变的发生。毫无疑问，很多人倾向于这个观点，但还没有充分思考形成明确的共识。股灾扫清了导致变化缓慢发生的那些障碍，导致向新常态的即刻转变。这可能是真的，但是一点儿也没有影响经历这些事时的那份惊喜，也没有减弱对于风险管理的深刻意义。

另一个突然发生变化的例子是由来已久的抵押贷款市场定价错误。在80年代早期我们刚开始发行抵押担保债券(CMOs)的时候，接受政府的抵押证券再转成CMOs就能得到扣除年度费用前4%的利润。根据协议的结构，你可以预先得到一部分利润，过程中再得一部分，在后期大多数抵押都已经结算的时候再得到一部分。扣除费用后的现值相当于抵押债券价值的10%。因为更多的人进入了市场，价差下降很快。然而，你也可以预期政府抵押债券在CMOs协议中的价值是其定价的基础，而不再是单独作为证券时那个较低的价值了。也就是说，对于要做CMOs的人，最有吸引力的债券应该是价格上涨的，最没有吸引力的债券是价格保持不变的。然而，价格上涨对于所有的债券几乎是相同的——对一些债券来说涨得太多，而另外一些又不够。

1987年10月19日到10月22日之间，所有的一切突然地变了。政府抵押证券的曲线与利率模型的结果完美地契合起来。结果干掉了很多抵押套利策略，压缩了本来发行CMOs应该可以赚到的价差。

标准的情形是市场的低效率可以通过投资者套利行为慢慢解决。在双级股票套利中，比如说，宽客买进便宜的股票卖出贵的，使得两个价格趋向一致。通常的假设是一旦价格达到了正确的关系，宽客就会离开，因为这个策略不会再赚到利润，而价格会保持在正确的水平上。或者你可以假设价格将稳定在离理论值不远的水平上，大到足够留住宽客，同时又小到不会吸引更多的宽客进一步增大差异。

没有哪种观点符合1987年10月19日的情况。随着越来越多的人进入市场牟利，套利反而一直没有消失。然后，所有的一切又一下子稳定了。通常的预期是宽客得益而套利消失。如果你买了便宜的股票而做空贵的，那么当两个价格趋同的时候，你就赚钱了。在1987年，市场好像已经找到了一种方法首先摧毁了所有的宽客，然后再朝着宽客一直赌的方向运动。如果我告诉你我真是那样想的——市场是有直觉的,而且决意要伤害宽客——你完全有理由认为我有妄想症。好吧,我并不认为自己妄想,但那仍然是我对 1987 年最自然的记忆。

而且,市场并不是像宽客们认为的那样在变化。抵押债券市场是这样的,但是期权的情况是市场持续看空,宽客们都跑了。还有其他完全没有预计到的一些变化。有些变化(不是全部的)回顾起来还是有意义的。

我现在并不是说所有这些都是真的。1987 年的股灾在很多方面还是反常的,而且没有得到充分的理解。我只是讲述了那时的情形,这样你就可以理解后面我们所做的事了。

回到博士论文

我回去继续做我的博士论文。在芝加哥大学的研究生院,我曾为克格雷·安斯利教授工作过。克格雷是一个贝叶斯主义者,那时他正在研究分析时间序列数据的问题——也就是说,数据按照时间间隔进行测量,就像每日的股票价格变化或者每月的降水量一样——这种序列的波动率未知且不断地变化。例如,股票每日的价格变化在很长时间之内很少超过 0.5%,然后突然在很多天的交易中变化达到 2% 或更多。最普遍的统计方法是同方差(homoskedasticity)假设,意思是波动率不变。

一天,一位加利福尼亚的教授在去纽约大学参加面试途中到芝加哥大学开了一场讲座。他与克雷格和我一样正在研究同样的问题,不过他是从频率主义者的观点做的。芝加哥大学的讲座是出了名的粗糙。但是,这场讲座却给我留下了相当突出的印象。克雷格不停地追问那个家伙,仿佛这是一场关于信仰的战争,他询问——不,是攻击——每一个假设、每一个方程、每一个结论。后来,他把我拉到一边,说:"那个家伙跑在了我们的前面,我们得放下一切先把成果发表出来。"我意识到了不是对学术的追求刺激了克格雷,这是一场贝叶斯主义者与频率主义者之间的战争,一场贝叶斯主义者的态度比频率主义者更严肃的战争。这将是一个非常有影响力的新方法,不管哪个阵营首先发表都应该因为理论巨大的进展而得分。不管有多好,第二个发表的都会被当作是引申出来的工作,是解释的而不是创新的。

那位频率主义教授叫罗布·恩格尔,他在纽约大学得到了一份工作,首先发表了论文,并因为这个工作而后被授予了诺贝尔奖。不过,不仅仅是因为速度快。我认为罗布的自回归条件异方差(ARCH)更好。克格雷的工作,也就是我协助的那项工作,也非常好,甚至在某些方面比 ARCH 更好,而且对贝叶斯理论的进展非常有用,但是缺少实际应用。ARCH 是一项非常优美的数学工作,名声主要来自于在实际时间序列分析上有广泛应用。

巧合的是,大约 20 年后,我在纽约的一次晚宴上又遇到了罗布·恩格尔。我很惊讶他居然还记得我们的第一次见面,而且他对那次讲座的记忆比我的还深。他不明白为什么他的演讲会受到如此敌意的对待,当然他并没有对此或对克雷格有任何不好的感觉。我不确定收场白时的解释是否让他明白了什么。

我总是处于频率主义者和贝叶斯主义者两个阵营的中间位置上。像我一样思考的人把自己叫作数据分析师。我们喜欢非参数或自由分布的方法。我们使用很多粗略的分析工具,比如刀切法、自助法、交叉列联表法和可视化方法。我们喜欢让数据说话而不是试图让它适应事先设定的模型,而且我们喜欢简单的方法,不需要对形成数据的分布或先验知识有很强的假设。所以在我自己的时间里,我自己的博士论文中,我一直在试图采用第三种方法解决条件异方差问题。

一种流行的数据分析技术是重复取样。为了预测将来,你要把从过去随机挑选出来的交易日串在一起——用重复抽样的办法,意思是你可以不止一次地选择同一个过去的某个交易日。多次操作后就生成了将来可能结果的分布。

简单重复取样只有在数据是独立的情况下才有用——也就是说,昨天的变动不能告诉你任何关于今天的情况。独立变化的序列还有另外一个名字叫随机游走,当然这是一个著名的金融模型。但是我相信,典型的金融时间序列不会是随机游走的。一种常见的偏离是自相关(autocorrelation)。意思是昨天的变动能告诉一些今天变动的信息——价格上涨几天后又随之上涨了几天,或者多(正自相关)或者少(负自相关)于一半的时间。正负两种自相关在金融时间序列里都存在,但是我相信过去在 1980 年的时候应该不是很显著。因为自相关要受到套利活动的限制。如果存在大量正的自相关,说明买进那些一直在上涨的股票就可以赚钱,大量负的自相关说明应该买进刚刚下跌的股票;无论是哪种情况,套利操作最后会使自相关消失。在研究生院时,我坚信套利行为能够保证非常少的简单的低效率情形。我认为是数据错误和交易费用混合在一起使得事情看上去比实际的具有更多的自相关。意想不到的是,当我到了华尔街后而且赌桌上是真金白银时,很快我就转变了想法。

我更关注的是异方差。异方差也不是独立的。异方差是说如果昨天的变动在任一方向上比较大,今天的变动就很有可能大于平均水平,尽管朝着同一个方向或者相反方向的可能性是一样的。统计上是无法否认的而且也不会立即引起套利行为。异方差很容易与肥尾混淆,或者是偶尔的极端情况。对于单纯的肥尾,那些极特殊的交易日是随机分布的,回报也是独立的。在异方差的情况里,极端的变化会集中在时间序列里。金融数据中两种情况出现很多,但是异方差的情况要远比肥尾多。

罗布·恩格尔的 ARCH 和克格雷·安斯利的贝叶斯版本同样都关注对具有这些特性的时间序列未来价值的预期。作为一个频率主义者,罗布的假设是这些数据的背后存在一个完美定义的过程。更确切地说,他认为长期均值是已知的。我认为这个假设太宏大了而且没有任何保证。如果你能知道长期均值,就会知道自己的优势有多大,就要一直坚持盯住一个策略。最后,这个策略一定能让你赚钱。你永远不可能从数据那里学到什么。你可能会多持有一些头寸或者少持有一些头寸,或者甚至离开市场一段时间,但是你永远不会改变主意。这就是频率主义者和算牌玩家的想法,最终他们形成了对市场均衡的信任。

像克雷格一样的贝叶斯主义者总是会从数据中进行学习。他们从"先验信念"开始,观察数据,然后更新成"事后的信念,"就像体彩玩家的预—预赌注,预赌注,如此类推。市场总是有效的,我们持续地改善关于市场的知识。不幸的是,市场一直在变化,所以我们不得不尽可能地跑得快些以便可以维持在原地。

无论怎样努力,我都没有找到在市场中有用的先验信念。如果没有先验信念,就永远看不到赚钱的机会,如果先验信念很强烈,强到可以帮你赚钱,那么危机来的时候又会被扫地出门。这为我排除了贝叶斯方法,给了我探索其他方法的自由,一种非参数方法。这是我一开始就有的一种倾向。

罗布、克雷格和我的工作不仅是在技术细节上不同。我们每个人定义的问题也不同。这是统计中常有的事。三个不同的统计学家可以因为完全不同的三个原因使用同一项技术。罗布的理论基于长期频率。如果 ARCH 的假设是正确的,据此进行预测,那么长期平均的平方误差可能是最低的(使用误差的平方项而不是误差的原因是平方可以使负的误差变正,这样就可以强化任一方向上的误差而不是相互抵消了)。克格雷证明了在给定一套先验信念的条件下具有一致理性的人应该信任他或她构建的分布;也就是说,一个一致性的理性人应该愿意根据克格雷的分布下注。

我一直在找用在凯利赌注上可以形成最大可能增长速度的一套参数。我是根据这种方法能否赚到钱来验证自己方法的,而不是预测的平均平方误差是否小或者是否代表了一致性的理性信念。我证明了简单的重复取样方法比频率主义或贝叶斯方法更好,虽然我实现了自我满足,但却没能让论文答辩委员们满意。我说的"简单"是指需要较少的假设。这个方法本身有些复杂,比我想在这里解释的更复杂,特别是我觉得现在我知道了怎样可以做得更好。而且,对答辩委员们公平点儿来说,他们并没有拒绝我的思想,只是要求必须与之前的工作有更清晰的联系。特别是,贝叶斯主义者认为我可以把它们改成更加复杂的先验信念,频率主义者认为它们可以被包括在参数类模型中,而金融界的人则认为它们与其他已经发表的交易策略有关。只有主席,艾德·乔治,似乎认为我的工作是成立的,他是少数几个贝叶斯主义者中研究重复取样的人之一。委员会里还有一个做行为金融的家伙——他好像有点儿喜欢我,但是我用了太多的数学而没有足够的解释可以争取到他的支持。不管怎样,我接到了一长串进一步要做的工作清单,多数是文献研究。我很诚恳地打算那样做,但是当我转到了华尔街后,我对其他太多事情感兴趣。论文就成了过去的故事。

1987年的股灾重新燃起了我对这个工作的热情。我把论文找了出来,看看是否可以起到什么作用。但是完全没用。在我写这本书的时候,从2011年往回看,1987年的股灾是效果最差的一次。在接下来的危机中,这种观点都可以有很好的应用,特别是2007年到2009年之间的崩盘,效果特别好。这也是为什么我会说1987年的股灾是非常特殊的事件,据我所知,前无古人后无来者。

三条道路

然而,我在博士论文中的很多观点在那场股灾中都得到了证实。而且还有很多其他人的新观点也在讨论之中。问题是怎样确定套利策略,怎样运作从而可以在股灾中幸存下来。和通常一样,我们分成了三个团体。

频率主义的算牌玩家通常经营着小型对冲基金或者用自己的钱投资,他们瞄准的是资本的概念。你得有合适数量的资本来运作一套策略。你可以利用过去的频率观察数据和市场的数据进行理论计算。例如,假设回顾过去,你发现一个在期初评级为1A的债券级别在一年中发生违约的可能是1‰。然后假设你进行了预测,也是利用过去的频率,有1‰的概率你的策略在一年中的低点上可能下降100万美元。因此,如果你持有100万美元的运作资产,破产的概率是1‰,所以你的策略相当于一个1A级的债券。你可以观察到1A级债券的市场收益,那就是你的资金成本。

实践中,你不仅是利用1A资本。你想的是混合资本运作,就像任何运营的企业一样。有些比较安全而且成本低,类似于3A级债券,有些可能有风险而且比较贵,类似于权益资本。通过仔细地构建资本,你可以设计出动态的能够经得住任何危机的业务。如果不利事件清光了全部的权益资本,你还可以用更安全的资本继续交易,并形成足够的剩余价值再进行资本化。

在大企业里的贝叶斯主义体彩玩家认为那些是理论上的胡说八道。他们只相信收入。例如,假设你有一份10年期的企业债券,市场利率在上涨。当利率上升时,债券价值就会下降。但是银行并不认为这种情况是损失,因为它还不想把债券卖掉。从债券中可以得到的现金流并没有发生变化,支付那些现金流的可能性也没有变化。因此,在收入上没有影响。对于体彩玩家,把风险行为建立在市场数据基础上会事与愿违。当其他每一个人都这样做的时候你会感到害怕,而且当其他每一个人都这样做的时候你又会过度自信,秘诀就是买高和卖低。风险管理要求的是在穿越市场的狂风暴雨时保持航线稳定。

和其他一些非参数的家伙一样,我也很欣赏两个阵营优雅的数学和清晰的理论,但是对他们的结论并没有丝毫的信心。我只相信每天看到的并得到了证实的东西。我关注的是价值——那些头寸值多少。和其他两个阵营更理论性的方法不同,我可以按日测量基础参数(虽然不是每一天都做;在危机中也不一定能得到准确的头寸数字,或者市场可能全部被关闭了)。为了使价值全都清清楚楚的,我只用正常的交易日,并且以交易日开始时持仓价格的变化为基础,而不管一天中的交易如何。其他非参数方法也是类似的情况。

有些进展受到数据可获得性的影响。纯理论的人可能会建议用其他方式进行测量,但是我们需要真实的数据。资本很容易从会计报表中得到。大的机构和组织会定期计算收入数据。交易头寸是盯市的。如果你自己定义了某个东西,就要承担测量它的成本。那是很显著的成本,而且容易受到偏见的影响。最后,利用人们已经测量过的数据可以对你的观点进行历史性分析。

正如我之前提到的,华尔街上管理风险的宽客不会浪费时间。主要头寸的基本思路在一个或两个月之内就会被定下来,然后马上开始执行。宽客的交易部门开始记录和分析那些与市场危机相关的价值。我们的非参数方法假设大多数的交易日就像最近过去的情况一样,但是也有一定的可能性会完全不同。对于分布中表现不好的交易日,我们用长期历史数据以及其他市场的例子,再加上一些假设的情景填上数据。我们不认为价值总是可以定义的。例如,在我早期的一次尝试中,我曾提出不管什么头寸,总会有损失等于财务杠杆平方的时候。这听上去有一点儿怪,但是在1987年的股灾中,好像市场是有选择地挤压着所有宽客的策略,直到他们破产,然后再朝着如果他们生存下来坚持这个策略就可以扭转败局的方向变动。市场中有句老话:"股票不知道谁是主人。"换句话说,你买进股票时的价格,或者你希望已经售出的价格,或者你头脑中的价格,不管什么原因都不会影响股票价格的运动。但是在1987年的10月,好像市场完全知道你持有什么股票。看上去好像是市场中的某些因素以某种形式与交易商的互动导致了这种情况。在1987年10月,没有一个宽客认为他们是市场中的多头,但是几乎所有人都损失惨重。

小型对冲基金忙着计算他们在各行业里有风险的资本。一个原因是要根据风险资本的数量和类型为每一个策略制定合适的费率,而且要淘汰那些赚的还没有资金成本多的策略。另一个原因是要确保整个基金的资本结构能够反应策略中的风险资本。如果基金持有的资本太少,或者是错误类型的资本,它可能会失败;如果太多,或者是错误的类型,它为资本付出的就会太多。决定资本规模与类型的重要成分是前景分析。你希望提前决定在可预见的不好的情况下应该怎么做。你可以减少一些——不是全部——策略的资本配置,你可以募集新的资本。任何时候你都要非常明确,基金作为整体要有足够的剩余权益,以支持某种不能下调的策略必需的资本。

大公司里第三个阵营是做收入建模的。只要收入情况良好,公司的股票价格就会保持在高位,这样就会为企业的债券安全提供缓冲,企业也会在危机中得以生存。但是如果使收入减少太多,或者形成了净损失,任何情况都有不断恶化的危险而把企业拖下水。不好的收入状况意味着股票价格较低,会使债券持有者担心债券价格也会下跌。筹集新资本的成本较高,为筹集相同数量的现金,你不得不卖出比危机前更多的股票和债券。雇员们不高兴,因为他们的股票和期权失去了价值;而且,你的奖励池也是从收入中支付的——传统上是净收入的50%——所以奖励也少了。那些创造的价值多于你能支付给他们的雇员会离开公司。这对收入会形成进一步的打击。2008年之前,大型金融公司并不担心破产或者被清算的问题,多数情况下他们担心企业会以毫无优势的条件被迫卖给另一家银行。

意外的扭转

最终没有哪个方法是有效的。历史意外地提供了正确的解决方案。1989年晚些时候或者是在1990年初,风险控制的重心开始从担心极端的市场危机转移到担心事件和企业之间的联系。1987年的危机是过去的历史了,相反,人们在考虑最近的一系列丑闻和破产事件,看上去这些将导致比一开始的影响更加深远的破坏。事情交织在一起令人难以理解。而且金融机构因为兼并和扩展行为也变得越来越复杂。两家大型商业银行的问题最突出,JP摩根和美国信孚银行,它们是紧密的竞争者,在大多数生意中直接与投资银行一起激烈竞争。花旗银行也感到紧张,特别是它的外汇交易。故事发展到这里,投资银行还没有卷进来。他们的交易商当时使用的是价值类型的风险分析,而业务总管的想法也是基于收入的。但是这些企业无论在哪一个领域都没有起到引领智力发展的作用。对冲基金也还没有影子,如1990年的时候,认为大型金融机构要向由与社会隔离的书呆子管理的小型对冲基金学习经验的想法,因为太不可能了甚至连被嘲笑的机会都没有。

花旗银行、美国信孚银行和摩根的管理者希望能有办法控制那些他们不懂的交易业务。他们相信,很大程度上也是确切的,每一个部门都是在有经验和谨慎的专业人士管理之下。但是令他们担心的是某些市场事件会揭示出来所有的交易商都在赌注的同一方向上而毫不知情。之前没有人加总过大型金融机构里所有的风险。会计手段没什么作用。多数风险来自于衍生品,而衍生品对会计基本上是隐形的。甚至,当标的资产暴露出来交易风险时,你该怎样评估持有100万美元某股票和做空100万美元其他股票的风险?风险可能很大也可能只有一点儿。而且,头寸的变化非常频繁,所以等你得到了调整好的会计信息的时候,风险可能已经发生了显著的变化。每一家企业都会有些很大的、始料不及的损失足以吓倒那些高层。当然还没有因为规模很大而对企业造成实质性威胁,但是如果说 1000 万美元或者 1 亿美元可以因为某些神秘的原因不翼而飞,谁能说明天不会是 100 亿美元或者 1000 亿美元?

像往常一样,命令由上至下来了,压力在于没有太多的证明或阐述就要立即找到简单答案。我的阵营,那些以价值为基础开展工作的人,手上的数据是唯一可用于各个交易商之间比较的。因为所有的交易都执行每日盯市制度,所以都能在任何一个正常的交易日结束时计算出当天开市头寸的价格变化。而资本和收入在不同的行业里有不同的定义方式,而且无论是哪个,多数的交易商都不会去计量。所以无法希望那些阵营能提供出风险的测量方法。

幸运的是,正如后来的结果发现,我所处的价值阵营没有能加总不同种类资产数据的系统。每个交易商每日价格调整的参数不同,有时候也不一致。例如,一个商品交易商可能会把他的原油期货和石油期货分开进行每日调整,两者之间的价格差异不同于另一个交易商的盯市价差,后者可能是用于计算裂解价差期权的(基于原油和石油价格差异的期权)。也就是说,X 减去 Y 不总是等于 X 减去 Y。不管怎么说,要分析所有交易商的价值涉及了太多的市场参数和太多的复杂价值模型。

所以,价值阵营有风险的测量方法,但是资本阵营提供了风险矩阵。他们计算了风险资本,这是他们的策略在一定时间内以一定的概率可能损失的数量。在交易商之间进行定义是简单的,因为是可以检验的。所以,每天你可以预测一下每一个交易商的风险资本、部门内的策略以及所有交易商的总和——不是用资本而是用价值。再把计算得到的数字与真实的利润和亏损结果进行比较,然后调整算法直到得到正确的突破率,突破是指损失高于预测值的交易日数量。

所以,我们把他们的矩阵拿过来用在我们的测量方法上。或者,如果你更喜欢的话,他们把我们的测量方法拿过去用在他们的矩阵上。无论哪种说法,风险价值(VaR)诞生了。每天你都要测算一下 VaR,再对照检验一下超过那个数值的损失是否占交易日的 5%——或者不管你使用什么置信区间——不多也不少。

让我觉得可笑的是今天人们就这样用着 VaR 的名字,却没想到它根本就没有任何意义。价值没有风险。确定一个概率和时间范围再算个数字的想法很糟糕也很落后。这样做只是对资本而且是把它当作债券性质的时候才有意义。

据我所知,没有人认为这是个好主意。不是谁发明了 VaR。它是把现有部分缝合在一起的混合物,目的是赶紧找到解决问题的答案,虽然宽客们并不认为这个问题是重要的。

惊讶!

第一个让我们感到惊讶的是发现计算 VaR 极度困难。基于高斯分布或非参数方法的理论测算都悲惨地失败了。得不到正确的突破数,而且突破往往在时间上扎堆地发生,与 VaR 低的交易日天数也不存在比例关系。时间的集中说明即使平均来说可以得到正确的概率,VaR 也不是每天都有正确的概率。例如,可能有5%的交易日出现突破,那正是你希望的结果,但是在另一个 VaR 突破后,突破发生在 15% 的交易日,而且一个突破发生后有超过四个星期的时间,2%的交易日会发生突破。那可不好!你需要每天的 VaR 都是正确的。多数的突破发生在 VaR 低的时候是危险的。因为这说明当你认为 VaR 低的时候经常发生坏的事情,在认为 VaR 高的时候却很少发生。人们很快会对你失去信心。

无法回避的事实是我们不理解处于分布中心位置的那些风险。人们总是担心尾部上的风险——就是极端性事件。但是关于其他的日子——没有极端价格变化的正常交易日——发生了什么我们知道的却很少。而且,突破大多来自于系统或数据的错误。我们花在考虑如何更聪明地作出最好的估计或者默认那些缺失或者明显不正确的数据的时间要多于花在思考金融价格将会怎样变动上的时间。VaR 一个重要的特点是永远不可能再计算。在交易开始时设定的 VaR 是用来做检验的,不是后来可以得到的某种正确的价值。对于风险管理,最重要的是用来做决策的数字。

最终,我们很擅长做这样的事情了。这不是什么聪明的新理论,而是系统方面的改善,一堆临时方法相互之间一层一层叠加,每一步都结合了多个预测技术和学习算法。我们知道了很多关于系统和策略以及市场的知识,这之前甚至没人会看上一眼。

请记住没有人曾相信这个方法能管用。我们一直在努力满足总部愚蠢的要求,当然是在最小的精力范围内。只能说是宽客的诚实——或者可能是宽客固执的性格——使得我们辛辛苦苦地把事情做成了。其他人并不理解或者关心。除此之外,所有的这些都是我们主要工作边缘的事情,我们主要的任务是赚钱而且还要琢磨出怎样管理风险。

慢慢地人们明白了 VaR 是有点儿用的。一旦我们有了恰当完善的计算方法,我们发现 VaR 有突然的变化,通常这就是有用的警告。经常谈不上警告,但仍然是有价值的提醒。回顾一下过去很明显,但是并没有人想过一种风险测量的方法,如果它能够有任何作用的话,竟然会让你感到惊讶。在金融世界里你总是会感到惊讶的,而且 VaR 带来的惊讶要比等着让市场价格变化给你带来惊讶成本低得多。

VaR 突破是另一个有价值的警示。实际上,不可能很快就输掉很多钱,除非 VaR 上升或者是出现了 VaR 突破。VaR 非突破在另外意义上也是有用的。我们发现它们要比整套的结合了突破和无突破交易日的数据更容易建模。这也正好呼应了我博士论文的观点之一。

我有点儿超出故事的发展了。一旦宽客对 VaR 产生了信任,我们就开始到处应用。它是唯一可以自然地同时在交易大厅和高管套间里使用的概念。对交易员,我们说:"它就像点差一样。"对 CEO,我们说:"它就是实际风险的映射。"和交易员们,我们会真的下注,一直赌到他们接受 VaR 是正确的。在董事会里,我们展示各种统计图表。每一个人都很高兴。

情况变得更有利了。CEO 们想要的,JP 摩根的 CEO 丹尼斯·韦瑟斯通叫作"4:15 报告"的,是在闭市后马上得到风险的测算,包括银行所有的交易操作。CEO 们设想的是审阅风险报告,如果风险高得不可接受了就采取行动。交易员们考虑的是要在报告中上调风险,这样只要他们的利润相对于风险还是足够高的,他们就会被允许继续进行交易,可能甚至还会把对他们的限制标准提高些。

两种观点都不现实。VaR 不是风险的测量。它从来都没想过要测量风险。它回答的是这样一个问题:"如果市场是正常的而且我们没有交易,那么明天在 5% 的概率条件下我们预计损失会超过什么水平?"但是没有人问过那样的问题。答案说明不了在发生突破的 5% 的交易日里发生了什么,不正常的市场会发生什么,我们肯定要进行的交易会怎样,或者不是一天之内而是很长的时间会怎样。如果 CEO 命令要降低 VaR，应该怎样做不是很明确，因为实际的 VaR 是一系列复杂算法的结果。而且降低 VaR 是否会减少风险也不是很明确。把正常的结果压缩得更紧可能也会带来不正常的结果，甚至会适得其反。我们没有理论来讨论两种情形，也没有实践经验。没有完善的理论或者经验能够证明用 VaR 与利润相比或者作为限制是合理的。

问题不在于 VaR，而是与人们使用的商业模式相关。不可能一方面交易员们处理每个赌注赚钱，同时又被某个待在远处操控着总体风险水平的 CEO 管着。那是不可能的。这就好像一个将军要命令每个士兵每一秒一定要做什么一样。相反，你需要的是一系列命令，在每一个层面上都要有信息交换和决策。VaR 非常完美地适应于这种系统。每一个交易员的每一个策略都可以计算出 VaR。每个交易员要考虑每一个策略对整体 VaR 有什么作用。部门主管要考虑每个交易商的 VaR 将对整个部门的 VaR 产生什么作用。可以一直这样进行直到 CEO，他会考虑每一个业务对企业总体 VaR 有什么影响。不管 CEO 作了怎样的决策，又将以同样的方式传递下去。每一次意见的交换都是有效的，因为是在能够在同一个层面理解问题的人们之间。但是如果你切断了命令的传导链条，让 CEO 直接和前台交易员见面，几乎没有什么对两人都有意义的信息可以交换。

故事发展到这里分成了两个部分。当这一切正在发生的时候，JP 摩根的梯尔·格尔蒂曼在 1993 年发表了一篇研究论文把 VaR 介绍给了全世界。据我所知，这是此思想首次向华尔街内部圈子之外公开。第二年，JP 摩根向公众开放了一个免费数据库，提供可以用来计算 VaR 的相关性和波动率。最后成为一项独立的业务，以 RiskMetrics 的名字从公司中拆分了出去。RiskMetrics 多年来一直是提供 VaR 服务的主导厂商之一，最近被 MSCI Barra 收购了。梯尔发表的论文引发了连锁反应，让 VaR 进入了公众的视野，产生的结果有好有坏。那部分的故事将是第 19 章的内容。

同时，VaR 的优点促使华尔街的宽客进一步思考风险的性质。在 VaR 范围内似乎存在着频率主义的空间。因为有足够的数据，所以理性的信念很难偏离可观察的历史频率。同时根据亏损的量以及明确正常市场和无交易，确定 VaR 范围意味着你可以知道每一个可能的结果。在 VaR 范围之外，我们没有好质量的数据。概率就是信任。事情发展到最后证明了实际情况要远远复杂得多，但这只是我们的起点。那个观点的发展将在第 18 章中进行说明。

计算 VaR

我曾多次声明要预测一个可以通过严格回测的 VaR 是非常困难的。既然这本书不是为风险经理们准备的技术操作手册，我就不准备详细讨论了。举一个简单的例子来说明问题。假设你持有一个简单的投资组合，从 1930 年起到现在，在标准普尔（S&P）500 股票指数上投资了 100 万美元。期间一共有 19922 个交易日，一日 1% VaR 应该形成 199 个突破。也就是说，在这 199 个交易日里，S&P500 下跌的幅度要超过前一天闭市时预计的 VaR 值。

当然，不会有完美的算法可以让我们正好得到 199 个突破。由于随机取样的误差，可能得到的突破会位于 173 到 227 之间。完美的 VaR 算法也只有 5% 的时间可以得到这个范围之外的价值。

人们想到的一个简单算法是回顾过去，比如 1000 个交易日，然后把 VaR 设定在这段时间里第 10 个与第 11 个最糟糕损失的中间。那个 VaR 在过去将形成正好 1%（1000 个中有 10 个）的突破，所以可能是比较合适用于明天的数字。这种方法有一个名称；叫作历史模拟法 VaR（historical simulation VaR）。这是一个非常好用的数字，我自己就能计算。但是它并不是 VaR，不能通过回测。

这个方法有一个参数——一个必须被设定的数字。就是回看的交易日总数。如果价格变化的分布保持不变，长回看周期在统计上的结果更准确，但是短回看周期可以抓住最新的行为。我会使用 3 年，这是风险经理们最通常的选择，但是你可以选择任何其他周期进行比较。

以从 1930 年开始的三年为回看周期，一日 1% 历史模拟 VaR 的结果是 314 个突破，而预期的只有 199 个。这个矛盾不能用随机问题得到解释。问题在于股票市场的波动有上也有下。股票价格的变化是异方差的。如果你是处于平静的阶段，但是在回看的时间间隔里有一个波动的时间段，你得到的突破数就会太少，可能一个都没有。但是，如果你是处于平静阶段之后的波动时期，就会得到很多的突破。不是两倍，2%，而是多多了，可能是 3% 或 5%。你总是得到太多的突破是因为抵消了平静阶段缺失的突破后，波动阶段仍然有多余的突破。

同样的原因,突破在时间上的分布不是随机的。314 个突破中有 23 个是在另一个突破之后的交易日里发生的。也就是说,在某个突破发生后的那个交易日有 7.3% 的可能会出现突破,而不是假设应该的 1% 或平均一天的 1.6%。另外,有 136 个突破是在另一个 VaR 突破之后的十天之内出现的,所以如果前面 10 天内有一个 VaR 突破了,再出现 VaR 突破的概率就是 6.8%。但是,如果自从上一个 VaR 突破后已经超过了 25 天,那么突破的概率要小于 0.4%。

VaR 预测的第三个问题,也是异方差的问题,是突破日的平均 VaR 是 24100 美元,而所有交易日的平均 VaR 是 26500 美元。原因是平静阶段后与波动阶段后发生 VaR 突破不成比例。从统计上数数字来说好像没什么显著不同,但实际上是真的糟糕。因为这说明当你认为风险比平均水平少的时候实际上是多的,当你认为风险比平均水平多的时候实际上又是少的。如果就用一个固定的 VaR 数字,情况也会好得多。既然固定的 VaR 不能提供任何信息,而你的预测又比那还糟糕,为什么历史模拟的 VaR 不是 VaR 就很明显了。

然而,历史模拟的 VaR 已经是风险报告和为了管制目的而最常使用的 VaR 方法了。为什么?因为计算简便和客观性。它永远不会让你感到意外,实际上,它总是非常接近昨天的状况。不能通过回测的事实对从来不在意回测问题的人来说没什么意义。它总是会误导我们,当情况危险时告诉你是安全的而当情况安全时又告诉你是危险的,这些事实对于那些只关心报告和管制的人来说也不重要。只对管理风险的人来说是重要的。

你能想到的一个解决办法是把 VaR 设定在第 5 和第 6 个最糟糕损失的中间而不是第 10 和第 11 个。选第 5 和第 6 个是因为可以正好得到正确的 VaR 突破数——199。问题是现在你又引入了另一个需要预测的参数。现在不仅是要设定回看的周期了,我们不得不确定一个回看的周期和一个确定 VaR 位置的规则。需要设定的参数越多,算法就越容易受到时间序列的统计特性变化的影响。你总是可以设计出一个可以完美地适用于过去的规则,但是规则越复杂,对未来有用的可能性就越少。

不管怎么说,这个修正帮助不大。它可以给出正确的 VaR 突破数字,但是根据第二个标准衡量的话效果并不好,根据第三个标准就更糟了。现在,在 VaR 突破后的一天有 8 个突破,10 天之内有 80 个突破,而不是根据突破在时间上随机分布的假设分别可以得到的 2 个和 20 个。突破日的平均 VaR 是 27300 美元而不是整体平均的 31200 美元。

不管你选的是什么金融时间序列,或者用的是什么参数,你永远不会找到一个可以通过回测的历史模拟的 VaR。更糟糕的是,它会误导你。它会导致扩大周期波动的行为。在好时期之后你会承担过大的风险,而在糟糕的时期之后又会缩减得太多。这不仅对企业来说后患无穷,而且对于整个经济也是错误的。而且最糟糕的是,会强化那些非定量分析的人根据最近的过去进行推理的自然倾向。你将是一个受大家欢迎的风险经理,因为你总是告诉人们该做无论怎样他们都想要做的事情。

第二种在监管者和审计者之间最流行的 VaR 是参数 VaR(parametric VaR)。假设价格变化服从于某一分布,利用历史数据来预计分布的各参数。最普遍的假设是认为隐含的分布是高斯分布——也被称为正态分布或钟形曲线。这种形式是 RiskMetrics 推广的。RiskMetrics 不是用固定的回看周期来预测参数的。相反,它每天都会更新预测值。用昨天的估计方差乘以 0.94 再加上今天变化的平方的 0.06 倍。这叫作指数权重移动平均法(EWMA),因为过去每一天的信息都根据其在过去的距离的负指数函数进行了加权。距离现在近的交易日权重高,距离远的权重低,但是计算的时候永远不会完全忽略。0.94 的递减率在预测参数 VaR 方法中最普遍。在正态分布中,方差平方根的 2.33 倍是正确的 99% VaR 位置。今天这也是标准的假设。

不幸的是,用这些参数对 S&P500 进行计算得到的 VaR 突破是 1298 个,而不是应该的 199 个。这让历史模拟 VaR 的 314 个突破看上去有点面子了。参数 VaR 方法和历史模拟方法一样失败在异方差问题上,但是又多了另外一个问题。金融时间序列是肥尾的,但是正态分布的尾部是非常瘦的。如果假设金融时间序列是正态分布,就会低估极端事件的规模。

顺便说一句,你可能会想我又像在 12 章里一样夸大其词地认为数字有多不靠谱。但是考虑一下这些情况吧。VaR 数字被用于监管以及对上万亿美元的决策进行风险管理,它们是由一些历史上最聪明拿钱最多的宽客算出来的。但是这些最受欢迎的方法显然不能胜任最简单的任务,为最有流动性和充分研究过的金融时间序列的固定投资预测 VaR。但是几乎没有人在意。坏的数字出来了,不好的决策作出来了,然后生活接着往前走。很多人批评 VaR,但是多数人不知道问题出于粗心大意的计算。VaR 的概念有异乎寻常的价值。同样的情况适用于一般的定量方法。它们总是得到荒唐的结论而且因为不得力的实施而导致灾难。有责任的那些人,很自然地,声称问题出在一些复杂的微妙之处。但那不是真的。问题在于草率，哪怕是最简单的验算也可以很清楚地说明这一点。定量方法非常有力也非常有用，但是只有能得到持续的严格检验的情况下。

就此，一点儿也不奇怪参数 VaR 为什么会在一个突破后可以得出多得多的 VaR 突破(154 个，意味着某个突破之后再出现一个突破的可能性是 11.7% 而不是 1%)，而且在一个突破后连续 10 天内也是如此(711 个，所以如果 10 天前出现过另一个突破的话，出现一个突破的可能性是 5.5%)。如果采用历史模拟 VaR 方法，突破日的平均 VaR 是 13800 美元，比平均 VaR 的 15000 美元少。

把 VaR 设定为方差估计值的平方根的 7.63 倍而不是 2.33 倍就可以得到正确的突破数。但是这样做会再一次引进新参数。然而在这种情况下，我们不仅能得到正确的 VaR 突破数，而且还可以减少 VaR 突破集中出现的问题。除了在一个突破后的前 4 天内出现了太多突破的例外之外——当我们应该有 8 个的时候结果是 19 个——VaR 突破相当均匀地分布在时间序列上。原因是当波动率增加时，参数 VaR 升高得很快，而历史模拟 VaR 的反应则太慢，等到它显著增加的时候波动期通常已经结束了。

遗憾的是，VaR 低的交易日里出现 VaR 突破的问题变严重了。现在突破日的平均 VaR 是 22300 美元而不是平均 VaR 的 27200 美元。

有些好消息。这些问题很容易解决。举个预测 VaR 的简单例子，包括上面提到的两种中任何一个。如果出现了一个 VaR 突破，就把后面一天的 VaR 预计值翻倍。这叫作 100% 的 VaR 比例因子，因为你把 VaR 预计值增加了 100%。每有一个 VaR 突破，就给比例因子加上 1。每有一个非 VaR 突破，就把比例因子乘以 0.94。

你可能会提出反对意见，因为这又在 VaR 计算中加入了两个参数——在突破日提高比例因子和在非突破日降低比例因子。的确如此，问题是我并不是要挖掘数据得到完美的参数。我只是在突破日把因子翻倍，在非突破日用的是 RiskMetrics 的衰减因子。任何一套合理的参数都应该有同样好的结果。重要的是你需要一个 VaR 预测值能够对任何不寻常事件作出强烈的反应，然后能很快适度地稳定下来。这个特性要比其他任何预测的细节都更重要。有很多种方式可以将这种特性置入 VaR 系统中，包括一些最优贝叶斯规则和其他的以另外一些理论为基础的原则。我不介意你是怎样做到的，但是除非你能做到这点，否则你的 VaR 就不能通过回测。

另一个反对意见认为这个方法有点儿骗人。如果把某个突破日后一天的 VaR 提高到无穷大，99 天后再降到负的无穷大，我总是可以正好得到 1％的 VaR 突破数。那种情况下，我总是可以每 100 天后正好得到一个 VaR 突破。VaR 突破在时间上不是随机分布的，它们会有规律地分布着。但是我可以用一个随机数字生成器在 99％的交易日里使 VaR 无穷大，在 1％的天数里使 VaR 为负的无穷大来解决这个问题。虽然如此，不管怎样我都不可能通过第三个检验。所有的 VaR 突破都出现在 VaR 为负的无穷大的时候。这表明坚持三个检验的重要性。欺骗的手段可以通过任意两个检验。即使碰巧某个算法可以通过三个检验，你还应该检验是否存在某个因素预测 VaR 突破。这就是为什么我喜欢让人们根据 VaR 下注——赌博可以让人们找到你也许从来没想到过要检验的因素。

假设用一个简单的参数 VaR 预测方法，将 VaR 设定为之前三年观察到的方差的平方根的 2.33 倍，然后加上前面介绍的 VaR 比例因子。那样我可以得到整个周期的 188 个突破，在 173 到 227 个预计的突破的 95％置信区间内。突破随机分布在时间序列上。在一个突破之后的一天应该有两个 VaR 突破，而且正好是两个。所有的一个 VaR 突破后第一个十天内会有一个、二个或者三个突破，除了一个突破后九天内为零。如果 VaR 算法是完善的，这些与机会是一致的。

突破日的平均 VaR 是 27500 美元，高于平均 VaR 的 25100 美元。理想的情况是两个数字一样，但是在高的一侧发生错误比在低的一侧发生错误要好得多，前两种 VaR 算法就是那样。这说明当你说 VaR 高的时候，它的确是高的，比你说的还要高；当你说 VaR 低的时候，它的确是比你所说的还要低。你当然想得到真正正确的数字，但是在这种情况下至少你的 VaR 信号在方向上是正确的。

现在考虑只有一个市场因素有 VaR 的情况。实际的 VaR 应用决定于很多个别市场因素，根据实际情况，可以从成百上千到数以百万。正确地得到每一个个别因素的 VaR 还不够，你还需要考虑因素之间的相关性和关系，更不要提总是会在头寸和历史价格序列上发生错误。一些头寸可能根本就没有历史价格序列，但是不得不根据间接的模型进行预测，有时候还是高度复杂的模型。即使是在简单的单市场因素和完美的固定数据情况下，历史模拟或参数预测方法都悲惨地失败了,利用这样的技术显然是愚蠢的。唯一有用的算法是基于简单的原则——例如,如果发生了任何与昨天的风险模型不一致的事情,就把昨天那个事情的风险进行双倍计算——适用于自下而上加总的过程。像这样的算法不可能被置入受控的系统中,其后也不可能进行有意义的监督。它们的结果得不到解释。信任它们的唯一原因是它们的确有用而且其他所有的办法都做不到。

第15章

热血与薄血

第 15 章 热血与薄血   237

第 16 章

风险经理做什么？
——VaR 之外

中台有三种标准工具用来研究风险价值(VaR)范围之外的区域。大多的 VaR 突破发生在普通的交易日，只是带来很大的损失。但是大约有 1/10 可能是异乎寻常的事件：政权更替、黑天鹅、危机、暴跌、恐慌，等等。这些交易日会是你最大的危险和机会。当它们发生时，一般你是不会有机会来考虑很多的，而且无论什么情况，人类的直觉通常会迫使我们采取正好是错误的行动。因此，为了做好风暴来袭的准备以及在风暴中指导决策，风险经理发展了一些在平静的交易日里使用的工具。

压力测试

第一个工具是压力测试。和 VaR 一样，很大程度上，在风险管理专业之外存在着对压力测试的误解。人们认为它们是最坏情况的情景。实际上最坏情况没有任何的意义。套用约翰·梅纳德·凯恩斯的话，最坏情况之下我们都将死去。如果你想的话是可以假定一些可能是极端糟糕的事件，再计算出它们对机构的影响，但是那些答案又有什么作用呢？

恰当的中台风险管理压力测试并不是假定一种情形然后计算这种情况下的损失；它是从一定程度的损失开始然后来问有什么样的事件可以导致这种损

失的发生。损失的程度一般是设定在 3 倍到 10 倍的 VaR 左右。这个范围超过了日常的经验，但还没有到那种没人能预料会发生什么事的程度。然后你会问什么样的可能事件会导致这样的损失：股票市场得暴跌到什么程度，流动性得紧缩到什么程度，自然灾害得有多严重，金融机构破产或者主权违约要有多大程度？压力测试的目的是检验突发事件导致损失的可能性，所以我们不会去研究比较缓慢发展的危机，例如经济衰退。

认为压力测试是最糟糕情景的人也认为机构应该保持足够的现金用来支付预计的压力损失。那样做的一个问题是现金不能解决所有问题。如果保险柜被盗了，柜子里的现金起不到防止保险柜被盗的作用。另一个问题是压力事件的水平是主观设定的。如果你需要 1000 万美元用来偿付 30% 的股市暴跌，为什么那就是正确的应该持有的预防意外事件的现金量？为什么不是 2000 万美元应对 60% 的暴跌，或者是 500 万美元支付 15% 的暴跌？由于指标的构建，你是不会知道压力情景发生的可能性的。那是超过 VaR 范围的事件，你只能相信 VaR 范围之内的数据。没有概率的量是没有用的。

有用的是确定可预见事件相对损失的规模。例如，假设一个企业典型的 1000 万美元投资有一日 95% 的 VaR。合理的压力规模是 5000 万美元的损失。出现这样的结果可能需要股票市场暴跌 20%，或者长期利率下降 50 个基准点，或者是企业最大的借款人中有三个同时违约。虽然没有人能准确地预期任一种情形的概率，但是对相对的可能性进行主观判断还是可能的。美国股市一天之内下跌超过 20% 只发生过一次，但那没多少警示作用。美国的长期利率一天之内下降超过 50 个基准点发生过七次，但是就在写这本书的时候，我想大多数人会认为明天就发生那种情况的可能性要小于股市暴跌。假设企业三个最大的借款人信用状况良好而且处于三个不同的经济部门，同时发生违约的情形看上去是三个当中最不可能的了。要注意这些判断是建立在长期的历史和一般的知识基础上的，并不是我们用于日常决策的特定的短期数据。

这种判断性概率排序的意义不在于说明企业应该比债券更担心股票，比债权更担心债券。担心不会有任何作用。无论怎样，你都不相信预测的概率有什么客观准确性。重要的是分析那些人们认为相对有可能的事件将带来什么影响会更有实际效果，因为人们对于事情会怎样发生会有更多现实的想法。让人们为他们认为不可能发生的事件做计划是没有用的——不是因为认为不可能的事情从来不会发生，而是因为要为什么事做计划，你必须先能想象它是什么样的。外星人明天在地球着陆不是不可能的,但是谁知道对金融市场会产生怎样的影响呢?

不管怎样,中台的风险经理会选择四个或五个最可能的导致企业突然发生5000万美元损失的压力。在可能的范围内,压力应该是相互独立的而不会是一起发生。对于金融企业典型的一套压力可能是股票市场暴跌、信贷紧缩、商品价格突然上升、利率突然上升以及流动性紧缩。风险经理就可能出现的情形充分研究每一种压力将如何影响其他市场,而不仅仅是压力本身也有可能的后续效应。这也仅仅考虑了立即的影响,而不是将来的。例如,信贷紧缩意味着会有更多的违约。但是那些不会马上就发生。信贷压力可能从一个大的破产事件开始,但是风险经理应该做的不是去猜测随后会接着发生多少的破产事件,而是要预计增加的信贷价差对企业所有头寸产生的影响。

压力测试还要确定麻烦可能出现在哪里。除了直接的损失之外,这些事件还会以什么方式给企业带来巨大损失吗?有什么现成的程序来处理这些事件以及其后续的影响吗?会出现现金短缺吗?合作伙伴对企业的信心会消失吗?企业对一些合作伙伴的信心会消失吗?客户会提出企业不能满足的需求吗?企业的资本会降到管制或交易要求的最低资本金水平之下吗?这些事件会触发某种重要的合同条款或引起衍生支付吗?压力测试的另一个价值是随着时间的推移,预期损失的变化将勾勒出一副企业不断变化的风险图。如果所有的压力最初都被设定在5000万美元的损失,但是,商品价格上涨的压力现在会导致企业损失7500万美元,这会告诉你一些不能从商品账户的头寸规模或者商品交易部门的 VaR 中明显看出来的情况。

压力测试的计算还要假设企业不会采取任何纠正行动。在我的职业生涯里,不计其数的交易商曾这样告诉我:"我才不管如果 X 了我现在的头寸会怎样,因为早在 X 发生之前,我会交易形成完全不同的头寸。"那种说法完全没有搞清楚压力测试的意义。中台的风险经理试图测试的是企业消极防御的能力,不需要人们作出正确的决策,甚至不需要人们进行任何的决策。他假设人们正确地进行日常工作,不是交易商止损了,或者 CFO 预见到将来的问题又筹集了额外的现金。

这是压力测试最重要的意义。风险经理知道假设的情形不会发生。不管发生了什么也都会不同于检验的情形,而且至少可能会在某一种意外的方面更糟。风险经理想象某个特定的情景只是为了创造合理的虚拟检验。他希望为可预见事件做准备的训练能帮助企业在实际危机中生存下来。那个希望的依据是,虽然有无穷多的事件可能会发生,但是总会有很少的确定数量的方法可以奏效。定期的消防演习不仅可以在发生火灾的时候帮助快速地撤离建筑物,也可以为其他任何的原因:爆炸的威胁,有毒气体,炭疽病毒。想象最有可能发生的灾难会帮助你策划一些具体的事情,比如不依赖外部动力的应急灯,不会锁上的防火门,查看残疾和受伤人员的楼层消防管理员。最终,这些都可能有利于处理紧急情况。

这就是为什么在合理的范围之内压力测试的规模并不是非常重要。为废纸篓里的火灾做准备没有任何意义,因为太接近日常的经验就没有了测试的意义。而为毫无预警就能烧光整座大楼的火灾做计划也是没有意义的——不是因为不会发生,或者不可能有幸存的机会,而是因为没有人知道那会是怎样的情况。为防止能点燃附近家具并释放有毒气体的煤气管道爆炸进行计划是合理的。假设火势有一半或者两倍大小不是真的重要。但是你肯定不会想把它设定为你可以想象的最糟糕的火灾。

压力测试还有另一个更加技术性的用途。金融机构的中台风险经理总是很关注市场价格变化给企业带来的影响。通常的想法是线性的,例如股票市场每下降1%,企业将损失100万美元。但是也有很多非线性的关系。例如,如果股市下跌10%,企业可能会损失1200万美元或者是600万美元而不是1000万美元。遗憾的是线性的风险在业务单元之间容易进行加总,而非线性的则非常困难。最容易的表述通常是作为压力情景下企业范围内的损失。做完这些后,要对称地考虑好的和坏的情形;也就是说,你要考虑股市上涨30%,也要考虑股市下跌30%。这样应用压力测试更像是后台风险管理的功能而不是中台的。用简单的方法报告风险是有用的,但它不是重要的策略参数。而且真的不应该被称为"压力"测试,因为没有涉及任何压力。它是预计的评价。

超出 VaR 的情景

下一个研究超越 VaR 范围的中台工具是情景分析。它和压力测试有些类似的地方,但不是那些突然的冲击而是想象得到的一系列可能的不好的事件。这是检验企业积极防御能力的工具。重要的是要事前作好决策,这时每个人还都很平静而且有足够的时间，不能等到恐慌之中再来反应。同样重要的是要在共识的基础上进行决策。紧急情况下作决策的通常是那些非常自信或者野心勃勃的人，而他们可能最不适合；有些时候，还会是那些叫得最响的人。即使那些都不是真的，当危机来临时，那些能提供意见和进行决策的关键人物可能无法联系上。所以在事前就能够知道他们的想法是值得的。

情景分析最终总是会走向死亡。就是说，分析不会在达到某个特定的程度后就停下来，你要不停地把损失叠加起来直到再进行决策没有了任何意义，因为要么企业已经不存在了，要么已经将所有的风险降到了零，或者情景变化到了不可能的程度以至于人们不知道该怎么做合适。作为一个宽客的中台风险经理，我总是希望能有一些定量的规则，可以把它们编程后输入电脑自动发出警告。例如，每个人都会进行的情景分析是企业的交易损失。从第一天损失1000万美元开始，然后只要没有采取行动，每天的损失就翻倍。连续五天损失翻番后，执行委员会可能不再相信企业的主管们能够自己来管理危机，从而决定要将企业所有的交易限制下调20%。当然，那不是唯一可能的决策。你可能只减少那些输钱的交易部门的限额。也可能会要求关闭所有的头寸。也可能什么都不做。但是，不管什么决定，作为宽客的风险经理希望决定是明确的。也许是五天或者更多天连续的交易净损失且总损失超过3亿美元将导致所有人的限额下调20%。

最常见的反对情景分析的意见是业务单元已经根据情况让相关人员和系统进行应对了。出现3亿美元的损失后，调整可能已经作出了，所以在企业层面减少限额会是一种过度反应。听上去好像有道理，但是这种观点忽略了一个重要的事实——没有哪家机构可以无限地承受损失。全企业减少风险的决策会被制定出来的，如果没有其他的情况，那些决策将在合作伙伴、监管者，或者破产管理人从CEO冰冷的死亡之手中夺过企业控制权后作出来。选择不是要不要在危机中减少风险，而是要不要根据平静时期制定的而且管理者同意的规则系统理性地减少风险，还是根据在危机中掌握了决策权的人在当时认为是正确的方式减少风险，不管那时那个人碰巧掌握什么样的信息。

自然地，事先的决策并没有约束力。制定决策还必须充分考虑当时的环境。但是，非常重要的是要有一个默认的决策作为基准点，要了解在平静状态时你认为应该做什么。提前进行所有的理论讨论也是重要的，这样，在危机中，人们可以集中精力考虑手上特定的情况。例如，一个人可能会坚信永远不要用降低风险来应对损失,而另外一个人则会坚持摆脱亏损交易保证得以生存是有道理的。那是在平静的时候要讨论要解决的问题。当危机就在身边时,每个人都需要尊重解决方案,而且应该集中精力讨论是否要推翻这个方案,不是因为一般的原则而是因为真实事件中始料未及的情况。整幢大楼正在燃烧的时候,可不是进行防火安全哲学讨论的时机。

这个过程通常是存在分歧的,因为人们有多种个性,企业有各种支持者。个人在决策时可能会面临困难,因为他们中有部分人会希望直面风险,而其他人则会希望处事谨慎。他们经常的反应是不想作决策,主张"船到桥头自然直"。那是与好的风险管理理念相悖。分歧的另一个层面是,对股东最好的未必对债权人、管理层、雇员或者客户最好;对这些人群是好的对其他人来说未必也是好的。另外,推迟决策要比在不同的群体利益之间进行明确排序更容易。

顺便说一句,情景分析即使不能帮助决策也有一个另外的好处。我职业生涯中最痛苦的会议是在严重亏损之后开的"好吧,你希望怎么做呢?"此类的讨论会。没有人想第一个提出减少风险的建议,而且也没有人希望成为阻止这个决策的人。输掉很多钱会让人抬不起头,感到害怕,而且情绪激动。我也是有了足够多的体验后才知道的。大赚一笔时的愉快记忆此时并不会有丝毫安慰,像冰一样冷。我希望那些说粗心大意的金融交易员丝毫不在意亏损的家伙可以参加一次,哪怕只是一次那种会议。桌子边上坐的交易员和经理人不是瘫痪的儿童,他们是有经验的专业人士,有着可以运用到问题上的重要的复杂知识。如果会议没有安排好,就会不仅痛苦而且也经常毫无效果,这种情况下企业不会从其雇员的技能中得到最大化利益。当风险经理能够说:"去年夏天我们碰到了这个情况而且决定了此类事件发生时应该把所有的头寸都减少20%。有谁想推翻这个判断吗?"这通常会引起非常有效的讨论。十次有九次的决定是不推翻,可是问题的所有方面都会被彻底地揭示出来,这是在那些没有安排设计好的会议中看不到的。而且从感情上说,在没有设计好的会议上讨论就像是在人迹罕至的荒野中漫步一样,与之相比,处理特定的你擅长回答的问题绝对更容易被接受。

黑洞

第三个工具完全是定量的,在损益分布中寻找漏洞。压力测试和情景分析关注的是那些可能伤害到企业的重大外部事件。然而,多数的重大损失是由单个不可能事件意外组合在一起而引起的。有一些数学技术可以用来寻找这些事件。我不会讨论那些技术细节,但是一个简单的办法是观察数据库里过去交易日中的价格变化,要找到那些如果按比例扩大到平均交易日内的变化规模可能会导致现有的投资组合发生重大损失的。例如,你可能发现过去一个平静的交易日,此时大多的市场价格变化只有平均变化程度的1/10。取那天的价格变化——有上有下——每一个都乘以10。然后在把这些扩大的价格变化放在企业当时的头寸上。例如,给你带来6倍VaR的损失,这就可以构成损益分布的黑洞了。你不知道比例扩大的交易日会是可能的事件,但是你知道那天发生相对价格的变化是可能的,而且你知道那天价格变化的总规模不是不常见。那就足以值得我们进行调查了,可以预设为有问题。除非你能找到非常有力的证据否定被扩大的交易日是不可能的,否则你要把它列为黑洞。风险管理不是猜测要发生什么,它是为可能发生的任何事作好准备。如果你为一个不可能发生意外事件的一天作了准备,也没有问题。但是如果你没有为可能发生意外事件的一天作好准备,那就不是没问题了。

为什么风险经理不能防止金融危机发生

所有这些技术为什么没能防止金融危机呢?我想我和其他人一样有资格来回答这个问题。中台的风险经理相互之间经常沟通,在危机之前的几年更是特别的开放,因为我们都在与监管部门的各种规定变化作斗争。我们都想知道其他人是如何做的,这样我们可以和监管部门谈判形成可以接受的一般标准。而且,从一开始我就在金融风险企业里,在各种正式的和非正式的中台风险经理组织里都很活跃。最后,整个时期我在商业银行、投资银行和对冲基金都工作过,所以我比大多数的风险经理都有比较宽的联系和经验。

我第一个要给予的评价是一些企业非常认真地对待风险而且工作很出色,它们都生存下来了。其他企业就不太认真了,而且有些企业根本不理会专业意见,除了表面上必须满足规定的最低要求。有些这样的企业破产了。但是在那些做得不是很好的企业里,所有偷懒的家伙一般并不比平均的成功者差。原因是风险管理存在很多的层次。一家企业可能天生就有非常好的前台风险管理,对重要事务的财务管控很强,而并不在意什么带着风险管理头衔的人。虽然比不上有优秀的现代金融风险管理的中台部门好,但还是要比一个中等的或者差的、缺少强大的前台和后台风险管理的中台部门好。中台风险管理只有真的干得不错而且能得到整个组织的重视才能发挥作用。好比一条双车道的路,优秀的部门赢得尊敬,而表现差的部门将失去地位。在我看来,多数应管制要求而生的中台风险管理是没用的。不是因为管制有问题而是因为那不是可以管制的东西。就像要通过一部法律要求篮球队好好打球一样。

第二个是,即使华尔街上风险管理最糟的企业也要比出现在最流行的记录和新闻故事里的夸张描绘要好得多得多。风险管理这事比看上去要困难得多。人们不记得那些在危机前就失败的金融机构,它们因为资产收益率低,股价下跌,所以被更有攻击力的竞争者以非常便宜的价格收购了。2004年JP摩根就是这样被第一银行收购的。在2005年和2006年,摩根仍然不断地让投资者感到失望,所以出现了要被收购的谣传。一旦谣言四起,银行职员纷纷离职,他们为自己的股权或者期权价值不断下跌而感到不满,也不想面对被收购的局面。这又引起了利润和股票价格进一步的下跌。公平地说JP摩根的风险低于华尔街大型企业在2000年到2004年长期生存要求的最低水平,而且从2005年到2007年在最低的风险水平上。不受关注的失败者带来的损害没有像从高处跌落下来的那样具有戏剧性或者集中,但在总量上也非常显著。而且那些承担了很多风险的企业在爆发之前做得也相当不错,那些没有冒多少风险的企业就像经济的净损失一样没有什么可以抵消其对经济的损害。

另一方面,在雷曼兄弟倒下美林被出售后,摩根士丹利就是下一个要倒下的多米诺骨牌。所以任何超过摩根士丹利水平的风险就是死路一条。对于那些会说"当然是银行风险太大"的什么都知道的批判家来说,这两家企业的风险管理操作几乎没有什么差别。两家企业对风险都非常认真:无论是在风险管理部门内,在业务单元里,还是在高管的办公室里。两家公司都使用了复杂的分析工具,在现金和资本储备上,应急方案、财务保险、套利保值及其他风险缓冲安排方面投入了大量的资金和精力。两家企业都有非常专业的人才专注于保护企业。两家企业都精心设计了薪酬结构以激励员工。我同意总体上JP摩根更加保守,特别是在资产负债表和与美联储的沟通上,但在公众讨论的银行风险框架范围内,两家企业是不分伯仲的。可能摩根士丹利将风险标准设在51,JP摩根的在49,但是那些批评家们认为它们都被设定在了100,而希望所有的企业都能降为零。

金融风险不是由任何一家企业的破产而导致的,即使有一家企业或者甚至是所有的企业在较低但合理的风险水平上运行,危机也是不可避免的。企业为了避免发生危机需要减少的风险量可能也会摧毁企业能够创造的任何经济价值。完全禁止可能都要比让企业在避免危机出现的低风险水平上运行更好。

所有的银行,实际上是所有的大型受管制的金融机构,要么破产了,要么要不是有政府大规模和史无前例的救市也已经破产了。那不是个别银行承担大量过度风险的功能。个别机构的风险行为和机构破产有关系但本身不会导致危机。不可能通过让每一家机构都安全而让整个金融体系安全,只能通过让整个系统面对个别机构破产时更稳定才能让整个金融体系安全。

进入2007年的时候,典型的华尔街企业信用压力测试的水平只有实际发生的40%。但是要记住,压力事件并不是最差的情形。压力测试的确显示了美国国际集团(AIG)、联邦国民抵押贷款协会(FNMA,"房利美")和联邦住房抵押贷款协会(FHLMC,"房地美")和抵押贷款和市政债券保险公司都有危险。但是,它们没有指出大型的商业银行和投资银行也存在着显著的风险。和大众的想法相反,压力测试的结果包括了房地产价格的下降,结构性信用出现巨大损失,特别是那些次级抵押结构性贷款。企业储备了大量资金以应对此类事件,也购买了大量的保险。压力测试和情景分析的确在帮助企业为危机作好准备和应对危机方面做了有益的工作。

随着情况在危机中变得越来越糟,企业削减持仓头寸,增加套利保值,但是就在这里产生了大麻烦。金融专业的直觉总是要进行价差交易。如果担心信用状况恶化,他会买进3B级证券进行防御——这些是在信用等级评价标准上仅高于垃圾债券的债券。垃圾债券在好的或者差的时候都可以出现违约,而3B级债券违约率显著增加会告诉你市场上出现了信贷紧缩。当然,更高级别的债券——信用级别是A、2A或者3A的债券——违约率的上升更能说明市场上出现信贷紧缩了。3B级债券的价差会首先开始增加,所以这是设置第一条对冲保值防线的好地方。如果在3B级债券上开始赚钱了，就可以用这个利润买进更高级别的防护。

3B级防御是在严重的信用危机中可以得到收益的保险策略，但是对于历史性的衰退并不会带来任何的收益。专业人员也会出售超优级别债券的保护策略，用赚到的钱买进3B级的防御。出售超优级别的保护只有在空前的历史性危机中才会折本。3A级债券的设计是即使大危机重现也可以得到偿付——理论上。超优级别的债券在资本结构中位于3A级债券之上，所以超优级别债券要发生任何损失，3A级债券得先被清扫一空。

在现金流量的意义上，3B级保护的多头/超优级保护的空头交易是有利的。也就是说，3B级证券出现了大量损失，所以买进保护可以获益，同时，超优级债券是安全的，所以卖出的保护不会带来成本。在这个方面，银行做的是正确的。它们的风险管理模型保证了与实际现金流观点一致的正确方向。

给企业几乎是致命一击的是点价差交易需要的杠杆。例如，假设一家企业买进10亿美元的3B级保护，是通过卖出100亿美元的超优级保护来支付的。超优级保护比3B级保护便宜是因为超优级发生违约的可能性小。因为超优级债券便宜，与可以买进的3B级保护相比，就得卖出更多的量。这意味着10亿美元的对冲需要110亿美元的名义衍生头寸。在危机深处，没有人会关心你持有的债券是什么，他们关心的只是你有多少的杠杆。很多企业破产的时候持有的那些仓口，如果能幸存下来，最后都是可以产生收益的。

我要解释清楚的是我并不是在为这些交易或者所有企业的风险管理决策进行辩护。杠杆是风险，而且所有人都知道。大多数企业选择过度的杠杆形成了危机，在危机中又不断增加杠杆——却利用不完善的会计和信息披露原则欺骗公众说他们正在减少杠杆。对冲可以抵御一些危险，但也可以导致另外的危险。基本上，一些企业在赌我们不会发展到比大萧条更坏的程度，而且市场会保持至少一定水平的流动性。正是这后半个赌注差点干掉了很多企业。这是可以进行合法性讨论的，特别是2007年秋天发生的事件已经清楚地显示了流动性存在紧缩的可能。但是我主要的意思是实践中作决策是很难的。如果事情的结局完全不同的话，那些对冲看上去就是非常明智的决策。那些认为靠一堆死板的原则就能有效地管理风险，或者认为管制者有事后质疑企业管理者的判断力的人简直就是生活在梦境中。在现实的世界里，这一直都是非常难的，聪明的、有经验的、谨慎的人有时候也总是会出错。唯一的好消息就是之后他们会变得更加聪明、更加有经验、更加谨慎——或者死掉。

管制者们可以做什么？他们可以将经济的核心金融基础与华尔街的冒险行为隔离起来。衍生品赌博不应该威胁一个人的小额银行账户，或者导致ATM机不吐钱了，或者抽干保证货架上有商品和工厂能运转而必要的短期信用。没有任何理由任何这些事情应该与经济赌博的机构有关。让政府为银行账户担保，然后银行再把钱放在政府债券之外的其他地方，这种做法简直是发疯了。好吧，你可以认为允许银行用被担保的储蓄账户进行住房抵押贷款和提供短期企业信用有社会方面的意义。这是在对那些借款行为进行补助，尽管我认为那么做不好，但是我理解为什么其他人会认为是好的。然而我也不是强烈反对，因为我相信两种信贷都是好的，而且如果有简单而谨慎的标准，它们都是安全的。但是为什么允许银行进行杠杆信贷——借给负债很高的企业，通常是因为收购——用的却是由政府担保的储蓄资金？如果贷款被偿还了，银行可以得到巨大的信贷价差。那应该是对风险的补偿，但是风险是由纳税人承担的不是银行。更疯狂的是允许银行进行大量的衍生品赌注，利率会持续上涨或者下跌超出人们预期的水平，或者原油和石油的裂解价差会扩大，或者日本元对加拿大元升值的幅度会超过两种货币短期利率水平的差异。

另一个对管制者来说有价值的目标是减少金融企业之间的联系。太多不相关的企业受着持股公司的控制，而不同企业之间存在着太多可相互抵消的交易活动。在金融体系中大量的风险只是纯粹的凌乱。自从我到华尔街后，此类的清算就一直在进行中，2000年后开始加速了。这种情况没有受到重视是因为太不起眼了，但是我想，通过管理者的鼓励，我们可以在十年之内使情况变得井然有序。问题之一是那些靠低效率生存的人和机构在拖后腿。另一个问题是后台人员，特别是后台计算机人员，没有得到足够的尊敬。那是华尔街上根深蒂固长期存在的偏见。我开始工作的时候，这种偏见也扩展到了宽客。情况在发生变化，但是太缓慢了。华尔街需要一些最好的、最聪明的计算人员。为了聘用这种人，要能给出足够的薪酬，但是多数的信息技术专业人员更愿意到尊重他们专业知识的软件公司去，而不愿意去将其视为给企业惹麻烦又花钱的附属品的金融公司。很大程度上金融就是信息处理，但是大多数企业是由前销售人员管理的。在大型金融机构中，首席信息官或者首席技术官有信息处理之外的从业背景并不是不常见。

管制者可以大幅度削减他们要求企业提供的报告和数据的数量。多数的信息是没有价值的而且信息编辑也很费钱。相反,他们可以像中台风险经理一样思考:要求企业提供一些关键信息,对它们进行严格检验。要求企业每天在交易开始前提供95％置信区间的一日VaR预测值。然后测试那些数字,看看企业是否真的有VaR突破的准确数字,而且VaR突破是否在时间上独立并与VaR独立。几个月之内你就可以发现哪些企业在控制之中,哪些企业不是。如果由我负责的话,我会把VaR数字公布出来,允许公众下注。那是我永远不会掌权的很多原因之一。不管怎样,有一点儿有效数据比满满几仓库想象出来的数据要好得多。

当然,管制者可以停下来不再救市。每一个人都憎恨这样做是因为成本高还会导致道德风险;也就是说,救市是在鼓励每一个人依赖政府去挽救他们,而不是靠自己采取预防措施。但是还有比这更糟糕的东西。救市摧毁了演化和创造性毁灭的健康过程。它们用多年前就应该灭绝的野草堵死了金融系统。那些野草用光了有价值的创新需要的全部资源。不是最适宜者生存,我们是最大者生存,而且因为管制者通常是最保守的,所以也是19世纪最适宜者生存。大量的金融企业破产,它们应该很快地而且经常地倒闭。唯一安全的系统是允许失败的系统。

管理风险

处理完目前的这些事后,我们终于可以行动了。这一章节的题目是风险经理做什么?直到目前,答案更多的是关于风险经理测量什么,或者讨论什么,或者考虑什么,或者怎么计划。

现在你已经有了VaR,用压力测试和情景分析为所有可预见的事件作好了计划,堵上了损益分布中所有的漏洞,可以下班去喝杯啤酒了吗?不,抱歉,你还得管理风险。

这项工作很自然地分成两个部分,在VaR范围之内和之外。范围之内,你有足够的数据,而且结果是受控制的,所以传统的统计分析可以发挥很好的作用。基本目标是将风险控制在凯利水平上,不高也不低。实际情况要比标准通常表达的更复杂些,因为凯利标准对低概率坏事件的可能性非常敏感。也就是说,你得用一些超出VaR的分析方法为财富总量和方差设定合适的参数值。

反之，如果你用的是明显的测量方法，例如，用企业的价值代表公司财富，用结果每天的变化代表方差，你会有太多风险而且会失败。

为了讨论怎样进行控制，我们还是把设定风险水平的问题搁置一下。记住你不是一个独裁者，你不是企业里唯一理解风险的人。而且，你没有进行实际风险决策所需的信息。有些信息在高管的办公室里，而且这些信息关系到企业长期战略计划和利益相关者的态度。其他信息分散在企业业务单元里。甚至在可以考虑设置最优风险水平之前，你还需要设定一致性的风险水平。这意味着你需要各种系统将企业各单元的信息加总起来为企业高管提供一致的风险全景，需要各种系统将高管的决策转换成对于前线风险决策者有意义的风险指示。一个构建了这样的系统但是不能提出有用建议的中台风险经理是称职的专业人士。风险大师如果对风险有深刻的洞察力但却没有耐心建造加总风险和沟通决策的机器，也不过只是一名咨询人员而已。

我已经讲了很多关于加总过程的事，同样这也是预计和检验 VaR 需要的过程。你把自己的分析带到执行委员会上，为他们描述企业的风险并提供改善的建议。通常其后是讨论然后是最终的决策。之前我警告过，风险经理不是风险独裁者，在委员会中的高管们有着你没有的重要信息。但是也不要在另一个方向上走得太远，认为你只是提供数据和等候指示。类似的情况是首席法律顾问，他在委员会上提供关于司法事务方面的一些信息，参与讨论如何处理这些问题。他不管理企业的运行，而且在宽泛的意义上，他会顺从管理企业的人的决定。但是他不会接受任何非法的决定。如果委员会告诉他一个决定，然后说，"让它合法化，"那么他就是受雇的打手，而不是公司的顾问。同样的情况还有公司的财务总监、首席合规官、保险公司的总精算师，以及技术公司的首席科学官。他们对公司有应尽的义务，但也有职业上要求的职责。这属于专业人士和技术专家区别的一部分。

假设讨论进行得足够顺利，你没有被解雇也没有被迫辞职，这是风险战略的高级决策。被解雇或者辞职的资格只是一个技术问题——这些事情除了罕见的极端情形之外不会出现，风险管理是在相互尊敬之中进行沟通达成共识的过程，而不是在敌手和傻瓜之间的作秀。现在决策已经作出了，你的工作就是要形成风险策略。主要的工具是风险限制，因为你的业务单元是在风险控制之内的，你就有了一个可以精准测量、部门主管可以控制而且与风险水平成比例的客观参数。如果风险在一个业务单元里太高了，你要减小限制。如果风险太低但是在限制之内,你要提高限制。如果风险太低但是不在现有的限制之内,你要找出来为什么会这样。

这个过程要辅以与前台风险经理的沟通。风险经理和风险经理之间交换技术信息有利于前台风险经理更好地管理业务中的风险,比由上至下的限制能做的还要好。同时,前台经理和你交换的是那些还没有被置入正式验证过的数字中的风险细节。

当然,你要仔细地跟踪这些所有的行动和它们的效果。你要有一套在高管办公室里听起来简洁利落的计划,离开你的办公室是详细、复杂而且明确的计划,实际执行的是有些模糊的甚至更加复杂的不明确的计划,结果就更加模糊和更加复杂了。这些是下一轮风险决策的原材料,但是在下一轮开始之前,你可以去喝杯啤酒了。

坐在酒吧凳子上的时候是超越 VaR 范围进行思考的好时机。我希望你在办公室之外考虑这个部分是因为我得给你提供三个关于风险管理不可言传的真谛。不要在公司财产上复制任何一个这些真谛。如果你要把这本书带到工作里,就把它涂黑或者撕掉吧。

不可言传的真谛之一:风险经理要确保企业失败

成功要求创新而创新意味着经常失败。失败不是问题。缓慢而代价高的失败才是。经常失败、快速失败、低成本的失败是成功的公式。而是否便宜并不是用最初的投资进行测量的。你必须为成功进行计划,从而有机会可以继续成功并利用成功足以证明承担风险是合理的。那意味着你要投入足够的资源和精力正确地做事。但是如果失败了,你就要很快地拔掉插头,不需要为了证明一路过来你都是对的而不停地流失金钱。人类历史上所有的战争里,在战斗中死掉的士兵要少于那些逃离打了太长时间的战争时被残杀的,少于那些死在胜利的希望已经破灭后的战斗中的,少于那些死在打了太长时间不可能保持有序撤退的战斗中的。其他士兵的生命被浪费在没有投入足够资源的战斗中。如果你要打仗,就尽全力去战斗,在失败时要迅速地放弃。

这个原则可以用于所有的情况。情况良好的企业总是承受各种风险,浪费很多的时间和金钱。让它们保持良好状况的是它们对项目进行无情的选择而且迅速地清除那些不能适应的。这个观点具有一定的破坏性而且经常因为被违背而不是被遵守而受到尊崇，但并不是不能说出来的。不能说出来甚至都不能耳语的是这个观点应该适用于企业本身。企业应该破产。企业被创造出来是为了让人们感到幸福，做好事。如果它们让人们感到不幸福，或者做得不好，就应该破产。企业某些部分会生存下来，繁荣起来，雇员可以找到更好的工作，客户和供货商可以找到更好的企业做生意。试图将企业破产的可能性降为零是灾难性的也是徒劳的。它只能保证的是企业在生命周期中做不了什么好的事，生存得太久，在死亡过程中做了太多的坏事。

企业的死亡是 VaR 范围之外的事件，一个目前为止我们仍将之作为危险的地方。机会又是怎样的呢？超过 VaR 好的风险是怎样的呢？

随机突变和自然选择是促进企业演化的原因。然而，这个过程并不是逐渐发生的。每天发生的风险对于选择只有很小的作用。企业多数的价值是在危机中形成的。这并不是说危机是好的，但是既然无论如何都会有危机，你会希望能够充分利用这些危机。我们已经讨论了为了在危机中生存下来要做的事。如果你已经完蛋了，进化也不能起到任何作用。但是，你也会希望把事情安置好，这样企业里那些被危机证明了不合适的地方可以被干干净净地清除掉，使那些在危机中发挥了作用的创新活动活跃起来。你只能事先进行这些安排，一旦危机开始就太晚了，而一旦危机结束了，任何选择都将被政治因素左右。

进化逻辑的微妙之处在于企业有很多的利益群体：股东、债权人、客户、管理层、员工还有社会。每一个群体对于什么是适宜有不同的观点。如果股东发了横财可是所有的员工却丢了工作，那是好还是坏呢？进化不是民主的。它不会在有竞争的利益之间进行权衡。它无情地清除不适宜的部分。那么，应该服务于谁的利益呢？

在金融领域里，我想答案一般来说是客户。很多情况下，例如资产管理，这是诚信义务。信托(fiduciary)意味着你的行为要符合客户的希望，而不是你自己的或者其他什么人的利益。但即使是非信托类的业务，唯一的美德也是服务于客户。在中期里，对于管理层、员工和股东好的东西对产业也是好的。服务于客户对产业有利，伤害了客户的利益对产业不利。这不复杂。如果客户得到了好处，但是企业破产了，这当然不是最好的结局，但是管理层和员工可以找到好的新工作而股东可以从他们多元化的投资组合里得到净收益。社会也会有收益。唯一被留在寒风里的群体是债权人，但那正是作为债权人要承担的成本。在破产时你是第一个可以合法主张资产的索取权的,那是对你的保护而不是任何人的善意。你要求要有首先的留置权和诚实的记录,加上高利息率,而不是要什么人为了把你的钱拿回来而战斗到死。

用另一种方式表达相同的意思,我认为企业为了除客户之外任何群体的利益而进行的演化是没有出路的。事业兴旺的企业是那些对他们的客户最有价值的企业,而不是那些最适合工作的地方,或者可以让管理者最富有的企业,或者有最高信用等级的企业,或者是最受政治家和股票分析师青睐的企业。一个企业不断演化成为员工最满意的精致完美的环境却失去了客户,一定会很快灭亡。

当我说企业某些部分死掉,我不是指某些部门或者某些人。我指的是企业文化的某些部分。企业不是一张组织结构图,人们服从清晰的科层命令。企业里发生的事情是人类与复杂的原则不断互动的结果。这些原则是人类进化的产物,这里的进化只是那种进化,其适宜的概念是由获取食物、逃避食肉动物、生育很多后代定义的,而不是服务于客户或其他与现代企业相关的什么东西。幸运的是,自然进化也给予了人类很强的社会能力,可以被训练为客户服务或者改善某个群体的长期利益。这些是进化得以进行的能力。

我建议将客户利益放在首要位置的一个结果是企业和客户之间的利益冲突与金融企业的长期成功不能相容。投资银行家为企业提建议并承销证券发行收取管理费。我认为这是必须独立的业务。将它与投资管理、股票分析和本金投资综合在一起意味着企业的某些业务与客户进行竞争,既为了企业的利益也是为了其他客户的利益。这种冲突在市场好的时候可以得到管理,但是在危机中会导致功能紊乱。我认为这些企业不会有好的发展。

在金融危机中这是问题的主要部分。不同的企业有不同的客户利益,它们相互冲突。即使流动性很低,交易部门也可能会继续作市,当然买卖价差会更高,但是又不会高到只能吸引到孤注一掷的交易。这本可以提供一些有用的价格信息,反过来又会迫使会计标明银行那些没有清偿能力的客户。信贷部门在危机中可能会把资本提供给急需的客户,但是那又会给没有保险的储户带来风险。资产管理部门卖出和做空股票并买进信用违约保护来减少投资组合的风险,股票分析师会建议客户抛掉有风险的资产;那些行动可能已经威胁到了企业某些投资银行业务客户的生存——甚至是企业自己。没有哪一个组织可以让所有人满意。这些都是难以对付的进退两难的困境,除此之外,企业还不得不满足一些自身的利益,例如员工要求高报酬,股东要求权益的高收益。专业化的机构可以全力以赴地为客户服务,在环境差的时候改善它们的适应能力。

最近的危机也提供了一些以客户利益为代价生存下来的企业的例子。我想不到有哪些企业在那样做了之后能够坚持很长时间的。不一定是客户抛弃了这样的企业,尽管的确也这样发生了。那是企业自己走上了一条不归路。不可言喻的真谛的基础是这些企业的幸存损害了每一个人的利益,它们应该失败。

那么风险经理在正常时期应该做些什么才能使进化在危机中发挥好的作用呢?她要尽力搞清楚项目的成功与失败是给客户带来的影响决定的,而不是员工、经理、投资者,或者其他什么人。如果有人可以通过损害客户的利益多赚钱,那是失败,而不是成功。如果有人发明了某种东西可以为客户改进产品但是边际地减少了利润,那是成功,不是失败。这是唯一可以为每个人带来长期良好效果的策略,包括员工、经理和投资者。这不是企业智慧,这是风险智慧。企业怎样对待自己的客户决定了企业将如何进化,唯一有意义的进化道路就是为客户服务。

另一个重要的原则是让企业每一个部分都接受自然选择。如果有任何部门在表现不如市场中最有竞争力的替代者的时候还能平安无事,就说明它没有选择的压力。如果IT部门设计一个系统的成本是软件商卖价的两倍,那么问题就不仅仅是浪费金钱了。IT部门不会进化,它会降低企业的健康程度。如果国内工人每一个美元的生产率低于海外的工人,或者如果管理层的工资是他们可以在其他地方赚到的两倍,或者如果运营部门犯的错误比其他企业多,那么情况同样如此。在危机中,这些会成为套在那些成功的应该幸存下来的部门脖子上的枷锁。支持还是反对企业部门与海外市场或者其他市场标准展开竞争是存在争论的。但是风险经理总是倾向于一切都要进行自然选择。在市场情况好的时候每次失败一个,而不是在危机中全体失败。而且如果选择的压力将整个企业一扫而空,能让这一切迅速地发生而且是在情况好的时候就是一种厚爱。那样的浪费少,而且意味着如果有工作的时候员工可以找到新的工作。反之,连续多年把钱扔进黑洞为了获得危机中失败的特权将伤害每一个人。金融危机中的问题并不是企业太大了不能倒闭,而是在从2004年到2007年之间有太多应该破产而没破产的企业,结果在2008年把下水道堵住了。

我不准备讨论客户驱动的自然选择的每一个细节,但是我会再提一个因为它经常出现在新闻里:报酬。这是华尔街宽客开始接手风险管理时,处理的第一批问题之一。让风险决策者与企业保持利益一致的秘诀是确保他们在风险决策中投入的财富比例相同。一种做法可能是迫使公司里所有风险决策者都把全部的个人财务用来持有公司股票。但是因为财富包含了人力资本的未来价值,对于普通员工来说,那意味着他们与公司股票捆绑起来的财富要多于具有流动性的净财富。对于年轻的员工来说这个比例可以是天文数字。另一个实际问题是股票价格并不能确切地代表公司的价值。

解决方案是设计一套价外期权指数股票期权薪酬方案——也就是说,只要公司业绩显著好于同类公司,就可以获得巨额收益——有较长的等待期和限制期。例如,期权可能要等上五年,而且行权后,股票必须另外再持有五年。这种股票期权不适用于高级管理层,因为不管怎样他们的利益通常都是与公司利益高度一致的,这种方案深入应用于组织结构中所有的风险决策者。很多低级别员工要进行风险决策,但是很多高级别员工不是。

方案的另一部分是要对那些得到验证的业绩给予即时和慷慨的现金奖励。宽客希望奖励要等到风险系统证实了再支付,而不是会计系统说赚钱了。对做流动性工具交易或者经常清零仓口的人,奖励要快。对设计结构性产品而把剩余资金放在企业里的人,可以在若干年后再支付。

薪酬方案的妙处是它们是自动生效的。你不需要知道太多关于某个人面临的风险决策。只要他们的利益和企业的利益是一致的,就让他们进行决策。如果他们选择得好,企业赚钱他们也赚钱。如果选择不好,公司亏钱了,但是还能收回一些,因为不需要支付给他们太多。最后,员工改善了,或者因为没有赚足够多的钱而退出了,或者被解雇了。

在金融危机的余波中,大量业余人士介入,想要改进薪酬方案,却没有任何确凿定量的数据来知道怎么做有效怎么做无效。一种想法是要长期锁定股票类报酬。结果却发现企业早就已经那样做了,甚至比提议的新方案还要严格。

结果,那种观点也只是不相关而已,并没什么害处。然而不幸的是那些空想改良主义者添加了一条愚蠢至极的重要规定,一条违反了微观经济学最基本原则的规定:为将来的业绩支付薪酬。

对于宽客,很显然,薪酬政策的一条基本原则是永远不要为将来的业绩奖励什么人。比如,你不能给某个人巨额奖励,但是又告诉他说如果企业在未来3年破产他不能得到这笔奖励。为什么不呢？因为这会导致他的决策总是基于企业将生存下去的假设，因为如果企业破产了他做什么都无所谓了。你正好激发了与你期望相对立的行为。可能更聪明的方法是告诉他，只有企业在未来3年内破产他才可以得到奖励。为什么呢？因为那样他就会冥思苦想企业会破产的所有可能性，然后会下注在出现那种事件时可以得到收益。那些赌注可能会挽救企业。全世界的政府都在要求金融企业实施薪酬计划，鼓励每一个金融业者为企业和金融系统保持良好的运转而投下巨大赌注。这是那些希望将失败的风险降为零的人会采取的经典的愚蠢行为，因此他们从来不去思考如果失败了会怎样。比较好的方法是把失败率设定在与创新和稳定相一致的合理水平上，然后要努力思考如果失败了会怎么样。

假设你准备花钱雇人给你建造一艘船。你具备一定的监察工作质量的能力，但是也知道造船的人可以用永远不会被察觉的方式把船造得更好些或者更差些。所以你希望把合同进行结构化处理，激励他把船造得更加安全。

愚蠢的方案是告诉他如果五年内船没有沉的话，你会付他钱。为什么？他不会造出一艘不会沉的船，因为那是困难的。他会造出一艘摇摇晃晃的在恶劣天气里你永远不会拿出去用的船。他也不会考虑安全设备、救生船等等，因为如果一旦要用到这些设备，无论如何他是得不到钱的。相反，比如说，你告诉他只有船沉了你才会付给他钱。现在，他会给你造出一艘在风暴中也能放心下水的船，而且他会确保如果船沉了，一切都会顺利。

当然第二种方案也有问题。他会找到把船搞沉而你事前和事后都不会注意的方法。坦白地说，那也是非常难的，所以如果能让我选的话，我会选第二艘而不是第一艘出航。最好的是一旦船的质量得到确认就马上慷慨付钱。也可能是一开始付一些钱然后过段时间再给一些。但是，对你来说重要的问题是用什么检验方法测量船只的质量。仅仅是观察一下是否会沉是不够的。

我要非常遗憾地告诉你，你的政府把你和金融业的未来放在了第一艘船上。作为专业的风险经理，我建议你先学会游泳。

不可言传的真谛之二：VaR 范围之外有好东西

你已经知道了在 VaR 范围之外有好东西，因为你是进化的产物，在 VaR 限制之外运行的程序。但是在这里，我要说的不是从短期损失中得到的长期收益，也不是对群体是好的而对个体是坏的东西。我要说的是利用经济风暴来实现在平静时期做不到的事情。秘密就是叠加。叠加是一种随机性，其中一个随机变量同时可以取所有的可能值。

我之前讲了关于我的互联网公司 eRaider.com 的故事，目的是要说明资产定价理论中的一些原则。现在我要从风险角度来考虑。

那是在 1995 年，每个人都说互联网股票溢价太高。至少这一次，每个人很显然都是对的。所以，每个红血风险家都开始创造并卖出互联网股票。当然，还有很多其他的人——非冒险家——也在创造并卖出互联网股票。有些是技术上有远见的人，有些是迷惑中的极客，有些是单纯的机会主义者，有些是出千高手——尽管高手意味着某种技能，可能江湖骗子更准确些。

冒险家明白泡沫不会永远持续下去。取整数来说，纳斯达克指数从 1995 年到 2000 年上涨了 5 倍，然后在 2002 年又跌回 1995 年的水平。这有些低估了互联网泡沫，因为在纳斯达克里还有一些非互联网公司。Amazon.com 在 1997 年首次公开募股(IPO)时售价大约为分割调整后的 4 美元。股票价格在跌到 6 美元之下前曾涨到了 113 美元。当我写这本书时，价格是 27 美元。Amazon.com 是一家财务状况良好的互联网公司，生意好而且有大量的收入。很多暂时非常成功的互联网公司没有利润，没有收入，也没有获取收入的计划。

假设你在 1995 年就知道互联网股票会飙升然后再暴跌。我就是这样。我的意思不是 100％确定，只是看上去暴涨/暴跌是非常有可能要发生。在那时，我和很多其他人一样写了几篇关于这个的文章。我还讲到，利用信息要比大多数人想象的更加困难。你可能会试着买进互联网股票然后一直留到高峰，然后卖出股票再建空头。时间节点是这里的关键。在高点的前后会有很多剧烈的上下波动。如果你猜错了，你可能会被一扫而空；即使你猜对了，也可能会被一扫而空，除非你的赌注很小。Amazon.com 的股票从 113 美元的高点到两年后小于 6 美元的低谷,有好几个月股票的价格上涨超过两倍还多。同样地,在股价攀升的时候,也有几个月跌幅超过 50%。如果你利用了任何一种财务杠杆,在被证明正确之前可能就已经破产了。

很多人发行互联网股票是在赌泡沫会永远持续下去。那是愚蠢的。没有哪种泡沫能永远持续下去。知道会出现暴跌的人大多会一起退出市场。那是机会的浪费。

让我们考虑下叠加。如果互联网股票很值钱,可以采用一些策略。如果互联网股票值一些钱,也可以采用一些策略。在平常时期,你得赌是这种或者那种情况。但是在泡沫时期,你就有了使用叠加策略的机会。你可以利用只在股票值一些钱时用的策略和只在股票很值钱时用的策略。

你所需要的是一种商业策略,可以让你从互联网股票攀升过程中获益,但是会因互联网股票价格暴跌而获得成功。这样的策略是无法进行投掷硬币式的概率分析的。那些不相信互联网股票值钱的人不会投资,因为你的业务需要有高的股票价值。那些认为互联网股票价值很值钱的人也不会投资,因为你的业务在将来需要低的互联网股票价值。

正如之前提到的,我和合作伙伴马丁·斯托勒开创了一项新业务。我们的 eRaider.com 被看作借着互联网泡沫进行了筹资。它没有进行公开的 IPO,而是用私募股权和权益股票期权购买服务并赢得客户的。可以想象一下,我们雇了 36 个顶尖的商业专家加入一个互联网网站,每周提供几个小时的专业服务。他们的要价从每年 10 万美元开始或者更高。不仅如此,这些人也希望把自己的名字和一个项目联系在一起之前能看到有豪华的基础设施条件,特别是像 eRaider.com 一样离经叛道的项目。粗略估计下,如果是在正常时期做 eRaider.com 要花的成本大约是 2000 万美元。因为股票期权异乎寻常的价值,马丁和我最后只花了 100 万美元再多点的钱。两万张股票权证花了 5000 美元——因为我把它们做成很复古的样子,看上去就像是印在真的银行券上一样,还花了高价雇了一个艺术家加了一个巧妙的雕刻图案。我要遗憾地承认权证没得到什么价值,除了作为非常漂亮的艺术品之外。但是人们很开心——不,是狂喜——拿着它们就好像是收到了千元的钞票。它们很像伪钞,只不过是合法的,而且可以老老实实地吹嘘一番。

但这并不仅涉及金钱。互联网还激发了人们的思维。在 1990 年的时候,保守的专业人士永远不可能会和一群极客混在一起,经营某种未来的没有人搞得清楚的技术公司。如果生意失败会令人很尴尬。人们可能要问你一些问题，比如"你怎么会认为一家没有收入的公司能生存得下去呢？"以及"你真的认为一个 22 岁从大学退学的黑客可以挑战那些大公司吗？"到了 90 年代后期，没有人会问那些问题了。如果你没有一些古怪公司的股票期权，你会被当作失败者——而且生意越古怪越好。记者们集中所有的注意力来报道 eRaider.com——不是因为它是天才般有趣和创新的金融思想，实际上的确如此，而是因为它的名字是以".com"结束的。人们聚集到网站上要看看股票是否会直冲云霄。

所以，那是简单的部分，创建一个互联网业务。稍微难点儿的部分是考虑当泡沫出现的时候人们会要什么样的企业。马丁和我准确地推断人们会责怪华尔街的股票分析师和投资银行家们，他们会关注改善的公司治理和基本面价值。简单透明和诚实使人耳目一新。那应该对 eRaider.com 产生奇效。而且，eRaider.com 还买了一些计算表明泡沫破灭时也会有很好表现的股票。就是那些事情让几乎每一个报导我们的人都感到困惑。一家互联网公司会赌互联网输不仅不常见，也不可思议。

现在，就像我之前提到的，这种方法不起作用了。马丁和我也作了一些错误的预测。我们以为互联网和更传统的地方一样能够生存下来，可以少做广告，少点儿商业运作，更多的信息交换。我们在网站上没有广告，没有其他站点的链接，因为我们认为那些会在暴跌时把我们拖垮。除了交换信息之外，我们没在网站其他用途上投资。你甚至都不能在网上投资共同基金。那些信念导致我们错误地估计了一些本来可以帮助 eRaider.com 成功的事情。但是，我认为基本的错误是不同的，它植根于商业模式的本质之中。

无论怎样，eRaider.com 提供了说明如何通过叠加利用风险的例子。正是互联网的波动性使得我们只花了 100 万美元就做了 2000 万美元的事情。后来的结果一文不值并不是重点。如果要一直等到你的想法在某种现实条件下有意义，可能会需要太长时间而且在你行动之前可能会有某个大公司把机会夺走。成功通常来自于非单一现实条件下有意义的想法，可以通过计算利用不确定性和波动性。

你不需要等到出现下一个互联网泡沫再来尝试一下。到处都有不确定性和波动性，一直以来都是。对于懂得叠加性的冒险家来说每一个都是潜在的机会。而且每个中台风险经理都会鼓励那些可以从叠加中获益的经营理念。在正常时期,这些对底线几乎不会产生什么影响。但是当超-VaR之风开始怒号之时,你会希望周围有足够的可能可以赶上的航船,也许能有机会抵消危险。

这部分工作是不能通过开会或者设置限制完成的。它要用到风险经理们一种很少被理解的权力。风险经理应该允许人们失败。在现代量化风险管理出现之前,失败通常是事后评价的。失败的风险决策者会强调策略是可行的而且实施中也是有技巧的。而控方则会强调要么是最初的想法要么是执行过程有问题——或者两个都是。这种精密分析的技术术语是指责。

风险经理改变了程序。现在,失败是在事前进行评价的。如果风险经理审阅了想法而且批准了风险,那么失败就不会被用来指控风险决策者。当然,人们还是根据业绩被评估,成功得到的奖励要多于失败。但是被批准的失败是被容忍的,也经常被加总起来与成功进行比较,看看是否有净值。没有得到批准的失败是不能被容忍的。

风险经理是在那些事后永远没法辩解的项目上允许人们失败。以叠加为基础的想法如果失败了看上去总是非常蠢的,因为它是建立在不一致的假设基础上的。只有得到了风险经理的批准,大公司里的理性冒险家才会试着去利用叠加。这种现代方法的另一个优点是人们没有动力去利用没用的策略。如果随后还能进行尝试,风险决策者会希望继续推进这种方法,直到他能够证明它的失败是因为某些外部事件使之不可能成功;而且,他也希望能进行足够长的时间,这样那些看起来有价值的观点可以获得真正成功的机会。相反,风险经理则希望迅速的失败,所以会要求免除之后的尝试。

不可言传的真谛之三:风险经理制造风险

正是博弈论证明了在某种情景中加入人为风险可以改进结果。一个相关的观点是"蒙特卡罗分析",它提出在确定性问题中加入人为的随机性可以使得问题更容易得到解决。但是大机构更倾向于它们的风险经理只是去寻找并管理那些在商业活动中自然产生的风险,并使其他所有的风险最小化。

这是三个真谛中最不可言喻的。人们并不想看到风险经理在为非零概率的企业失败作计划,但它的确是在会议和委员会中进行着。它不是风险经理强加于企业的观点,而是整个组织的人都接受的事情。实际上,风险经理通常不是最有资格指挥的人。他是这个观点的捍卫者,而且有时候也是唯一愿意大声说出来的人,但是其他人通常是挑重担的人。

叠加创造超-VaR机会的事就更不被人知了。那是风险经理通常私下里通过给利用它的项目开绿灯的方式进行的。人们知道风险经理会批准通过一些项目而否决其他的,但是他们很少问为什么。假如的确有人问起,如果回答是否定的,通常"这个项目风险太大"就能让他满意;如果回答是肯定的,"权衡了风险的回报符合我们的胃口"也就打发了。人们不喜欢长时间讨论风险。

加入纯粹的人为风险是三个不可言喻的真谛中最难解释的。根据我的经验,专业圈子之外极少有人知道。

大型组织倾向于把所有的事情标准化。标准化增加了相关性,也就制造了危险。在微观层面更加随机地做事可以改进宏观层面的可预期性。标准化容易被使坏的员工和竞争者利用。而且,标准化也是变化的敌人。想象一个家伙每天都走完全同样的路去上班。他不会注意到某条其他路径是否更好或者更差。而且,当人们只用一种方式做事的时候,他们就容易建成一些要改变成本会很大的东西。

设想一家在很多地方经营零售商店的公司,有一些给商店送货的策略。可以从所有的装运点装货,送到一个中心仓库,然后再从那里把商品分运出去;或者用卡车在装运点把商品装好直接送到商店里去;或者用卡车将所有的货物送到最近的商店去,然后再从那个商店的仓库装上混合的商品再运到下一个商店去;或者每一个商店可以派出自己的卡车去接货,然后再把需要的货物运回来。物理的运输系统可以有很多管理方式。所有的商店可以把信息发送到一个中心,那里将安排所有的运输,或者各家商店可以从中心仓库或者相互之间下订单,或者可以有其他的系统。

自然的倾向是选择一种系统然后坚持用它,那样做更有效率。人们可以得到专业化的工作训练,而且可以购置那个系统需要的最好的设备。因为所有的设备是一样的,零部件储备和设备维修就更加简单了。长期的经验意味着参数可以被最优化,潜在的问题可以被识别而且也能一并得到解决。

但是事情是不断变化的。可能商店开始出售易腐蚀的商品。可能供货商在不同的地点。可能燃料价格上涨了而信息的加工成本下降了。系统固定的组织要很慢才能意识到有了变化的需求,而且可能会发现要做出变化的成本也很高。人们倾向于假设标准化的错误更少,这可能是真的,但是错误可以有更加深远的影响。

这章的前面,我们讨论了保持系统多样性的两种观点。进化论认为更好的观点会发展起来而差的观点会消亡,至少如果我们愿意让系统服从于客户驱动的选择压力。叠加的观点意味着那些在任何一种标准化的系统中都是不可能的事情在混合的系统中将是有可能的。也有纯粹的意见倾向于在系统中有些随机性。在出现灾难时它更具有稳定性,因为某个事件拖累整体系统是很困难的。公司竞争更容易了。竞争者不能集中在运输系统的缺陷且围绕它们再建个企业。因为系统不是机械的,所以企业员工想要利用系统做文章更难了,他们要么想欺骗公司要么以整体的盈利性为代价想更加轻松地工作。

再举一个例子,公司在他们要采用的新方法方面通常是可预测的。电影制作工厂基于同类的理论和风格会做出同类的电影,消费品公司无差别地营销"全新改良"版产品从而让机敏的竞争者在最终版本那儿插了进来,软件公司把自己绑定在单一的版权安排上。往往是聪明的风险管理有时候才会冒个险,即使完全是随机的。

标准化通常会减少成本提高效率,所以风险经理不会为彻底的无秩序状态去斗争,除非是在最有风险的业务中创新的需要战胜了所有的成本考虑。增加的随机性可以通过仔细地分析进行量化再与标准化的成本节约进行权衡比较。

风险经理通过个人与无用的无效率的标准化作斗争,用其他组织如何应对同样问题来挑战人们,增加了随机性。员工的流失率在这里也可以起到作用。是的,流失增加成本。但是它让事情发生变化,引入新的观点。

不是每一个风险经理会做这里提到的所有事情。不是所有的技术都适用于所有的组织,风险经理为工作的不同部分设定的相对价值也不同。但是所有的称职的专业人员都熟悉这些观点,而且知道应该怎样去实施。它们在华尔街已经得到了高度的发展。随着风险管理的观点在地理范围上不断扩大影响并也扩展到金融领域之外,毫无疑问会产生很多好的新思想。但是我认为这些新思想将建立在给金融系统带来革命性变化的同一个基础之上:谨慎关注那些严格验证的定量数据再加上超越投掷硬币法的风险分析。

第17章

风险的故事

264 红血风险 RED-BLOODED RISK
华尔街秘史

266 红血风险

第 17 章 风险的故事 267

270 红血风险 RED-BLOODED RISK
华尔街秘史

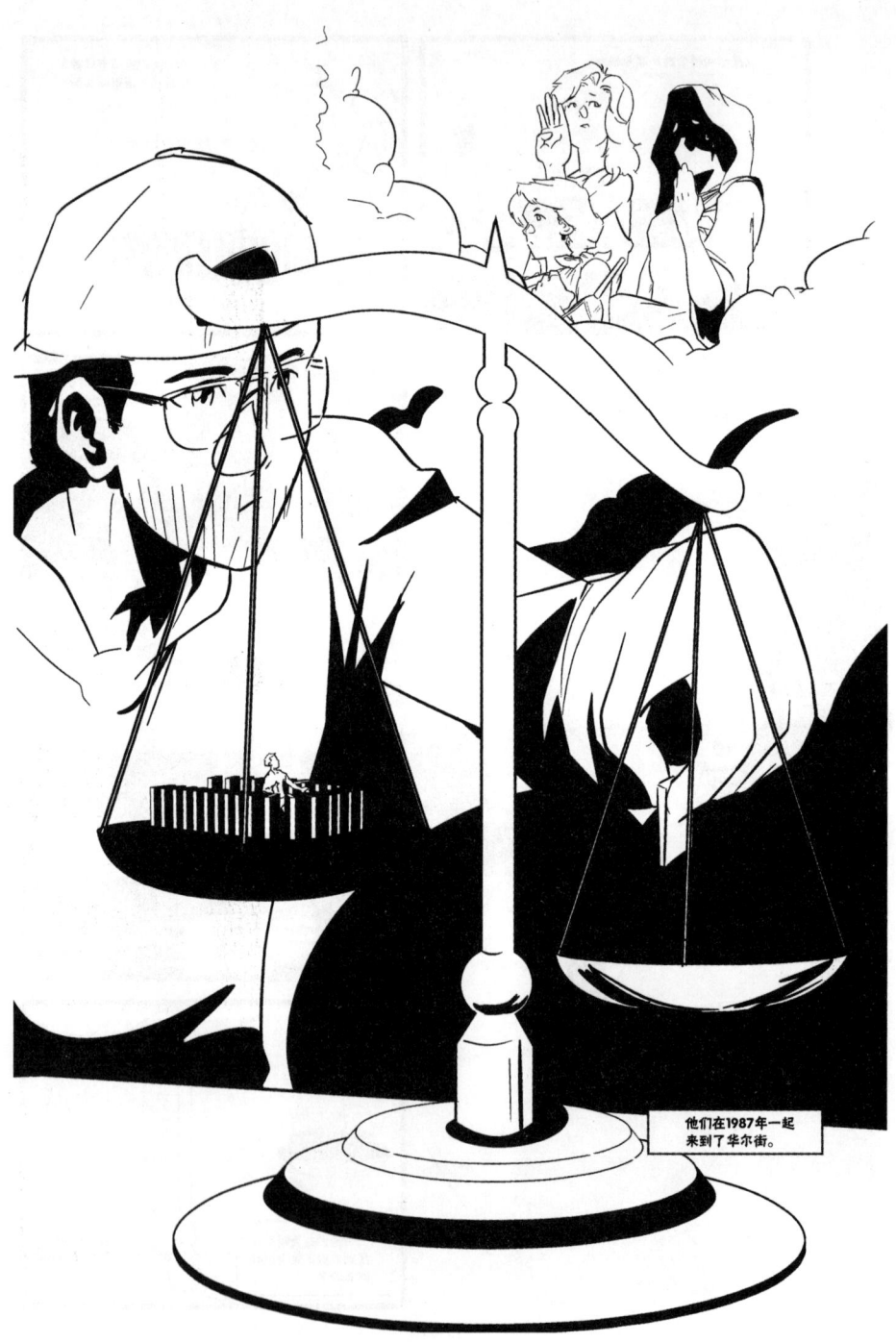

他们在1987年一起来到了华尔街。

第18章
频率与信任程度

20世纪90年代早期在华尔街上发生的事件,无论它们对世界经济多重要,对改变概率和随机性的基本理解都将更加重要。正是在1654年后的十年里这些观点开始进入人们的理智与现实生活,融合了频率和信任程度的概念。正是在20世纪90年代的十年时间里我们最终搞明白了为什么融合如此重要。

阅读1654年费马和帕斯卡之间的信件,为什么他们引发了一场智力革命的原因并不明显。概率的字眼从来没有被提及,随机性也是如此。两位伟大的数学家痛苦地与今天任何一个高中生都可以轻松解决的问题作斗争。每个人对如何在一次被打断的赌博游戏中分配赌注的问题提出了不同的解决方法。这些信件的重点是帕斯卡意识到了,并满腔热情地表达了他的喜悦,即两种方法的答案是一样的。

两个赌徒进行一系列的赌博,第一个赢得7次比赛的人可以获得赌金。一个赌博者赢了6次,另一个5次,这时赌博被打断了。应该怎样分配赌金呢?

费马注意到,如果赌博继续进行,必须要再玩两局才能确定结果。用W代表第一个玩家(赢了6次的人)的一次赢局,L代表输局,两次赌博游戏可以有4种结果:WW、WL、LW和LL。实际上,如果发生其中的前两种情况——WW和WL,就永远不会发生第二局,因为如果第一个玩家赢了W,赌博就结束了。费马认为如果这些赌局继续下去的话,结果也不会发生变化。然后,他发现第一个玩家有三种结果可以获胜——WW、WL和LW,一种结果输掉——LL。所以第一个玩家应该得到3/4的赌金。

费马是一位律师,但却是帕斯卡采用了尊重法律精神的方法而不是组合的方法。帕斯卡从如果平局就平均分配赌金的规则开始。所以,如果第一个玩家在第一场中输了,就出现了平局的情况,每一玩家可以得到一半的赌金。根据这个方法,第一局的比赛中,第一个玩家如果赢了可以得到全部赌金,如果输了可以得到一半。所以在第一局之前我们可以考虑这样的情况,第一个玩家已经有了一半的赌金,然后是在一个已经平局的游戏中为另一半赌金下注。因为在平局中你会把赌金平均分成两半,第一个玩家就可以得到一半的赌金再加上另一半的一半,或者说总共是 3/4。

要注意的是没有哪种观点考虑了第一个玩家赢得比赛的概率。概率根本就没有被提及。费马的方法是基于频率的。你坚持完成所有可能的赌局,然后根据假设的未来事件出现的频率分配赌金。帕斯卡的方法基于两个玩家的信任,他假设他们同意平均分配赌金是解决被打断的平局赌博的最公平的方法。

统计游戏

以前我就注意到了这个问题涉及的随机性非常特殊。例如,如果赌的是天气,这个解决方法并没有什么意义。如果我打赌后面的 13 天中至少有 7 天会下雨,在 6 个下雨天和 5 个晴天之后赌局被打断了,付给我 3/4 的赌金不一定有什么意义。如果 6 个下雨天出现在一开始,而且自从那以后一直是多云的天气,那么这时你可能运气好了。无论怎样,支付赌金的仲裁人应该至少看一下天空,听一下天气预报。但是另外一个方面这个问题也非常特殊。我们是在试图解决涉及钱的赌博。考虑同样的问题,一个玩家承诺如果她输了就嫁给另外一个玩家,反之,另外一个玩家承诺如果他输了会代替第一个玩家的哥哥上战场。第一个玩家应该嫁给第二个玩家的 1/4 吗?或者第二个玩家的 3/4 应该和第一个玩家哥哥的 1/4 一起去打仗吗?这个问题唯一可能的解决方法是随机选择,既然第一个玩家有 3/4 的机会获胜,那么就意味着应该继续赌。实际上我们不需要这样牵强戏剧化的例子。只要赌金不能转换成可分的公约单位——也就是说,如果赌博不是为了钱——帕斯卡和费马对我们就没有任何用处。

为了理解被打断的投骰子游戏有多么不寻常,让我们考虑下结束前因为大雨取消的棒球赛结果如何决定的实际规则。假设至少已经完成了五局比赛,在比赛停下来时领先的球队会被宣布为胜方,如果,或者(1) 这一局开始时它是领先的,或者(2) 这局到结束时也会是领先的。否则比赛就会暂停,择日完成。这里不存在一部分赌金的分配,也没有考虑哪一支球队获胜的概率。并不总是需要进行决策。因此,在被打断的游戏中不是自然地一定要有概率分析。帕斯卡和费马的逻辑只对为钱进行的赌博游戏有价值,因为他们建议的解决方案是基于赌博逻辑的,而且只有当两个玩家的赌注既可以用同样的单位衡量又可以按任何比例可分的时候才有意义。

虽然应用范围比较狭窄,但是融合了频率和信任程度的思想激发了创造性数学方法的爆发。其顶峰是雅各布·贝努利的《猜度术》(猜测的艺术),写作于1684年到1689年之间,但直到1713年才正式出版。在这部作品里我们有了发展成熟的概念,可以在假设的随机过程的长期频率基础上设定相对合理的精确的数学命题。贝努利明确指出这些假设的随机过程应该能指导真实决策。

贝努利最喜欢的例子是一只装满不同颜色弹子的罐子。假设你有一只装了100粒弹子的罐子,有些弹子是红色的,有些是黑色的。你不能看透这只罐子,但是你可以把手伸进去取出一粒弹子。比如说,你随机挑出一粒弹子,放回去,随机挑出另一粒弹子,再放回去,如此继续直到总共选择了十粒弹子,其中九粒红色,一粒黑色。你想知道在罐子里超过一半的弹子是红色的概率是多少。

贝努利知道他不能回答这个问题,但是他可以回答另外一个不同的问题。如果罐子里有一半或者更少的弹子是红色的,那么取10粒弹子得到9粒或者更多红色弹子的最大概率是多少？答案是11除以1024,或者1.07%。在这个例子中,概率就是长期频率。这个答案是我计算的。但是我知道,如果我大量地重复做选取10粒弹子的实验,如果罐子有50个或者少一些的红色弹子,那么10个弹子中有9个或更多红色弹子的概率不会大于11除以1024。《猜测术》是对大数定律的第一个证明,你可以通过足够多的重复实验得到与你想得到的平均数最接近的结果。这个定理将数学计算和长期频率联系在一起,但是并没有给出将长期频率——不管是过去观察得到的还是根据理论计算的——与某个特定的将来未知事件的一次性决策联系起来的理由。

要注意随机性进入问题的地方。开始时并没有随机问题。我们有一个装着弹子的罐子。若干弹子是红色的。这是一个确定的数字,而不是随机的。我们通过随机选取弹子有意引入了随机性。我们那样做了,所以可以计算出1.07%。如果所有的弹子都是从罐子上层选取的,实验结果反映不出任何在下面的弹子的信息。很明显,计算就会失效,如果我们以某种方式选取弹子情况也一样。所以随机性是我们为了解某些确定性的东西而制造出来的。真的非常有趣。只是把弹子搅一搅随机的选取,握在手里的弹子就可以告诉你留在罐子中的弹子的一些信息,至少其中有90个你还没有看见过。相反,如果弹子是放在一条管子里,观察前10个弹子永远不会告诉你剩下留在管子里的90个弹子的任何信息。

我们想把那个1.07%转换成一个关于罐子里红色弹子的命题。怎么做并没有纯粹的逻辑方法。贝努利用的是频率主义的方法,到了20世纪才有了很严密的表述。在现代表述中,一个频率主义的统计学家会说,他可以在5%的置信水平上拒绝认为罐子中少于一半的弹子是红色的原假设。5%是显著性的标准水平,我们拒绝了原假设是因为1.07%小于5%。这个命题的意思是如果原假设是真的——也就是说,罐子里红色弹子少于50个——选取的10个弹子中有9个或者更多的是红色的概率小于5%。原则上说,要想使这种方法有效,你需要在选取第一粒弹子之前确定好显著水平。

这样仍然没有说明罐子里红色弹子的数量。但是,频率主义者的观点是,如果一直照此做下去,被他拒绝的少于5%的原假设最终会成为真的。为了证明那个命题,我们还需要很多的理论工具,在实际生活中也未必就是真的,但那不是这本书的重点。请暂时把它当作有效的接受吧。我们已经把长期频率的计算问题转换成了量化的信任程度,虽然信任的概念已经从我们开始希望知道的那样发生了两种转变。第一,我们的命题是关于实验结果的概率,而不是关于罐子里红色弹子数量的概率。第二,我们并不知道这个特定命题的准确性,我们只是提出了很多命题的长期准确性。这就是我们怎样将一个已经发生的事件——从10粒弹子中取出9粒红色的——转换成可以无限重复的假设的投掷硬币类的赌博游戏的。

频率主义统计学现在的主要对手是贝叶斯观点。它是以18世纪理论家托马斯·贝叶斯的名字命名的,但是基本观点是由皮埃尔-西蒙·拉普拉斯发展的。一直到了20世纪,一些研究者,包括理查德·考克斯和布鲁诺·德·菲尼蒂,才提出了现代原理。

根据贝叶斯观点,你必须对罐子里红色弹子的数量有某种事先的信任。例如，你可能要相信红色弹子的数量从 0 到 100 的可能性是一样的。选取 10 粒弹子可以让你从事先的信任更新为事后的信任。在事先信任的条件下，一半或更多的弹子是红色的概率是 51 除以 101 或者 50.50%。我不准备讨论计算的细节问题，虽然很简单，但是当观察到选取 10 次弹子有 9 次是红色弹子时，关于有一半或更多的弹子是红色的事后概率成了 99.47%。

贝叶斯主义者可以做到频率主义者做不到的事情。他们可以回答我们提出的那个问题。但是，为了做到这一点，他们还要在任何弹子被选出之前了解我们的想法。他们不仅要问我们认为有 50 粒或更多的弹子是红色的概率是多少，还要问从 0 到 100 所有数量的红色弹子的概率是多少。

布鲁诺·德·菲尼蒂认为我们总是可以明确事前分布。第一章中我们用他最喜欢的火星生命的例子进行过讨论。假设我们必须要为罐子里是否正好有 90 个红色弹子下注。我们要设定一定数量的钱，称为 X。另外的某人要选择是否付给我们 X 并且罐子里的确有 90 粒红色弹子而不是其他的任何情形时得到 1 美元，或者从我们这里得到 X 并且如果罐子里的确有 90 粒红色弹子要支付 1 美元。德·菲尼蒂认为这儿必须有一个 X，而它就是我们对罐子里确实有 90 粒红色弹子的先验主观概率。

不管你对这个观点是怎样的想法（而且专家们的观点存在着尖锐的分歧），要注意它明确地要与钱相关。贝叶斯主义的概率理论是要用货币或者类似于货币的东西下注的。一定要类似货币的，因为你得用 X 除以损益支付才能得到概率。例如如果赌注是，如果罐子里正好有 90 个红色弹子，为了一顿丰盛的晚餐你愿意工作多少分钟，答案不会为你提供任何关于概率的信息，因为你不能用一顿丰盛的晚宴去除工作的时间，除非你把两者都转换成了货币或者其他的计价标准。

正是货币融合了频率和信任程度。也是费马和帕斯卡首先考虑的问题的特点允许他们取得了进展。那并不意味着统计只和货币有关。为了让频率观点相当于信用程度，你需要将问题的讨论放在类似货币的框架内。这就是为什么正规的统计推理没有完全代替法律论证或者大多数其他非确定性的实际问题。像弗兰克·奈特和约翰·梅纳德·凯恩斯一样，人们对可以用数学方法处理的不确定性问题和那些不能进行计算的问题之间进行的区分正好就是能用货币类条件分析的问题与不能的问题之间的区分。那两位和很多其他作者犯的错误是认为只有建立在投掷硬币类概率和类似货币逻辑基础上的正规统计学才是唯一可能处理不确定性的数学方法。

到目前为止,我的讨论没有超出现代理论统计学的主流。我比通常情况下更加强调频率和信任程度之间的联系所具有的类似货币的性质,但是,在具体决策中为了能够应用长期频率分析而需要将大量统计预期的结果进行加总,大多数频率主义的理论家是接受的。贝叶斯主义的理论家一般来说也认同定义主观概率要求在可能的结果之间要有某些联系,至少能形成相对偏好。他们对这些问题的思考比我要更加深入得多,而且已经提出了非常优美和严密的表述。我并不是看不起那些努力,我也尊敬优美与严密。但是主流的概率理论家们是错误的。他们对理论的思考还不够深远。我知道这个不是因为我是更加敏锐的理论思想家,而是因为我都尝试过。我是在向大家报告哪些有用以及哪些没有用。我把让这些观点变得正规和精确的工作留给比我更加有资格的人。

索普、布莱克、斯科尔斯和莫顿

20世纪70年代,金融开始从统计学中分离出来。我们可以从艾德·索普60年代首先发展和使用的期权定价模型开始,或者费希尔·布莱克和迈伦·斯科尔斯1973年发表的著名论文《期权定价与公司流动性》,或者罗伯特·莫顿同年发表的文章《理性期权定价理论》。

流行的金融书中通常把布莱克-斯科尔斯期权定价模型描绘得异常复杂而且需要有高深的数学。实在有些可笑。实际上基本的观点很简单。某些证明的技术细节是复杂了些,而且公式本身看上去与 $2+2=4$ 的公式相比也有点儿难,但是那不是忽略其洞察力的理由。

假设有一只股票今天卖出价是70美元,明天可能值100美元或者50美元。那么明天能以每股80美元的价格买进100股股票的期权值多少呢?你第一个想法可能是零。你可以按70美元的价格买进股票,为什么要为了获得以80美元的价格购买股票的权利而付钱呢?期权有价值是因为你有权选择在知道了新的价格之后是否买进股票。如果股票价格上涨,期权就值2000美元(每股20美元),如果下跌,价值为零。

假设你买了40股。如果价格上涨,明天这些股票就值4000美元,如果价格下跌,价值就是 2000 美元。无论哪种情况,它们都要比期权多 2000 美元。因为 40 股股票可以卖到 2800 美元,与期权价值再加上 2000 美元一样(实际上是 2000 美元的现值,因为明天才可以得到,折现的问题这里可以忽略),期权一定是值 800 美元或者每股 8 美元。这就是套利的观点。如果期权以每股 8 美元之外的任何价格出售,你都可以买进或者卖出并与股票对冲从而赚得无风险利润。

一只真实的股票明天可以以任何价格出售,不只是 50 或 100 美元。我们可以把它的价格变化分解成分笔数据,例如,70 美元到 69.95 美元或者到 70.05 美元,然后以此开始上涨或下降 5 美分,依次下去。如果股票价格变化是跳跃的,会给模型带来一些技术上的问题,但是在实际情况中不是特别严重。在行权前如果我们只有一个区间的变化,当股票价格售价低于 80 美元时,期权就不值钱了;但是如果股价高于 80.05 美元,那么期权的价值就等于股票价格减去 80 美元。如果股票价格是 80 美元,我们可以用上一段中讨论的那种方法定价。如果股票上涨到 80.05 美元,期权的价值是 5 美元。如果股票下降到 79.95 美元,期权价值为零。这和 50 股股票减去 3997.50 美元的价值相同,也是 2.50 美元。现在,在行权前我们有两个区间的变化,再按同样的程序重复一遍。这样,我们知道了将来任何股票价格一个区间的变化的期权价值,就可以得出现在的价值。重复这个过程足够多次,我们就可以找到在给定股票价格为 70 美元的情况下今天期权的价值是多少。

我希望你已经注意到了这个方法与帕斯卡为骰子玩家分赌金的方法是类似的。帕斯卡在比赛结束前开始一场赌局并计算出每个玩家赌注的价值。然后他再回到前一局,但这局并不是全部赌金,而是每个玩家根据谁赢了的条件得到的赌金价值。他继续回溯直到达到提出问题的那个地方。帕斯卡和费马惊奇地发现逆向归纳法得出的答案与费马的前向法是相同的。索普、布莱克、斯科尔斯和莫顿工作的价值在于揭示了以随机偏微分方程及基于资本资产定价模型的均衡思想为基础,套利的逆向与前向观点是一致的。

在 70 年代早期,人们发明了衍生品(derivative)一词来定义期权,因为至少在理论上,可以通过数学推理得到它们的价格。如果期权偏离了理论价值,这里还是理论上的,任何人都可以得到无风险利润,也被称为套利。今天,你通常看到衍生品指的是基于某些标的资产的衍生证券的价值。那个定义没有实际意义。因为每一种金融工具的价格都决定于什么东西。实践中,在今天这个词指的是特定的一套工具：期货、远期、期权、掉期和一些更加独特的工具。这里有些是旧的意义上的衍生品，有些是习惯性定义，有些哪一种都不是。我自己倾向于使用旧的含义，因为它可以很清楚地表明衍生品是看待一种金融工具的观点，而不是这种工具内在的某种属性。你可以将期权看作衍生品，然后用数学方法根据标的股票的价格计算出它的价格，或者可以把期权价格看作在交易中自主地上涨或下跌形成的，它与股票价格相关但不由股票价格决定。这两种观点基于不同的目的都可以是有效的。

在这个背景下，重要的事情是要理解布莱克-斯科尔斯-莫顿的期权定价模型并不是真正的定价模型。它揭示了一件我们不知道的事情，那就是，期权的价格是以另外一种我们不知道的东西例如标的股票的波动率为条件的。根据历史股价计算隐含波动率（implied volatility，给出期权市场价格的波动率）和根据历史价格计算债券到期收益是完全类似的。两者是转换关系，就像温度从华氏度换算成摄氏度一样。它们是不涉及经济内容的数学公式转换。

人们要得出债券到期收益值的原因是条件和信用质量类似的两只债券会有相同的收益，但是价格并不必然类似。因此，我们可以采用已知的某只债券价格，将之转换成收益，再根据这个收益得到另一只类似的价格未知的债券的价格。我们可以画出从开始到到期期间债券收益曲线，以此得到一条合理的比较光滑的收益曲线。这是有用的一个经济指标，也是外推其他债券收益的方法。利用同样的结果，我们还可以画出与信用质量相关的债券价值曲线。而且我们可以计算债券价格对收益的导数得到关于债券波动性的一些情况。

布莱克-斯科尔斯-莫顿模型的工作原理与之相同。两种条件类似的期权会有相似的隐含波动率，但是价格并不必然是类似的。所以我们可以用价格已知的期权的隐含波动率预计价格未知的期权的隐含波动率和价格。我们可以画出随时间变化的或者货币性（期权协议价格对标的价格的比例）的期权隐含波动率曲线，可以得到与收益曲线和信用曲线同样有价值的信息。我们可以计算期权价格对隐含波动率的导数，被称为 vega 值，一些忘性大的交易员认为这是个希腊词。所有的这些都是纯粹的数学，不需要任何的经济学假设。

不管怎样，旧的衍生品概念导致了频率主义与信任程度的全新融合。如果一种期权价格可以用数学方法从标的股票价格中得到，那么很明显，它的价格就不是取决于评估者的效用函数。特别是，期权对于风险中立的投资者——以期望价值为评估价值的投资者——来说的价值与其他任何人相同。对于风险中立的投资者,股票也必须按期望价值出售。如果未来任何到期日和行权价格的期权价格已知,我们就能知道一个风险中立的投资者在股票上确切的概率分布。这被称为风险中立概率分布(risk-neutral probability distribution)。要证明这个观点是有效的并不需要实际存在风险中立的投资者。

继续讨论,我们可以用标的股票的市场观测结果和期权价格来预测标的股票收益风险中立的分布,并在股票风险中立分布条件下根据期望价值为衍生品定价。风险中立的分布与实际的概率分布是有区别的。例如,我们知道,与好的经济状态相比,投资者在差的经济状态下为获得收益要付出更多代价。这意味着风险中立的概率分布在市场暴跌时比它们真正发生的概率有更高的概率价值。

风险中立的概率分布代表了一种信任程度,而真实的概率分布则是频率的概念。为了理解第一个含义,我要观察投资者是怎样给期货定价的。为了预测第二个,我要处理价格变化的实际数据。在发明风险中立的概率分布之前,研究概率的学者分成了两类,一类通过将频率和信任程度融合起来取得了实际进展,另一类拒绝融合又不能提出任何有用的替代方案。现在,历史上第一次,我们有了一种理论既可以将信任程度和频率联系起来,又能保持两者的区别。

计价标准的变化

还有另外一种角度来理解风险中立的概率。回顾一下期权的定价过程,我们将100股某种股票期权转成了40股股票的所有权加上2000美元。实际上,我们是用股票的股权而不是美元表达期权价格。技术术语叫计价标准的变化(a change of numeraire)。通过股权而不是美元定义价格——换句话说,用股票而不是美元作为货币——我们去掉了期权的风险。一股股票总是值一股的股票,不管用美元表达的价格是多少。因为期权的价格可以用固定数量的股权来表达,那么至少在理论上而且暂时的,用股票作为计价标准时期权是无风险的。

这是衍生品定价中的一般性技术,也是一般的金融工程问题。选择正确的计价标准可以使得一个难题变简单(在第1章中我们看到这样做还可以颠覆答案)。它可以将一个需要预测概率的问题转变成一个可以直接根据观察找到答案的问题。计价标准将频率与信任程度连接起来。本质上它就是货币的概念。

换个角度来看,使信任程度与频率相对应的方法是采用正确的计量单位。反过来的逻辑是,你选做计价标准的东西也将大大改变你对统计证据的解读。那就是为什么货币的属性对经济会如此重要。不太那么重要的话,那就是为什么统计学家应该经常思考他们分析的对象具有的类似货币的基础。

有一个著名的关于概率理论的悖论,是比利时的数学家莫里斯·克莱特契克在1953年首先提出来的。他用的是钱包和领结,今天更常用的是信封。两笔不同数量的钱放在两个密封的信封里。一个是另外一个的两倍。你随机抽取一个信封,但是不打开。然后你得到一个机会可以调换信封。

与我们在第10章中讨论的安妮和安纳斯赌注一样,好像凭空就出现了一个期望价值。你可以这样推理:"将我这个信封里的钱数称为X。既然信封是我随机选的,那么就有50%的机会可以拿到更大数量的钱,这种情况下另一个信封里边的钱应该是X/2,而我拿到少量钱的机会是50%,在这种情况下另外一个信封就是2X。因此,调换信封的期望价值是1.25X。我应该调换。"听起来是合理的,但是还不是能很清楚地理解多余的0.25X期望值是怎么凭空被创造出来的。即使你接受了那个观点,根据安妮和安纳斯例子里毫无疑问的实际收益,这儿还有一个问题。只要你调换了信封,你就可以利用同样的分析再换回来。

解决这个悖论有一系列可行方案,但是对于金融宽客来说一个明显的办法是用正的期望值X作为计价标准。在你调换信封时,计价标准被换成了第二个信封中的钱数。这就是为什么你会不停地来回调换信封。

为了理解X作为计价标准的含义,假设我告诉你信封里的钱数是等概率地从1到99任一整数里选取的,把那个数量的美元放在一个信封里,然后再把两倍的美元放在另一个信封里。当你随机抽选一个信封时,里面钱的期望价值是75美元。另一个信封里钱的期望价值也是75美元。但是,另一个信封里的期望钱数是你选的信封里钱数的1.25倍也是对的。要仔细地读一读。我并没有说第二个信封里期望的钱数是你手上的信封里期望钱数的1.25倍。既然两个信封里期望的钱数是相同的,那种说法明显是错误的。

这个悖论难以解决的唯一原因是英语语言。如果用数学公式描述,事情就直接明了了。两个信封里的期望钱数是一样的。但是,第一个信封里的钱数除以第二个信封的期望价值比为1.25,这也是第二个信封的钱数除以第一个信封的期望价值的比率。用数学的方法就会发现没有什么奇怪的事,只是用语言来表达时才会令人疑惑。

贝叶斯主义者不存在克莱特契克悖论不是因为他们有更好的理论,而是他们倾向于毫不犹豫地用美元作为计价标准给所研究的问题赋值。如果你用美元作计价标准,就不存在调换信封的问题,也没有悖论了。但是用美元计价也并不总是正确的,安妮和安纳斯的例子就是证明。另一个例子,假设信封里装着的不是钱,而是能在拍卖会上用的凭证。其他所有的投标人将得到第一个信封里的凭证,只有你有一次调换的机会。在那种情况下你肯定可以通过调换改进期望值。如果你赢了,你可以在拍卖会上买到其他人两倍的东西;如果你输了,你只能买到一半的价值。在这种情况下,X 是正确的计价标准。顺便提一句,这就是帕斯卡在他著名的赌注上用的花招。他把计价标准换成了生命,这是他讨论问题的关键。如果你接受了地球上的全部生命是决策使用的恰当的计价标准,那么帕斯卡故事的其余部分也就容易接受了。就像阿基米德所说的,如果有一根足够长的杠杆,他就可以撬动地球,我会说如果有一个足够大的计价标准,我可以让任何基于信任的行为看上去都是合理的。

频率主义的统计学总是备受悖论的煎熬,因为它不要求每种东西都要用类似货币的条件表述,如果没有这样的标准,在频率和信任程度之间就没有了逻辑上的联系。贝叶斯主义的统计学因为坚持单一的统一计价标准而往往又不合适而备受折磨。关于钱,我们知道它并不能买到任何一切的东西。对于人类,我们知道他们有多种性格,如果是一群人的话就更复杂了。可以有很多种计价标准,要比人的数量还多。选择正确的计价标准是得到有价值的统计结果的关键。

唯一可以完全确定的统计分析是那些纯粹的数学计算的结果,以及那些与赌博类似的情景,所有外部的考虑都被规则排除了而且计价标准是确定的。这些思想理论家们一般都是接受的,但是实践中通常又会被忽略。专业的经济学家也非常清楚计价标准很重要。实际上,他们花了很多的精力去思考类似于怎样把人类的生命和货币整合到同一个公式中的问题,或者相对于将来的危害现在的危害应该用什么样的折现率。但是根据我的经验,他们中很少有人会认为这些问题都与概率的性质有关。它们不仅仅是效用,不仅仅是偏好的问题。它们对定义概率或信念很重要。相反,专业的统计学家知道为任何你想要的概率进行论证是可能的,只需要改变概念就可以做到。那就是为什么打官司的双方总是都有统计学家,为什么在社会科学、医学,或者公共政策中不能避免出现错误,而如果能够提供统计上的证明的话那些错误是可以避免的。除非人们一开始就同意,否则统计并不能解决任何的争议。只有两个人同意进行交换,对相对的一套可操作价格达成共识,才有可能客观地定义概率。在我看来,很多统计学家犯错是错在没有看到这些是相对偏好和价格的问题,而不是统计学方法论的问题。

实际的统计分析必须确定应用的范围——计价标准是什么?它可以买什么?否则就没有能将频率和信任程度联系在一起的逻辑。除了一些直接从物理定律中得出的应用之外,你能够唯一相信的是经过回测证明有效的范围。换句话说,你能信任的唯一计价标准是在可观察的交易中能够被计量的。

民意测验

这不是一本应用统计学的书,但是我也意识到了到目前为止,所有的一切都还相当的抽象。所以我们来举个例子:政治上的民意测验。我选择这个例子是因为它是统计学重要的应用,是与货币无关的纯粹客观概率。在贝努利投掷硬币的世界里,民意测验和从罐子里选取弹子是一样的问题。你选取一些随机的投票人作为样本,用他们对选举结果的回答来设定置信区间。

真实世界里的问题会更复杂些。很难得到真正随机的样本,而且关于是否会参加选举或者会怎样投票,人们也不是总会说实话;或者他们当时说了真话但是后来又改变了主意。结果,最好的样本并不是纯粹的随机样本。合理的做法是把测验对象集中在关键选票的人群中,用在整体选民中类似的投票人数作为每一种答案的权重。因为这些困难和调整,没有人会很严肃地对待错误率的理论计算。信任测验结果的唯一原因是研究人员或者组织进行测验的机构过去是正确的。当然,还有很多不会努力做得正确的民意测验,但是我讲的是那些努力的。也有一些民意测验是为了某种特定的目的而进行的,例如为了把选举经费用在最有优势的地方。此类的需要根据是否达到了目标才能进行判断。我讨论的是为了获得一般的信息而进行的民意测验。

所以问题是:什么样的以往记录——过去的频率——可以说服我为将来的预期投注——改变我的信任程度?我不仅是说我会把民意测验的结果作为一般的信息,我还会根据特定的概率判断来下注。如果民意测验员说民主党获胜的可能性是60%,我会愿意投59对41美元赌民主党获胜或者39对61美元赌民主党不会获胜吗?如果不愿意,我是不相信民意测验员的说法。你不需要用统计或者概率理论来问一帮人他们准备怎么投票,从而改变对各种结果的概率的一般性评估。统计学理论认为我们可以进行客观的计算,而这些计算应该能够决定主观信用程度。

对我来说,统计检验的黄金准则是为公众投注公开预测结果。如果没有的话,只要有任何的以往记录,我们就可以进行虚拟测试。假如你给我2008年的选举结果。要搞清楚是否应该相信你对2012年的预测,我应该看什么呢?

我会需要很多的预测。如果你只预测了总统选举,那我就没有办法知道你做得好不好了。但是如果你做了涉及包括州议会、州长、国会和总统选举在内的20000个预测,那么我们就有了继续的基础。

如果过半的预测都是错的,现在我们就可以停下来了。我不会根据你新的预期下注。但是比如说你对了19000(95%)个。那是否意味着我对你的新预测可以有95%的信心?不,因为很多的竞赛很容易预测。如果我是要赌总统选举,可能我不会太在意你在州议会选举上几乎每一个预测都是正确的事。如果我是在赌预计在选举日出现雷暴天气或者在投票到选举之间爆发严重的丑闻事件,那么你过去的记录可能没什么用。

我要做的是为过去的预测设定一个计价标准,然后看你是否赚到了钱。例如,我可能会设计一个简单的模型,根据民主党候选人4年前获得的选票比例以及历史频率来预测民主党候选人获胜的可能性。每一次预期就相当于是一次赌注,支付的赔率由那个简单模型决定。我不会平均分配赌注的大小,因为对于涉及利益的民意测验来说,越重要的选举做对更加重要。一个真实的赌注情景,越重要的竞赛越会吸引越多的赌注,所以如果是设置全国的赔率水平,那么要做好就更加重要了。另外,竞选是相互联系的,所以,例如在同一个选区不同的竞选中能够正确地预期,这种双重计算可以让你得个满分。简单点儿说,虽然还有很多其他的方法,但是我会根据选区代表的规模设置赌注大小。

以上所述并不是此类问题最完美的计价标准。可能并不存在完美的计价标准,虽然向实际赌博开放能相当的接近完美。不同的人可能是为了不同的目的而应用数字,他们设置的赌注赔率和规模也会不同。也就是说,他们会使用不同的计价标准。但是每个人都需要有某种东西能把竞选加总起来。正确预期的总数只是没有什么意义而已。但是,符合大多数普遍利益的计价标准可以让你的预期具有相近的准确率可能是对的。所以简单的可能就是合理的。

到目前为止,我只是基于事前预期的可能性和重要性提出了预期的权重设计建议。没有人会反对这个建议。我把这个设计叫作计价标准,但是我只能证明它与权重有着非常合理的联系,大多数人根据结果作出一般决策就会给出那种权重。

我倾向于使用真正的计价标准,你能花的那种。但是我想,如果能认真处理的话,你还是可以从替代的计价标准那里获得真正的计价标准具有的大部分优势。那是下一步了,在那一部分里我将超越大多数的现代概率理论家。

你的计价标准,不管是真的还是替代的——特别是替代的——不会永远都有效。比如说,在体育赌博中,因为比赛是固定的会出现失控的赌注,还有其他一些计价标准之外的潜在问题,所以如果不够谨慎,这些问题中的单独哪一个都足可以让你破产。

对于一个选举人来说,仅仅进行预期并希望利用加权的正确预期率进行判断是不够的。实际应用中,还必须加上对什么时候预期是可靠的确切的说明。如果选举那天天气不好,结果是稳定的吗?如果候选人中的某个人死了呢?如果在选举当天出现了头条的丑闻呢?如果我要根据预测下注,我需要知道和一个气象学家,或者候选人的某个医生,或者一家报纸的编辑赌博是否安全。

另外一些问题涉及四年前的结果与明天的选举之间是否具有相关性。组织单位或方法论方面的变化会产生不同的作用吗?在选举的性质、观点的形成或者民测技术方面有变化吗?用最近的 2010 年中期选举的数据是否比更早的 2008 年总统大选的数据更好?这些问题要比第一个系列的问题更加难以分析,但却更重要,因为它们可以影响你做的每一项预测。

如果根据民测的结果进行实际决策,那么决策就会考虑与天气、健康、新闻,以及其他一些东西的相互作用。通常的做法是过度吹嘘统计结果的可靠性,等事实证明结果是错的时候再找出各种借口搪塞(当然,永远不要赌上任何真实的有价物,而且也不要坚持不管对错客户都得付钱)。要做好工作那是不够的。在事实发生之前就必须能够确认那些可能的借口。一个原因是要让预测有用。另一个原因是要证明成功是技术的结果,而不是运气。这就是为什么会引入 VaR 之类的概念。

因此,要让我根据你的民测结果下注,你需要向我说明你已经确认了在什么情况下在 2008 年选举之前你的结论是无效的,而且你已经准确地预测了这些情况发生的概率。我需要能够区分出什么是例外的情况以及什么是在选举正常的波动中作错了决策——换句话说,前面的情况是你可能把衬衫输给了有内幕消息的玩家,而后面是在赌注两方势力比较均衡时你输掉的钱超过了可容忍的数量。我需要知道这两种情况的相对概率。同样重要的是我需要知道你能够理解两者的区别。如果我要下注,我得知道什么时候会因为势力不均衡要结束赌局,什么时候要信任你的预测。

政治的民意测试是众多的具有无限突破可能的领域之一。在第二次世界大战之后的一段时间里,计算机和应用数学的发展在很多领域里带来了革命性的变化,而且不仅仅是在定量分析的领域。但是在信息数据的搜集和证实方面的进步却远远落后于数据的分析和处理方面。结果,进展只局限于一些领域,那里的理论家们或者自己收集数据或者与收集数据的人有密切联系。在其他的一些领域产生了由统计学家和其他专家组成的中间阶层,成为主观研究的专家和数据收集者之间的中介。但是这个中间层的形成就是彻底的失败,结果是花费了大量的资源而且将理论家与数据隔离了起来,将数据收集者与理论隔离了起来。在有些地方,理论家和数据搜集者都被挤了出去。留下来的人没有这方面的知识,或者也没有这方面的兴趣,不喜欢收集数据,而且在实验和观察方面也缺乏技术。这些专家只满足于空洞地再处理那些为了其他原因收集来的数据,以及那些无休止地伪装成学术讨论的政治斗嘴。

经济学就是这种领域的一个绝好例子。但是,它有一个分支领域——金融。金融有好的理论和好的数据,但是最重要的是,它能给那些在高效的中台将两者联系起来的人带来巨额的货币回报。没有数据的纯粹理论家和没有理论的数据矿工都破产了。最终,幸存者发现了将两者联系在一起的方法。这个领域在盈利性、知识和影响力方面出现了爆炸式增长。如果其他领域能接受,并改进我们发明的技术,同样的事情也会发生。

我预期,当政治的民意测验员坚持预先确认应用调查结论的范围,坚持对超出应用范围的结果的频率进行严密的回测,他们就会有异乎寻常的发现。天气、新闻和投票技术等的影响会变得清晰,也会令人感到惊奇。选举中的共识以及自上而下的精神形象也将被暴露出来是完全的误导。预测和对选举结果的解释将发生巨大的变化。在历史上也将首次出现选举预测结果足够准确可以作为下注的依据。这些预测将对政策产生巨大的影响。

除非政策执行者们开始这样做了,否则大多数的量化模型结果,包括民意测验的，都不会可靠。比较好的那些可以作为一般性的指导，但是不能作为赌博依据。对严密性的要求会把很多江湖骗子赶出定量预测的生意。但是收益将是巨大的。我就曾看到过严格遵守规定的量化模型家们创下了奇迹。人人都说你不能战胜庄家，但是量化模型家在赌场战胜了庄家——在扑克牌获胜而且改革了体育博彩业。人人都说你不能战胜市场，但是量化模型家战胜了市场，而且彻底改革了市场。人人都说你永远不能预测，但是量化模型家做到了，而且产生了革命性的变化。

宽客革命

VaR 限制是我们信任计价标准的范围。在 VaR 范围之外，我们不能加总正常观察得到的数据，因为我们不能把它们转换成统一的计价标准。这本身在统计学中也不是新的概念。标准的分析要识别那些异常值，将它们与其余数据分开进行分析。有时候，异常值是数据错误或者没有多大意义的少数例外。有时候，它们会比正常数据的变异来得更重要些。但是将异常值和普通观测值放在一起分析永远不会得到什么有益的结果。

华尔街的宽客通过提前确认异常值范围从而进一步发展了这一思想。正如我所说，我们不得不根据情况进行处理。没有人认为这个方法是为了改进统计学的，它是为了利用现有工具方法满足自上而下的要求。只有当我们试图这样去做了，才发现它有多难，但同时又是多有价值。很多年后，我们不再相信任何没有清晰的计价标准，没有对计价标准无效情况进行实证检验的统计结果。

在金融交易的应用中，标准的程序是：
- 在每天交易开始前预计一日 95％ 的风险价值。每个交易日都要预测，即使是系统关闭了，或是数据缺失的情况。
- 如果可以获得每日的损益（P&L），比较实际的每日 R&L 与 VaR 的预测值。
- 在统计误差之内，测试 VaR 突破的准确数字。测试独立于时间和独立于 VaR 水平的突破。
- 一旦有了可靠的 VaR 系统，在限额范围内收集数据。
- 调查损失超过 VaR 的那些交易日，同时辅之以假设的情景分析，以及按现在的头寸在过去可能会遭受重大损失的交易日的观察。
- 基于上述分析,对分布的左侧尾部进行预测——也就是罕见的巨大损失的分布。通常是符合幂律分布的。不要考虑最糟糕的可能情况,要接受概率非零的巨大损失。
- 还是基于超越-VaR 情景,考虑那些没有体现在 R&L 里的风险因素,包括杠杆风险、流动性风险、交易伙伴的信用风险、模型风险、违约风险以及其他风险。
- 根据 VaR 限制之内的好数据再加上你做出来的假设的左尾分布计算出最优的凯利赌注。试着要达到这个水平的风险,同时保持在杠杆、流动性、交易伙伴的信用,以及其他在那些被确认的超越 VaR 情景中可能会摧毁企业的风险水平之内。同样,你不是努力要达到零概率失败。

第三点,VaR 的回测,这是整个程序中唯一的经过客观验证的部分。这就是为什么它如此重要的原因。没有这个过程,你不知道是否做了正确的事情,你也不能说服任何其他的人。有了这个过程,你也有可能是在做错误的事,但是我的经验是那种情况很少发生。

要在金融之外的领域得到应用还需要更多的发展,但是我相信基本原则适用于任何的统计推理过程。
- 明确定义一系列预期。
- 明确定义一个计价标准,可以有意义地将预期数据进行加总。
- 预测各种结果,在其范围内计价标准是可信的。预测的频率要足够多,这样在可以合理假设参数接近常数的一段时间内能达到 30 个突破。30 本身没有什么魔法,不过是因为经验法则认为一个参数需要有 30 个观测值而已。
- 对预测的结果进行严格检验,特别是突破的数量,突破在时间上的分布以及在预期范围大小的突破条件方面。
- 理想的情况是,再加上人们根据你预测的范围对立地下注。
- 在计价标准范围内利用标准的统计学方法分析数据。
- 利用数据、判断和想象力分析位于计价标准范围之外的数据。既然计价标准在这个范围内是不可靠的,那么就要考虑其他重要的因素。
- 制定计划,考虑正常的时间和超出范围的交易日——那是能让你实现目标最大化增长的时候。

同样,没有第四步,我不会相信任何统计分析。不能预测普通事件的人也不会对全部的分布作出有用的分析。那些能够预测普通事件但却从不费心去做的人则忽略了一种能够改善知识的有价值的工具。而且,在开始行动之前,他一定是决心要做对,因为他不会在事后花费精力进行严格的检验。对自己有那种信心的人并不值得信任。

显然,这不是统计应用中最后的一句话。这是个混乱的系统,到目前为止只找到了一个可以应用的领域。虽然它自身是混乱的,但是我认为第一个令人满意的完整的答案早在1654年帕斯卡与费马的来往信件中就开始了。雅各布·贝努利花了35年的时间将这些观点转变成优美的严密的公式表达。按照这样的节奏,我们可以在2025年左右得到一套严密的统计学基础理论。

第 19 章

华尔街秘史：1993 年—2007 年

我已经用了一章的篇幅来说明华尔街及总体的金融业，形成全球影响力的阶段。1980 年的时候，投资银行还是小型的私人合伙公司，商业银行的资产负债表就连一个 19 世纪的审计员也能看得懂，根据格拉斯-斯蒂格尔法案，投资银行和商业银行是分业经营的，对冲基金业务很小也不明晰，很少的个人拥有证券，也很少有人会关心华尔街上发生的任何事情。然后事情发生了变化。金融学教授已经在 20 世纪的 50 年代到 70 年代的时间里奠定了变化的基础，触发性事件是 1980 年左右"火箭科学家们"来到了华尔街。我不是说教授们和宽客们导致了所有的事件，但是我们让事情动了起来，而且如果不了解量化的基础，的确发生的那些变化就不会被理解。我马上要讨论的是那些其他的历史没有记录的东西。

这个阶段最明显的变化是规模。单个的公司变得更大了，公司通过合并形成了庞大的复杂体，私人企业上市增资。证券的市场价值总量上涨了，不计其数的新的证券形式被发明了出来。1980 年以来，无论是用国内生产总值、国民收入、全部的非金融企业利润，还是其他主要的经济总量衡量，美国经济的实际水平都接近翻了一番。无论是用收入、利润还是资产衡量，金融企业的实际量同期增长了四倍。虽然金融业的就业人口只比总人口增长率快一点儿，但是总量数据表明了一种趋势，在高工资人员(例如交易员和投资组合经理、决策类雇员)的数量显著增长的同时，低工资的服务业雇员数量在下降。在这个阶段，很多雄心勃勃的年轻人获得了 MBA 学位然后向华尔街进军，在那里，工资和创新的机会骤增。

与此同时，华尔街在地理范围上在扩大的同时也缩小了。范围缩小的意思是指越来越多的金融服务是通过那些总部位于主要金融中心的——例如纽约和伦敦——全球化机构提供的。相对于华尔街上提供相同服务的——或者，无论如何名义上一样——附近的银行家、保险代理商和股票经纪商的重要程度下降了。当地和区域性企业被全球性企业收购。同时，金融意识已经扩展到人们的家庭、电视、计算机和大脑，也扩展到了全球范围。金融界的丑闻，无论大的还是小的，开始和自然灾害、政治家、明星丑闻激烈地争夺报纸头条。当然是因为金融丑闻更多了，而且更大了，但是它们能上头版的主要原因是人们更加关心金融了。

实际上，金融丑闻铺天盖地的报道还有第二个原因。传统上，金融界的人总是回避公开露面。唯一的好新闻就是没有新闻。如果一家企业上了报纸头条，那一定是因为政府的调查，或者破产或者一些其他的丑闻事件。银行倾向于安安静静地赚钱，在金融界之外的人甚至很少有人知道那些主要企业的名字。零售银行、保险公司和经纪公司当然得做广告，但多数是一本正经地强调公司良好的财务状况。当一家企业引人注目时，就像（当时的）新贵美林公司在1971年职业棒球赛的电视广告中以鲁莽的形象示人时，的确令人感到震惊。

1980年当金融界开始快速变化时，创新者们需要被关注。老一辈的专业人士还记得公关部主要的工作是避免坏消息出现在报纸上。但是，年轻的大众成长于被安德鲁·奥德海姆主导的时代，他著名的主张是坏孩子比好孩子容易得到关注。1963年，奥德海姆意识到滚石公司不可能与披头士在正派、愉悦、友好以及没有任何威胁的流行乐队形象上进行竞争。所以他用乐队能找到的最恐怖、最邋遢的照片来宣传，上演了吵闹、暴力以及滥用毒品等一系列故事。

金融界花了20多年的时间赶了上来，一旦做到了，创新者们意识到把"垃圾"债券塞进机构的投资组合要比高收益证券作市能获得更多的头版头条。不是要认购一家公司大量的股票，而是要"奇袭"，一有可能就"恶意"收购。乔治·索罗斯没有试图解释他卖出英镑是为每一个人改善经济资源的配置；他在袭击英国并得手的指控中获得了荣耀。

20世纪70年代经历了对投资者非常重要的那些主要创新活动。例如，货币市场基金绕开了历史悠久的投资者只能赚得有限收益的规则。与其他的基金相比，免佣或低佣的指数共同基金为多数的投资者创造了巨大的价值。固定佣金制度曾是华尔街在1792年梧桐树协议中诞生的全部原因，但是在1975年消失了，让路给了将要主导市场的折扣证券经纪商，改变了华尔街研究的方式。

所有的这些都是悄悄地变化的,其全部的影响很多年之内没有被意识到(虽然最后的一个被称为"大爆炸",但是并没有在金融版之外得到广泛的宣传)。

采用坏小子宣传手段的原因是金融界首次面向了大众。传统的金融中介希望将他们的客户与供应商分离开来。最理想的甚至是没有人知道交易的另一端是哪些人。人们把钱放进银行里并不清楚钱之后会去哪里。他们更不知道支持他们的养老基金或者保险的投资是从哪里来的。公司募集到了资金但不十分了解基金的来源。金融中介喜欢那样的方式,这样他们可以得到更高的佣金。由这种具有神秘使命匿名主体提供服务的中介越复杂,从供应者和资本使用者之间渗漏出来的钱就越多。

30多年的学术研究没能成功地帮助大家更多地了解金融从而能更多地从交易中获益。但新闻头条做到了,头条需要一些戏剧性事件,或者至少是有戏剧性的象征。公众讨论金融的语言已经发生了变化,今天的语言更加接近于政治辩论和体育用语,而不是过去银行家用的沉稳的语言。在这个意义上,量化创新不得不为吉姆·克莱姆负上责任。

钱是从哪里来的?

一群傻乎乎的宽客怎么会促成了这样一场变革呢?我们还是用另一个问题来回答这个问题吧。是谁为这些增长付钱的?是人们突然开始多存钱了吗?或者从其他地方把钱拿出来给了华尔街?不是,绝对不是。全球的储蓄率是下降的。人们改变了存钱的金融机构类型,例如从银行账户转成货币市场基金,或者用共同基金而不是终生人寿保险公司安排退休金计划,但是并没有显著地增加货币供给的总量。看上去有更多的钱进了华尔街的原因是,多数的私人养老金计划从雇主管理养老金账户的固定收益计划转变为了员工管理的固定缴费计划。而华尔街持有两种体系下的基金。

正是宽客们创造了盛宴所需的货币(不用谢)。我们用风险公式重新定义了现金或保险柜里的黄金的价值基础。那样做基本上让每个人可获得的资本量翻了一番。不幸的是我们没有像应该做到的那样把工作做好。那是最近出现的金融危机的主要原因(抱歉)。

经济活动受可获资本量的限制。一定要有人为在生产过程中或者可出售的所有商品的总价值加上生产所需的所有固定资产后的总价值提供资金。机构可以起到管道的作用，但是机构也需要从其他人那里获得资本。甚至自己能印钞票的政府也要从人们那里获得资本。如果政府是用税收和借的钱来支付的，事情是很明显的。如果它是将"债务货币化"了——也就是说，政府不是发行债券而是印钞票——要么是发生了通货膨胀，从所有现金持有者那里扣减了一些钱，要么超量的货币形成未来税收会增加的预期，和通货膨胀一样肯定会导致经济价值的缩水。这不需要会计恒等式，印钞票可以让人们错误地认为市场上有了更多的资本，在这种情况下，资本的确是多了一些，至少是在一段时间里。或者它可能导致人们过度反应，结果是资本净紧缩。我的基本想法是平均的效果是负面的，因为人们不会总是被愚弄，他们可以正确地推理出债务货币化通常会加速而不是相反。所以，他们不仅会对印的钞票作出反应，也会对预期将来会印更多的钱作出反应。政府制造资本对一些经济学家是梦想，但却是其他每一个人的噩梦。

宽客们知道怎样创造真实的资本，而不需要印刷机或者最高的权力。关键在于衍生品和证券化。听上去这有点儿像黑魔术。或多或少是有点儿魔幻，但不是黑暗的。你可以保留自己的灵魂。

如果你问那些在金融领域工作的人，他们为社会公益做了哪些事，你得到的最通常的答案是他们让市场更有效率。那是不对的，市场经济效率是由那些和真实资产打交道的人创造的，是由那些不需要华尔街帮助的自我组织的系统创造的。金融交易更像是给市场带来了压力，使得它远离效率和均衡，而不是减少压力。这就是为什么当市场没有顺利地从一种状态调整到另一种时，会突然崩溃而且是朝着交易商推动的相反方向。还有，在辩护者口中的让市场变得更有效率甚至都不是好事。只有在超级的过度简化模型里更有效率的市场才会增加实际的福利。

金融的社会价值是金融活动创造出的利润。正如我在第 9 章中讨论的，在我看来大多数人的想法正好相反，认为金融利润是对完成的真实生产活动征的税。在实实在在的金融活动中，交易两边的客户都增加了福利，而且中间媒介活动产生了利润，真实的价值被创造了出来。那个价值非常重要。它会在具有战略意义的经济环节上积累起来，被投资用于生产比其他任何类型的价值多得多的增长和创新。

"火箭科学家们"进入了一个系统，其中多数的金融利润是对真实活动征的税,而且被信息囤积和裙带主义的管制保护着。我们不是利他主义者,但是我们是诚实的。我们希望通过创造价值而赚钱,我们也做到了。这从根本上改变了金融的性质,在世界范围内形成了一场增长与创新的浪潮。

到第14章结束的时候,VaR已经被偶然联合在一起的资本阵营和价值阵营创造了出来,前者多数是经营着小型对冲基金的频率主义宽客,而后者主要是在多元化的金融企业里管理交易及其他风险性业务的非参数宽客。现在我们需要把注意力转移到第三个阵营中去,在大型金融企业中拥有高管或职员职位的贝叶斯主义宽客。这些人将他们的风险管理理论和收入联系在一起,在VaR革命中完全被遗漏了。

要记得这些人就是那些体育博彩玩家。这不仅仅是因为他们顽固地坚守某些深邃的原理直到长期频率产生回报。如果足球的赔率变了,你就得接受并根据情况调整赌注。这里不存在长期的问题,比赛将在下周六举行,而这周的赌注在那之后就不再重要了。我承认这里的确有过例外,贝叶斯主义者会坚守到底。甚至在今天,我还会碰到信仰在险盈余的死脑筋的人。尽管其余所有人都相信——在我看来是正确的——拒绝老老实实地根据市价调整是问题所在,他们还是指责盯市制度要为金融危机负责。然而大多数情况下,这些人并不是那些在80年代后期最早提出这些思想的宽客。他们是那些不假思索就直接吸收了二手思想的人,或者是那些抓住这些观点不放的家伙,因为这些观点可以为无论怎样他们都要做的那些事情提供辨护。

贝叶斯宽客从频率宽客那里偷来了对资本的关注。在这个过程中,思想被转换了。不是资本用来抵消风险,而是应该用风险定义资本。"风险资本"诞生了。所有的金融机构,不仅仅是银行,被要求应该根据它们的资产风险程度成比例地持有资本。毫无意外地,他们想要用来分析风险的新定义看上去很像之前体育博彩玩家非常喜欢的收益波动的定义。人们知道在术语上的一些小调整和变化可以复活那些人们认为没有希望的思想。

重新关注银行资本是个变化。银行很久之前就有对储备金的要求。储备和资本是相反的。它们是具有流动性的高质量资产,一开始是贵金属,后来包括了政府债券和放在中央银行的存款。要求的储备是作为资产(如黄金)持有的一定比例的流动负债(如储蓄,就是银行的负债)。以10%的储备金率来举例——这是目前美国活期存款账户的要求。如果有人在银行里存了100美元的现金,这家银行可以把90美元借出去,但是剩下的10美元要用来购买黄金和其他的储备资产。90 美元的贷款很有可能被再次存入银行系统,先是借款人然后是当借款人把钱花出去时无论哪一个得到这笔钱的人。然后,它可以产生一个新的 $\$90 \times 0.9 = \$81$ 的贷款,9 美元用来购买储备资产。这个过程可以继续进行直到原始的 100 美元存款产生了 1000 美元的贷款,全部以储备资产形式持有的是 100 美元。降低准备金率会增加基于固定的最初储蓄额形成的贷款总量,但是也会减少银行系统的稳定性。

因此,存款准备金是必须以某种确定的资产形式持有的一定比例的负债。资本金要求是必须以某种确定的负债形式或权益资本形式持有的一定比例的资产。负债和权益资本两者都在资产负债表的右手侧,资产是在左手侧。

如果资本金比例要求是 8%,一家银行要做 100 美元的贷款,8 美元必须由银行所有者提供,只有 92 美元可以用储蓄或者其他的负债提供。准备金的要求保护了银行票据的流动性,使得银行票据有可能立即兑换为黄金,或者是,今天的现金。资本金比例的要求保护银行票据的长期价值。它可以保证这些票据在将来得到全额偿付。一家银行,如果有 10 美元的联邦储备和无价值贷款以及 100 美元的存款,可以满足 10% 的存款准备金率要求,但是不能满足资本金要求。它的资本是负的 90 美元。另一家银行有 100 美元的固定贷款期限贷款,没有储备资产,以及 92 美元存款,可以满足 8% 的资本金要求,但不能满足存款准备金的要求。它没有准备金。第一家银行有长期的问题而第二家银行将面临短期的问题。

1980 年之前,政府银行监管员的确非常关注资本状况,但是并没有最低的额度要求。主要是靠监管员对银行资本是否充足进行判断。问题在于经济状况好的时候几乎所有的银行都有充足的资本。当经济开始不景气了,严格地按市价调整的会计制度会发现很多银行勉强能满足资本要求,甚至资不抵债。但是在那样的情形下迫使银行关闭会适得其反。告诉每一个人一家银行的资本金已经降到了危险的水平看起来似乎更加的会适得其反。但是我不同意这种看法,我相信信息透明在长期看来是最好的策略。资不抵债的银行就应该关闭,清偿存款人直到它们的债权组合被用完。立即需要现金的存款人可以把他们的索取权按照一定的折扣率卖给其他人,或者是需要清偿债务的借款人,或者是投机者。尽管美国有存款保险制度,但是有些存款人是没有保护的,其他的银行债权人也没有。即使是有保护的存款人,在一个倒闭的银行里的账户也是麻烦事。因此公开声明一家银行的资本不足可能会引发银行的挤兑,随即导致银行破产。我认为那是正确的解决方案,但是很少有人同意我的观点。

在银行资本缩水到谨慎水平之下时,唯一有建设性意义的事情是让银行票据的价值下降——在政府垄断货币供给的情况下这几乎是不可能的——或者让银行的所有者提供更多的资本——这在政治上也是毫无希望的。监管员可以用发布资本不足的声明来威胁银行,迫使它卖给清偿能力好的机构或者是一些其他形式的增资,但是那不过是一场懦夫博弈而已,多数有政治后台的银行会迫使监管员临阵退缩。

当没有哪个国家可以强化自己的银行管制时,就需要有一个国际性组织来完成这个任务。国际清算银行在1988年形成了一个协议,要求国际活跃银行持有的资本金至少要达到资产的8%。好吧,差不多是8%。政府债券不需要任何资本金,还有"风险权重"低于100%的其他特定种类银行投资,而且"资本金"实际上并不一定是资本,银行被允许把某些特定类型的负债也算作资本金。

这种方法(被称为巴塞尔I)一个明显的问题是,银行在每一类风险中都有进行最大风险资产的投资动机。例如,对大公司的贷款风险权重多数是100%,所以你需要持有总量8%的资本金。这个要求对贷给最有信用的公司的短期优先支付且有担保贷款和贷给那些摇摆在破产边缘的公司的长期无担保次级贷款是一样的。后者的利率会非常高,可以给银行带来高得多的资本回报。

另一个不是很明显的问题是,没有对给业务复杂的那些银行带来大量风险的衍生品和其他表外业务进行规定。人们曾经试图提及这个问题,但只是事后的一点儿想法,而且在实践中没有什么效果。

顺便提一句,金融危机以来,就有很多呼吁要求对银行进行杠杆限制。巴塞尔I就是杠杆限制,只不过是反向表述的而已。杠杆被定义为银行资产除以银行资本金的比例。如果你把它限定在12.5,你就必须持有相当于资产8%的资本。所有的杠杆限制方案都要将资产进行分类,规定风险权重,面临处理衍生品的困难,就像巴塞尔I协议一样。杠杆限制是银行监管的倒退,无论是在理智上还是历史上,并不是前进。当然,那正是很多支持者希望的那样。

回想一下我们的贝叶斯体彩玩家类型的银行高管在风险管理中输给了风险价值,那是结合了频率主义者和非参数阵营思想的结果。看到了巴塞尔I的问题,包括基于主观原则的资本金管理和不能提供正确的风险管理激励,贝叶斯主义者提出我们必须用"基于风险"的资本。现在这个观点在政府垄断货币发行而且要为银行进行担保的世界里毫无疑问是正确的。银行需要某些缓冲来防止倒闭,缓冲的规模要与其承担的风险相当。

然而,测量风险是非常微妙的事情。VaR 正在广泛使用,已经计算出来了而且看上去很像是风险的度量。把它用作银行资本金基础的诱惑真的是难以抵挡。巴塞尔 II 协议的核心观念从 1994 年到 2005 年间发展起来并在 2006 年到 2009 年得到实施,它将资本金比率的要求设定在 99% 的十日内 VaR 的三倍水平上。当然还有大量的附加细节,要有成千上万页之多。VaR 原则对不同类型的资产有所调整,它只能直接应用于可以出售的和按市价进行调整的流动性资产。但是理智上,这是运动不断推进的结果。资本基于对风险的测度,而风险定义为在确定条件下以确定的概率产生的损失的乘数。开始的时候,VaR 要服从于严格的回测,辅之以广泛的压力测试。但是那些要求在实际应用中要么被减弱了,要么被忽略了。

原则上说,用 VaR 衡量风险是不理智的。VaR 不是被设计来衡量风险的,它也达不到这个目的。VaR 只决定于分布中间位置的那些事件,与尾部的事件无关。它只考虑了正常市场的静态投资组合。VaR 不是可能的最大损失,它是在 1% 的时间里至少损失的。参数也是错的。关于数据分析的一个比较好的经验是每一个参数至少需要 30 个观测值。一个 95%一日 VaR 每 20 天会有一个突破,那么就需要有 600 个交易日或者 2.5 年的时间才能得到 30 个观测值。那是可以假设市场条件不变的合理时间间隔。为了得到相同的信任程度,一个 99% 的 10 日内 VaR 要有 3 万个交易日——119 年——的数据。即使你有了那么多的数据,大多数的数据与现在的情况也不相关了。有人甚至建议使用 99.97% 的一年内 VaR,那就意味着需要有 10 万年的数据。

然而在实践中,使用 VaR 测量风险也有很多推荐理由。我们没有衡量银行风险的好方法,至少 VaR 可以计算而且可以得到客观的验证。使用 VaR 指标会使银行直面其核心风险,这对于它自己也很重要而且也是理解尾部风险的要求。它会要求银行在系统和管控方面进行重大改进。没有人有更好的主意,也没有人希望等上十年左右的时间直到更好的方法出现。在有些缺陷的测量方法基础上建立起一套合理的风险系统然后再去改进它,要比因为不能做到完美就什么都不做好得多。至少这代表了人们普遍的态度。或许,宽客喜欢可能是因为这种方法给他们带来的那种权力以及它创造出来了所有的工作。

所以,VaR在理论上是彻头彻尾的错误,但是在实践中却也是合情合理的。它解决了如何定义资本金的问题。你还不得不界定资本是什么,这样你就能够看出银行是否达到了要求。在这个问题上,巴塞尔 II 理论上是对的,但是却使用了一个不切实际的系统。资本金的功能是在银行资产价值下跌时保护债权人的利益。理论上是有人开办了一家银行,资本金比如说是 100 美元。如果资本金要求是 8%,那么 100 美元的权益资本允许银行购买的资产和进行贷款的最高额度是 1250 美元(1250 美元的 8% 是 100 美元)。既然银行开始只有 100 美元,它就会借入或者吸收 1150 美元的存款。只要银行资产价值下跌没有超过 8%,所有的存款都可以被支付,而且所有的借款人也可以得到偿付。

在实践中,事情就没有那么简单了。我们不是在处理一个刚刚开业只有权益资本和资产的银行。所有的大型金融机构都是由成千上万的法人主体构成的,适用于很多不同的管辖规定。有些要合并进持股公司的资产负债表,有些则不需要。这些主体每一个都有复杂的金融和所有权安排。银行的很多资产被抵押给了其他法人或者受到其他法人的控制,也有一些不在银行资产负债表上的资产被抵押给了这家银行或者受这家银行的控制。一些资产的价值很容易确定,也有很多资产要根据管理预测进行定价。有些资产负债表上的资产是按很久以前的价值计价的,一些是因为会计准则的原因,一些是因为定价方法更适于 19 世纪的杂货店而不是 21 世纪的衍生品交易商。

理论上来说,且不考虑很多的细节,如果你把所有资产的价值加总起来再减去所有的银行负债,剩下的就是银行持有的资本量。但是实际中,那个数字与银行用来吸收资产损失的缓冲器关系不大。资产的价值受到太多管理因素、错误和独立会计准则的限制,并不可靠。即使你有充足的资产可以补偿总负债,但是个别主体和权限范围之内的债务可能会超出资产量,持股公司可能会不愿意也不能转移一部分资产以解决差额部分的债务压力。更重要的是,你对那些不在资产负债表上的债务还有那些在资产负债表上,但是已经抵押给其他人或者不受银行控制的资产可能毫无防备。

会计们和管制者们——可能要说,所有的会计和部分的管制者——非常清楚这些问题,而且为了考虑那些因素,他们也尽了最大努力来调整资本的定义。但是这个任务没希望完成。关于资本的数字也可能就是想象的。永远不要相信复杂计算出来又不能根据客观标准进行独立验证的东西。计算 VaR 要比计算资本还困难,但是我们可以信任它,因为它通过了严格的统计回测。据我所知只有两种方法可以得到可靠的资本量。第一种方法是先定义假设资本应该具有的某些统计特性,然后检验一下资本是否具有这些特性。这有点儿相当于审计要做的事,但是审计只是检查银行是否遵守规定,而不是检查结果是否符合经济现实。审计基本上是对投入的检查,而不是产出。无论怎样,只要股东按常规批准了管理层推荐的审计人,我们就不应该期望审计人会严格地去证伪,砸自己的饭碗。

第二种方法是设计一种市场工具记录下你想要知道的东西。银行的普通股可以在某种程度上代表资本,但是普通股价值大多是无形的,只是将来假设的现金流的一种长期映射,而不适宜代表资本。但是,我认为股票价格比会计报表里的资本更适合作为银行金融健康程度的指标。设计与机构中有形的短期资产价值更直接相关的证券也是可行的。但是两种方法都没有得到应用。资本金要求按照道理应该是有效的,但是却没有,披露出来的资本金甚至都认为是无效的。

20世纪90年代中期有一些更加重大的决策。第一个就是每家银行可以自己计算资本。这个决策受到了很多的批评,但是它是对的。计算VaR非常困难,没有哪一个外部人可以做得好,而且适用于一切的系统也是毫无价值的。但是VaR很容易得到证实。你只需要检验独立于时间、独立于VaR的突破是否正确(数量不是太多,也不是太少)。如果某人的VaR不能通过回测,要么是他们没有理解中心位置的风险,要么他们在报告时犯了错误。无论是哪种情况,管制者都可以坚持要求银行改进,或者干脆关掉银行。系统的另一个优点是银行可以在内部风险控制和提供管制报告时使用相同的数据标准。这也被称为巴塞尔的使用测试(use test)。当然那样也省钱,但是它也意味着管制者和管理者能够直接面对面了。还记得吗?VaR优点之一就是它可以在交易大厅里使用,也可以在高管的办公室里使用——结果说明它也同样适用于管制者。

下一个决策是对方差—协方差VaR的强调,这是在假设正态分布和参数已知的条件下进行的计算。"已知"并不是说你事先知道参数,而是说你根据数据进行参数预测,然后在假设预测是完善的条件下计算VaR。这种方法有很多问题,最严重的理论问题是假设平均价值是完全正确的情况下作出的平均预期实际上是完全错误的。最严重的实际问题是它不能进行很好的回测,而且方差—协方差 VaR 能够揭示的关于尾部分布的信息要比其他 VaR 更少。然而，就是以这种形式 JP 摩根把 VaR 介绍给了全世界。有些人仍然认为它就是 VaR 的定义。JP 摩根需要用 20 世纪 90 年代的技术和数据系统在市场关闭后 15 分钟之内形成报告。方差—协方差是唯一的实际选择。然而对于巴塞尔 II，要得到 VaR 的很多特性很容易，因此我们应该坚持用可以通过回测的 VaR。

但是最重要的，当时看起来也没什么问题的决策是承诺对于那些把所有资金用来建设巴塞尔 II 体系的银行给予资本宽减。一开始很明确只有复杂程度最高的银行才有可能计算出巴塞尔 II 的资本，所以对其他的银行提供了更简单的选择。采用"先进方法"的银行就要得到奖励以激励它们进行投资，而最明显的回报是降低资本金充足率的要求。毕竟，如果它们可以更好地管理风险，应该被允许持有更少的资本金。据我所知，这样的协议从来没有成为书面的规定，但是每一个涉及在项目中的人却把它当作实际的工作原则。

结果证明计算巴塞尔 II 资本金的努力远比人们可以想象的还要昂贵。花旗银行的桑迪·威尔，面对着 1 亿美元外加上风险部门的预算需求，哀叹道："难道你不能给我建一个 1000 万美元的风险管理吗？"（会上的某个人，要求不要被提到名字，回答说，"我们可以试一下把钱用牛皮纸包好送给管制者"。回头看那倒可能是个不错的主意，至少有人可以从一片混乱中得到些好处）而且，这个计划结果要比任何人可以想象的更加有风险。到了 2000 年，8% 的资本金充足率要求明显太低了，但是"先进的"银行已经得到了承诺可以降低资本金比率的要求。当时合适的解决方案应该是提高所有银行的资本金充足率要求，这样"先进的"银行可以得到救济而且仍然可以持有谨慎水平的资本金。但是那个方案并没有得到支持。在互联网泡沫中对风险的担心看上去显得有点儿愚蠢。在 2000 年三月技术崩溃之后，提高资本金充足率的要求冒着可能会加深经济衰退的风险。实际上，中央银行的官员们朝着正好相反的方向采取措施，降低利率并试图刺激更多的风险行为。

随后出现了历史性的意外。2004 年前后，巴塞尔 II 最终的实施细节被制定出来后，市场波动率降到了极低的水平。市场波动率低意味着要求的风险调整的资本金低。在那样的环境下，巴塞尔资本金充足率的要求看上去不低。每一次实施的成本上升以及新风险出现，市场波动率似乎都有足够水平的下降从而抵消了那些影响。

每一个参与整个过程的人很清楚地知道这个,而且也知道总有一天市场波动率会回调的。但是这个项目有太重要不可能停下来。最容易的解决方法是继续前进,好像没有出现任何错误一样,而且在波动性持续低的时候继续执行巴塞尔协议。然后当波动性增加时,先进的银行就必须持有更多的资本。到了那个时候,人们会理解并信任巴塞尔协议的计算。他们会意识到其他的所有银行一直以来并没有持有充足的资本金。因此对于那些没有使用先进方法的银行,基本的资本金充足率要求应该提高。

选择容易道路的不幸结果之一是规则进一步被弱化了。回顾直到1987年的时候,宽客们知道测量风险要具有前瞻性。如果在最近的过去没有什么坏的事情发生,你就不能假设一切都很安全。你至少需要考虑一些市场环境发生变化的可能性,你需要去寻找任何能说明有风暴正在来临的迹象。对于资本原则来说这就是加倍正确的。如果一切都以最近的过去为基础,那么银行就会过度乐观,在经济情况不好的时候就会加倍紧缩,这与管制者想要鼓励的情况恰好相反。把巴塞尔II资本协议塞进8%的条件里唯一的方法是抛弃所有前瞻性特点。

那么计划进行得怎样呢?不是很好。2006年,在巴塞尔II开始实施之前,市场波动性开始增加。我经常会看到有观点认为巴塞尔II对银行在金融危机发生之前没能持有足够的资本金应负有责任,那不符合实际情况。首先,那时的银行还没有执行巴塞尔协议,其次即使它们当时已经执行了,增加的市场波动性应该已经提高了要求的资本金水平。而且,所有的主要银行持有的资本金要显著高于管制要求的最低水平,因此要求执行的资本金水平并不相关。而且没有哪家大机构是因为缺少资本而破产的,它们破产是因为缺乏流动性和市场信心。更高的存款准备金率要求可能会有些帮助(也就是说,更低的杠杆限制),而不是更高的资本金充足率。

这样说并不意味着巴塞尔协议没有什么可以值得指责的。金融危机发生之前近十年的时间里就有信息说明协议并没有得到真正的执行。我们都决定继续修建方舟而不是再努力些去说服我们的邻居洪水马上要来了。最后在方舟能下水之前大雨来了。如果每一个人不是被要求加入大规模的国际项目,更加独立的声音可以被听到。或者可能不会。巴塞尔协议的确为将来合理的银行监管创造了知识和基础条件。当时没有人对利用那样的知识和基础设施感兴趣,但是随着这个世界逐渐冷静下来,我们可能会有有效的银行监管,这是自从政府接受了这个任务以来的第一次。

他们把钱放到哪儿去了？

市场重要的经济功能之一是形成资本。资本是用来产生更多资产的资产，更通俗地说，钱被用来生产更多的钱。如果你拥有并住在一幢房子里，房子是资产，但不是资本化的资产。如果你把它租给其他什么人，它就成了资本化的资产。如果允许他们自行其是的话，多数人会满足于使用资产或者如果眼前没有需求就闲置着，把现金花掉或者存起来。说服人们把不使用的地租出去或者把现金放在股市里而不是花掉或者存起来是金融产业要做的一部分工作。资本使得企业形成并发展起来，而与此同时——希望如此——提供资本的人也实现了金融安全。

也有可能从子虚乌有之中就能创造出资本。在合适的情况下，你可以印出纸币，把它们借给企业家，形成具有创造性的交易循环，不需要拿出任何有价值的东西就可以创造出一个新公司。我们就看到宽客们是怎样在 1980 年到 2007 年期间大规模地完成这个戏法的，不需要说服人们放弃现在的资产就使得全世界的资本量翻了一番。资产并不必然像房屋和汽车一样有形。对未来价值的信念和金条一样都是资产。约翰·肯尼思·加尔布雷思甚至说过贪污盗用公款也创造资本，因为挪用公款的人（正确地）和被挪用的人（不正确地）都认为他们有"收益"，所以照此进行行动。加剧金融危机的因素之一是这些贪污款项的消失，因为下跌的资产价值导致盗用行为被发现。伯纳德·麦道夫只是一条长队中最大的一个而已。

资本是不是被诚实地创造出来在法律上是重要的，但是对于经济学家而言重要的是资本是如何配置的。如果是用于好的用途，财富会有净增加。那就引出了金融市场的第二个主要功能：资本配置。不懂金融的人可能会说的一个傻话是华尔街应该只关注为企业融资，抛掉那些赌博交易，那些交易不过是把钱从一个投机者那里转移到另一投机者那里，不会给经济带来任何好处。那种理解与认为律师应该不要总是相互之间争来争去而应该到处去行使正义一样。对于正义，律师不会比任何其他人知道更多，金融专业人士，除了一些专家之外，也不会比其他人知道得更多什么是好生意。而且，除了孩子或者像孩子一样思考的人,没有人会想要一大群律师或者金融人士到处去搞定所有的事情。唯一好玩的是可以找出哪种职业干得更差劲。

律师和金融人士做的事情是参与一个让人们能够实现目标的系统。律师们是解决争端的,不是通过决定和行使正义而是通过在一个有组织的系统里为有争议的双方提供服务实现的。金融人士是通过为资本的供给者和使用者提供服务实现资本配置的。现在也可以说一些金融专业人士直接进行资本配置决策:风险资本投资者、银行贷款经理和私人资本基金经理。但是这些人实际上是像投资者一样采取行动。他们是专业的,但是他们像任何其他的投资人一样在利用相同的金融服务。用律师作类比就好像说律师是法官。但是如果律师们只是作判断,而且原告和被告们都没有律师也不允许进行争辩,很少有人会说我们的司法系统不会发生变化。将华尔街称为赌场和将法庭称为赌场一样既对也不对。和赌场一样的是,在金融市场和法庭上都有风险,在三个地方都存在由规则决定的胜家和输家。

在华尔街上,宽客们改变了规则,所以赢家多了输家少了。但那并不意味着没有了输家。垃圾债券融资的恶意收购对经济和股票市场很重要,但是在这个过程中,很多人的生活被打乱了而且投资被摧毁了。风险资本金融促成了技术进步的异常快速发展——还有互联网泡沫。这些是传统资本配置的大马力版本。这一阶段全部的新思想是证券化。

我读了很多金融方面的书和文章,很少看到讨论证券化问题的时候不用"切片和切丁"的句子的。这是引用 20 世纪 60 年代后期一种叫 Veg-O-Matic 的产品著名电视导购广告词。它并不能很好地描述证券化。的确标的资产的现金流会被切碎——如果你愿意也可以用切片——但是它们并没有在正交方向上再被切一次——切成丁(技术上说,Veg-O-Matic 也没切丁,它只是在两个方向上工作)。切好的片反而是与其他的切片粘在一起,更像是做胶合板而不是切蔬菜。在锯木厂里原木在用车床切成薄片之前要先浸泡好。所以"浸泡和车床"要比"切片和切丁"更能表达意思,用"砍伐和胶合"或者"堆积和干燥"也行。

证券化将机构从金融中排挤了出去——脱媒(disintermediation)是相应的技术术语。资本的提供者和使用者被直接联系了起来。金融工程化的原因是多数的资本提供者想要提供的资本与多数的资本需求者想要的类型不同。提供者希望的是在可预期的时间里能够带来收益的多元化的流动性工具。而使用者有的则是没有流动性而且现金流不可预期的具体项目。

传统的解决方法是设立金融机构。简单的例子是储蓄银行。银行提供具有流动性而且可预期的投资工具：支付正常利息的储蓄账户。银行用这些钱进行长期抵押贷款，这些贷款有些信用风险并且可以在任何时候得到偿付。但这并不是有效率的解决方案。投资中没有真正的流动性，银行只是希望不会有太多的人同时需要拿回自己的钱。这里存在一定的多元化：贷款不全是给一个人一座房子的，但是它们位于房屋价值和收入具有相关性的一个相对小的地理范围之内。更重要的是，银行成本比较高，在偿付给存款人之前从抵押贷款赚到的利息就被花掉了一半甚至更多，当利率提高时，给了纳税人大约1000亿美元的重击——在过去那可是一大笔救济金。

更好的办法是将抵押贷款放在一个全国性的池子里，用一种结构化方法引导现金流在可预期时间内流向不同的投资者。这些证券可以被标准化来进行流动性交易，所以如果投资者想要早点儿要回资金，或者希望重新调整投资组合，那样做不仅便宜也很容易做得到。借款人在住房抵押贷款上花的钱更少，而投资者在抵押证券上可以挣的比储蓄账户多。这也会产生经济学家称为代理的问题，能决定谁得到抵押贷款的机构并不承担风险，因此在承销证券时可能有动机走捷径。但是，任何中介都会产生代理问题，在证券化中处理这个问题并不比有中介机构的情况更难。

证券化的另一个重要领域是信用衍生品。投资者买了债券或者银行做了贷款就要面临信用风险——债券发行人或者借款人不能偿付债务的风险。分散风险显然是有效率的，但是对于贷款和债券又比较难。你得买进很多债券或者发行很多的贷款，但是如果你这样做了，投资组合里又会包括了太多的小规模且很难交易的投资。结构化的信用将债券和贷款里的信用风险拉了出来打包进多元化具有可预期特点的投资组合。

这些以及其他证券化技术使得资本可以直接从提供者流向使用者。投资者得到了更好的投资机会，而资本使用者可以得到成本更低更便捷的资本。

很显然，抵押贷款和信用证券是2007年到2009年金融危机的大部分。与大众信念相反的是，根源并不是各种模型。对于每种证券化灾难，在2007年之前就有过很多，主要原因总是因为在真正的市场交易中不能完成全部的交易。

当一个证券化市场刚刚成立，结构化产品的利润很大。你不需要在划分组合产品方面非常有效率，如果有一些不受欢迎的产品，市场上也有足够多的资金使得它们的收益高到有人愿意买。但是当越来越多的人进入后,利润率就下降了。抵押品的价格被推高了,而证券价格就出现了下降。

一开始的反应是更加有效率地组合结构产品。而且,随着市场的扩大你可以做更大的交易,所以你可以赚得更小比例的利润。但是越是成功,问题就会越糟糕。你终于在某个点上撞上了一个瓶颈。某笔交易不能卖到高到让你赚钱的价格。所以你只好走开去找新的机会。

或者另一种情况。你可以把不受欢迎的这个产品塞进某个账户或者其他账户。还有很多类似的情况,都是没人想要的。你找到了一个笨蛋,他负责一大笔投资,你请他喝酒吃饭或者花言巧语地哄骗他。你把证券放进一个账户,你的公司要为户主的利益着想管理这个账户。你把债券卖给什么人,再借给他钱去买债券。他会很高兴因为如果这些债券得到偿付,他就赚到钱了,如果不能得到偿付,他也可以脱身。通常这个人是在小心翼翼地试探着欺骗他的投资人。或者最简单的解决方法是自己持有那些卖不出去的债券。有时候你会那样做然后再对冲头寸——好像对冲会把一次坏的购买变成好的一样。在作了一些会计调整之后,一段时间里你看上去是赚钱的。所有这些操作已经多次以多种形式做过了。但它们终究会导致灾难的发生。

金融市场最后的功能是发现价格。通过公开建立可信的价格,每一个人的经济计划都会有所改进。在这里,改变可能受到了对冲基金和银行自营交易或者作盘的驱动。风险管理方面的改善导致杠杆的增加是令人震惊的。增加的杠杆使得利用较小的市场异常变得有利可图。在其他条件都不变的情况下,更多的杠杆意味着更加疯狂的市场。但是其他条件不会不发生变化。风险管理的改善要比抵消增加的杠杆带来的危险更多。那一点没有得到广泛的认识原因是多数的人只有在失败的时候才看到量化风险管理。事情有点儿戏剧性,因为失败的类型是新的也是不同的。在宽客重建一切之前,作为创造的价值的一个部分,失败更多更大了。

因为只有比较小比例的杠杆交易商是宽客,实际上是我们那些好朋友——算牌频率主义类型的对冲基金家伙们——找到了风险管理的办法。这导致交易量大规模增加,包括高频率交易,改进了市场的效率和流动性。更加有效率和流动性的市场意味着更好的价格发现机制。这对经济是好的,对投资者也是好的。当然,也是有破坏性的。

10亿美元规模的自营赌盘和毫秒级交易是怎样帮助长期投资者的呢?这

有点儿像"缺了一颗钉子"的谚语体。如果一个长期投资者每五年交易一次,那么他能看到,比如说每个月的价格,是有帮助的。这些价格可以有利于监督他的投资组合。当他的确想要出售时,并不需要等上5年直到另一个长期投资者出现,他可以在一个月内就完成交易。因为同样的原因,每个月交易一次的人可能会希望看到每日价格。每日交易一次的人希望看到每隔15秒的价格。每隔15秒进行交易的人……看,你明白怎么回事了。

市场中那些最高频率交易的人会怎样呢?他的日子不好过。他看不到在他两次交易之间的其他交易。如果他买进或者卖出的价格不对,在完成很多交易之前是不可能发现的。他也没办法用一种有意义的方式去监督头寸。如果他希望清仓,他得等到某个比较慢的交易商有反应——像每个月投资的人需要等到五年一次投资的人一样。但是因为他愿意留在前线上生活,其他的每个人都会很轻松。

对于投资规模也是如此。为了能够快速高效地进行交易,100股股票的投资者需要有人愿意建1000股股票的头寸;1000股股票的交易商需要1万股股票的交易商。市场中规模最大的投资者会遇到问题。如果他想要完成一笔交易,只能批量进行,就会需要一段时间。因此,最快和最大规模的交易商会要求一定的超额利润来弥补对他们不利的头寸。他们之间的竞争可以使利润水平下降,流动性上升。在某种意义上,超额利润是长期投资者为了获得流动性而支付的费用,即使长期投资者从来没有和一个规模大或者速度快的交易伙伴交易过。但是这笔费用要远远小于老体系中做市商收取的费用,而且流动性也更高些。

钱到哪里去了?

那么,这三个伟大的思想——大规模的自由资本、改进的资本配置和更好的价格发现机制——怎么会导致灾难的?不仅是2007年那场大灾难,还有很多其他的:德崇证券破产、美孚银行丑闻、基德暴亏、长期资本管理基金倒闭,这里只举其中的4例。它们都属于这些技术领域中最领先的企业。我还没包括华尔街风暴形成的附带损害,例如奥兰治县的破产,也没包括像安然公司一样的非华尔街金融企业,也没包括如亚洲金融危机这样在海外形成的破坏,以及那些如互联网股票暴跌和共同基金择时交易丑闻一样影响了很多大众和家庭的。

第一，请允许我重申金融创新的好处要远远超过其带来的破坏。在宽客来华尔街之前就存在着丑闻和破产以及各种灾难。综合好的和坏的方面,过去的30年在全球历史上是最异乎寻常的好的经济时代。可怕的时代是几十年的经济停滞和集权主义的压制，而不是繁荣与萧条交替带来的生机勃勃与痛苦。我知道不是每个人都分享了这个时代的果实，甚至在那些分享了成果的人中也不是平均分配的。但是，我认为那是另一个问题。新技术给予我们更多的力量和自由。与人类历史上之前任何的创新相比，它们使更多的人摆脱了贫困，而且它们还创造了更多的百万富翁。它们没有帮助到每一个人只能是说它们还不够完美，而批评它们没有平等地帮助每一个人只能说这是愚蠢的观点。

第二，我承认人们犯了很多错误，包括我自己。我犯了很多的错误。但是我不认为这是导致灾难的决定性因素。一个错误要变成灾难需要有很多的复合因素。永远不会缺的就是错误，特别是在创新的年代。所以，我们应该防范的正是那些叠加的复合因素，而不是错误。只要人们能够很快地失败，损失在可接受范围之内，进步就是快速的。但是，当人们反而选择缓慢地失败的时候——而且很大——情况就不同了。

第三，我还要为一些普遍被责难的反面角色洗脱罪名。贪婪不是问题。说某人贪婪意味着当你希望他们满足你的利益时他们满足的是自己的利益。在某种意义上，金融业的人都是贪婪的。这个领域不会吸引那些希望简单地生活在一切都由上帝免费提供的环境中的人。但是的确也有那种情况，金融界里有很多人就个人而言是贪婪的，甚至已经超出值得我尊敬的程度，可能也超过了可以与其自我满足和幸福共存的程度。但是，这里也有很多充满慈善和开放的人，有欲望简单、生活方式朴素的人。在这里有形形色色的人，但是我从来没有发现华尔街比普通大众更贪婪。

甚至更愚蠢的指责是华尔街人冒很大的风险是因为如果他们赢了就可以变得富有而并不关心如果他们输了企业会失败。在华尔街所有的企业中，最大的股东是它们的雇员。如果他们是在玩"正面我赢，反面企业输"的游戏，那么他们为什么还要买自己公司的股票呢？有三位华尔街 CEO 在自己的公司里有超过 10 亿美元的股票——美国国际集团（AIG）的汉克·格林伯格、雷曼兄弟的迪克·富尔德和贝尔斯登的吉米·凯恩。所以，是损失最多的人失败了。在我全部的华尔街生涯中，我曾经参与了很多风险决策。我并不总是同意那些决策,但是没有哪一次会议每一个资深的人不是在认真努力地考虑风险问题的。而且他们不是在考虑如果情况不好他们会损失钱;他们是在考虑自己的尊严,他们的朋友和雇员,还有客户和债权人。没有人希望失败。的确,很多决策的风险很大,但是它们不是冒冒失失作出来的。

最大的一个导致最终的分崩离析的原因是冒险家们被赶出了华尔街。我们构建了一个系统,其设计是要由那些在风险决策方面有着广泛经验的人进行管理。我们相信存在着细分的市场机会,失败经常发生而且很快,成为我们成功的营养直到它们达到限制,然后再去寻找新的机会。我们构建了资本结构和市场结构来支持这种策略,核心是量化的金融风险管理。

但是,情况变得越来越庞大,远远超出了我们曾经想象的规模。很多没有风险管理经验的人来到了华尔街,稳稳当当地赚钱。当然风险承担者们也来了,但是他们的比例每年都在缩小。风险回避者有更好的信任度。这通常是真的,避免风险的一个办法就是不停地积累信任度。他们的背景中有较少的失败经历。因为没有风险,就没有失败。他们穿着更得体,也有更好的人际交流技巧,再一次,这些都是经典的风险回避者的行为。最重要的是,辨别是否风险回避者最简单的方法是,他们总是互相同意对方的意见。

那些最后四种想法都失败了的人,他们的古怪、未经检验的想法并不适合风险回避者。他们希望看到一些可靠的、有专家签名的有着稳定的长期记录的东西。不幸的是,当他们找到像这样的生意时,通常已经接近或达到了限制。风险回避者喜爱稳定增长的收入和利润。你不能通过承担风险实现那些目标。似乎设法在那些已经达到限制的策略上得到指数化增长是可以的。如果会计、经济学家和管制者每一个人都同意,你可以顺从这种要求。但是即使是最值得尊敬的人形成的最强大的共识,现实仍然有办法残酷地刺破它。

风险承担者为了生存不得不诚实,这是与生俱来的,而且不断地得到强化。风险回避者认为只要每个人都很冷静,船就不会沉。世界需要风险回避者。风险承担者是低效率而且不可靠的。但是你不能让风险回避者控制一个为风险承担者设计的系统。或者相反,你可以,但是结果并不好看。

另一个问题是风险回避者喜欢认为自己能够理解一些事情。他们希望任何事情都有清楚的表达和合理的推理。我们已经看到了他们是怎样重创 VaR 的,把它放到被控的系统里,与其揭示信息的能力相比更倾向于利用其预测能力。风险回避者擅长事后来解释事情,而且好像他们从来没意识到诚恳的解释总能让他们看上去很体面。风险承担者在事前和事后都不能充分解释事情，而且也不关心是否有面子。当坏的事情发生，一定有人要离开时，总是风险承担者。

首先离开华尔街的是算牌玩家类型的频率主义者。他们创建了对冲基金，一般保持着比较小的规模，业务也比较模糊。我不能为此而责怪风险回避者，无论怎样，不合群的宽客也会离开的。接着大多数的扑克玩家也离开了。对于他们多数人来说管制变得太严格了。他们的好主意得不到支持，他们看到太多的坏主意不合情理地被吹捧起来。更重要的是，事情已经不再好玩儿了。他们来是为了战胜华尔街，他们已经做到了，而且现在很多其他的人拥了进来抢夺胜利品。一些扑克玩家类的宽客们去了对冲基金，但是大多数还是彻底离开了金融界。

贝叶斯主义的体彩玩家一开始从风险回避者浪潮中是获益的。他们具有与新群体相融合的社会技巧，而且他们管理企业的经验也得到了尊重。但是尽管如此，他们还是发现管制的重压让人感到疲惫不堪，而且在晋升中他们被越过了，有着更好信任度的人备受青睐。所有的宽客都是计算机狂人和数学极客，所以，贝叶斯主义者在20世纪90年代后期新兴技术企业里找到了自然的归宿。到了21世纪初，很难在华尔街上找到原来的老派宽客。华尔街上仍然有很多的风险承担者，但是大多数都不是宽客，而且在那些是宽客的人中，多数不是系统的建造者，也不能完全理解它。但是，风险承担者达不成共识而风险回避者会的事实产生了最大的变化。即使风险承担者占大多数，要将他们那些完全不同且难以解释的观点融入已经成为正式决策的程序也是非常困难的。

即使几乎所有原来的宽客都离开了，人才的流失仍在继续。大企业继续买进对冲基金以及那些风险承担者已经逃离的其他公司。管制者仍然继续更加广泛地实施管制。

未来会怎样？我相信市场已经以一种丝毫没有误解的方式告诉了我们，20世纪90年代末到21世纪早期的全球金融制度是没用的。那真的没什么令人惊讶的，它们只存在了大概10年的时间，充满了各种丑闻和灾难。我希望看到一个更小规模的、多元化的、创新的企业系统——包括了一些今天可能不会被认为是金融企业的——为达到金融目标提供各种竞争性产品。这些企业可能会有很多的失败，但是除了它们的投资者和员工，并不会使其他人处于危险境地。根据这种判断，我想应该会有一个健全的处理支付和短期信用的系统，以及每个人进行基本金融交易的方式,包括储蓄账户。所有这些应该在风险最小的情况下完成,而且将与任何风险行为完全分离开来。它应该是一种为了风险回避者由风险回避者经营的生意。我们可以把这些机构叫作人民银行,或者为了向保罗·沃尔克致敬,就叫沃克尔银行吧,他是大力倡导这类事情的。

我猜那是不会发生的。我认为大机构自己会重生,会控制那些核心的金融基础设施。我希望下一次他们会做得更好。

第 20 章

华尔街秘史：2007 年的危机及其他

第20章 华尔街秘史：2007年的危机及其他 311

312 红血风险
RED-BLOODED RISK
华尔街秘史

但是到了1993年，我们知道地与热血和无血一起在一家大型华尔街企业的汇率和利率期权交易部门工作。

蓝血的工作经历要好得多。

获得了受人尊敬的学位。

高度评价的著作和学术成果。

一个重要的投资委员会的主席。

当丑闻事件袭击了红血的公司…

蓝血被请来接手。

第 20 章 华尔街秘史：2007 年的危机及其他 313

第 20 章 华尔街秘史:2007 年的危机及其他 315

后　　记

我们一起一路走来,除非你也是那些直接跳到最后一章的人。你应该知道了我对概率理论和金钱的看法,关于人类进步和金融市场、关于风险和人的看法。我们甚至还讨论了历史、宗教、政治、目前的事态以及很多其他的事情。我希望你获得了一些乐趣,学到了一些东西。

正如你可以从章节目录中看到的,我准备用后记来结束这本书。在我做风险经理的那些日子里,我真的经历了很多东西。我学到了如何把事情做好的一些东西。一群不开心的人聚集在一起讨论一大笔损失或者其他的灾难。为了这章的目的,我们将讨论从2007年开始的那场金融危机,而且就在我写这本书时,危机仍然在进行之中。

我总是以让人们像贝叶斯主义者一样去思考作为开始。我们怎样可以更新自己的事前信念呢？换句话说,我们刚刚学到了什么呢？只要你既能生存下来又能学到东西,危机不会全部都是损失。经常的情况是,你发现大多数的失败实际上是一种收获——你了解了你认为有价值的那些东西其实并没有价值。那就是知识的增长,而不是财富的减少,无论看上去它多像是损失。如果你知道了有些你认为是安全的东西实际上是危险的,或者你认为值得信任的人实际上是不值得信任的,或者你认为是聪明的事实际上是愚蠢的,也是这样。你从来没有失去什么,你只是以为自己失去了。现在,你是更加睿智了而不是更穷了。

我们从金融危机中学到了什么呢？最明显的教训是大型多元化受管制的金融机构应该被消灭。既然它们要么已经破产了要么要不是政府大力度的干预也已经破产了,而且政府承担不起第二轮的救市行动,最理智的办法就是它们拆分开或者关闭掉。讨论哪些机构哪种特性是好是坏都是没有意义的——它们都失败了。有些东西在设计上根本就是错的。我认为是各种利益之间的冲突,但是不管是什么,都是100%致命的。

我在这个问题上可以自称为专家。除非你在这些机构中做了十多年的中台,而且有足够的外部经验可以进行有意义的比较,否则我不认为你能理解它们结构中内在的那些深层次的设计缺陷。我感觉自己就像一名多年来一直在治疗病人的医生,他的建议在讨论国民健康总体战略的政治白痴和各具特色的信仰治疗师之间的争辩中被忽视了;或者在五角大楼的战争理论家与政治家讨论中,战斗指挥员的经验注定是没用的一样。如果大型多元化受管制的金融机构要想生存下去并且要运行良好,它们就得加强建设中台部门,重新聘用那些风险承担者,欢迎各种形式的好风险,专注于它们客户的利益。而且它们中的一些要失败。如果有什么要说的话,迄今为止我看到的改革都是朝着相反方向的。

另一个主要的教训是对杠杆的危险性有了新的理解。当然我们一直都知道杠杆是危险的,但是却并没有理解全部的原因。如果你有100美元,购买了100美元的股票,你是有风险的。如果你有100美元,借了100美元,购买了200美元的股票,你就有了两倍的风险。但这不是杠杆的危险。这只是意味着你的收益或损失要乘以一定的比例。如果你想这样做,它就不是危险。在安全的股票上有2:1的杠杆率可以比持有没有杠杆但波动更大的股票更安全。

有些单纯的人当他们听到银行杠杆率达到40或50比1时,就会这样去想象。实际上没有哪家银行会借来49美元,加上1美元后再购买50美元的股票。任何这种机构都会很快破产的。银行使用杠杆多数是为了对冲风险。例如,如果一家银行发现自己持有了价值10亿美元的美国国债,它会利用期货合同抵消风险。就是说,它总体上杠杆达到了2:1,因为它有10亿美元价值的债券再加上10亿美元的空头期货头寸。但是很清楚的是,此时的风险要比签订期货合同前无杠杆时的小得多。现在的风险只是可能会有些问题或者在它持有的国债与期货合同中要交割的债券有某种的错配。否则,它不需要关心债券价格是涨了还是跌了,或者甚至是否美国政府会违约。

我们都知道这种杠杆存在某些风险,但是与对冲减掉的风险相比可能要小得多。当然我们也知道那并不必然。出现严重的信用紧缩和流动性危机时,即使是好的杠杆,那种能抵消风险的也可能会是致命的。

下一步是像一个频率主义者那样思考。其他人学到的真的只是随机游走中的波动吗？美国政府债券在危机中表现的确不俗,但下次可能就不会这样了。很多人认定没有流动性的投资不好,但又没有仔细去辨别那些应该有流动性而实际上没有的投资带来的与大家一直都知道是没有流动性的投资之间的区别。原则上来说,你会因为承担非流动性的风险而得到超额的支付。多数的投资者为更多的流动性付出的代价要远远超过实际需要的。

过度反应的另一个例子是认为所有的次贷都是坏的。事实上,次贷很长时间以来一直为借款人和贷款人带来了很多好处。那些笑话次贷发行标准低的人一般来说并不了解高的发行标准能做的实际上也不多。他们称无文件的贷款为"说谎者贷款",而那些恰恰是唯一不鼓励撒谎的。很多次级抵押贷款的借款人在申请的时候撒了谎。他们可能从亲属那里借了首付,或者在银行和经纪人账户之间移动资金重复资产计算,或者声称根本不存在的某种期望的奖励。

仔细进行定量数据分析发现在房价下跌和经济衰退给定的条件下,常规的次贷实际上要比预期的表现更好。不同的贷款服务于不同的群体。无收入证明贷款对没有文件的移民及有现金收入但是没有合法文件支撑的逃税人是有效的。这些人有资产和收入,但是不能提供证明的文件。借了很多教育贷款的年轻人没有资产支付首付,但是却有足够的收入来偿付贷款。100%的按揭比率对他们是有价值的。那些因为离婚、疾病或者生意失败有不良历史信用的人通常有足够的资产和收入成为良好的信用风险承担者。

问题主要出在那些有多种发行缺陷的贷款上。最糟糕的被称为忍者*贷款(没有收入、没有工作、没有资产;是的,应该被称为忍者)。这是一个基本的理论问题。对于一个有某方面漏洞的贷款申请,如果它在其他方面比较强的话,忽略那个漏洞是有意义的。不这样去做,无论是房屋按揭抵押还是找工作还是提出一个新观点或者寻找配偶,只能说明思想僵化而将错失很多机会。但是如果一个申请全是漏洞时,忽略那些漏洞都是没道理的了。这些不是机会,而只是期望的想法而已。

在一些情况下,优惠利率贷款的欺诈比次贷更成问题。在预计只有0.1%损失的资金池里损失达到100%带来的震动要大于预计有10%损失的资金池

---

* 忍者原文是"NINJA",分别是"No income, No job, No assets"的首写字母。——译者注

达到30％的损失。甚至很小程度的欺诈行为也会引起市场恐慌，因为它意味着每个池子都有风险。

让人们能够居者有其屋实际上是很好的主意，在这个过程中经历些失败也是值得的。我理解一些人反对帮助逃税的人和非法移民，这些人也是发行次贷的受益者。我个人希望所有人，合法的或者不合法的，可以利益最大化，而且还有一种西部人（或者可能是赌博人）本能会对那些逃离政府管制的人怀有同情。有些贷款是有掠夺性的，比如贷给了那些根本不可能从中获益的人，或者索要非常不公平的高利率。但是在次级抵押贷款的帮助下有了自己的房子的多数人毫无疑问就是英雄，他们通过努力工作和有眼光的风险行动将自己拉进了中产阶级的群体。我希望对这些事情的支持，即通过抵押贷款和其他形式给人们提供机会，不会成为危机的原因。

到了后记的这个部分，我们已经知道了我们能够做什么并且已经确认了新的机会。现在就要像扑克玩家一样思考了。量化风险经理不会问风险是好的还是坏的，而是要问风险的规模是否合适。而且更重要的是，我们应该怎样衡量未来风险的规模？

例如，假设你管理一个五年期的项目，然后在第一年得到了10％的投资回报，然后在第五年发生50％亏损之前，各年的投资回报分别是20％、30％和40％。每个人都倾向于关注那个损失了50％的灾难。但是在五年的时间里你总体上可以实现20％的利润率。一个简单的问题是：你能在更低的或更高的风险水平上更好地管理这个项目吗？如果根本就没有这个项目，你就不会有利润。如果你的规模是一半的水平，那么可以分别得到5％、10％、15％和20％的投资回报，然后再损失25％，总体达到19.5％的利润水平，比实际水平稍微低一些。如果你是两倍的规模，那么回报就会是20％、40％、60％和80％，然后跟着就是－100％，这样的损失会把你扫地出门。最后的结果是如果你的投资是实际水平的77％，在这个时期里你可以达到23％的最大收益。所以如果能缩小一定的投资规模，你可以得到更好收益。

当然，这就是一个虚构的案例。在真实的项目评估中，导致损失的决策要比这复杂得多。提出是否可以通过系统性地承担更多的或更少的风险改善情况的问题还是值得的。例如，美国全社会就业率从1999年底的9.0％上升到2007年11月份的高峰。然后到2009年12月又下跌了5.9％。从那以后又上升了1.4％，在整个时期的总增长水平是4.0％。

当然,在2008年和2009年的萧条期失去5.9%的社会工作量是非常困难的。如果金融体系中的风险再少些,失业可能就会少些。我们不会期待零失业,毕竟总是会有周期性的信用紧缩和衰退。但是好像低风险的金融体系可能意味着较低水平的失业。

然而,较低风险的金融体系在经济景气的时候只能带来较小的增长也是同等可能的。假设我们相信减少的金融风险应该可以在衰退期间使5.9%的失业率减少到3.0%。如果同样的变化在所有其他月份里使每月的工作岗位增长率下降30%,那么我们今天能提供的工作岗位就要比实际的少得多。那意味着如果你认为在过去的十年里降低风险是个好主意的话,你不得不认为自己知道怎样在减少50%多损失的同时减少不到30%的收益。你一定要非常聪明才能做得到。那不是不可能的,但我在信任你的判断之前得看到很多的证据证明你是有办法的。有相当多的人认为他们知道怎样100%地减少损失而不影响收益,但是我从来没看到过成功的,而且那些声明有能力做得到的人并不是我相信可以胜任的第一个。

现在,有人会提出即使总体就业量的增长少了,但是我们仍然可以因为更少的波动和对人们生活更少的干扰而获益。我认为存在最优的可以形成个人长期幸福最大化以及企业长期生产力最大化的波动水平。而且我认为那个水平要比多数人认为的高很多,可能也要比最近我们经历过的水平高。刚刚失去工作的时候,人们的感觉几乎都是很糟糕的。但是如果回顾整个人生,很多的失业结果被证明是掩藏起来的福气。坏的工作丢掉了,结果找到了好的事业。有时候你不得不搅动各种事情好让它们调到正确的位置上。但这些都是我们可以在事后评估中进行讨论的。一些建设性的讨论:我们本来可以减少多少的损失,本来在收益上可以产生什么样的影响?如果知道了我们现在知道的信息,我们本可以如何确定赌注规模?随着时间的推移,变化的成本与收益是什么?

对于是什么导致了金融危机以及将来我们应该做什么的问题,我肯定没有全部的答案。我有的是在灾难发生后主持建设性会议的一些经验。从一个贝叶斯主义者的视角来考虑各种事件,然后是频率主义者的观点,再后是扑克玩家的角度,总是能够为将来作好计划。

最后,风险管理没有魔术。风险经理们不能防止坏的事情发生,他们也不能保证不出意外,他们也不能每次都能在灾难中幸存下来。而且,在实践中也没有什么深奥的智慧。风险管理需要做很多艰辛的细节工作,没有什么捷径可走。无论如何,人类组织实现了革命性的进步。我已经花了近一半的生命来探索,而这本书的内容就是我学到的所有东西。我希望你们能从我的经验中获益。

风险管理的教学大纲

在过去若干年时间里,一些大学设计了风险管理的学位项目,一些专科学院现在将它作为一个专业。我访谈过这些项目中的一些毕业生,总体上没有什么特别印象。有些情况下,这些项目是把投资组合管理的数学和管理风险报告的细节重组在一起,按高得过分的价格卖给那些擅长数学又急于找到一份工作的学生们。

还有一些情况,学校是很诚恳的,学位项目中包括了一些有价值的内容,但是却很肤浅而且重点狭窄。正如我希望已经让你们相信的那样,风险管理要求对概率理论和经济学有些激进的再思考。那只有回到基础理论并坚持严密性的情况下才能实现。我还强调风险经理必须有广泛的学识,在概率和经济学之外,还要有会计、数据处理、心理学、法律、逻辑、历史和哲学等其他领域的知识。

从事金融风险管理的新人最有价值的一项技能是对真实企业的真实金融数据有深入的理解。有些人根本不知道金融或风险,却能得到可靠数据,这样的人很有潜力,我会很高兴地培训他、给予他所需的其他所有东西。有些人能做所有其他的事情,但是却将结论建立在不可靠的数据基础上,这样的人没什么培养价值。

可惜的是获得可靠数据的技术不是学术导师们容易教会的。所以,我相信一个好的风险管理项目应该要求申请者至少具有两年在金融运作、金融控制或者金融信息技术方面的经验。有了那样的基础,运营管理、会计以及计算机科学的教授,他们大多数人或者有实际的经验或者保持专业研究,可以教给学员们一些对改善程序有实际意义的理论。我指的不是那些教育学生怎样完成工作的职业学位教育,而是指包含了学科领域前沿发展必需的技能的专业学位教育。

一旦有了数据,如果你知道怎么处理当然好。在我看来,这类教授给非统计学专业的统计学比无用还糟糕,至少对于风险经理而言是如此的。这种教学大纲需要有统计学方面深厚的基础,要求阅读哲学、数学和概率逻辑的原始材料,也包括领域里正宗的理论思想史。我尽可能地覆盖较宽的范围。一些聪明的人在这些主题上撰写了很多文章,若干方法的多元知识对于风险经理来说比某一方法的丰富专业技能更有价值。直到我们真正理解概率之前(如果我们曾做到过),我们的教学内容需要宽些。幸好,这是高水平的好大学最擅长的。

风险经理理论教育的第三个方面是关于人的。在个体层面上,包含了行为研究、认知心理学,还有福利经济学(你要小心了:在福利经济学中有很多不能被前两个领域容忍的废话,因为它们是受数据驱动的)。应该特别关注人是怎样进行实际风险决策的。法律是另一个领域,对事前和事后怎样处理风险有着深刻的洞察。群体层面意味着要研究在不同的人类事务中无论是好还是坏的风险决策史。在个体风险行为教学方面应该有很多好的师资。历史学家或者经济学家们可以承担群体的课程,同时我认为这也是很显然的机会可以引进客座讲师,讨论在战争中、金融机构里、政治、职业赌博、风险资本以及科学研究中特定的风险行为——任何可以找到讲师的领域都能为学生们增添经验。

我们也要有实践课程。很明显,我们需要一些关于风险报告的课程。这里有三类风险报告:内部的、管制要求的和财务的报告。内部报告是前台和后台都喜欢的(其他两种都属于中台独家的)。每一类可能都需要一门课来教如何生成和解释那些数字。这和财务报表分析有些类似,通常是在商学院的会计和金融系合上。有个传统,每个教授在刚上课时都要告诉学生们他们之前在另一个系的这门课上所学的都是没用的。会计学教授倾向于教授形成报表的知识是怎样发挥作用的。金融学教授则擅长强调在报告的数字与客观的现实(通常指市场价格)之间的统计联系。实际上,两种观点都重要,最有用的信息是两者结合的产物。风险报告的教学应该是跨学科的。

还有一些其他的应用类课程,例如法律和风险监管、风险管理行业、利用标准的商业风险管理产品和专业标准与道德。在那些领域中你就得教授一个风险经理真正做的事情。我认为这比较适合于那种项目型课程,每周一次,形式多样,有些是小型的小组案例讨论,有些是全项目讲授,有些是个人项目,有些是业界风险经理的演讲。

只在教室里教学自然是不够的。学生必须真正做了才能学到。有四件事情我认为是风险管理学位应该具备的。这些对于风险经理都是必需的,但是这些项目的毕业生中只有很少的人会成为风险经理。一个原因就是后台风险报告的工作要比风险管理的工作多得多。另一个是风险管理的岗位通常会用那些有交易或投资组合管理经验的人,或者其他与风险管理相关行业经验的人。这些人并不是申请风险管理学位项目的主体人群。然而,任何与风险相关的工作都应该有点儿管理风险的经验或者至少是模拟过。

第一个要求是大量计算 VaR 的实际操作,不同的学员越多越好。可以利用任何一种每天都能获得的客观数据:大学停车场每天的收费票据,纽约中央公园的降雨量,今日美国头条故事中出现字母 P 的次数。学生要有一个自动的系统在信息可获得之前的头天晚上午夜之前公布 VaR 数据。这个系统必须连续公布数据,即使是缺少输入数据或者学生不在或者病了或者大学计算机系统有了故障(要有个盒子在电力故障的时候以供纸质提交数据)。VaR 应该通过标准的回测。为了做到这点,80%的 VaR 实际上是在希望能关注分布尾部的风险与在短时间内要得到可靠的证实之间妥协的结果。

第二个要求是要体验追踪数据。我的意思是指美国烧汽油的拖拉机比例之类的事情。合适的来源是新闻报道中引用的统计数据。通过仔细的核查,学生们会在看似最直截了当的问题中发现定义方面的问题。这里会有很多数据,但并不直接与问题相关,有些还是错的。巧妙地追溯数据来源并进行客观信息的交叉检验可以教会学生对所有报告数据的怀疑主义和检验证明所需的技术。

第三,我相信风险模型而不是投掷硬币的研究经验是非常重要的。它为进化生物学、量子物理、行为主义博弈论或者其他与风险有关超越 17 世纪领域的项目提供了统计方面的帮助。我不认为你可以从讲课和简单的例子中学到这些思想。家庭作业的题目和真正的研究问题——这种问题的答案既是未知的也是重要的——有很多不同之处。我认为这或者是录取前必须的要求——很多学生可能已经完成了这方面的学习——或者是项目本身内在的一部分。

第四,学生还要有冒险的经验。没有信心走进赌场赢上一把的人就没有资格告诉别人怎么管理风险。一个有信心但是输掉的人起码是合格的。我不仅仅是指战胜赌场。那仅仅是把问题考虑清楚而已。我的意思是承担有意义的风险进行真正大手笔的决策。那就需要有知识以及对知识和训练的信任。

好吧,我知道没有哪个大学会把21点算牌、扑克和体育博彩放在毕业要求里。他们不会给每个学生1万美元把他们送到澳门,然后告诉他们说:"要是不能把赌本翻一番就不要回来了。"但是学院必须要找到让计算变得真实的方法,教给学生根据计算结果积极下注的意义是什么。

怎么才能做到呢,不必赌上真正的钱,也不必把项目粘上扑克牌、骰子和体彩?有个方法。每个季度给每个学生1000美元的游戏金到爱荷华电子市场去赌博。如果你不是很熟悉的话,它还有一些针对不同事件的真钱小额赌博游戏,例如选举结果、天气、电影票房以及其他的东西。我会让学生们在买卖价中间赌上游戏金。这样做有非常大的优势,而如果你赌的是真钱,你要么得支付要价要么接受买入价,或者调整赌注,形成逆向选择的可能(也就是说,除非你出价太高否则没有人会达到那个水平)。这么玩的话不难赢钱。

学生们需要在季度结束的时候让游戏金翻番,或者在下一个季度重新以新的1000美元开始。一次成功的翻番,就算是完成任务了。但是如果毕业前都没能成功,那就得不到学位。好吧,没有哪个学院会因为学生赌博差劲就否决他的学位申请,即使学位的重点就是风险管理。但是要有一些有意义的惩罚,可以考虑要求再写一篇论文。

要是有哪个学院开办这样的学位项目还真是要有些勇气。但是还好吧,因为只有能冒险的学院才应该有这样的项目。谁会要一个害怕离经叛道的机构授予的风险管理学位呢?还有,谁会希望聘用一个要拿那样学位的人呢?

我怀疑是否有人会实施我的想法。如果在风险管理教育行业的什么人认真对待我的想法,我会感到惊讶。但是我想会有一些创新者朝着我的总体原则的方向上前进。他们可能会做得比我好。毕竟,我不是教育界的专家。我的确知道在现有项目中有很大的改进空间,还需要更多的想象力和勇气。我希望有一天遇到某个我想聘请的有着那种风险管理学位的人。

100 本有用的书

很多年以来我一直对这些东西感兴趣,也读了很多书。我从更有价值的书单中挑选了100本在这一章里列了出来。这个书单不局限于我赞同其观点的那些,我想提供更广泛的观点。我尽力列出与这本书技术水平相当的书目,而那些需要更多或更少的数学的我都作了说明。每位作者我只选了一本书。这里提到的很多作者都是多产的。我挑出来的书大多是与我的书直接相关的,如果你愿意,还可以自己在其他书中选择。根据这个逻辑,我也很遗憾地放弃了自己其他的一些书(虽然它们都很棒)。另外,我选的多数是最近出版的,相对还没那么著名。那些广受欢迎的经典的书很容易找。

我从与《红血风险》的主题最直接相关的书开始。纳西姆·塔勒布因《黑天鹅》一书而闻名,但是他更早期的一本著作《随机致富的傻瓜:机会隐藏在生命和市场中的作用》讨论的很多问题和我的书是一样的,只是结论有些不同。我们或多或少在相关的问题上意见是一致的,但是寻找答案的方向并不相同。理查德·布克斯塔伯的《我们自己制造的魔鬼:市场对冲基金以及金融创新的危险性》是从第三个角度来讨论问题的。迪伦·埃文斯马上要出版的《风险思维:如何应对不确定的未来》关注的是金融之外领域中类似的思想。肯特·奥斯班德的《冰山风险:投资组合理论的冒险》才华横溢又富有刺激性地阐述了相关观点,也相当新颖。威廉·庞德斯通的《财富公式:玩转拉斯维加斯和华尔街的故事》讲述了凯利标准的历史。

如果你的兴趣是统计学哲学,强调实际应用,你找不到比吉米·萨维奇的《统计学基础》更伟大的作品了。他的儿子萨姆写了本《平均值缺陷:为什么我们面对不确定性时会低估风险》。即使你没有深厚的量化训练也可以读这两本书，但是萨姆的更简单些。其他两本经典的是布鲁诺·德·菲尼蒂的《概率的哲学讲座》和亚伯拉罕·瓦尔德的《统计决策理论》。它们比萨维奇著作的难度要大些。对于数据分析，布拉德·埃夫隆的《刀切法、自助法和其他重采样技术》是非常著名的。还可以考虑约翰·图基的《探索性数据分析》。

史蒂文·斯蒂格勒的《统计学历史：1900年前不确定性的测量》是一本统计学历史的巨著。伊恩·哈金在《概率的出现：关于概率、归纳和统计推断的早期思想的哲学探讨》里讨论了同样的主题但是更强调思想而不是历史。两本优秀的通俗历史著作有迈克尔·卡普兰的《机会是：概率的探索》和赫拉斯·莱文森的《机会、运气与统计学》。

马里奥·利维奥的《神是数学家吗？》是关于量化哲学而不是关于风险的书，但是与《红血风险》有很多相关之处。

介绍一些非常有价值的关于货币与交换的人类学研究方面的书。C. A. 格雷高利的《野蛮的货币》讲述的是货币是如何出现在传统社会中的。由卡罗琳·汉弗莱和斯蒂芬·休-琼斯编辑的《物物交换、交换和价值：一个人类学的方法》是一本很好的研究总结。这类书中还有三本按年代进行研究的：斯蒂芬·古德曼的《经济的人类学：社区、市场和文化》，马歇尔·萨林斯的《石器时代经济学》和蒂莫西·厄尔的《青铜器时代经济学：政治经济学的开端》。卡尔·波兰尼的《大转型》是这一领域中的经典之作。马特·里德利非常受欢迎的《理性乐观派：一部人类经济进步史》与保尔·西布莱特《陌生人的公司：经济生活的自然历史》的结论很类似。

尼尔·弗格森的《金钱关系：现代世界中的金钱与权力，1700年—2000年》和蒂姆·帕克的《美第奇金钱：15世纪佛罗伦萨的银行，形而上学与艺术》描述了早期的现代货币史。稍晚一些有几本关于美国历史的，有史蒂芬·米姆的《伪造者的国度：资本家、骗子以及美国的成功》，琼·卡缅斯基的《交易的艺术家：扶摇而上的投机与美国第一次银行破产的故事》，西蒙·约翰逊的《13位银行家：接管华尔街和下一次金融危机》和斯科特·桑德奇的《天生失败者：美国失败史》。

20世纪和21世纪的我们有佩里·梅林的《新伦巴底街：美联储如何成为最后交易商》，巴里·埃森格林的《过分的特权：美元的兴衰和国际货币体系的未来》，彼得·伯恩斯坦的《投资革命：源自象牙塔的华尔街理论》，罗恩·彻诺的《银行家之死：伟大金融帝国的衰亡与小投资者的胜利》，菲利普·奥格的《贪婪的商人：投资银行如何玩转自由市场游戏》和贾斯汀·福克斯的《理性市场之谜：华尔街风险，回报与错觉的历史》。

优势赌徒的圣经是詹姆士·格罗斯的《超越算牌：利用赌场游戏从21点到视频扑克》。彼得·格里芬是著名的数学家、赌博高手之一，他写了一本《21点理论：熟练的算牌手到赌场21点指南》。对于体彩赌博，伊利胡·福伊斯特尔的《征服风险：袭击维加斯和华尔街》是个不错的选择。

鲁文·布伦纳和加布里埃尔·布伦纳写了一本权威的赌博史：《赌博与投机：理论、历史和人类决策的未来》（声明：我和布伦纳俩人合作了一本书）。蒂姆·奥布莱恩的畅销简史《下错赌注：美国赌博业的魅力，浮华与危险的内幕故事》。理查德·霍弗走访了人们赌博之地并写成了一本《中奖的国家：漫游和赌博，我们的运气路线图》。关于最重要的赌博游戏扑克，詹姆斯·麦克马纳斯写了一本最好的历史书《牛仔全史：扑克的故事》，而布兰登·亚当斯则写了一本最好的小说《破产：一本扑克小说》（书中带着敬意提到了理查德·杰瑟普的《辛辛那提小子》、瑞克·班纳特的《小世界之王》和纳尔逊·艾格林的《金臂人》）。

费希尔·布莱克写过一本金融学著作《探索一般均衡》，这本书非常好但是几乎没人看过（佩里·梅林写过一本权威的费希尔·布莱克传记：《费希尔·布莱克与革命性金融思想》，但是我没有纳入书单中，因为我列了梅林另外的一本书）。在费希尔和我最后几次通信中，有一次他写到自己根本没有指望能在死之前看到这本书出版，而且"它可能在秋天前就会被廉价处理了，因为经济学家们不会善待那些批评他们的东西。"我花了几年的功夫努力游说MIT出版社再版这本书，也不断地磨John Wiley & Sons再版他另外的一本《商业周期与均衡》。最后我终于成功了，Wiley在2009年，MIT在2010年分别再版了这两本书，所以现在人们可以很容易地买到这两本书了。在这个过程中，我向费希尔的一个女儿阿勒西娅·布莱克求助过（她的短篇小说中有本《我知道你很可爱》非常精彩，但是和我的这本书一点儿关系都没有，除了可以提供些费希尔少为人知的自传故事外）。我告诉她《探索一般均衡》在eBay上卖到了1000美元。她的眼睛睁得老大，喊道，"我阁楼上还有好几箱呢。"

数量金融的标准入门书是《保罗·威尔莫特讲数量金融》，当然是保罗·威尔莫特写的。几年前保罗告诉我他已经不再是人了，已经转型成为一个品牌。安蒂·伊尔曼恩写了一本非常好的关于量化策略理论和实践方面的指南，《预期回报:收获市场回报的投资者指南》。更技术性的工作有巴里·约翰逊的《算法交易与 DMA:直接信道交易策略入门》,里什·K.纳兰的《打开量化投资的黑箱》和劳伦特·卡尔维的《多分形波动率:理论、预测与定价》。

《红血风险》中的数量金融观点与两本具有开创性而又特立独行的著作有着很多共同之处:拉尔夫·文斯的《投资组合数学手册:最优化配置与杠杆的公式》和埃里克·福根斯坦的《发现阿尔法:当风险收益崩溃时寻找阿尔法》。另一本更出名的具有开创性又与众不同的是本华·曼德博的《市场的(不良)行为》。

关于金融未来比较好的两本书是罗伯特·J.希勒的《金融新秩序:21 世纪的风险》及富兰克林·艾伦和格伦·亚戈的《金融创新力》。为了将预期建立在更加坚实的基础上,两本书都涉及了很多历史内容。

如果你喜欢通过人物来学习数量金融,埃斯彭·豪格的《衍生品模型的模型》是一个非常棒的选择。也可以考虑斯科特·帕特森的《宽客:华尔街顶级数量金融大师的另类人生》,伊曼纽尔·德曼的《宽客人生:华尔街的数量金融大师》,史蒂文·德罗布尼的《黄金屋:宏观对冲基金顶尖交易者的掘金之道》以及塞巴斯蒂安·马拉比的《富可敌国:对冲基金与精英的崛起》。

杰弗里·威廉姆斯的《期货市场的经济功能》在 20 年后仍然是真正唯一的好作品。

如果你想知道一些交易的知识,迈克尔·W.卡沃尔作品中著名的海龟实验非常引人入胜,主要是关于一些多少是随机挑选出来的普通人,他们接受如何进行交易的训练。书名是《海龟交易特训班:23 个普通人如何一夜致富》。柯蒂斯·费思是早期海龟特训班成员之一,他在《全脑交易:如何运用右脑的直觉和左脑的智慧赚取超级丰厚的利润》中描述了如何交易的方法。但是维克多·尼德霍夫的《投机客养成教育》应该是这方面最经典的。

在金融实践方面,有一本非常好的书是约翰·博格的《约翰·博格的投资 50 年》。约翰目前还不是一个品牌,但是他的确有一大批活跃的粉丝。他们把自己称为"博格头"(译者注:铁杆粉丝)。大卫·艾因霍恩是世界上伟大的数量投资者之一。他写了一本《一路骗到底》。大卫在 2007 年早期因为预测了雷曼兄弟的破产而备受关注。那时我和他进行了一场针锋相对的辩论。幸运的是,一开始我就承认了在雷曼举债经营及将来命运的问题上,他的观点要比我的好得多。我与他观点不同之处在于一般的资本和风险管理问题。

关于金融风险分析中涉及的数学问题,格雷高利·康纳、丽莎·戈德堡和罗伯特·A.科瓦亚克的《投资组合风险分析》不错。但是这本书是技术性的。理查德·雷博纳托是早期的风险经理之一。他最著名的著作是《预言家的困境》,但是他的《相干压力测试:金融压力分析的贝叶斯方法》在技术方面的内容要更多些。克里斯蒂安·戈利耶的《风险和时间经济学》是从经济学而不是金融学角度讨论了风险数学分析的技术内容。

有很多比较好的著作讨论了数字与定量分析不可靠的问题,解释为什么关于世界规律直接的未经检验的理论一般总是错误的。最好的作品中包括了西奥多·M.波特的《数字的信任》,阿兰·德斯罗西斯的《大数政治:统计推理的历史》,迪特里希·德尔纳的《失败的逻辑》,以及奥林·皮尔奇的《无用的数学:为什么环境科学家不能预测未来》。彼得·拉特兰在《神秘的计划:苏联计划体制的经验教训》中分析了定量计划在实践中是如何运作的。

一些强调不确定性和失败的积极作用的作者以更加乐观的态度表达了同样的思想。比较好的例子有亨利·波卓斯基的《设计,人类的本性》,詹姆斯·奇利斯的《邀请灾难:技术前沿的教训》,查尔斯·佩罗的《正常的事故:高风险技术》,史葛·道格拉斯·萨根的《安全界限》,唐纳德·萨尔的《动荡:企业的黄金机会》以及阿图·葛文德的《清单宣言:如何做对事情》。

如果你对博弈论感兴趣,我可以推荐四本书。这些书都有些技术性但又是可读的。我和朱·弗登博格一起上的哈佛,他(和戴维·莱文一起)写了一本《与长期耐心玩家的长期合作博弈》。几年之后,科林·凯莫勒和我一起在芝加哥大学攻读博士学位。他写了一本《行为博弈理论》。多年后在米尔肯研究所全球会议上与科林就我和他的书里的一些观点进行了讨论。迈克尔·巴卡拉克在完成他的里程碑式作品《个体选择之上:博弈论的团队与框架》之前就去世了。编辑并没有很好地完成其余的工作并把它编辑成著作的形式,但是思想观点毫无疑问是清晰的。有一本最好的调研类博弈理论著作,是赫伯特·金迪斯的《理性的边界:博弈论与各门行为科学的统一》。第五本书是《荒诞行为学》,丹·艾瑞里用生动的语言描述了行为学的实验。

从心理学维度对风险进行了重要研究的书包括罗伯特·艾伦·伯顿的《人类思维中最致命的错误》和格里高利·伯恩斯的《满意度:灵感追寻、新奇和找到真正满足感的科学》。虽然不是直接与风险相关,达林·麦马翁的《幸福的历史》讲述了很多相关的历史与心理学内容。肯尼思·弗伦奇曾召集了一批世界顶尖金融经济学家,齐聚在新罕布什尔州的斯夸姆湖一起讨论2007年—2009年的金融危机。马丁·贝利、约翰·坎贝尔、约翰·科克瑞恩、道格拉斯·戴梦德、达雷尔·达菲、安尼尔·卡夏、弗雷德里克·米什金、拉古拉姆·拉詹、戴维·沙夫斯泰恩、罗伯特·希勒、申铉松、马修·斯劳特、杰里米·斯坦、勒内·斯塔茨合作写了《门朝哪儿开:重塑全球金融危机》。这本书兼有共识的优缺点,虽然如此它仍然是理解最近的那场金融事件的最好的著作之一。达雷尔·达菲的《大银行为何失败及如何应对》更加直接也更加聚焦。

关于危机方面非常受欢迎的书,我建议要从伯大尼·迈克里恩和乔·诺塞拉的《所有的魔鬼都在这里:金融危机背后的历史》开始。但是,最有趣的(也是确切的)应该算迈克尔·刘易斯的《大空头》。读了迈克尔·赫什的《资本违规:华盛顿那些聪明人怎么会把美国的未来交给华尔街》,吉莲·邰蒂的《疯狂的金钱:摩根的疯狂梦想与金融衍生品的前世今生》,威廉·科汉的《摇摇欲坠的空中楼阁:华尔街的傲慢与不幸》,我们可以进一步理解危机。罗格·洛温斯坦在《崩溃的根源:伟大的泡沫与它的破灭》中讲述了之前的一场股灾,就是2000年纳斯达克泡沫破裂。

我再推荐几本其他类型的让我们的书单更加丰富的书。克里斯·安德森的《免费:商业的未来》讲述了将来货币将如何被替代的一些思想。如果你无法理解我对20世纪70年代的感受,可能可以从弗朗西斯·惠恩所著的《的确奇怪的年代:70年代:偏执的黄金时期》获得一些启发。亚当·雷特兹写的关于eRaider.com的故事《牛市、熊市与大脑:和最好的最聪明的金融互联网一起投资》。兹比格涅夫·赫贝特的《戴马嚼子的静物画》是一本非常优秀的散文集,我从这本书里摘录了关于黑郁金香的节选片段。

最后,穆罕默德·科恩,也是这本书的编辑,出版了一本令人兴奋、内容生动且在金融内容上也是引人入胜的小说《香港之声》。如果你喜欢《红血风险》的插图,可以看看艾瑞克·金的《威廉·莎士比亚全集》。在那本书里,你可以发现诗人每一部戏剧都已经浓缩在双面版连环漫画中了。

关 于 作 者

阿伦·布朗现任位于美国康涅狄格州格林尼治市的 AQR 资本管理公司的风险经理。他更早的书有《金融街的扑克脸》(John Wiley & Sons, 2006 年, 被商业周刊评为 2006 年 10 本最佳著作之一)以及《充满机会的世界》(与鲁文·布伦纳和加布里埃尔·布伦纳合著, 剑桥大学出版社, 2008 年)。在他 30 年的华尔街生涯中, 他曾做过交易员、证券经理、抵押证券部门的负责人, 以及包括花旗银行和摩根士丹利等机构的风险经理。他也当过一段时间的金融学教授, 在 20 世纪 70 和 80 年代他曾是世界顶尖级的扑克高手之一。他也是两家金融杂志 Wilmott 和 Quantum 的专栏作家, 经常在杂志、期刊以及专著章节中发表学术文章。他有哈佛大学应用数学学位, 芝加哥大学布斯商学院的金融和统计学学位。他和妻子黛博拉·帕斯特生活在曼哈顿的上西区, 他有两个孩子, 艾维薇在上高中, 雅各布是芝加哥大学的本科生。

关于插图画家

艾瑞克·金是从 Oni Press 出版的漫画系列《爱是外语》开始他的事业的。他还为《迪格拉丝中学的下一代 3》设计了插图,创作了连环漫画系列《战争学院》《侧步者》(Owl 杂志出版)、《Streta》以及《威廉·莎士比亚全集》。他的下一部漫画即将由 Oni Press 出版发行。

"非常荣幸能与阿伦·布朗在这部作品上合作。漫画一直以来都是我的追求,我也很高兴通过漫画作品帮助解释经济学概念。我希望读者们喜欢这里展示出来的作品,也希望我们能有机会再次合作!"

索　引

准确率　185
布兰登·亚当斯　331
加总过程　250
克格雷·安斯利　216—218
《算法交易与DMA：直接信道交易策略》（约翰逊）　332
纳尔逊·艾格林　331
《所有的魔鬼都在这里》（迈克里恩和诺塞拉）　334
富兰克林·艾伦　332
克里斯·安德森　334
异常现象　135—136
《经济人类学》（古德曼）　330
套利　140—142、145—146、215、217—219、245—246、277
丹·艾瑞里　333
《猜度术》（贝努利）　273
菲利普·奥格　331
自相关　217

迈克尔·巴卡拉克　333
后台　188—191
坏小子宣传　291
下错赌注（奥布莱恩）　331
美国信孚银行　188、222
国际清算银行　295

第一银行　245
《物物交换、交换和价值》（汉弗莱和斯蒂芬·休-琼斯）　330
巴塞尔资本协议　189、191、295—300
托马斯·贝叶斯　274
贝叶斯主义者/贝叶斯主义概念。见概率
赌博/概率　11、15、50、183、216
　　基础　61、64
　　频率主义　10、139
　　在历史上/法律　285
　　先验信念　218、219
　　风险定义资本　293
　　新兴技术企业　308
《战胜庄家》（索普）　56
《战胜市场》（索普和卡索夫）　56
《行为博弈》（凯莫勒）　333
瑞克·班纳特　331
雅各布·贝努利　273、288、335
格里高利·伯恩斯　333
彼得·伯恩斯坦　330
赌博
　　凯利赌注　149、219、287
　　概率　9—16、24
　　公众　54—56、140
　　体育　55—56、128、181
《超越算牌》（格罗斯）　331

《个体选择之上》(巴卡拉克) 333
《大空头》(路易斯) 334
阿勒西娅·布莱克 331
费希尔·布莱克 51、213—214、276
布莱克-斯科尔斯-莫顿模型 278
《黑天鹅》(塔勒布) 27、329
黑色星期三 44
莫里·泰格·布卢姆 80
约翰·博格 332
债券级别 220
理查德·布克斯塔伯 329
《天生失败者》(桑德奇) 330
《行为博弈理论》(凯莫勒) 333
《理性的边界:博弈论与各门行为科学的统一》(金迪斯) 333
鲁文·布伦纳和加布里埃尔·布伦纳 331
《打赢庄家》(麦兹里奇) 53
英国财政部 44—45
《破产》(亚当斯) 331
青铜器时代 116
《青铜器时代经济学》(厄尔) 330
泡沫投资者 89
《牛市、熊市和大脑》(雷特兹) 334
罗伯特·艾伦·伯顿 333
《商业周期与均衡》(布莱克) 331
《称霸赌城》(麦兹里奇) 53

劳伦特·卡尔维 332
资本:
    资本配置 221、301—302、305
    风险资本 170、221、223
    形成资本 301
    资本要求 294
资本资产定价模型(CAPM) 74、277
科林·凯莫勒 333
《投资革命》(伯恩斯坦) 395
《资本违规》(赫什) 334
鲁道夫·卡尔纳普 50

雷曼兄弟现金 168
《金钱关系》(弗格森) 330
《机会、运气与统计学》(莱文森) 330
《机会是》(卡普兰) 330
计价标准的转化 36
《清单宣言》(葛文德) 333
罗恩·彻诺 330
芝加哥期权交易所波动性指数(VIX) 192
首席风险官 179
詹姆斯·奇利斯 333
《辛辛那提小子》(杰瑟普) 331
花旗银行 188、222
清算所 171、180
CMOs. 见抵押担保债券(CMOs) 215
穆罕默德·利恩 334
威廉·科汉 334
《相干压力测试》(雷博纳托) 333
抵押担保债券 146、215
商品期货 66、143
《陌生人的公司》(西布莱特) 330
《海龟交易特训班》(卡沃尔) 332
格雷高利·康纳 333
《征服风险》(福伊斯特尔) 331
审计员 188
迈克尔·卡沃尔 332
《牛仔全史》(麦克马纳斯) 331
吉姆·克莱姆 291
信用衍生品 303
信用压力测试 246
CRO. 见首席风险官(CRO) 179

危险和机会 2—4、13、85
《银行家之死》(彻诺) 331
债务货币化 292
边际效用递减 35
马奎斯·孔多塞 50
布鲁诺·德·菲尼蒂 9、274—275、330
信任程度,见贝叶斯主义者/贝叶斯主义概率;频率与信任程度

《我们自己制造的魔鬼》(布克斯塔伯) 329
衍生品/衍生货币：
　　创造资本 301
　　清算所 96、152、171、180
　　定义 296
　　衍生货币 156、169
　　能源部门 156
　　衍生品风险 222
　　流动性 165
　　作为新货币 155
　　计价标准 162—166
　　价差交易 156
　　价值贮藏 158
《衍生品模型的模型》(豪格) 332
伊曼纽尔·德曼 332
阿兰·德斯罗西斯 333
安德鲁·德克斯特 124
狄奥尼斯 207
脱媒 302
博士论文(布朗) 216
迪特里希·德尔纳 333
史蒂文·德罗布尼 332
斯坦利·德拉克米勒 44
达雷尔·达菲 334

蒂莫西·厄尔 330
《期货市场的经济功能》(威廉姆斯) 332
《风险和时间经济学》(戈利耶) 333
经济物理学 39
《投机客养成教育》(尼德霍夫) 332
有效市场假设(EMH) 73、137
有效市场理论：
　　经验证据 135—136
　　均衡价格 144
　　有效市场之父 138
　　一般 153
　　市场非效率 135
　　错配 139

之谜 151
布拉德·埃夫隆 51、330
巴里·埃森格林 330
大卫·艾因霍恩 332
德怀特·艾森豪威尔 45
《概率的出现》(哈金) 330
EMH. 见有效市场假设(EMH)
能源部门 156
罗布·恩格尔 217
均衡 74、98
eRaider.com 78、80—81、257
错误/错误率 196
ETFs. 见交易型开放式指数基金
迪伦·埃文斯 182、358
进化 29、38、110
EWMA. 见指数权重移动平均法(EWMA)
交易 107—113
《交易的艺术家》(卡缅斯基) 330
《过分的特权》(埃森格林) 330
《预期回报》(安蒂·伊尔曼恩) 332
期望值 34
《探索性数据分析》(图基) 330
《探索一般均衡》(布莱克) 331
指数权重移动平均法(EWMA) 229
指数化。见郁金香/郁金香狂热
　　AIDS 87
　　文化 16—17
　　增长 85—94
　　负面 85、127
　　风险 96—98
《大众的迷茫与狂热》(麦凯) 90

柯蒂斯·费思 332
尤金·法玛 138
埃里克·福根斯坦 332
房利美(联邦国民抵押贷款协会) 246
肥尾 218、229
FCM. 见期货交易委员会(FCM)
联邦储备委员会 167

尼尔·弗格森 330
皮埃尔·费马 24、49
伊利胡·福伊斯特尔 331
金融活动,社会价值 132—133
金融危机:
 不能防止 244
 杠杆限制 295
 主要原因 303
 盯市制度 159、223
 风险承担者 307—308、321
金融市场,功能:
 资本配置 302
 形成资本 301
 价格发现 304—305
金融丑闻 290
《金融创新力》(艾伦和亚戈) 332
《发现阿尔法》(福根斯坦) 332
《费希尔·布莱克与革命性金融思想》(梅林) 331
《平均值缺陷》(萨姆·萨维奇) 329
《疯狂的金钱》(邰蒂) 334
《随机致富的傻瓜》(塔勒布) 27、329
《一路骗到底》(艾因霍恩) 332
外汇(FX) 215
财富公式 16
《财富公式》(庞德斯通) 329
《统计学基础》(吉米·萨维奇) 329
开国元勋们 124
贾斯汀·福克斯 331
房地美/FHLMC(联邦住房抵押贷款协会) 246
《免费:商业的未来》(安德森) 334
肯尼思·弗伦奇 333
频率与信任程度:
 贝叶斯主义者 308、319
 计价标准的变化 279
 费马和帕斯卡 49、271、288
 假设的随机过程 273
 类似货币逻辑 275

政治上的民意测验 282—283
宽客革命 286
统计游戏 272
索普、布莱克、斯科尔斯和莫顿 276
频率主义者:
 双重股权结构套利 140
 频率主义者与贝叶斯主义者 10—11
米尔顿·弗里德曼 64
前台风险经理 180—185、251
朱·弗登博格 333
期货交易委员会(FCM) 166
期货合同 153—155、170
FX. 见外汇(FX)

约翰·肯尼思·加尔布雷思 301
赌博 6—8、12—16、24、44—45、110、113
《赌博与投机》(布伦纳和布伦纳) 331
博弈论:
 因果关系 43
 数据收集 285
 决策者特性 45
 人类心理 46
 实际例子 43
 "囚徒困境" 45—46
 随机性 38—39
 风险管理 34
 货币的故事 106
GARCH. 见一般的自回归条件异方差(GARCH)
石油:
 裂解价差 143—144
 配给方案 203
阿图·葛文德 333
自回归条件异方差(ARCH) 217—218
Ginnie Mae. 见政府全国抵押协会(GNMA)
赫伯特·金迪斯 333
格拉斯-斯蒂格尔法案 187
黄金与白银 112、118、121、161、283

丽莎·戈德堡 333
菲尔·戈德斯坦 80
克里斯蒂安·戈利耶 333
政府：
    救市 249
    纸币 117
    政治 124
    宗教 127
政府全国抵押协会(GNMA) 145
大萧条 247
《大转型》(波兰尼) 330
《贪婪的商人》(奥格) 331
C. A. 格雷高利 330
彼得·格里芬 331
詹姆士·格罗斯 331
增长的类型 86
斯蒂芬·古德曼 330

伊恩·哈金 330
《幸福的历史》(麦马翁) 333
埃斯彭·豪格 332
F. A. 哈耶克 43
对冲基金 26、31、59、70、145、221
兹比格涅夫·赫贝特 91、334
异方差 217—218
迈克尔·赫什 334
历史模拟法 VaR 227
《统计学历史》(斯蒂格勒) 330
理查德·霍弗 331
《香港之声》(穆罕默德·科恩) 334
《摇摇欲坠的空中楼阁》(威廉·科汉) 334
《大银行为何失败及如何应对》(达菲) 334
斯蒂芬·休-琼斯 330
卡罗琳·汉弗莱 330

《冰山风险》(奥斯班德) 329
IGT. 见投资增长理论(IGT)

安蒂·伊尔曼恩 331
隐含波动率 278
指数基金 146
通货膨胀 113、123、154、173、207
《打开量化投资的黑箱》(纳兰) 332
《黄金屋》(德罗布尼) 332
互联网。见泡沫投资者
投资增长理论(IGT)：
    EMH 73
    方程，MPT 和 IGT CAPM 64、66
    公平 59、66
    IGT CAPM 和 MPT CAPM 71—77
    价值 55—57
《邀请灾难》(奇利斯) 333
《神是数学家吗?》(利维奥) 330

《刀切法、自助法和其他重采样技术》(埃夫隆) 330
《中奖的国家》(霍弗) 331
理查德·杰瑟普 331
《约翰·博格的投资 50 年》(博格) 332
巴里·约翰逊 332
西蒙·约翰逊 330
JP 摩根 168、187、222、245、299
垃圾债券 246

丹尼尔·卡尼曼 107
琼·卡缅斯基 330
迈克尔·卡普兰 330
希恩·卡索夫 56
约翰·凯利 16、29、56、61、71
凯利赌注/风险水平 219、287
凯利原理/投资者 116、147
约翰·梅纳德·凯恩斯 238、275
关键绩效指标(KPIs) 208
关键风险指标(KRIs) 208
《小世界之王》(班纳特) 331
罗伯特·科瓦亚克 333
杰克·克内奇 107

弗兰克·奈特　275
莫里斯·克莱特契克　280
劳伦兹·克鲁格　51

皮埃尔-西蒙·拉普拉斯　274
雷曼兄弟　168、245
亚当·雷特兹　334
Lepercq de Neuflize　145
杠杆　221、247—248、258
戴维·莱文　333
赫拉斯·莱文森　330
迈克尔·刘易斯　334
《安全界限》(萨根)　333
流动性　240、276、293、300
马里奥·利维奥　330
《失败的逻辑》(德尔纳)　333
《与长期耐心玩家的长期合作博弈》(弗登博格和莱文)　333
损失厌恶　107
罗格·洛温斯坦　334

查尔斯·麦凯　90
伯纳德·麦道夫　301
有管理的期货　143
管理风险　221、225、228
塞巴斯蒂安·马拉比　332
《金臂人》(艾格林)　331
本华·曼德博　332
市场：
　　《战胜市场》　132、134
　　市场效率(见有效市场理论)
　　市场均衡(见均衡)
　　市场投资组合　68
　　市场价格　137—138、143
　　回报　114、118
　　同情　322
盯市制度　293
哈里·马科维茨，见现代投资组合理论(MPT)

伯大尼·迈克里恩　334
达林·麦马翁　333
詹姆斯·麦克马纳斯　331
《美第奇金钱》(帕克斯)　330
佩里·梅林　330
Merck　147
美林　245、290
罗伯特·莫顿　214、276
本·麦兹里奇　53
中台　186、189—191、208
《市场的(不良)行为》(曼德博)　332
现代投资组合理论(MPT)　64、71
动量投资者　165
动量交易　143
货币。见纸币；货币的故事
　　衍生货币　156、164、169—172
　　功能　155、163、241
　　货币概论，衍生品　157
　　发行，竞争　156
　　游戏与货币　8
　　风险管理　24—29
　　代币与商品　34、112
　　郁金香　85、90—98
货币性　278
摩尔定律　88
《富可敌国》(马拉比)　332
摩根·士丹利　187
抵押债券　197、215—216
弗莱德·姆斯特勒　51
MPT. 见现代投资组合理论(MPT)
MPT CAPM　74—77
MSCI Barra　226
《多分形波动率》(卡尔维)　332
《宽客人生》(德曼)　332
《神秘的计划》(拉特兰)　333
《理性市场之谜》(福克斯)　331
史蒂芬·米姆　330

里什·K.纳兰　332

索 引

纳斯达克指数　80、257
《伪造者的国度》(米姆)　330
《金融新秩序》(希勒)　332
《新伦巴底街》(梅林)　330
维克多·尼德霍夫　332
《没有储备:绝对权力的限制》(雷德拉多)　45
乔·诺塞拉　334
非货币交易　32
非参数方法　218、220
《正常的事故》(佩罗)　333
计价标准。见改变计价标准
　　定义　9
　　衍生货币　156
　　多元化　160
　　经济价值　163
　　市场收益　135
　　作为货币　161

蒂姆·奥布莱恩　331
表外业务　295
《人类思维中最致命的错误》(伯顿)　333
机会,危险　2—4
期权、微笑和偏态　214
《崩溃的根源》(洛温斯坦)　334
肯特·奥斯班德　329

配对交易　145
史前经济学　109
纸币:
　　清算机制　157
　　结束　132、146、207、223
　　为贷款　121
　　政府　106、112—113
　　与贵金属　118
　　替代　161、163
参数 VaR　229—231
蒂姆·帕克　330
布莱士·帕斯卡:

赌注,投骰子　24、50
与费马的通信　271—273
帕斯卡的赌注　24—27
宗教,风险　127—131
效用最大化　36
华尔街　48
斯科特·帕特森　332
《保罗·威尔莫特讲数量金融》(威尔莫特)　331
Pfizer　147
绩效比率　185
查尔斯·佩罗　333
亨利·波卓斯基　333
《概率的哲学讲座》(德·菲尼蒂)　330
奥林·皮尔奇　333
游戏　8、24、26、30
《预言家的困境》(雷博纳托)　333
西莫恩　50
卡尔·波兰尼　330
政治:
　　选举民意测验　282—285
　　宗教　127—130
《大数政治》(德斯罗西斯)　333
西奥多·波特　333
《投资组合风险分析》(康纳、戈德堡和科瓦亚克)　333
《投资组合选择》(马科维茨)　65
威廉·庞德斯通　329
《荒诞行为学》(艾瑞里)　333
价格发现　304
概率,见贝叶斯主义者/贝叶斯主义概念
　　领域　49
　　长期频率　273
　　结果/效用结果　45
　　风险中立分布　279
　　"火箭科学家"　13、15
　　理论(见频率主义)　48
产品定位　92
专业标准　178—180

损益：
    分布的漏洞　249
    超越损益　195
财产、交易和货币　107
公众投注　283

做定性分析的基金经理　27
定量模型　127
宽客/做定量分析的经理：
    老派/新一代　147
    革命　286
    大崩盘　27
    三个阵营　183
    到华尔街　56
《宽客》(帕特森)　332
W. V. O. 奎因　51

随机性/随机性理论：
    有意引入　274
    进化　29、35、38—40、46
    博弈论　42—46、260、327
    叠加态　41
《理性乐观派》(里德利)　330
理性　12
房地产投资信托(REIT)　79
理查德·雷博纳托　333
马丁·雷德拉多　45
冰柜实验　204
REIT. 见房地产投资信托(REIT)
宗教与政治　127—131
重复取样　217
存款准备金率　294、330
退休金计划　291
马特·里德利　330
风险：
    风险分析，最复杂的　32
    风险资本诞生　293
    控制　193—194、204、222
    文化　16—17

风险、危险与机会　2—4
双重　140
点火　29—33、86
风险水平/限制　245
风险与生活　6—7
管理(见风险管理的7条原则)
中立概率分布　279
最优化　8
财产　107—108
故事　290
货币的故事　106
策略　260
类型　206
权重　282
《风险思维》(埃文斯)　329
风险经理：
    后台　180
    回顾性风险管理　191
    坏的数字　194、229
    超越损益　195
    制造风险　260
    错误/错误率　196—197
    前台　180—189
    汽油配给方案　203
    确保企业失败　251
    中台　186、189—195
    玩扑克　206—207
    专业标准　178、180
    职场中的宽客　182
    风险控制　193—194
    交易风险　181、185
    检验　223—224
    浪费　200—204
风险矩阵　223
冒险的人：
    铁律　6
    风险承担者与风险回避者　307—321
"火箭科学家"：
    概率　10—16

作为宽客的 5、27
真正的金融 59
"风险点火" 86
华尔街 48、50、56—60
《流氓致富:华尔街的麻烦》(布卢姆) 80
唐纳德·拉姆斯菲尔德 50
彼得·拉特兰 333

史葛·道格拉斯·萨根 333
马歇尔·萨林斯 330
所罗门兄弟 146
斯科特·桑德奇 330
《满意度》(伯恩斯) 333
满意 36
《野蛮的货币》(格雷高利) 330
吉米·萨维奇 329
萨姆·萨维奇 329
情景分析 241—246
迈伦·斯科尔斯 214、276
保尔·西布莱特 330
SEC. 见证券交易委员会(SEC) 79、80
证券化 302—303
华尔街秘史:
　　1654年—1982年 48—59
　　1983年—1987年 132—151
　　1988年—1992年 213—231
　　1993年—2007年 289—309
风险管理的7条原则:
　　1. 风险两重性 26—27
　　2. 有价值的范围 27—29
　　3. 风险点火 29—32
　　4. 货币 32—34
　　5. 进化 38—40
　　6. 叠加态 41—42
　　7. 博弈论 42—47
夏普比率 68—70、77、148—150
罗伯特·希勒 173、332
微笑和偏态期权 214
乔治·索罗斯 26、44

体育赌博/玩家 207、284
价差交易 156、246—247
《门朝哪儿开:重塑全球金融危机》(弗伦奇等) 334
统计套利 145
《统计决策理论》(瓦尔德) 330
统计游戏 272
统计推理,基本原则 287
统计历史 51
史蒂文·斯蒂格勒 330
《戴马嚼子的静物画》(赫贝特) 334
股市崩溃:
　　1987年10月19日,星期一 27、150、213—215
马丁·斯托勒 201
菲尔·斯托勒 80
《石器时代经济学》(萨林斯) 330
货币的故事:
　　1776年,大陆券 123—124
　　安德鲁·德克斯特 124
　　一般性的 112—113
　　政府和纸币 117
　　史前经济学 109
　　纸币与金属货币 121
　　财产、交易和货币 107
　　风险 115、120
　　转变 123—124
　　钱能做什么 114
《的确奇怪的年代》(惠恩) 334
压力测试 238—244
唐纳德·萨尔 333
叠加 41—42

尾部风险—极端事件 224
《扶摇而上的投机与美国第一次银行破产的故事》(卡缅斯基) 330
纳西姆·塔勒布 27、31、329
吉莲·邰蒂 334
理查德·塞勒 107

《13位银行家》(约翰逊) 330
三十年战争 95
《21点理论》(格里芬) 331
爱德华·索普 16、56
《设计,人类的本性》(波卓斯基) 333
"收费"掉期 157
《全脑交易》(费思) 332
交易风险 181
交易税 124
债券 161
《数字的信任》(波特) 333
约翰·图基 330
郁金香/郁金香狂热 85—98

不可言传的真谛:
 VaR范围之外的好东西 257
 参数 250、261
 风险经理制造风险 260
 风险经理要确保企业失败 251
《动荡》(萨尔) 333
《无用的数学》(皮尔奇) 333
效用理论:
 计价标准的转化 36
 决策者特性 45
 边际效用递减 35
 扩展 35—36
 效用最大化 36

有价值的范围 27—29
风险价值(VaR)。见历史模拟法
 VaR
 回测 193、195、203、227
 超越损益 195
 诞生 223、290
 计算 224—225
 操作性概念 27

展示 225
范围之内 239
中台 186、189—195、208、238
不是风险的测量 225
作为正统理论 134
范围之外 29、34、38、209
参数的 229
风险管理 24—31
比例因子 230—231
检验 208
VaR突破 28、225、230
价值投资者 165
VaR. 见风险价值(VaR)
 VaR突破 28、225、230
Vega 278
拉尔夫·文斯 332
虚拟系统,实验 205
VIX指数,见芝加哥期权交易所波动性指数(VIX)
波动性:
 异方差 217—218
 同方差 216
 隐含波动率 278
 局部和随机的波动率 214
保罗·沃尔克 309

亚伯拉罕·瓦尔德 330
浪费 200—204
夏普比率与财富 148—150
丹尼斯·韦瑟斯通 225
弗朗西斯·惠恩 334
杰弗里·威廉姆斯 332
保罗·威尔莫特 331

格伦·亚戈 332

致　　谢

本书中展示给大家的思想是一批有数学倾向的研究者非正式集体合作的成果,他们热衷于把赌注押在——与所有对手真金白银地赌博——他们的研究结论上。在集体合作中很难确认个人的贡献,而且即使我能认识所有的人,无论如何要列出每个人也实在是太多了。所以,我选择了简单的办法,将这本书献给所有利用计算并根据自己分析的结果下注,而且能够充分地向经验学习并获得成功的人。

更特别地,在一些场合针对这些观点进行的讨论也使我大受裨益。我要感谢那些我曾供职过的金融机构里的同仁们,多年来参加风险会议的与会者,包括由全球风险协会、职业风险管理者国际协会、《风险》杂志社以及其他机构承办的会议。特别值得一提的是,里诺的内华达大学每三年召开一次的赌博与风险决策会议,这个会议吸引的与会者的广泛程度远远超过了其他任何会议。

我也从在互联网网站上的讨论得到了启发。这些网站包括Wilmott.com,NuclearPhynance.com, QuantNet.com 以及 TwoPlusTwo.com。说到互联网站,与 eRaider.com 相关的每一个人在形成观点方面给予了我很多帮助。

把书献给虚构的人物,特别是那些作者自己编造出来的,一定会让人觉得非常奇怪。但是红血、蓝血、冷血、薄血、热血、无血以及吸血鬼实际上是与我共事多年的真实人物的合成。所以在这里,我还要感谢几十个为这些角色提供了各种历史和态度素材的人。

很多人审阅了部分或者全部的草稿,提出了非常有用的反馈意见。布兰登·亚当斯、古斯塔沃·班贝格、比尔·本特、约翰·博格、里克·布克斯泰伯、鲁文·布伦纳、尤金·克里斯琴、伊曼纽尔·德曼、阿特·杜克特、迪伦·埃文斯、多伊恩·法玛、贾斯汀·福克斯、肯尼思·弗伦奇、丽莎·戈德堡、詹姆士·格罗斯、伊恩·哈金、迈克尔·赫尼伯里、卡蕾·霍布斯、克雷·格豪、詹姆斯·麦克马纳斯、迈克尔·莫布森、尼克·莫恩、佩里·梅林、罗伯特·莫顿、乔·诺塞拉、约翰·奥布莱恩、黛博拉·帕斯特、斯科特·帕特森、威廉·庞德斯通、凯文·罗思萌、迈伦·斯科尔斯、詹姆斯·斯托纳、纳西姆·塔勒布、爱德华·索普、惠特尼·蒂尔森、詹姆斯·瓦尔德、保罗·威尔莫特、布鲁斯·扎斯特尔给予了特别的帮助。书名来自于我的女儿艾维薇·帕斯特。John Wiley & Sons 的蒂法尼·沙博尼耶、比尔·法伦、斯泰西·费希科塔、麦格·弗里伯恩、莎伦·波列斯以及其他的朋友提供了宝贵的意见和支持。

穆罕默德·科恩编辑了全书,他的修改我几乎是全部接受的。这本书因为有了他的贡献而更具可读性。艾瑞克·金为本书画了漫画插图。他是位真正的漫画艺术大师,而不是随便雇来制作插图的人,我们之间相互交换意见为本书增添了很多内涵。

我的家人黛博拉、雅各布和艾维薇,提供了有用的建议,在本书写作过程中给予我莫大的支持。